Wellkamp · Vorstand, Aufsichtsrat und Aktionär

Ludger Wellkamp

Vorstand, Aufsichtsrat und Aktionär

2., aktualisierte Auflage

Die Deutsche Bibliothek – CIP-Einheitsaufnahme

Wellkamp, Ludger:
Vorstand, Aufsichtsrat und Aktionär / von Ludger Wellkamp. –
2., aktualisierte Aufl. –
Bonn : Verl. für Rechts- und Wirtschaftsbücher, 2000
    ISBN 3-9806069-5-3

0101 deutsche buecherei

Satz: W. Laack, Bonn
Druck und Verarbeitung: Druckerei Plump OHG, Rheinbreitbach

Vorwort

Durch die Trennung von unternehmerischem Handeln und Eigentum in der Wirtschaftswelt sind in der Entwicklung der Kapitalgesellschaften, vor allem der Aktiengesellschaften, im Laufe der Zeit unterschiedliche Modelle der Interessenwahrnehmung der Eigentümer entstanden.

Im angelsächsischen Einflußraum hat sich das Board-System durchgesetzt, das operatives Handeln und die Kontrolle dieses Handelns in die Hände der Mitglieder des Boards legt, die je nach ihren Aufgaben als Executive, also operativ Handelnde, oder non-Executive, als Überwachende, fungieren.

In Deutschland hat sich seit der Einführung des preußischen Handels- und später auch Aktienrechts in den 60er Jahren des 19. Jahrhunderts das in den operativ handelnden Vorstand und den überwachenden Aufsichtsrat geteilte System entwickelt. Sowohl aus historischer Sicht als auch durch den angelsächsischen Blickwinkel der Kapitalmarktausrichtung ist über Sinn und Unsinn der deutschen Unternehmensstruktur viel diskutiert worden. Zentrale Fragen dieser Corporate Governance-Diskussion ergeben sich, betrachtet man die Funktionsfähigkeit und Aufgabenstellung der Gremien Vorstand, Aufsichtsrat und Hauptversammlung einzeln und in ihrem Zusammenspiel.

Aus dieser Diskussion resultierend ist noch unter der letzten Bundesregierung das KonTraG entstanden, das unter anderem die Position des Aktionärs und seines Vertreters, des Aufsichtsrats, stärken sollte. Hierzu zählt, daß der Aufsichtsrat die Kompetenz über die Bestimmung des Abschlußprüfers vom Vorstand erhalten hat. Zusammen mit den Vorschriften über den vorgeschriebenen Wechsel des Abschlußprüfers und dessen erweiterte Haftung bei Fehlaussagen ist eine Disziplinierung im Bereich der Prüfung des Jahresabschlusses spürbar. Die auch in Deutschland stärker gewordene Bedeutung der Kapitalmärkte hat zu einer Veränderung der Haltung der Wirtschaftsunternehmen und deren Vorstände gegenüber den Aktionären beigetragen. Galten Aktionäre und Aufsichtsräte oftmals als lästig, so haben sie durch ihren gestärkten Einfluß mehr Ansehen und Beachtung in den Unternehmen gefunden.

Spätestens seit dem Börsengang der Deutschen Telekom investieren mehr und mehr Privatanleger ihr Geld in Aktien. Sie lassen sich auch von Börsenkapriolen nicht abschrecken. Die Unternehmensleitung muß daher mehr Gewicht auf die Kommunikation mit den Aktionären und den Aufsichtsräten legen. Dieses kann bereits als das erste Zeichen gewertet werden, daß die Deutschland AG, gekennzeichnet durch Verflechtungen zwischen Banken, Versicherungen und Wirtschaftsunternehmen, sich langsam beginnt aufzulösen.

Wie bereits in den angelsächsischen Ländern geschehen, werden institutionelle Investoren und Privatanleger an Einfluß gewinnen. So hat die DSW, die Deutsche Schutzvereinigung für Wertpapierbesitz, durch die Zusammenfassung von Stimmrechten privater Anleger Einfluß gewonnen und ist in einigen Aufsichtsräten präsent. Diese Entwicklung hilft den Standort Deutschland zu stärken, da eine offene und durchschaubare Corporate Governance die Attraktivität für Investoren aus dem In- und Ausland erhöht.

Das vorliegende Buch leistet einen wichtigen Beitrag, indem es von wissenschaftlicher Seite die Aufgaben und Beziehungen der drei an der Unternehmensleitung beteiligten Gruppen untersucht: Vorstand, Aufsichtsrat und Aktionär.

Bonn, im Juli 2000   Dr. Otto Graf Lambsdorff

Einleitung

Die 2. Auflage des vorliegenden Buches wurde notwendig, nachdem die 1. Auflage innerhalb eines erfreulich kurzen Zeitraumes vergriffen war. Zudem machte das kurz nach Erscheinen der 1. Auflage in Kraft getretene „Gesetz zur Kontrolle und Transparenz im Unternehmensbereich" (KonTraG) eine rasche Aktualisierung erforderlich.

Ziel der Reform des Aktiengesetzes vom 6. September 1965 war, das Aktienrecht so zu gestalten, daß es mit den Grundsätzen unserer Wirtschaftsverfassung in Einklang steht. Die Stärkung der Position des Aktionärs gegenüber dem Vorstand und seine Information sowie die Information der potentiellen Anleger über das unternehmerische Geschehen in der Gesellschaft lagen im Zentrum des politischen Anliegens. Aber auch die wirtschaftliche Stärke und finanzielle Solidität dieser Gesellschaftsform soll gefördert werden, und die Aktie als Mittel der Kapitalbeschaffung wiederbelebt werden.

Das scheint inzwischen gelungen zu sein, wenn man die zahlreichen Neuemissionen, insbesondere am Neuen Markt, betrachtet, die in der Regel um ein Vielfaches überzeichnet waren.

Weite Schichten und Kreise in Deutschland haben in den letzten Jahren Aktien geordert und sind so an dem Produktivvermögen der Wirtschaft beteiligt worden. Darunter befinden sich viele Kleinaktionäre wie aber auch eine beachtliche Zahl von Großaktionären. Dies zeigt, was das Aktiengesetz leisten muß, nämlich die oftmals widerstreitenden Interessen der verschiedenen Aktionärsgruppen einerseits und die des Vorstands andererseits in Einklang zu bringen.

Ob das geltende Aktiengesetz diese Aufgaben noch zu erfüllen vermag und welche gesetzlichen Verbesserungen auch nach Inkrafttreten des KonTraG nötig oder wünschenswert sind, ist Gegenstand der Veröffentlichung.

Im Vordergrund steht dabei die Problematik der Gewaltentrennung einerseits und der Gewaltenkontrolle andererseits bezüglich der Zuständigkeiten und Aufgaben der drei Gesellschaftsorgane Vorstand, Aufsichtsrat und Hauptversammlung.

Hierbei werden auch die durch mehrere gerade in den letzten Jahren aufgetretenen Unternehmenskrisen bzw. -insolvenzen zutage getretenen Schwachstellen des geltenden Aktienrechts herausgearbeitet. Aus diesen Vorfällen ist verstärkt deutlich geworden, daß Unternehmensleitungen nicht nur glücklos, sondern teilweise unter Außerachtlassung der allgemeinen Sorgfaltspflichten eines ordentlichen Kaufmanns gemäß § 347 Abs. 1 HGB gehandelt haben. Dabei ist es auch zu Verstößen gegen Strafvorschriften gekommen. In diesem Zusammenhang sind die Metallgesellschaft, die Balsam AG, die Südmilch AG und die ARAG zu erwähnen. Nicht zuletzt diese Vorkommnisse haben neuerdings eine intensive Debatte über die Kontrolle der Aktiengesellschaft und insbesondere die zukünftige Organisation des Aufsichtsrats hervorgerufen, um in Zukunft die Haftung des Vorstands besser durchsetzen zu können.[1]

Rufe nach einer Verstärkung der Rechte der Kleinaktionäre mehren sich. Dazu kann – in Anlehnung an das amerikanische Recht – u. a. die gesetzliche Verankerung einer „actio pro socio"-Klage des einzelnen Aktionärs zur Durchsetzung von Ersatzansprüchen an die Gesellschaft dienen. Darüber hinaus schützen auch die organisationsrechtlichen Bestimmungen des Aktienrechts den Einzelaktionär.

Die Veröffentlichung will zu diesen Fragen einerseits einen wissenschaftlichen Beitrag leisten. Der Leser soll aber auch unmittelbaren praktischen Nutzen aus der Lektüre dieses Buches ziehen können.

Der erste Teil des Buches verschafft einen Überblick über die Rechtsstellung von Vorstand, Aufsichtsrat, Hauptversammlung und Aktionär innerhalb der Aktiengesellschaft. Im zweiten Teil werden die Wechselbeziehungen zwischen Vorstand und Aufsichtsrat behandelt. Im dritten Teil wird die Haftung des Vorstands gegenüber der Aktiengesellschaft und gegenüber dem Aktionär sowie die entsprechende Haftung des Aufsichtsrats untersucht. Der vierte Teil schließlich erörtert die Innenrechtsstreitigkeiten innerhalb der Aktiengesellschaft.

Dr. Otto Graf Lambsdorff danke ich für das engagierte Vorwort zur 2. Auflage dieses Buches.

Bonn, im August 2000   Ludger Wellkamp

---

[1]   Vgl. die Nachweise bei *Hirte*, NJW 1996, S. 2827, 2831 in Fn. 71.

Inhaltsübersicht

Teil 1
Überblick über die Rechtsstellung von Vorstand, Aufsichtsrat, Hauptversammlung und Aktionär

Teil 2
Die Wechselbeziehungen zwischen Aufsichtsrat und Vorstand

Teil 3
Die Haftung der Organe der Aktiengesellschaft

Teil 4
Der Innenrechtsstreit zwischen
Vorstand und Aufsichtsrat

Inhaltsverzeichnis

Teil 1
Überblick über die Rechtsstellung von Vorstand, Aufsichtsrat, Hauptversammlung und Aktionär

XVI

Teil 2

**Die Wechselbeziehungen
zwischen
Aufsichtsrat und Vorstand**

Teil 3
Die Haftung
der Organe der Aktiengesellschaft

Teil 4

Der Innenrechtsstreit zwischen Vorstand und Aufsichtsrat

XXVIII

Abkürzungsverzeichnis

AcP	Archiv für civilistische Praxis
AG	Die Aktiengesellschaft
AnwBl	Anwaltsblatt
AuR	Arbeit und Recht
BB	Betriebsberater
BGHZ	Entscheidungen des Bundesgerichtshofs in Zivilsachen
DB	Der Betrieb
DStR	Deutsches Steuerrecht
DZWir	Deutsche Zeitschrift für Wirtschaftsrecht
Fs	Festschrift
GmbHR	GmbH-Rundschau
GRUR	Gewerblicher Rechtsschutz und Urheberrecht (Zeitschrift)
INF	Informationen für Steuerberater
JZ	Juristenzeitung
NJW	Neue Juristische Wochenschrift
OLGZ	Entscheidungen der Oberlandesgerichte in Zivilsachen
RdA	Recht der Arbeit
WiB	Wirtschaftsrechtliche Beratung
WM	Wertpapiermitteilungen
ZBB	Zeitschrift für Bankrecht und Bankwirtschaft
ZfB	Zeitschrift für Betriebswirtschaft
ZGR	Zeitschrift für Gesellschaftsrecht
ZHR	Zeitschrift für das gesamte Handelsrecht und Wirtschaftsrecht
ZIP	Zeitschrift für Wirtschaftsrecht

Teil 1

Vorstand, Aufsichtsrat, Hauptversammlung und Aktionär

Einleitung

1 Die Organisation einer Aktiengesellschaft beruht – vergleichbar mit der eines Rechtsstaats – auf dem Prinzip der Gewaltentrennung. Ihre drei notwendigen Organe – Vorstand, Aufsichtsrat und Hauptversammlung – verfügen über jeweils getrennte Aufgabenbereiche, die nicht untereinander übertragen werden können. Andererseits sind diese Organe derart miteinander verknüpft, daß sich ein umfassendes System der „Gewaltenverzahnung und Gewaltenkontrolle"[1] ergibt.

2 Dabei ist zu beachten, daß sich am Markt unterschiedliche Formen von Aktiengesellschaften mit unterschiedlicher Ausprägung des oben genannten Gewaltentrennungsprinzips gebildet haben.

3 Es sind zu unterscheiden:

- die echte Publikumsgesellschaft (im amtlichen Handel notierte Obergesellschaft eines Konzerns ohne manifesten Großaktionär, z. B. Deutsche Bank, Hoechst, Bayer, BASF);

- die Gesellschaft mit manifestem Großaktionär unbeschadet der Rechtsform und unbeschadet, ob börsennotiert oder nicht (z. B. BMW, Südzucker AG);

- die mitbestimmte Konzern(unter)gesellschaft eines in- oder ausländischen Konzerns (z. B. SEL, Opel AG, Ford AG);

- die Gesellschaft mit verschiedenen institutionellen Investoren (z. B. MG, Linde AG);

- die aufsichtsratspflichtige Familiengesellschaft (z. B. Porsche AG, Wella AG);

- die kleine Aktiengesellschaft (Besonders interessant dürfte diese „neue" Rechtsform für Familienunternehmen sein, bei denen ein Generationswechsel ansteht. Hier kann die kleine Aktiengesellschaft zu einer Sicherung der Unternehmenskontinuität beitragen.[2]

---

[1] Vgl. Karsten Schmidt, Gesellschaftsrecht, S. 728.
[2] Vgl. Ammon/Görlitz, Die kleine Aktiengesellschaft, S. 28.

2

A. Die Rechtsstellung des Vorstands

Der Vorstand ist das Geschäftsführungs- und Vertretungsorgan der **4** Aktiengesellschaft. Er leitet die Gesellschaft und bestimmt die Geschäftspolitik.

I. Leitung der Gesellschaft

Dem Vorstand obliegt gemäß § 76 Abs. 1 AktG die eigenverantwort- **5** liche Leitung der Gesellschaft. Er nimmt im Rahmen von Gesetz und Satzung die Unternehmerfunktion in der Aktiengesellschaft wahr.[3] Die Leitungsfunktion stellt somit einen Teilbereich der übrigen Geschäftsführungsfunktionen dar.[4] Dazu gehören zum Beispiel grundlegende Entscheidungen über Zielkonzeption, Organisation und Führungsgrundsätze,[5] also schlechthin alle Maßnahmen, die der Verwirklichung des Unternehmensziels und des Gesellschaftszwecks dienen. Dazu gehören weiterhin aber auch die Ausübung von Beteiligungsrechten der Gesellschaft sowie die Einberufung der Hauptversammlung.[6]

1. Weisungsfreiheit

Eine in diesem Sinne verstandene Leitungsfunktion bedeutet zwingen- **6** de Zuständigkeit und unabdingbare Pflicht des Vorstands.[7] Die Unterscheidung zwischen Leitungs- und bloßen Geschäftsführungsbefugnissen ist deshalb von großer Bedeutung, weil eben die Leitungsfunktion nicht auf nachgeordnete Ebenen delegiert werden kann.[8] Der Vorstand ist zudem nicht an Weisungen der anderen Organe gebunden. Insbesondere hat der Aufsichtsrat kein Recht, den Vorstand rechtsverbindlich anzuweisen.[9]

Andere Organe können an dieser Funktion nur aufgrund eines Geset- **7** zes beteiligt werden.[10] So ist zum Beispiel der Vorstand, sofern Fragen

---

[3] Mertens, in: Kölner Komm, § 76 Rn. 4.
[4] Hüffer, AktG, § 76 Rn. 7; Mertens, in: Kölner Komm, § 76 Rn. 4.
[5] Mertens, in: Kölner Komm, § 76 Rn. 4.
[6] Würdinger, Aktienrecht und das Recht der verbundenen Unternehmen, S. 120.
[7] Würdinger, a.a.O., S. 119.
[8] Hüffer, AktG, § 76 Rn. 7 sowie § 77 Rn. 18; Mertens, in: Kölner Komm, § 76 Rn. 4.
[9] Lutter/Krieger, Rechte und Pflichten des Aufsichtsrats, Rn. 16; vgl. auch die Regelungen in § 111 Abs. 1, Abs. 4 S. 1 AktG.
[10] Mertens, in: Kölner Komm, § 76 Rn. 4.

der Geschäftsführung im Raum stehen, ausnahmsweise an Entscheidungen der Hauptversammlung gebunden, wenn er sie selbst gemäß § 119 Abs. 2 AktG verlangt hat.

8 Des weiteren können bei Bestehen eines Beherrschungsvertrags bzw. im Fall einer eingegliederten Gesellschaft Weisungsrechte des herrschenden Unternehmens oder der Hauptgesellschaft nach §§ 308, 323 AktG gegenüber der Untergesellschaft bestehen. Weisungen können bezüglich der Führungsfunktion des Vorstands und hinsichtlich des Gesamtbereichs der Geschäftsführung einschließlich der organschaftlichen Vertretung und innergesellschaftlicher Maßnahmen erteilt werden.

2. Leitungsermessen

9 Der Vorstand leitet die Gesellschaft unter eigener Verantwortung. Das bedeutet, daß er im Rahmen der ihm durch Gesetz oder Satzung gezogenen Grenzen nach eigenem Ermessen handelt. Dabei hat der Vorstand auf eine ganze Reihe von verschiedenen, innerhalb der Gesellschaft zusammenlaufenden Interessen sachgerecht Rücksicht zu nehmen.[11] Derartige Interessen muß er – von wenigen Ausnahmen abgesehen – grundsätzlich gegeneinander abwägen, ohne dabei eine vorgegebene Rangfolge der Interessen beachten zu müssen.[12]

Nachfolgend wird ein kurzer Überblick über derartige Interessen gegeben:

2.1 Das Interesse am Unternehmenserfolg

10 Die Geschäftsführung muß sich an der Erzielung eines zur Sicherung der Kapital- und Ertragskraft ausreichenden Gewinns orientieren.[13] Dieses Gebot ist zugleich Schranke jeder zu treffenden Ermessensentscheidung. Werden Interessen berücksichtigt, die nicht auf den Unternehmenserfolg gerichtet sind und zugleich den Bestand des Unternehmens gefährden, ist dies schlicht rechtswidrig.[14]

---

[11] Hüffer, AktG, § 76 Rn. 12 m.w.N.
[12] Hüffer, AktG, § 76 Rn. 12.
[13] Mertens, in: Kölner Komm, § 76 Rn. 21.
[14] Mertens, in: Kölner Komm, § 76 Rn. 17.

4

2.2 Aktionärsinteressen/Shareholder Value

Zu den Aktionärsinteressen kann etwa das Interesse an einer mög-   **11**
lichst hohen Gewinnausschüttung oder an einer besonderen, über die
gesetzlichen Verpflichtungen hinausgehenden Informationspolitik gehören.

Darüber hinaus hat der Begriff „Shareholder Value" in den letzten   **12**
Jahren in Europa stark an Bedeutung gewonnen.[15] Große institutionel-
le Aktionäre setzen Konzerne unter Druck und fordern eine höhere
Rendite auf ihr eingesetztes Kapital.

In den USA fand das Konzept des Shareholder Value bereits Ende der   **13**
achtziger Jahre Eingang in die obersten Etagen der Konzerne.

Das Basiswerk zu diesem neuen Ansatz lieferte 1986 *Alfred Rappa-*   **14**
port[16]. Den Hintergrund für seine Studien bildete die Tatsache, daß
während der siebziger und zu Beginn der achtziger Jahre zahlreiche
Unternehmen zwar zweistellige Wachstumsraten des Gewinns und
einen erheblichen Zuwachs des Umsatzes verzeichnen konnten, aber
der Aktienkurs sich kaum oder sogar negativ bewegte. *Rappaport* kam
daher zu dem Schluß, daß die in der Vergangenheit bewährten Be-
wertungsmethoden allein nicht ausreichten, um den Aktienmehrwert
zu messen.

Er entwickelte das Shareholder-Value-Konzept, das den Aktionären   **15**
zeigen soll, welche Rendite in einem Unternehmen steckt. Zahlreiche
deutsche Unternehmen, wie z. B. die Veba AG, versuchen inzwischen,
ihren Shareholder Value zu maximieren, um den Interessen der
Aktionäre zu entsprechen. Das heißt, eine über dem Markt liegende
Aktienentwicklung zu erreichen.

Die Ermittlung des Shareholder Value wird durch folgende Gleichung   **16**
erreicht: Shareholder Value = Unternehmenswert – Schulden. Der
Unternehmenswert wiederum wird ermittelt aus dem Renditepotential
von Investitionsprojekten des Unternehmens. Werden wertvernichten-
de Investitionen konsequent gemieden, besitzt ein Unternehmen gute
Chancen, langfristig zu bestehen. Das Shareholder-Value-Konzept
stellt also eine Art Rating dar, das die Position eines Unternehmens am
Markt unmittelbar stärken kann. Daher können von der Anwendung
des Shareholder-Value-Ansatzes die Mitarbeiter in gleichem Maße
profitieren wie die Aktionäre.

---

[15] Vgl. Grünwalder, AG 1996, 447.
[16] Rappaport, Creating Shareholder Value, S. 15 ff.; auf Basis der Arbeiten von Marko-
witz (Portofoliotheorie), Sharpe (CAPM) und Miller (Unternehmensfinanzierung).

2.3 Arbeitnehmerinteressen

17 Obwohl die Interessen der Arbeitnehmer innerhalb der Gesellschaft durch Gesetz und Richterrecht beinahe umfassend berücksichtigt sind, kann auch eine darüber hinausgehende Interessenwahrnehmung gerechtfertigt sein. So wird zum Beispiel die Schaffung verbesserter Arbeitsbedingungen dem Arbeitsklima dienen und die Attraktivität der Gesellschaft für Arbeitnehmer erhöhen. Ob sich dieser Effekt letztlich kostenmäßig rechnet, unterliegt der Ermessensentscheidung des Vorstands.

2.4 Soziale und politische Interessen

18 Eine ausdrückliche Bindung an das Gemeinwohl, wie sie im § 70 Abs. 1 AktG von 1937 enthalten war, existiert im heutigen Aktienrecht nicht mehr. Dennoch ist verfassungsrechtlich anerkannt, daß auch die Aktiengesellschaft an den Grundsatz der Sozialpflichtigkeit gebunden ist.[17] Darüber hinaus kann es zur Förderung der gesellschaftlichen Akzeptanz der Aktiengesellschaft sogar angebracht sein, daß sie sich an sozialen, kulturellen und politischen Aktivitäten beteiligt.[18]

19 Auf den ersten Blick mögen die angeführten Interessen allzu gegensätzlich erscheinen. Bei genauerer Betrachtung allerdings bedingen sie sich gegenseitig. Folgerichtig weist *Mertens*[19] darauf hin, daß ein unrentables Unternehmen keine Mittel für etwaige soziale Zwecke aufbringen kann oder daß ein Unternehmen, welches seine Kapitalgeber nicht zufriedenstellend bedient, Schwierigkeiten mit der Kapitalbeschaffung haben wird.

II. Geschäftsführungsbefugnis

20 Im Unterschied zur Vertretungsbefugnis, die darüber entscheidet, was der Vorstand mit Wirkung für und gegen Dritte tun kann, geht es bei der Geschäftsführungsbefugnis um die Frage, was der Vorstand innerhalb des Innenrechtsverhältnisses der Gesellschaft tun darf. Der Begriff der Geschäftsführungsbefugnis umfaßt und begrenzt das Handeln des Vorstands somit unter dem Gesichtspunkt der gesellschaftsinternen

---

[17] BVerfGE 12, 263, 282.
[18] Eingehend hierzu Mertens, in: Kölner Komm, § 76 Rn. 32 ff.
[19] Mertens, in: Kölner Komm, § 76 Rn. 19.

Zulässigkeit. Die Wirksamkeit von Rechtsgeschäften wird davon nicht berührt.[20]

Unter Geschäftsführung ist jedes Handeln des Vorstands für die **21** Aktiengesellschaft zu verstehen, sei es tatsächlich oder rechtsgeschäftlich.[21]

1. Grundsatz der Gesamtgeschäftsführung

Der gesetzlich normierte Regelfall der Geschäftsführung ist nach § 77 **22** Abs. 1 AktG die Gesamtgeschäftsführung. In diesem Fall kann der Vorstand nur handeln, wenn sämtliche Vorstandsmitglieder einer Maßnahme ausdrücklich oder konkludent zugestimmt haben. Die Zustimmung in diesem Sinn ist eine empfangsbedürftige Willenserklärung, die erst mit ihrem Zugang an die anderen Vorstandsmitglieder wirksam wird. Nach ihrem Zugang kann sie nur aus wichtigem Grund widerrufen werden.[22]

2. Abweichende Regelungen im Sinne von § 77 Abs. 1 S. 2, 1. Halbs. AktG

§ 77 Abs. 1 S. 2, 1. Halbs. AktG läßt ausdrücklich von der Gesamtge- **23** schäftsführung abweichende Regelungen in Satzungen oder Geschäftsordnungen zu. Hierfür sind insbesondere die folgenden Möglichkeiten anerkannt:

– Zunächst kann das Prinzip der Einstimmigkeit durch ein Mehrheits- **24** prinzip ersetzt werden. Bei Stimmengleichheit kann eine Stimme – meist wird es die des Vorsitzenden sein – als Stichentscheid wirken.[23] Ob ein Vetorecht der Vorstandsmitglieder zulässig ist, ist zumindest in mitbestimmten Gesellschaften im Hinblick auf § 33 MitbestG fraglich, da durch diese Vorschrift die gleichberechtigte Stellung des Arbeitsdirektors geschützt werden soll.[24]

– Des weiteren kann eine Geschäftsverteilung vorgenommen wer- **25** den, bei der jedes Vorstandsmitglied einen Geschäftsbereich erhält, für den er jeweils allein oder zusammen mit einem anderen Vorstandsmitglied bzw. einem Prokuristen geschäftsführungsbefugt ist.[25]

---

[20] Mertens, in: Kölner Komm, § 77 Rn. 2.
[21] Hüffer, AktG, § 77 Rn. 3.
[22] Vgl. näher Hüffer, AktG, § 77 Rn. 7.
[23] Siehe BGHZ 89, 48, 59.
[24] Der BGH hat dies jedenfalls für ein endgültiges Vetorecht verneint; vgl. BGHZ 89, 48, 59.
[25] Siehe dazu Hüffer, AktG, § 77 Rn. 14.

26 Allerdings sind der Gestaltungsfreiheit Grenzen gesetzt. So wäre gemäß § 77 Abs. 1 S. 2, 2. Halbs. AktG eine Regelung unzulässig, wonach Minderheiten gegen die Mehrheit entscheiden könnten.

27 Zu beachten ist in diesem Zusammenhang weiterhin, daß die im Gesetz in den §§ 76 ff. AktG ausdrücklich genannten Aufgaben des Vorstands außerhalb der Geschäftsführung zwingende Aufgaben des Gesamtvorstands sind und daher nicht Objekt der Geschäftsverteilung sein können.[26] Auch die Gesamtleitung der Gesellschaft im Sinne des § 76 Abs. 1 AktG, also grundsätzliche Entscheidungen über die Gesellschaftspolitik, kann dem Gesamtvorstand nicht entzogen werden.[27]

III. Geschäftsordnung des Vorstands

28 Gemäß § 77 Abs. 2 AktG kann sich der Vorstand unter gewissen Voraussetzungen eine Geschäftsordnung geben.

1. Inhalt der Geschäftsordnung

29 In einer solchen Geschäftsordnung werden üblicherweise Regelungen über Zusammenarbeit und Geschäftsverteilung innerhalb des Vorstands oder auch über die Zusammenarbeit mit dem Aufsichtsrat getroffen.[28]

2. Zuständigkeit, Form und Beschlußfassung

30 Die Zuständigkeit des Vorstands zum Erlaß einer Geschäftsordnung ist nur subsidiär gegenüber der Erlaßkompetenz des Aufsichtsrats. Gemäß § 77 Abs. 2 S. 1 AktG hat er diese Befugnis nicht, wenn der Aufsichtsrat durch die Satzung zum Erlaß einer Geschäftsordnung ermächtigt worden ist oder aus eigener Initiative eine Geschäftsordnung erlassen hat. Die Erlaßkompetenz des Vorstands kann somit lediglich unter Zustimmung bzw. mit Billigung des Aufsichtsrats erfolgen.

---

[26] Hüffer, AktG, § 77 Rn. 17; vgl. zu diesem „Kernbereich" der Gesamtvorstandsaufgaben §§ 83, 90, 91, 92, 97, 98, 104 Abs. 1 und 2, 106, 110 Abs. 1, 118 Abs. 2, 119 Abs. 2, 121 Abs. 2, 170, 245 Nr. 4 AktG.

[27] Hüffer, AktG, § 77 Rn. 18.

[28] Hüffer, AktG, § 77 Rn. 21; ausführlich Mertens, in: Kölner Komm, § 77 Rn. 39 ff.

Gibt sich der Vorstand eine Geschäftsordnung, so bedarf der entspre- **31** chende Beschluß nach § 77 Abs. 2 S. 3 AktG zwingend der Einstimmigkeit.

Für die Wirksamkeit der Geschäftsordnung ist nach ganz überwiegen- **32** der Auffassung Schriftform erforderlich.[29] Die Geschäftsordnung bleibt bis zu ihrer Änderung oder Aufhebung gültig. Hier ist zu beachten, daß der Aufsichtsrat eine einmal vom Vorstand gegebene Geschäftsordnung nicht ändern kann, sondern in diesem Fall eine neue, eigenständige Geschäftsordnung erlassen muß, die dann allerdings mit ihrer Wirksamkeit automatisch die Geschäftsordnung des Vorstands aufhebt.[30]

IV. Vertretungsbefugnis

Der Vorstand ist organschaftlicher Vertreter der Aktiengesellschaft. Er **33** ist kein gesetzlicher Vertreter, hat aber dessen Rechtsstellung.[31]

1. Uneinschränkbarkeit der Vertretungsbefugnis

Gemäß § 82 Abs. 1 AktG ist die Vertretungsmacht des Vorstands **34** unbeschränkt und unbeschränkbar. Dritte können sich daher auf die Wirksamkeit des Vorstandshandelns auch in dem Fall verlassen, daß der Vorstand seine Befugnisse überschritten hat.[32] Dies gilt jedoch nicht, wenn das Vorstandshandeln im Sinne der §§ 134, 138 BGB gegen das Gesetz oder die guten Sitten verstößt oder wenn der Vorstand nach Gesetz – wie zum Beispiel gemäß §§ 84 Abs. 1 und 3, 112, 147 Abs. 3 AktG – die Aktiengesellschaft nicht wirksam vertreten kann.[33] Soweit der Vorstand seine Vertretungsmacht in diesem Sinne überschritten hat, sind die Rechtsfolgen der §§ 177 ff. BGB einschlägig.[34]

---

[29] Geßler, in: Geßler/Hefermehl, AktG, § 77 Rn. 30; Meyer-Landrut, in: Großkomm, § 77 Rn. 10.
[30] Hüffer, AktG, § 77 Rn. 22.
[31] Sog. Organtheorie, vgl. dazu Hefermehl, in: Geßler/Hefermehl, AktG, § 78 Rn. 2; a.A. aber Mertens, in: Kölner Komm, § 78 Rn. 7.
[32] Hüffer, AktG, § 82 Rn. 3.
[33] Hüffer, AktG, § 82 Rn. 4.
[34] Vgl. zu den Konsequenzen Hüffer, AktG, § 82 Rn. 5.

35 Gemäß § 111 Abs. 4 S. 2 AktG kann der Vorstand durch Satzung oder Aufsichtsratsbeschluß für bestimmte Geschäfte an die Zustimmung des Aufsichtsrats gebunden werden. Eine solche Verfahrensweise hat jedoch nur interne Wirkung, ohne daß die Vertretungsbefugnis dadurch betroffen wird.[35]

2. Grundsatz der Gesamtvertretung gemäß § 78 Abs. 2 S. 1 AktG

36 Soweit die Satzung keine abweichende Regelung trifft, gilt für den Vorstand der Grundsatz der Gesamtvertretung nach § 78 Abs. 2 S. 1 AktG. Das bedeutet, daß der Vorstand nur unter Zustimmung aller Vorstandsmitglieder die Aktiengesellschaft wirksam vertreten kann. Dies kann durch getrennte Abgabe von Willenserklärungen gegenüber dem Empfänger oder durch nachträgliche Zustimmung, die auch lediglich intern erteilt werden kann,[36] zur abgegebenen Erklärung eines Vorstandsmitgliedes erfolgen.[37]

37 Bei der Passivvertretung gilt dagegen gemäß § 78 Abs. 2 S. 2 AktG das Prinzip der Einzelvertretung. Ist also der Gesellschaft gegenüber eine Erklärung abzugeben, so genügt die Abgabe gegenüber nur einem Vorstandsmitglied.

3. Abweichende Regelungen vom Gesamtvertretungsgrundsatz

38 Vom Gesetz abweichende Regelungen müssen in der Satzung enthalten sein oder vom Aufsichtsrat beschlossen werden.[38] Folgende Regelungen sind zulässig und gebräuchlich:

3.1 Einzelvertretung

39 Die Einzelvertretung wird im Gesetz in § 78 Abs. 3 S. 1, 1. Var. AktG ausdrücklich genannt. Sie liegt vor, wenn ein Vorstandsmitglied oder mehrere ohne die Mitwirkung anderer aufgrund einer Satzungsermächtigung die Aktiengesellschaft vertreten können.[39]

---

[35] BGHZ 83, 122, 132.
[36] RGZ 112, 215, 220.
[37] RGZ 81, 325, 329.
[38] Hüffer, AktG, § 78 Rn. 1.
[39] Dazu näher Hüffer, AktG, § 78 Rn. 15.

3.2 Unechte Gesamtvertretung

Unechte Gesamtvertretung ist gemäß § 78 Abs. 3 S. 1, 2. Var. AktG **40** gegeben, wenn ein Vorstandsmitglied nach Ermächtigung durch die Satzung gemeinsam mit einem Prokuristen die Gesellschaft vertritt. Es besteht auch die Möglichkeit einer Gesamtvertretung mehrerer, aber nicht notwendig aller Vorstandsmitglieder. In diesem Zusammenhang herrscht jedoch keine einheitliche Begrifflichkeit. Während diese Konstellation von einem Teil der Literatur als „unechte Gesamtvertretung" bezeichnet wird, wohingegen die Vertretung mit einem Prokuristen von dieser Auffassung „gemischte Vertretung" genannt wird,[40] benutzt die überwiegende Ansicht in der Literatur hingegen die hier verwendete Terminologie.[41] Möglich ist schließlich auch die sogenannte „halbseitige Gesamtvertretung", bei der die Vertretungsbefugnis eines Vorstandsmitgliedes an die Zustimmung eines zur Einzelvertretung befugten Vorstandsmitgliedes gebunden ist.[42] Unzulässig sind dagegen solche Regelungen, die einzelne Vorstandsmitglieder von der Vertretungsbefugnis ausschließen sollen oder eine vollständige Abhängigkeit des Vorstands von der Mitwirkung eines bzw. mehrerer Prokuristen begründen.[43]

3.3 Einzelermächtigungen gemäß § 78 Abs. 4 S. 1 AktG

Sind Vorstandsmitglieder zur Gesamtvertretung befugt, so können **41** einzelne Vorstandsmitglieder oder Prokuristen gemäß § 78 Abs. 4 S. 1 AktG zur Vornahme bestimmter oder von bestimmten Arten von Geschäften ermächtigt werden. Die Ermächtigung muß ausdrücklich oder konkludent durch die anderen Vorstandsmitglieder in jeweils vertretungsberechtigter Zahl erteilt werden, wobei der Ermächtigte mitwirken kann. Die Erklärung kann sowohl intern als auch gegenüber dem Geschäftspartner erfolgen.[44]

Über die Rechtsnatur einer derartigen Ermächtigung herrscht keine **42** Einigkeit. Während die eine Meinung darin in Übereinstimmung mit dem *Reichsgericht*[45] eine Handlungsvollmacht im Sinne von § 54 HGB erblickt,[46] sieht die heutige Rechtsprechung und die wohl herrschende

---

40 So z. B. Hefermehl, in: Geßler/Hefermehl, AktG, § 78 Rn. 24.
41 Siehe Mertens, in: Kölner Komm, § 78 Rn. 27 ff.
42 Allgemein anerkannt; vgl. z. B. Hüffer, AktG, § 78 Rn. 18 m.w.N.
43 Mertens, in: Kölner Komm, § 78 Rn. 31.
44 Mertens, in: Kölner Komm, § 78 Rn. 19.
45 RGZ 48, 56, 58; RGZ 80, 180, 192.
46 Flume, Juristische Person, S. 361.

Meinung der Literatur darin zutreffend eine Ausweitung der organschaftlichen Gesamtvertretungsmacht zur Einzelvertretungsmacht.[47]

43 Was den Umfang der Einzelermächtigung angeht, muß sie gegenständlich begrenzt und hinlänglich präzise sein, wofür eine bloße betragsmäßige Begrenzung wie zum Beispiel „Geschäfte bis zum Betrag von 20 000,– DM" nicht ausreicht. Genügend wäre demgegenüber aber die Ermächtigung zu „Einkaufsgeschäften bis zum Betrag von 20 000,– DM".[48]

44 Der Widerruf einer solchen Einzelermächtigung ist jederzeit formlos und ohne Begründung möglich, wobei im Außenverhältnis die §§ 170, 171 BGB sinngemäß anwendbar sind.[49] Streitig ist allerdings, für welchen Personenkreis sich die Berechtigung zum Widerruf ergibt. In Anlehnung an den Rechtsgedanken des § 116 Abs. 3 S. 2 HGB, wonach der Vertrauensverlust auch nur eines Ermächtigenden genügt, dürfte hier aber die Auffassung der wohl herrschenden Literatur[50] zutreffend sein, daß ein – einzelnes – Widerrufsrecht jedes Vorstandsmitgliedes oder im Fall der unechten Gesamtvertretung auch jedes Prokuristen besteht, welches bzw. welcher an der Ermächtigung mitgewirkt hat.[51] Darüber hinaus dürfte ein Widerrufsrecht der anderen Vorstandsmitglieder nur in vertretungsberechtigter Zahl erforderlich sein.[52] Es ist nicht plausibel, eine kollektive Beteiligung sämtlicher Vorstandsmitglieder zu erfordern, obwohl die Ermächtigung nicht von ihnen allen ausgegangen ist.[53]

V. Bestellung und Ausscheiden von Vorstandsmitgliedern

45 Gemäß § 84 Abs. 1 S. 1 AktG werden Vorstandsmitglieder durch den Aufsichtsrat für einen Zeitraum von längstens fünf Jahren bestellt. Durch diese Vorschrift soll verhindert werden, daß sich der Aufsichtsrat im Fall einer etwa lebenslänglichen Bestellung von Vorstandsmitgliedern seiner Einflußmöglichkeiten weitgehend selbst beraubt.[54]

---

[47] BGHZ 64, 72, 75; Meyer-Landrut, in: Großkomm, § 78 Rn. 17 m.w.N.
[48] Vgl. Hüffer, AktG, § 78 Rn. 21 m.w.N.
[49] Hüffer, AktG, § 78 Rn. 22.
[50] Vgl. nur Mertens, in: Kölner Komm, § 78 Rn. 60 m.w.N.
[51] Anderer Auffassung aber Hefermehl, in: Geßler/Hefermehl, AktG, § 78 Rn. 54.
[52] So zutreffend Hefermehl, in: Geßler/Hefermehl, AktG, § 78 Rn. 55; Mertens, in: Kölner Komm, § 78 Rn. 60 m.w.N.
[53] Anders jedoch Meyer-Landrut, in: Großkomm, § 78 Rn. 20.
[54] Hüffer, AktG, § 84 Rn. 1.

V. Bestellung und Ausscheiden von Vorstandsmitgliedern

Das Rechtsverhältnis zwischen Vorstandsmitglied und Aktiengesell- **46** schaft ist doppelter Natur. Zum einen erhält das Vorstandsmitglied durch die Bestellung die Mitgliedschaft im Vorstand und damit Organqualität.[55] Es wird dadurch also wie der Vorstand selbst als Organ berechtigt und verpflichtet. Zum anderen besteht zwischen dem Vorstandsmitglied und der Gesellschaft ein Anstellungsvertrag im Sinne von §§ 611, 675 BGB. Gemäß der heute herrschenden Trennungstheorie[56] sind diese beiden Rechtsverhältnisse abstrakt voneinander zu betrachten. Eine andere Ansicht vertritt diesbezüglich zwar neuerdings wieder *Baums*[57], der zur Einheitstheorie zurückgekehrt ist und somit zwischen der Bestellung und dem Abschluß des Anstellungsvertrags rechtlich nicht trennt. Eine solche Sichtweise dürfte jedoch wenig praktikabel sein und ist daher abzulehnen.[58]

1. Bestellung

Zuständig für die Bestellung ist gemäß § 84 Abs. 1 S. 1 AktG allein und **47** zwingend der Aufsichtsrat. Sie erfolgt durch einen Beschluß des Aufsichtsrats und die Erklärung des Einverständnisses durch das zukünftige Vorstandsmitglied.[59]

Streitig ist die Rechtsnatur der Bestellung. Während die eine Meinung **48** darin einen bloßen körperschaftlichen Akt erblickt, für den allgemeine zivilrechtliche Vorschriften nicht gelten,[60] wird sie nach anderer Auffassung für einen Vertrag gehalten.[61] Der *Bundesgerichtshof*[62] sieht zutreffend sowohl in der Bestellungserklärung als auch in der dazugehörigen Einverständniserklärung zwei einseitige, aber inhaltlich aufeinander bezogene Rechtsgeschäfte.

Die wiederholte Bestellung eines Vorstandsmitgliedes ist gemäß § 84 **49** Abs. 1 S. 2 AktG für die Dauer von jeweils maximal fünf Jahren ohne weiteres zulässig. Für die Wiederbestellung ist jedoch im Regelfall gemäß § 84 Abs. 1 S. 3 AktG ein erneuter Beschluß des Aufsichtsrats erforderlich, der frühestens ein Jahr vor Ablauf der Amtszeit erfolgen darf. Nur ausnahmsweise ist gemäß § 84 Abs. 1 S. 4 AktG eine

---

[55] Hüffer, AktG, § 84 Rn. 8.
[56] BGHZ 78, 82, 84; BGHZ 89, 48, 52; Hefermehl, in: Geßler/Hefermehl, AktG, § 84 Rn. 6 m.w.N.
[57] Baums, Der Geschäftsleitervertrag, 1987, S. 3 ff.
[58] Vgl. dagegen überzeugend Hüffer, AktG, § 84 Rn. 2.
[59] Hüffer, AktG, § 84 Rn. 3.
[60] Hefermehl, in: Geßler/Hefermehl, AktG, § 84 Rn. 3.
[61] Baums, a.a.O., S. 40.
[62] BGHZ 52, 316, 321.

Verlängerung der Amtszeit ohne einen solchen Beschluß möglich, wenn eine Bestellung auf weniger als fünf Jahre erfolgt ist und durch die Verlängerung die Amtszeit nicht mehr als fünf Jahre beträgt. Unzulässig und nach § 134 BGB nichtig sind dagegen etwaige Vereinbarungen über eine automatische Verlängerung der Amtszeit.[63]

2. Anstellungsvertrag

50 Es wurde bereits gezeigt, daß zwischen der Gesellschaft und den einzelnen Vorstandsmitgliedern ein Anstellungsvertrag bzw. Dienstvertrag im Sinne von §§ 611, 675 BGB besteht, der nach zutreffender Auffassung losgelöst von der Bestellung zu betrachten ist.[64] Allerdings besitzt das Vorstandsmitglied keinen Arbeitnehmerstatus und ist insbesondere kein Handlungsgehilfe. Vielmehr ist es aufgrund seiner Stellung als Unternehmer und Organ der Gesellschaft wie ein Arbeitgeber zu betrachten.[65] Hierdurch wird aber nicht ausgeschlossen, daß die tatsächliche Stellung ähnlich zu der eines Arbeitnehmers ist und somit vorrangig oder ergänzend zu vertraglichen Vereinbarungen Arbeitnehmerschutzrechte bestehen können.[66]

51 Die Kündigung des Anstellungsvertrages regelt sich gemäß § 84 Abs. 3 S. 5 AktG nach den allgemeinen Regeln über den Dienstvertrag. Sie richtet sich aber nicht nach § 621 Nr. 3 BGB, sondern vielmehr ist hier entsprechend der ständigen Rechtsprechung des *Bundesgerichtshofes* zur Kündigung eines GmbH-Geschäftsführers die Regelung des § 622 Abs. 1 BGB verallgemeinerungsfähig.[67] Ob und unter welchen Voraussetzungen darüber hinaus auch eine außerordentliche Kündigung des Anstellungsvertrages gemäß § 626 BGB gerechtfertigt sein kann, wird unter Ziff. 4 erörtert.

52 Der Anstellungsvertrag wird in der Regel folgend aus § 84 Abs. 1 S. 5, 1. Halbs. AktG zeitlich auf die vorgesehene Dauer der Vorstandsmitgliedschaft begrenzt, also auf höchstens fünf Jahre geschlossen, wobei allerdings gemäß § 84 Abs. 1 S. 5, 2. Halbs. AktG Verlängerungsklauseln für den Fall der Wiederbestellung zulässig sind.

---

[63] BGHZ 10, 187, 194 f.
[64] Siehe oben unter V.
[65] BGHZ 12, 1, 8; BGHZ 79, 38, 41; Mertens, in: Kölner Komm, § 84 Rn. 34 m.w.N.
[66] Siehe hierzu Martens, Fs-Hilger und Stumpf, 1983, S. 437, 439 ff.
[67] Hüffer, AktG, § 84 Rn. 17; vgl. BGHZ 79, 291, 292 ff.; BGHZ 91, 217, 220 f., wonach § 622 Abs. 1 BGB auch dann anwendbar ist, wenn eine maßgebliche Beteiligung des Geschäftsführers an der GmbH besteht.

Zuständig zum Abschluß der Anstellungsverträge ist, wie sich aus § 84   **53**
Abs. 1 S. 5, 1. Halbs. i.V.m. Abs. 1 S. 1 AktG ergibt, der Aufsichtsrat,
der diese Aufgabe auch einem Ausschuß übertragen kann.[68] Hierbei
handelt er entsprechend § 112 AktG als Vertreter der Aktiengesellschaft.[69]

3. Ausscheiden von Vorstandsmitgliedern

Die Mitgliedschaft im Vorstand kann außer durch Ablauf der Amtszeit   **54**
auch auf folgende Weise beendet werden:

3.1 Widerruf der Bestellung nach § 84 Abs. 2 S. 3 AktG

Der Widerruf ist das auf die Beseitigung der Organstellung gerichtete   **55**
Gegenstück zur Bestellung. Für den Widerruf ist wie bei der Bestellung
gemäß §§ 84 Abs. 3 S. 1, 108 Abs. 1 AktG ein Beschluß des Aufsichts-
rats erforderlich. Er darf gemäß § 84 Abs. 3 S. 1 AktG nur aus wichtigem
Grund erfolgen. Insbesondere kann er gemäß § 84 Abs. 3 S. 2 AktG in
Betracht kommen bei:

– Groben Pflichtverletzungen;   **56**

   hierfür hat die Rechtsprechung beispielsweise eine Schädigung
   des Ansehens der Aktiengesellschaft durch anrüchige Spekula-
   tionsgeschäfte[70] oder die Begehung von strafbaren Handlungen[71] –
   auch im Privatleben – ausreichen lassen;

– Unfähigkeit zur ordnungsgemäßen Geschäftsführung;   **57**

   dies kann zum Beispiel in Betracht kommen beim Fehlen notwen-
   diger Kenntnisse[72] oder bei einer Unverträglichkeit, bei der ein
   kollegiales Zusammenleben ausgeschlossen erscheint;[73]

– Vertrauensentzug durch die Hauptversammlung;   **58**

   für einen solchen Vertrauensentzug ist ein entsprechender Beschluß der Hauptversammlung notwendig,[74] wohingegen die bloße
   Verweigerung der Entlastung nicht ausreicht.[75] Der Beschluß ist

---

[68] Vgl. § 107 Abs. 3 S. 2 AktG, wo § 84 Abs. 1 S. 5 AktG nicht aufgeführt ist; so auch BGHZ
41, 282, 285; BGHZ 65, 190, 191; näher dazu Hüffer, AktG, § 84 Rn. 12, 13.
[69] Nach OLG Nürnberg, AG 1991, 446, 447 gilt dies auch im Konkurs.
[70] BGH, WM 1956, 865.
[71] BGH LM BGB, § 626 Nr. 8.
[72] OLG Stuttgart, GmbHR 1957, 59, 60.
[73] BGH, WM 1984, 29 f.; siehe auch OLG Koblenz, ZIP 1987, 1120.
[74] BGH, WM 1962, 811; Mertens, in: Kölner Komm, § 84 Rn. 106.
[75] Hüffer, AktG, § 84 Rn. 30.

auch dann rechtmäßig, wenn dem Vorstandsmitglied kein persönlicher Vorwurf gemacht werden kann bzw. wenn es bei Meinungsverschiedenheiten über wesentliche Entscheidungen sogar im Recht gewesen sein mag.[76] Allerdings darf der Vertrauensentzug nicht auf offensichtlich unsachlichen Gründen beruhen.[77]

59 Bei Wirksamkeit des erforderlichen Beschlusses und mit Zugang der Widerrufserklärung endet die Bestellung des Vorstandsmitgliedes. Allerdings ist hier zu beachten, daß der Widerruf gemäß § 84 Abs. 3 S. 4 AktG so lange wirksam ist, bis seine Unwirksamkeit rechtskräftig festgestellt ist. Aus dieser Vorschrift ergibt sich, daß der Widerruf auch bei Fehlen eines wichtigen Grundes zunächst zur Beendigung der Bestellung führt, jedoch das Organverhältnis bei einer rechtskräftigen Feststellung der Unwirksamkeit wieder auflebt.[78] Streitig ist in diesem Zusammenhang, ob eine rechtskräftige Entscheidung i. S. d. § 84 Abs. 3 S. 4 AktG auch im Verfügungsverfahren ergehen kann.[79] Diese Frage sollte im Hinblick auf den Regelungszweck und dem Wortlaut „rechtskräftig" der Vorschrift dahin gehend beantwortet werden, daß ein Urteil zur Hauptsache erforderlich ist.[80] Dieses muß das Vorstandsmitglied im Klagewege erstreiten, wobei die Klage gegen die Aktiengesellschaft, vertreten durch den Aufsichtsrat, zu richten ist.[81]

3.2 Amtsniederlegung

60 Nach allgemeiner Auffassung kann ein Vorstandsmitglied bei Vorliegen eines wichtigen Grundes sein Amt niederlegen.[82] Diese Erklärung, das Organverhältnis nicht mehr fortsetzen zu wollen, ist gemäß § 112 AktG an die Gesellschaft vertreten durch den Aufsichtsrat zu richten. Die Wirksamkeit des Anstellungsvertrages wird hierdurch grundsätzlich nicht berührt.[83] Die Amtsniederlegung wird in analoger Anwendung des § 84 Abs. 3 S. 4 AktG mit Zugang der Erklärung auch dann wirksam, wenn das Vorliegen eines wichtigen Grundes streitig ist, sofern sich nur das Vorstandsmitglied auf einen solchen Grund beruft.[84]

---

[76] BGH, NJW 1975, 1657.
[77] Hüffer, AktG, § 84 Rn. 29.
[78] Hüffer, AktG, § 84 Rn. 31.
[79] Siehe die Streitdarstellung bei Mertens, in: Kölner Komm, § 84 Rn. 97 m.w.N.
[80] Zutreffend insoweit Mertens, in: Kölner Komm, § 84 Rn. 97.
[81] Dies folgt aus § 112 AktG; vgl. auch BGH, WM 1984, 532.
[82] Vgl. nur BGHZ 78, 82, 84 für die GmbH; BGH, AG 1984, 266 für die Genossenschaft.
[83] Hüffer, AktG, § 84 Rn. 36.
[84] Hüffer, AktG, § 84 Rn. 36 m.w.N.

3.3 Suspendierung

Äußerst streitig ist dagegen die Zulässigkeit einer Suspendierung. **61**
Hierbei stellt sich vor allem die Frage, ob und unter welchen Umständen das Vorstandsmitglied auf Zeit aus dem Vorstand ausscheiden kann und ob diesbezüglich sowohl die Voraussetzungen als auch die Verfahrensregelungen des § 84 AktG eingehalten werden müssen. Eine gefestigte Rechtsprechung und Meinungslage liegt hier noch nicht vor, so daß von einer solchen Maßnahme möglichst abzuraten ist.[85]

3.4 Einverständliches Ausscheiden

In Betracht kommt schließlich auch ein einvernehmliches Ausscheiden **62**
des Vorstandsmitgliedes aus dem Vorstand. Dies ist ohne weiteres möglich und bedarf auch keines wichtigen Grundes.[86] Die Entscheidung hierüber kann jedoch entsprechend des in § 107 Abs. 3 S. 2 AktG verkörperten Rechtsgedankens nicht auf einen Ausschuß übertragen werden, sondern muß auf Seiten der Gesellschaft durch einen Beschluß des Gesamtaufsichtsrats gemäß § 108 AktG erfolgen.[87]

4. Auswirkungen des Ausscheidens auf den Anstellungsvertrag

Gemäß der herrschenden Trennungstheorie berührt das Ausscheiden **63**
des Vorstandsmitgliedes den Bestand des Anstellungsverhältnisses grundsätzlich nicht. Dessen Kündigung regelt sich, wie bereits angesprochen,[88] vielmehr gemäß § 84 Abs. 3 S. 5 AktG nach den allgemeinen Regeln über den Dienstvertrag.

Jedoch kann in dem Widerruf der Bestellung gleichzeitig auch eine **64**
außerordentliche Kündigung des Dienstvertrages gemäß § 626 Abs. 1 BGB zu sehen sein.[89] Die Beurteilung des wichtigen Kündigungsgrundes geschieht hierbei getrennt von der Prüfung, ob im Sinne von § 84 Abs. 3 S. 1 AktG ein wichtiger Grund zum Widerruf der Bestellung vorgelegen hat.[90] Das Vorliegen eines solchen Grundes ist davon abhängig, ob nach Abwägung der beiderseitigen wesentlichen Ver-

---

[85] Ein Überblick über die verschiedenen Ansätze gibt Hüffer, AktG, § 84 Rn. 35.
[86] Krieger, Personalentscheidungen des Aufsichtsrats, 1981, S. 147; Wiesner, in: MünchHdb AG, § 20 Rn. 55
[87] BGHZ 79, 38, 43 f.; Wiesner, in: MünchHdb AG, § 20 Rn. 55.
[88] Siehe oben unter V.3.
[89] BGHZ 12, 337, 340.
[90] Fleck, WM 1994, 1957, 1964.

tragsinteressen eine Fortgeltung des Anstellungsvertrages und die damit verbundene Fortzahlung der Bezüge für die Gesellschaft noch zumutbar ist, wobei insbesondere auch die sozialen Folgen für den Betroffenen zu berücksichtigen sind.[91]

65   Die vorstehenden Grundsätze sind auf den Fall eines einverständlichen Ausscheidens des Vorstandsmitgliedes übertragbar.[92] Anderes gilt aber bei der berechtigen Amtsniederlegung durch ein Vorstandsmitglied. Hier bleibt der Anstellungsvertrag grundsätzlich zumindest vorläufig erhalten.[93] Hingegen wird eine unberechtigte Amtsniederlegung stets einen wichtigen Kündigungsgrund für den Anstellungsvertrag in Form einer groben Pflichtverletzung gemäß § 626 BGB darstellen.[94]

VI. Besetzung des Vorstands

66   Gemäß § 23 Abs. 3 Nr. 6 AktG muß die Zusammensetzung des Vorstands in der Satzung geregelt sein. Gemäß § 76 Abs. 2 S. 1 AktG kann der Vorstand aus einer oder mehreren Personen bestehen. In Gesellschaften mit mehr als drei Millionen Euro Grundkapital hat gemäß § 76 Abs. 2 S. 2 AktG der Vorstand aus mindestens zwei Personen zu bestehen, wenn die Satzung nichts anderes vorschreibt.

1. Persönliche Voraussetzungen für die Vorstandsmitgliedschaft

67   Das Gesetz schreibt in § 76 Abs. 3 S. 1 AktG vor, daß der Vorstand nur aus natürlichen, voll geschäftsfähigen Personen bestehen kann. Aus dem ebenso in § 6 Abs. 3 S. 1 GmbHG geltenden Grundsatz der Fremdorganschaft folgt, daß das Vorstandsmitglied nicht selbst Aktionär zu sein braucht, es aber sein kann.[95]

68   In der Satzung können nach wohl überwiegender, aber strittiger Auffassung weitere Auswahlkriterien festgelegt sein mit der Maßgabe, daß der Ermessensspielraum des Aufsichtsrats bei der Bestellung erhalten bleibt.[96]

---

[91]   Hüffer, AktG, § 84 Rn. 39.
[92]   BGHZ 79, 38, 43; kritisch aber Hoffmann-Becking, Fs-Stimpel, 1985, S. 589, 595 f.
[93]   Henze, HRR AktienR, S. 113; Hüffer, AktG, § 84 Rn. 36.
[94]   Siehe BGH, NJW 1978, 1435, 1437; BGHZ 78, 82, 85.
[95]   Siehe zu diesem Grundsatz Hüffer, AktG, § 76 Rn. 25; anders aber bei Personengesellschaften, vgl. z. B. §§ 114, 125 HGB.
[96]   Vgl. zum Meinungsstreit die Nachweise bei Hüffer, AktG, § 76 Rn. 26.

Eine Bestellung in den Vorstand ist gemäß § 76 Abs. 3 S.   **69**
3 AktG ausgeschlossen, wenn der Betroffene rechtskräftig wegen einer Kon-
kursstraftat nach §§ 283–283 d StGB verurteilt ist oder wenn er einem
Berufsverbot unterliegt.

2. Der Arbeitsdirektor nach § 33 MitbestG

In mitbestimmten Gesellschaften ist gemäß § 33 MitbestG ein Arbeits-   **70**
direktor als gleichberechtigtes Mitglied des Vorstands zu bestellen.
Damit steigt in solchen Gesellschaften die Mindestzahl der Vorstandsmitglieder auf zwei.

Der Arbeitsdirektor ist unabdingbar für einen Kernbereich des Perso-   **71**
nal- und Sozialwesens innerhalb der Gesellschaft zuständig.[97] Ihm
können aber auch weitere Bereiche zugewiesen werden, soweit dies
seinen eigentlichen Auftrag nicht hindert.[98]

Für die Bestellung und Abberufung des Arbeitsdirektors gelten die   **72**
gleichen Bestimmungen wie für die Wahl jedes anderen Vorstandsmitgliedes. Auch bei der Auswahl ergeben sich grundsätzlich keine
Besonderheiten, wobei allerdings Rücksichtnahme auf das Vertrauen
der Belegschaft geboten ist.[99]

VII. Wichtige Neuerungen durch das KonTraG

Das Gesetz zur Kontrolle und Transparenz im Unternehmensbereich   **73**
(KonTraG)[100] hat auch für den Vorstand wesentliche Neuerungen mit
sich gebracht:

1. Risikomanagement

§ 91 Abs. 2 AktG verpflichtet die Vorstände der Aktiengesellschaft   **74**
nunmehr ausdrücklich, für ein angemessenes Überwachungssystem
zu sorgen. Das Überwachungssystem setzt sich zusammen aus
Risikomanagement und interner Revision. Die Gesetzesformulierung
lautet lapidar: „Der Vorstand hat geeignete Maßnahmen zu treffen,
insbesondere ein Überwachungssystem einzurichten, damit den Fort-

---

[97] OLG Frankfurt, AG 1986, 262; Hanau/Ulmer, MitbestG, § 33 Rn. 15.
[98] BVerfGE 50, 290, 378.
[99] Lutter/Krieger, Rechte und Pflichten des Aufsichtsrats, Rn. 183.
[100] Gesetz vom 27. 4. 1998, BGBl. I, S. 786 v. 30. 4. 1998; in Kraft getreten am 1. 5. 1998

bestand der Gesellschaft gefährdende Entwicklungen früh erkannt werden."

75 Es geht dabei nicht darum, existenzgefährdende Risiken auszuschließen, sondern lediglich sicherzustellen, daß der Vorstand sie kennt, was man allerdings auch als eine Selbstverständlichkeit ansehen kann.

76 Die Regelung wird flankiert durch die Abschlußprüfung, die sich bei Unternehmen, die im amtlichen Handel notiert sind, künftig auch auf diese Überwachungssysteme erstreckt (§ 317 Abs. 4 HGB). Außerdem hat der Abschlußprüfer bei der Prüfung des Lageberichtes zu prüfen, ob die Risiken der zukünftigen Entwicklung zutreffend dargestellt sind (§ 317 Abs. 2 S. 2 HGB).

2. Berichtspflicht des Vorstandes

77 Die Berichtspflicht des Vorstandes an den Aufsichtsrat über die künftige Unternehmensplanung ist in § 90 Abs. 1 Nr. 1 AktG verstärkt worden. Dies betrifft insbesondere die Finanz-, Investitions- und Personalplanung. Der Aufsichtsrat soll dadurch in die Lage versetzt werden, nach vorne und nicht nach rückwärts zu blicken. Die Gesetzesformulierung bringt zum Ausdruck, daß nicht die Vorlage der Planung in allen Details gefordert ist.

3. Aktienbezugspläne für Vorstandsmitglieder

78 Aktienoptionen – auch Stock options genannt – sind Bezugsrechte auf Aktien, die Vorstandsmitgliedern, aber auch Mitarbeitern und anderen Personen von Aktiengesellschaften gewährt werden. Die Einräumung von Aktienbezugsrechten als Vergütungsinstrument ist durch das KonTraG erleichtert worden (§ 192 Abs. 2 Nr. 3 und § 193 Abs. 2 Nr. 4 AktG). Dem Bezugsrecht zugrunde liegender Grundgedanke ist folgender: Derjenige, der im Unternehmen für den wirtschaftlichen Erfolg sorgt, soll nicht nur mit Geld, sprich seinen Vorstandsbezügen, motiviert werden, seine Leistung zu erbringen, sondern seine Leistung soll sich auch in der Wertsteigerung der ihm gehörenden Optionsrechte auf Anteile an seinem Unternehmen niederschlagen.[101]

79 Aktienoptionen räumen ihrem Inhaber das Recht ein, Aktien zum sog. Ausübungs- oder Basispreis erwerben zu können. Aktienoptionen als Vergütungsbestandteile für Vorstände sehen als Basispreis regel-

---

[101] Claussen, WM 1997, 1825.

mäßig den Kurs der Aktie bei Einräumung der Option vor. Die Option kann in der Regel nur ausgeübt werden, wenn die Aktie nach Ablauf einer bestimmten Haltefrist einen von vornherein fixierten höheren Kurs (Zielkurs) erreicht hat. Je höher der Zielkurs, desto größer der Gewinn für den Optionsinhaber. Aktienoptionen für Vorstandsmitglieder vermitteln diesen also den Anreiz, den Börsenkurs der Aktien und damit den Marktwert des Unternehmens zu steigern.[102]

Hindernis war in der Praxis bisher jedoch nicht die Einräumung der Optionen, sondern die Beschaffung von Aktienmaterial zu ihrer Erfüllung. Bislang behalten sich die Unternehmen durch Schaffung eines bedingten Kapitals zur Bedienung von Wandelschuldverschreibung und Optionsanleihen. **80**

Stock options sind sehr transparente Vergütungsinstrumente. Die Transparenz über Aktienoptionsprogramme ist deshalb erhöht worden (siehe § 285 Nr. 9 a HGB, § 160 Abs. 1 Nr. 5 AktG, § 55 Börsenzulassungsverordnung). Sie werden mit der Neuregelung klarer und sowohl nach innen den Führungskräften wie auch nach außen, also den Aktionären wie auch den Finanzmärkten, besser vermittelbar. **81**

Der durch das KontraG neu gefaßte § 192 Abs. 2 Nr. 3 AktG räumt den Managern von Aktiengesellschaften derartige Aktienbezugsrechte ein. Die Einzelheiten sind nach wie vor sehr umstritten[103], sind an dieser Stelle jedoch nicht weiter zu verfolgen. **82**

---

[102] Baums, in: Festschrift für Claussen, S. 3
[103] Baums, in: Festschrift für Claussen, S.3 ff.; Claussen, WM 1997, 1825 ff.

B. Die Rechtsstellung des Aufsichtsrats

Der Aufsichtsrat ist innerhalb der zweigliedrigen Verwaltung der Akti- **83**
engesellschaft das Kontroll- und Überwachungsorgan. Er besteht
unter anderem aus Vertretern von Arbeitern, Angestellten und Gewerkschaften, wodurch die Mitbestimmungsrechte der Arbeitnehmerschaft gesichert werden können.

Der folgende Abschnitt gibt einen Überblick über die Aufgaben und die **84**
innere Ordnung des Aufsichtsrats und stellt Berufung und Abberufung
von Aufsichtsratsmitgliedern unter dem Einflußbereich der verschiedenen Mitbestimmungsgesetze dar.

I. Aufgaben des Aufsichtsrats

Zu den Aufgaben des Aufsichtsrats gehört zum einen die allgemeine **85**
Überwachung der Geschäftsführung durch den Vorstand und zum
anderen die Bestellung und nötigenfalls der Widerruf der Bestellung
von Vorstandsmitgliedern. Hier werden zunächst die beiden Hauptauf-
gaben – Überwachung und Bestellung des Vorstands – angesprochen.
Eine eingehende Darstellung der einzelnen Rechte und Pflichten des
Aufsichtsrats erfolgt dann im zweiten Teil dieser Arbeit.

1. Überwachung des Vorstands

Nach § 111 Abs. 1 AktG hat der Aufsichtsrat die Geschäftsführung zu **86**
überwachen. Diese Aufgabe umfaßt zum einen die Kontrolle bereits
entfalteter Tätigkeiten der Geschäftsführung und zum anderen deren
Beratung.[1]

Die Überwachungstätigkeit bezieht sich dabei nicht auf die gesamte **87**
Verwaltung der Gesellschaft, sondern nur auf die Leitungsmaßnah-
men durch den Vorstand sowie auf wesentliche Einzelmaßnahmen.[2]
Die Aufsicht über die nachgeordnete Geschäftsführung ist Sache des
Vorstands.[3]

Der Prüfungsmaßstab für die Überwachung der Geschäftsführung des **88**
Vorstands durch den Aufsichtsrat ist nicht nur in Gesetz, Satzung und

---

[1] Lutter/Krieger, a.a.O., Rn. 17.
[2] Hüffer, AktG, § 111 Rn. 3; Lutter/Krieger, a.a.O., Rn. 17.
[3] Hoffmann-Becking, in: MünchHdb AG, § 111 Rn. 103.

Geschäftsordnung zu finden, sondern darüber hinaus hat der Aufsichtsrat auch zu überprüfen, ob die Maßnahmen des Vorstands wirtschaftlich zweckmäßig sind.[4] Er hat insbesondere darüber zu wachen, daß der Vorstand für dauerhaften Bestand und Rentabilität des Unternehmens sorgt.[5] Dagegen soll die Prüfung, ob der Vorstand in angemessener Weise Interessen der Arbeitnehmer und der Allgemeinheit wahrnimmt, nicht Überwachungsmaßstab sein.[6]

89 Werkzeug der Kontrollfunktion durch den Aufsichtsrat ist zum einen die Inanspruchnahme von Informationsrechten wie beispielsweise dem sich aus § 90 ergebendem Recht des Aufsichtsrats, über die beabsichtigte Geschäftspolitik sowie über die Rentabilität des Unternehmens unterrichtet zu werden.[7] Daneben stehen ihm aber auch eine Reihe von Einwirkungsrechten zu. Zum einen können nach § 111 Abs. 4 S. 2 AktG bestimmte Arten von Geschäften an die Zustimmung des Aufsichtsrats gebunden werden. Solche Zustimmungsvorbehalte können durch die Satzung oder den Aufsichtsrat selbst begründet werden.[8] Allerdings darf der Umfang der Zustimmungspflicht nicht derart weit gezogen werden, daß das Verbot der Delegation von Geschäftsführungsmaßnahmen auf den Aufsichtsrat umgangen würde. Insbesondere darf sich der Zustimmungsvorbehalt nicht auf Maßnahmen des gewöhnlichen Geschäftsbetriebes erstrecken.[9] Zum anderen hat der Aufsichtsrat als weitere Einwirkungsmöglichkeit gemäß § 77 Abs. 2 AktG etwa das Recht, dem Vorstand eine Geschäftsordnung zu geben.[10] Daneben soll der Aufsichtsrat den Vorstand auch beraten.[11]

2. Bestellung des Vorstands

90 Gemäß § 84 Abs. 1 AktG bestellt der Aufsichtsrat den Vorstand. Diese Kompetenz obliegt ausschließlich und zwingend dem Gesamtaufsichtsrat[12] und ist gemäß § 107 Abs. 3 S. 2 AktG nicht auf einen Aufsichtsratsausschuß[13] übertragbar. Die in § 84 Abs. 1 AktG begründete Personalkompetenz des Aufsichtsrats hat der *BGH* noch jüngst

---

[4] BGHZ 114, 127, 130; Wellkamp, INF 1995, 561, 562.
[5] Hüffer, AktG, § 111 Rn. 6.
[6] Hüffer, AktG, § 111 Rn. 6; a.A. Henn, Handbuch des Aktienrechts, § 111 Rn. 614.
[7] Hüffer, AktG, § 111 Rn. 5; Scheurer, DB 1994, 2145, 2147.
[8] Hüffer, AktG, § 111 Rn. 17.
[9] Mertens, in: Kölner Komm, § 111 Rn. 61.
[10] Zur Geschäftsordnung des Vorstands vgl. oben unter A.III.
[11] Hoffmann-Becking, in: MünchHdb AG, § 111 Rn. 104.
[12] Hüffer, AktG, § 84 Rn. 5.
[13] Zu den Aufsichtsratsausschüssen später unter B.II.4.

als „eine der wichtigsten Aufgaben, die das Gesetz dem Aufsichtsrat zuweist" bezeichnet.[14]

Auch die Bestellung[15] ist Teil der Überwachungsaufgabe.[16] Durch sie nimmt der Aufsichtsrat im Wege einer „repressiven Überwachung" indirekt wesentlichen Einfluß auf die Geschicke der Gesellschaft und auf ihren geschäftspolitischen Kurs.[17]   **91**

Der Aufsichtsrat ist in seiner Entscheidung über die Bestellung von Vorstandsmitgliedern souverän.[18] Ein unverbindliches Vorschlagsrecht der anderen Organe kann jedoch zulässig sein, wenn dies nicht irgendeine Bindung begründen soll.[19]   **92**

Die Unternehmenswirklichkeit sieht dagegen ganz anders aus. Inzwischen reklamieren viele Vorstände für sich das Recht, einen geeigneten Vorstandskandidaten auszusuchen.[20] Zuletzt belegt durch den scheidenden Vorstandsvorsitzenden der Deutschen Bank, Hilmar Kopper, der seinen Nachfolger selbst der Presse vorstellte. Diese Entwicklung hat Peltzer zu der Überlegung veranlaßt, ob nicht kraft Gewohnheitsrechts bereits von einer Bestellungskompetenz des Vorstands zu reden ist.[21]   **93**

Dem gegenüber ist der Ausgangspunkt im Aktiengesetz an Eindeutigkeit nicht zu überbieten: Dem Aufsichtsrat obliegt in ausschließlicher Verantwortung die Verpflichtung zur Bestellung des Vorstands. Der Gesetzgeber hatte gute Gründe für die Zuweisung der Personalkompetenz an den Aufsichtsrat zur alleinigen Entscheidung gehabt.[22] Diese sind durch die Rechtswirklichkeit nicht überholt worden. Den gegen die Auswahlkompetenz des Aufsichtsrats vorgebrachten Argumenten, Aufsichtsratsgremien seien wegen ihrer Größe von 20 und mehr Mitgliedern zur Personalauswahl ungeeignet und bedrohten von vornherein die Vertraulichkeit der Einstellungsgespräche, läßt sich durch das Instrumentarium der Ausschußbildung begegnen.[23] Zwar mag der Vorstand bei einer geplanten Besetzung eines Vorstandsposten von innen den Vorzug mitbringen, „seine" Leute aus der   **94**

---

[14] BGH, WM 1993, 1330, 1336.
[15] Vgl. zu den Rechtswirkungen der Bestellung bereits oben unter A.V.1.
[16] Hoffmann-Becking, in: MünchHdb AG, § 111 Rn. 106.
[17] Lutter/Krieger, a.a.O., S. 120.
[18] Hüffer, AktG, § 84 Rn. 2.
[19] Hüffer, AktG, § 84 Rn. 5; a.A. Mertens, in: Kölner Komm, § 84 Rn. 6, wonach sogar ein ausdrücklich als unverbindlich gekennzeichnetes Vorschlagsrecht unzulässig sein soll.
[20] Vgl. Lutter/Krieger, a.a.O., S. 103.
[21] Peltzer, Fs-Semler, S. 263.
[22] Hüffer, AktG, § 84 Rn.1.
[23] Wellkamp, INF 1995, 338, 340.

Tagesarbeit besser zu kennen. Dieser Vorteil wird jedoch sogleich wieder durch eine – heilsame – Distanz des Aufsichtsrats zu Mitarbeitern des Unternehmens aufgewogen.

95 Auch wenn es in der Rechtspraxis die Regel geworden ist, daß die Kooptierungsentscheidung des Vorstands von dem Aufsichtsrat problemlos abgesegnet wird, so kann den Aufsichtsräten gleichwohl eine solche – gesetzeswidrige – Kompetenzverlagerung nicht empfohlen werden. Die Sensibilisierung der Öffentlichkeit für Haftungsfragen des Aufsichtsrats und der daraus resultierende Ruf nach einer Haftungsverschärfung des Aufsichtsrats sollten jedem Aufsichtsratsmitglied genügend Motivation sein, die ihm gesetzlich zugewiesenen Pflichten auch tatsächlich wahrzunehmen. Die in das Ermessen des Aufsichtsrats gestellte Bestellung des Vorstands setzt voraus, daß dieser das Ermessen auch tatsächlich ausübt.[24] Hierbei treffen ihn weit verzweigte Sorgfaltspflichten.[25] Er hat nicht nur die Eignung des Vorstandskandidaten zu überprüfen, sondern sich auch Gedanken darüber zu machen, ob der Kandidat in die bereits bestehende „Vorstandsmannschaft" paßt.[26] Diese Pflichten erfüllt der Aufsichtsrat nicht durch bloßes „Absegnen" der bereits durch den Vorstand vorgegebenen Auswahlentscheidung.

96 Aus alledem ergibt sich zugleich, daß ein Handlungsbedarf für den Gesetzgeber zur Stärkung des Aufsichtsrats bei der Bestellung des Vorstands nicht besteht, wenn sich die Beteiligten an das geltende Recht halten. Die Gesetzeslage ist eindeutig, die derzeitige Praxis gesetzeswidrig.

II. Gesetzliche Neuerungen für den Aufsichtsrat durch das KonTraG

97 Das Gesetz zur Kontrolle und Transparenz im Unternehmensbereich (KonTraG)[27] hat auch für den Aufsichtsrat eine Reihe von wichtigen Neuregelungen mit sich gebracht:

1. Mehrfachmandate

98 Bisher zulässig waren bekanntlich zehn gesetzliche Mandate pro Person plus fünf Konzernmandate. Vorsitzmandate sind jetzt auf die Höchstzahl von zehn doppelt anzurechnen (§ 100 Abs. 2 S. 3 AktG).

---

[24] Krieger, a.a.O., S. 22 ff.
[25] Wiesner, in: MünchHdb AG, § 20 Rn. 1 ff.
[26] Peltzer, Fs-Semler, S. 264.
[27] Gesetz vom 27. 4. 1998, BGBl. I, S. 786 v. 30. 4. 1998; in Kraft getreten am 1. 5. 1998

Das Konzernprivileg ist nicht geändert worden. Vorsitzmandate in **99** Konzernen sind nicht doppelt anzurechnen, sofern fünf Mandate nicht überschritten werden. Hat jemand mehr als fünf gesetzliche Konzernmandate, so sind die überschüssigen Mandate auf die zulässige Höchstzahl von zehn anzurechnen. Hat jemand Vorsitzmandate und einfache gesetzliche Mandate im Konzern, so hat er die Entscheidungsprärogative, die Vorsitzmandate auf das Konzernprivileg anzurechnen.

2. Wahl von neuen Aufsichtsratsmitgliedern

Zur Wahl von neuen Aufsichtsratsmitgliedern macht der Aufsichtsrat **100** einen Vorschlag an die Aktionäre; bei börsennotierten Gesellschaften sind in diesem Vorschlag die anderen gesetzlichen Mandate des Kandidaten anzugeben. Ferner sollen neben den gesetzlichen auch alle vergleichbaren anderen Mandate, zum Beispiel Auslandsmandate, angegeben werden. Die Hauptversammlung kann sich damit ein Bild von der Belastungssituation und eventuellen Interessenskonflikten des Kandidaten machen.

Gesetzliche Mandate sind auch die gesetzlichen Konzernmandate. **101** Ausländische Konzernmandate fallen unter die Sollangabe. Für die Angabe ist auf den Bestand zum Zeitpunkt der Versendung der Mitteilungen abzustellen. Ist bereits zum Zeitpunkt der Versendung bekannt, daß der Kandidat ein bestimmtes Mandat bis zur Hauptversammlung abgeben wird, so kann auf diesen Umstand hingewiesen werden.

Gleichzeitig laufende Kanditoren in anderen Gesellschaften brauchen **102** nicht angegeben werden. Ergeben sich in der Zeit zwischen Versendung der Mitteilungen und der Hauptversammlung Änderungen (Ab- oder Zugänge von Mandaten), so ist dies in der Hauptverhandlung mündlich nachzutragen.

3. Berufsangabe

Während bisher der Beruf des Kandidaten anzugeben war, verlangt **103** das Gesetz jetzt die Angabe des „ausgeübten Berufs", gemeint ist seine hauptberufliche Tätigkeit. Die Angabe des Ausbildungsberufs muß nicht, kann aber noch daneben gemacht werden. Die Berufsangabe ist im Bundesanzeiger zu veröffentlichen (§ 125 Abs. 1 S. 3 AktG).

4. Sitzungsfrequenz

104 Nach altem Recht hatte der Aufsichtsrat mindestens zweimal jährlich zu tagen. Das ist vielfach als zu wenig kritisiert worden. Die jährlichen Pflichtsetzungen des Aufsichtsrates sind deshalb bei börsennotierten Gesellschaften auf zwei pro Kalenderhalbjahr heraufgesetzt worden (§ 110 Abs. 3 AktG). Beschlußfassungen im Umlaufverfahren können nicht als „Sitzung" gelten, wohl aber Videokonferenzsitzungen.

5. Verhältnis von Aufsichtsrat und Abschlußprüfern

105 Mehrere Regelungen im KonTraG betreffen das Verhältnis von Aufsichtsrat und Abschlußprüfern. Durch sie wird die Aufgabe des Abschlußprüfers klar auf den Aufsichtsrat und dessen Unterstützung fokussiert.

106 Nach der Wahl durch die Hauptverhandlung wird der Auftrag an den Abschlußprüfer nicht mehr durch den Vorstand, sondern durch den Aufsichtsrat erteilt (§ 111 Abs. 2 AktG). Es handelt sich um eine Vertretungsregelung. Die Abgabe der Willenserklärung selbst kann einem einzelnen Aufsichtsratsmitglied, vor allem dem Vorsitzenden, übertragen werden. Eine Untervollmacht an den Vorstand ist unzulässig. Die Willensbildung vollzieht sich im Gesamtaufsichtsrat oder einem Ausschuß.

107 Der Bericht des Abschlußprüfers ist unmittelbar dem Aufsichtsrat zu Händen des Vorsitzenden zuzuleiten (§ 321 Abs. 5 HGB). Eine Zuleitung über den Vorstand ist unzulässig.

108 Die Aushändigung der Prüfungsberichte, also Bericht zum Jahresabschluß und Sonderberichte an alle Mitglieder des Aufsichtsrats bzw. die Mitglieder eines Bilanzausschusses (§ 170 Abs. 3 S. 2 AktG) ist verbindlich.

109 Das Gesetz schreibt die Teilnahme des Abschlußprüfers an der Bilanzsitzung des Aufsichtsrates oder des Bilanzausschusses vor (§ 171 Abs. 1 S. 2 AktG). Es handelt sich um eine gesetzlich konkretisierte Pflicht des Prüfers.

6. Rechenschaftsbericht des Aufsichtsrates

110 Der Aufsichtsrat börsennotierter Gesellschaften hat künftig in seinem Rechenschaftsbericht zusätzlich anzugeben, wie oft er im Plenum getagt hat und wieviele Ausschüsse gebildet worden sind (§ 171 Abs. 2 S. 2 AktG).

III. Innere Ordnung des Aufsichtsrats

1. Der Aufsichtsratsvorsitzende

Der Aufsichtsrat wählt gemäß § 107 Abs. 1 AktG entsprechend den **111** Vorgaben der Satzung aus seiner Mitte einen Vorsitzenden nebst mindestens einem Stellvertreter. Dem Vorsitzenden obliegen zum einen eine Reihe gesetzlich vorgeschriebener Einzelaufgaben und zum anderen diejenigen Aufgaben, die dem Vorsitzenden eines Gremiums üblicherweise zustehen.[28] Im einzelnen sind dies etwa die Einberufung des Aufsichtsrats gemäß § 110 Abs. 1 AktG, die Vorbereitung und Leitung von Aufsichtsratssitzungen[29] oder die Koordination und Überwachung der Tätigkeit von Aufsichtsratsausschüssen.[30]

Der Aufsichtsratsvorsitzende ist Repräsentant des Aufsichtsrats ge- **112** genüber den anderen Gesellschaftsorganen und damit auch der allgemeine Ansprechpartner des Vorstands.[31] In mitbestimmten Gesellschaften steht dem Aufsichtsratsvorsitzenden darüber hinaus das Zweitstimmrecht des § 29 Abs. 2 MitbestG zu.

Der Stellvertreter tritt nach § 107 Abs. 1 S. 3 AktG nur dann in die **113** Rechte und Pflichten des Aufsichtsratsvorsitzenden ein, wenn dieser verhindert ist. Ein solcher Fall liegt nur vor, wenn der Vorsitzende die Aufgabe nicht innerhalb eines Zeitraums, der für die Gesellschaft ohne Nachteil ist, selbst erledigen kann.[32] Hat der Vorsitzende mehrere Stellvertreter, so bestimmt sich die Reihenfolge in der Stellvertretung nach zutreffender Auffassung regelmäßig nach dem Lebensalter der jeweiligen Personen,[33] soweit die Satzung nichts anderes bestimmt.

Die Wahl des Aufsichtsratsvorsitzenden und seiner Stellvertreter **114** erfolgt gemäß § 108 Abs. 1 AktG durch Beschluß. Legt die Satzung keine besondere Regelung fest, so genügt hierfür regelmäßig die einfache Mehrheit.[34] Abweichend hiervon ist jedoch das Wahlverfahren in mitbestimmten Unternehmen. Hierbei wird der Vorsitzende und sein Stellvertreter gemäß § 27 Abs. 1 MitbestG mit einer Mehrheit von zwei Dritteln gewählt. Kommt diese Mehrheit im ersten Wahlgang nicht zustande, so wählt in einem zweiten Wahlgang die Anteilseignerbank

---

[28] Geßler, in: Geßler/Hefermehl, AktG, § 107 Rn. 27; Mertens, in: Kölner Komm, § 107 Rn. 32.
[29] Hüffer, AktG, § 107 Rn. 5.
[30] Lutter/Krieger, a.a.O., Rn. 220.
[31] Lutter/Krieger, a.a.O., Rn. 222.
[32] Lutter/Krieger, a.a.O., Rn. 226.
[33] Hüffer, AktG, § 107 Rn. 7.
[34] Lutter/Krieger, a.a.O., Rn. 209 m.w.N.

den Vorsitzenden und die Arbeitnehmerbank den Stellvertreter gemäß § 27 Abs. 2 MitbestG mit jeweils einfacher Mehrheit. Auch in mitbestimmten Gesellschaften kann die Satzung die Wahl mehrerer Stellvertreter vorsehen. Hier gilt dann allerdings nicht mehr das besondere Wahlverfahren des § 27 MitbestG.[35]

115 Der Vorstand hat Namen und Adressen des Aufsichtsratsvorsitzenden und seines bzw. seiner Stellvertreter gemäß § 107 Abs. 1 S. 2 AktG zum Handelsregister anzumelden. Ist keine besondere Regelung getroffen, so endet im Zweifel die Amtszeit des Vorsitzenden mit dem Ende der Amtszeit als Aufsichtsratsmitglied. Die Satzung kann jedoch hiervon Abweichendes bestimmen.[36]

116 Der Vorsitzende und seine Stellvertreter können jederzeit mit der gleichen Stimmenmehrheit abberufen werden, mit der sie gewählt worden sind.[37] Eine Abberufung aus wichtigem Grund muß aber mit der nur einfachen Mehrheit möglich sein.[38]

2. Geschäftsordnung

117 Obwohl gesetzlich nicht ausdrücklich geregelt, kann sich der Aufsichtsrat zur Regelung seiner inneren Organisation eine Geschäftsordnung geben.[39] Der Aufsichtsrat beschließt die Geschäftsordnung mit einfacher Mehrheit.[40]

118 Inhalt einer solchen Geschäftsordnung können etwa Fragen der Einsetzung, Besetzung und Arbeitsweise von Aufsichtsratsausschüssen oder konkretisierende Bestimmungen zur Einberufung, Vorbereitung und Durchführung von Aufsichtsratssitzungen sein.[41] Eingegrenzt wird diese Befugnis durch zwingende Gesetze und den Vorrang der Satzung, die einzelne Fragen der Geschäftsordnung regeln kann.[42]

119 Die Geschäftsordnung bleibt in Kraft, bis sie der Aufsichtsrat durch einfachen Mehrheitsbeschluß aufhebt oder ändert. Soweit auch nachfolgend anderweitige Regelungen in Satzungen getroffen worden sind bzw. werden, kann die Geschäftsordnung durch entgegenstehende

---

[35] BGHZ 83, 106.
[36] Hüffer, AktG, § 107 Rn. 4.
[37] Geßler, in: Geßler/Hefermehl, AktG, § 107 Rn. 16.
[38] Zuletzt BGHZ 102, 172, 179.
[39] Vgl. aber § 82 Abs. 2 AktG, der sie als zulässig voraussetzt.
[40] Hüffer, AktG, § 107 Rn. 23.
[41] BGHZ 64, 325, 328.
[42] Hüffer, AktG, § 107 Rn. 23.

Bestimmungen verdrängt werden. Die Satzung darf aber keine vollständige Geschäftsordnung ersetzen.[43] Hingegen endet sie nicht automatisch mit Ablauf einer Amtsperiode, so daß es nicht eines Bestätigungsbeschlusses durch den neuen Aufsichtsrat bedarf.[44]

3. Beschlußfähigkeit und Beschlußfassung

Die Beschlußfähigkeit des Aufsichtsrats kann, soweit nicht anderweitige gesetzliche Bestimmungen bestehen, gemäß § 108 Abs. 2 S. 1 AktG grundsätzlich in der Satzung geregelt werden. Schweigt diese aber, so ist nach § 108 Abs. 2 S. 2 AktG der Aufsichtsrat beschlußfähig, wenn mindestens die Hälfte seiner Mitglieder gemäß der Soll-Stärke anwesend sind. Gemäß § 108 Abs. 2 S. 3 AktG müssen aber in jedem Fall zumindest drei Aufsichtsratsmitglieder anwesend sein.   **120**

Diese Regelungsfreiheit wird allerdings unter der Einwirkung der Mitbestimmungsgesetze eingeschränkt. Hier ist zwingend die Hälfte der Soll-Stärke des Aufsichtsrats zur Beschlußfähigkeit erforderlich, ohne daß nach unten abweichende Regelungen in der Satzung getroffen werden können.[45]   **121**

Grundsätzlich faßt der Aufsichtsrat Beschlüsse mit der Mehrheit der abgegebenen Stimmen, also einfacher Mehrheit. Abweichende Mehrheitsvoraussetzungen können sich aber aus Gesetz oder Satzung ergeben. Niedrigere Anforderungen sind hierbei grundsätzlich unzulässig,[46] wohingegen strengere Anforderungen in Ausnahmefällen gestellt werden können.[47]   **122**

Im Geltungsbereich der Mitbestimmungsgesetze gilt vorbehaltlich anderweitiger gesetzlicher Bestimmungen gemäß § 29 Abs. 1 MitbestG die einfache Mehrheit zwingend. Der Aufsichtsratsvorsitzende hat im Falle eines Patts bei einer erneuten Abstimmung gemäß § 29 Abs. 2 MitbestG zwei Stimmen.   **123**

Abstimmungsberechtigt ist jedes Aufsichtsratsmitglied, und ebenso hat auch jedes Mitglied das Recht, Beschlußanträge einzubringen und   **124**

---

[43] Hüffer, AktG, § 107 Rn. 23, 24.
[44] OLG Hamburg, WM 1982, 1090, 1092.
[45] Vgl. § 11 Montan-MitbestErgG, § 10 Montan-MitbestG, § 28 MitbestG. Es ist aber streitig, ob strengere Anforderungen in der Satzung zulässig sind: bejahend Lutter/Krieger, a.a.O., Rn. 242 m.w.N.; a.A. OLG Karlsruhe, NJW 1980, 2139; Hanau/Ulmer, MitbestG, § 28 Rn. 4.
[46] Lutter/Krieger, a.a.O., Rn. 249.
[47] Mertens, in: Kölner Komm, § 108 Rn. 40.

darüber eine Abstimmung zu verlangen.[48] Jedes Mitglied hat im übrigen das gleiche Stimmrecht. Streitig ist in diesem Zusammenhang jedoch, ob entsprechend § 34 BGB Stimmverbote für den Fall bestehen können, wenn etwa über Rechtsgeschäfte abzustimmen ist, an denen eine Beteiligung des Aufsichtsratsmitglieds besteht. Dies dürfte mit der überwiegenden Ansicht zu bejahen sein.[49] Anerkannt ist hingegen, daß jedes Aufsichtsratsmitglied über seine Wahl zum Vorsitzenden oder in sonstige Funktionen wie beispielsweise in den Vorstand mitentscheiden kann.[50]

4. Folgen fehlerhafter Aufsichtsratsbeschlüsse

125 Ein Aufsichtsratsbeschluß ist ein korporationsrechtliches Rechtsgeschäft, das als solches fehlerhaft oder nichtig sein kann.[51]

126 Fehlerhaft ist ein Aufsichtsratsbeschluß, wenn entweder das Beschlußverfahren unter einem Mangel leidet oder der Beschluß seinem Inhalt nach gegen das Gesetz oder die Satzung verstößt.[52] Dabei handelt es sich um weniger gravierende Verstöße, wie z. B. die unzulässige Sitzungsteilnahme eines Dritten.[53] Darin kann eine Sorgfaltspflichtverletzung gemäß § 116 AktG zu sehen sein. Das kann die Abberufung von Aufsichtsratsmitgliedern gemäß § 103 AktG zur Folge haben oder Schadensersatzansprüche gemäß §§ 93, 116 AktG. begründen.

127 Nichtig ist ein Aufsichtsratsbeschluß bei wesentlichen Verfahrensfehlern sowie bei inhaltlichen Verstößen gegen das Gesetz oder die Satzung.[54] Dabei heißt Nichtigkeit, daß die Rechtsordnung die von den Abstimmenden intendierte Rechtswirkung wegen des Beschlußmangels nicht eintreten läßt.[55] Die Nichtigkeit kann durch gewöhnliche Feststellungsklage geltend gemacht werden.[56]

---

[48] Mertens, in: Kölner Komm, § 108 Rn. 9.
[49] Vgl. zu diesem Meinungsstreit die Nachweise, in: Hüffer, AktG, § 108 Rn. 9.
[50] Siehe nur Hoffmann-Becking, in: MünchHdb AG, § 31 Rn. 59.
[51] Hüffer, AktG, § 108 Rn.18.
[52] BGHZ 47, 341, 349.
[53] BGH, NJW 1967, 1711.
[54] Geßler, in: Geßler/Hefermehl, AktG, § 108 Rn. 70 f.
[55] Hüffer, AktG, § 108 Rn. 18.
[56] BGHZ 122, 342, 350.

5. Aufsichtsratsausschüsse

Der Aufsichtsrat kann im Rahmen der Organisation seiner Tätigkeit **128**
Ausschüsse bilden. Dies ist in § 107 Abs. 3 AktG ausdrücklich zugelassen, in Bezug auf Größe, Besetzung und Kompetenzen der Ausschüsse aber nicht eingehend geregelt.

In der Literatur wird unterschieden zwischen vorbereitenden und **129**
beschließenden Ausschüssen.[57] Vorbereitende Ausschüsse werden
zur Unterstützung des Plenums tätig,[58] indem sie anstehende Ple-
numsentscheidungen vorbereiten, Informationen beschaffen oder
Entscheidungsvorschläge ausarbeiten. Auf beschließende Ausschüsse dagegen werden in zulässigem Rahmen Entscheidungsbefugnisse
des Gesamtaufsichtsrats zur abschließenden Erledigung übertragen.[59]

Die Zulässigkeit von beschließenden Ausschüssen ergibt sich aus **130**
dem Umkehrschluß von § 107 Abs. 3 S. 2 AktG[60], der gerade einige
bestimmte Entscheidungen von der Delegation auf Ausschüsse aus-
nimmt. Dieser „Negativkatalog" betrifft gemäß § 84 Abs. 1 AktG zum
einen Sachentscheidungen wie etwa Bestellung und Widerruf der
Bestellung von Vorstandsmitgliedern,[61] zum anderen gemäß § 107
Abs. 1 AktG Entscheidungen der Selbstorganisation des Aufsichtsrats
wie etwa der Wahl des Aufsichtsratsvorsitzenden und dessen Stellvertreter. Die Aufzählung des § 107 Abs. 3 S. 2 AktG ist nicht abschließend.[62] So kann etwa die allgemeine Überwachungsaufgabe des
Aufsichtsrats nicht als Ganzes auf einen Ausschuß übertragen werden, hingegen einzelne konkrete Überwachungsaufgaben ohne weiteres.[63]

Die Entscheidung über Bildung, personelle Besetzung, Aufgabenge- **131**
biete und Entscheidungsbefugnisse von Ausschüssen obliegt alleine
dem Aufsichtsrat selbst. Die Satzung kann nicht wirksam bestimmen,
ob und welche Ausschüsse der Aufsichtsrat zu bilden hat.[64]

Eine Regelung über notwendige Mitgliederzahlen von Ausschüssen **132**
enthält das Gesetz nicht. Nach zutreffender überwiegender Ansicht ist

---

[57] Gegen eine solche Aufteilung wohl Rellermeyer, Aufsichtsratsausschüsse, S. 9 ff.
[58] Rellermeyer, a.a.O., S. 10.
[59] Rellermeyer, a.a.O., S. 9.
[60] Hüffer, AktG, § 107 Rn. 18.
[61] Eine Aufgliederung der Vorbehalte nach Sachgebieten bei Rellermeyer, a.a.O., S. 16.
[62] Rellermeyer, a.a.O., S. 17 m.w.N.
[63] Lutter/Krieger, a.a.O., Rn. 259 m.w.N.
[64] BGHZ 83, 106, 115; BGHZ 122, 342, 355; Geßler, in: Geßler/Hefermehl, AktG, § 107 Rn. 63.

jedoch die Mindestzahl von zwei Mitgliedern zu fordern, weil ansonsten nicht von einem Ausschuß gesprochen werden kann.[65] Für beschließende Ausschüsse erhöht sich die Mindestzahl auf drei Mitglieder, da ansonsten die Regelung des § 108 Abs. 2 S. 3 AktG unterlaufen würde, der zufolge der Gesamtaufsichtsrat zur Beschlußfähigkeit in jedem Fall drei Mitglieder benötigt.[66]

133 Die Bildung von Ausschüssen und die Wahl der Mitglieder geschieht durch Aufsichtsratsbeschluß.[67] Wahlvoraussetzung ist die Mitgliedschaft im Aufsichtsrat.[68] Streitig ist in diesem Zusammenhang, ob Aufsichtsratsausschüsse in mitbestimmten Gesellschaften zwingend paritätisch zu besetzen sind.[69] Im Ergebnis wird dies zu verneinen sein.[70]

134 Ist die Amtszeit der Ausschußmitglieder nicht geregelt, so ist im Zweifel anzunehmen, daß sie mit dem Ende der Wahlperiode zum Aufsichtsratsmitglied endet.[71]

135 Die Regeln über die Arbeitsweise des Aufsichtsrats sind grundsätzlich auch auf dessen Ausschüsse anwendbar. Soweit nicht in die Autonomie des Aufsichtsrats eingegriffen wird, kann die Satzung einzelne Regelungen über die Ausschußarbeit treffen.[72]

136 Ausschüsse können einen Vorsitzenden haben, dem nach ganz überwiegender Ansicht ein Zweitstimmrecht im Falle eines Abstimmungspatts eingeräumt werden kann.[73]

137 Über das Ob und Wie von Ausschüssen hat der Aufsichtsrat im Grundsatz Entscheidungsfreiheit. Zwingend vorgeschrieben ist jedoch der sogenannte Vermittlungsausschuß in mitbestimmten Gesellschaften nach § 27 Abs. 3 MitbestG. Gemäß § 31 Abs. 3 S. 1 MitbestG ist die einzige Aufgabe dieses Ausschusses, im Falle einer nicht zustande gekommen Wahl von Vorstandsmitgliedern Personalvorschläge zu machen. Dieser Vermittlungsausschuß besteht gemäß § 27 Abs. 3 MitbestG zwingend aus dem Aufsichtsratsvorsitzenden, seinem Stellvertreter sowie einem Aktionärs- und einem Arbeitnehmervertreter, die von ihrer Bank mit jeweils einfacher Mehrheit gewählt werden.

[65] Geßler, in: Geßler/Hefermehl, AktG, § 107 Rn. 67; Lutter/Krieger, a.a.O., Rn. 263.
[66] BGHZ 65, 190, 193; Rellermeyer, a.a.O., S. 90 ff. m.w.N.
[67] Lutter/Krieger, a.a.O., Rn. 262, 264.
[68] Vgl. § 107 Abs. 3 S. 1 AktG „... aus seiner Mitte ...".
[69] Ausführlich dazu Rellermeyer, Aufsichtsratsausschüsse, S. 110.
[70] So wohl BGHZ 83, 144, 146; Lutter/Krieger, a.a.O., Rn. 264 m.w.N.
[71] Lutter/Krieger, a.a.O., Rn. 265.
[72] BGHZ 83, 106, 118.
[73] BGHZ 83, 106, 107; BGHZ 83, 144, 147; Hüffer, AktG, § 107 Rn. 22 m.w.N.; differenzierend aber Lutter/Krieger, a.a.O., Rn. 271.

Eine weitere Besonderheit stellt das sogenannte Aufsichtsratspräsidium dar. Seine Aufgabe ist zum einen der ständige Kontakt mit dem Vorstand und zum anderen die organisatorische Koordination der Aufsichtsratsarbeit und die Vorbereitung von Aufsichtsratssitzungen.[74] Da dem Präsidium also insofern keine Aufgaben des Aufsichtsrats übertragen werden, wird es von Teilen der Literatur nicht als Ausschuß, sondern als „Gremium eigener Art" verstanden.[75] Über die Besetzung des Präsidiums entscheidet der Aufsichtsrat. Allerdings sind der Aufsichtsratsvorsitzende und sein bzw. seine Stellvertreter „geborene" Mitglieder, d. h. ohne sie kann kein Präsidium gebildet werden.[76]

138

IV. Besetzung des Aufsichtsrats

Die Frage nach der Besetzung des Aufsichtsrats ist immer auch eine Frage von bestehenden Mitbestimmungsrechten der Arbeitnehmer. Diese sind im genannten Zusammenhang nämlich von ganz besonderer Bedeutung, da sich die Größe und Aufteilung des Aufsichtsrats nicht einheitlich regelt, sondern nach Maßgabe der verschiedenen, jeweils einschlägigen Mitbestimmungsgesetze. Die Regelungen im Aktiengesetz gelten deshalb insoweit subsidiär, daß sie nur für die Besetzung der Vertreter der Aktionäre uneingeschränkte Geltung haben.

139

Nachfolgend soll die Besetzung des Aufsichtsrats nach dem Aktiengesetz und den verschiedenen Mitbestimmungsgesetzen dargestellt werden.

140

1. Bestellung von Aufsichtsratsmitgliedern nach dem Aktiengesetz

Der Aufsichtsrat besteht nach § 95 S. 1 AktG aus mindestens 3 Mitgliedern. Die Zahl kann gemäß § 95 S. 2, 3 AktG in der Satzung höher festgelegt sein, muß aber immer durch drei teilbar sein. Je nach Grundkapital der Gesellschaft werden durch § 95 Abs. 1 S. 4 AktG Höchstzahlen von Aufsichtsratsmitgliedern festgelegt.

141

---

[74] Lutter/Krieger, a.a.O., Rn. 276.
[75] Lutter/Krieger, a.a.O., Rn. 276; a.A. BGHZ 83, 106, 114 und die wohl überwiegende Ansicht, in: der Literatur, etwa Raiser, NJW 1981, 2166, 2167.
[76] Lutter/Krieger, a.a.O., Rn. 277 m.w.N.

1.1 Beschluß der Hauptversammlung

142 Die Bestellung von Aufsichtsratsmitgliedern nach dem Aktiengesetz erfolgt gemäß § 101 Abs. 1 S. 1 AktG durch Wahl der Hauptversammlung. Einfache Stimmenmehrheit gemäß § 133 Abs. 1 AktG ist ausreichend, auch wenn diese Stimmenmehrheit nur von einem Aktionär gehalten wird.[77] Die Satzung kann jedoch dieses Mehrheitserfordernis verschärfen bzw. relativieren.[78]

143 Der Aufsichtsrat hat gemäß § 124 Abs. 3 S. 1 AktG Wahlvorschläge zu machen und diese mit der Tagesordnung bei der Einberufung der Hauptversammlung in den Gesellschaftsblättern bekanntzumachen. Darüber hinaus hat jeder Aktionär gemäß §§ 127, 137 AktG das Recht, einen Gegenvorschlag zu machen.

1.2 Listen- und Einzelwahl

144 Sind mehrere Aufsichtsratsmitglieder zu wählen, so kann sowohl Einzelwahl als auch Listenwahl erfolgen.[79] Bei der Listenwahl kann jeweils nur die gesamte Liste angenommen oder abgelehnt werden. Eine Aufsplittung der Liste ist nur durch einen Hauptversammlungsbeschluß möglich.[80]

1.3 Entsendung von Aufsichtsratsmitgliedern durch die Aktionäre

145 Die Satzung kann bestimmten Aktionären ein Entsenderecht in den Aufsichtsrat einräumen. Dadurch entfaltet sich die Möglichkeit, ohne eine Wahl Mitglied des Aufsichtsrats werden zu können. § 101 Abs. 2 S. 1 AktG bestimmt dazu, daß dieses Recht nur entweder bestimmten Aktionären oder den jeweiligen Inhabern bestimmter Aktien zugestanden werden kann. Außerdem wird die Höchstzahl der durch Entsendung zu besetzenden Aufsichtsratspositionen gemäß § 101 Abs. 2 S. 4 AktG auf ein Drittel der sich aus Gesetz oder Satzung ergebenden Anzahl der Aufsichtsratsmitglieder der Aktionäre festgelegt.[81]

---

[77] Bei einer drohenden Konzernbildung: vgl. Hüffer, AktG, § 101 Rn. 4 m.w.N.

[78] Siehe BGHZ 76, 191, 193 f. m.w.N.; Geßler, in: Geßler/Hefermehl, AktG, § 101 Rn. 11.

[79] Die Zulässigkeit einer Listenwahl ist allerdings streitig: bejahend z. B. LG Dortmund, AG 1968, 390, 391; Hoffmann-Becking, in: MünchHdb AG, § 30 Rn. 15; a.A. insbesondere Geßler, in: Geßler/Hefermehl, AktG, § 101 Rn. 31.

[80] Hüffer, AktG, § 101 Rn. 6.

[81] Lutter/Krieger, Rechte und Pflichten des Aufsichtsrats, Rn. 6.

Der Entsendungsberechtigte übt sein Recht durch Benennung des **146**
Aufsichtsratsmitgliedes gegenüber dem Vorstand der Gesellschaft
aus, wobei die Bestellung erst mit seiner Annahme wirksam wird.[82] Die
entsandten Mitglieder haben die gleichen Rechte und Pflichten wie alle
anderen Aufsichtsratsmitglieder und sind insbesondere nicht an Weisungen des Entsendungsberechtigten gebunden.[83]

2. Berufung von Arbeitnehmervertretern in den Aufsichtsrat

Die Anzahl, Zusammensetzung und Wahl der Arbeitnehmervertreter **147**
im Aufsichtsrat regelt sich wiederum nicht einheitlich, sondern nach
den verschiedenen Mitbestimmungsgesetzen, namentlich also nach
dem Betriebsverfassungsgesetz, dem Mitbestimmungsgesetz und
dem Montan-Mitbestimmungsgesetz.

2.1 Berufung nach dem Mitbestimmungsgesetz

2.1.1 Anwendungsbereich

Das Mitbestimmungsgesetz 1976 findet gemäß § 1 Abs. 1 MitbestG **148**
Anwendung auf Aktiengesellschaften mit mehr als 2000 Arbeitnehmern, sofern diese keine Mitbestimmungsrechte nach dem Montan-
Mitbestimmungsgesetz bzw. dem Mitbestimmungsergänzungsgesetz
wahrnehmen können. Hauptsächlich also in Unternehmen des Berg-
baus und der Eisen und Stahl erzeugenden Industrie ist das Mitbestimmungsgesetz 1976 unanwendbar.

2.1.2 Größe und Zusammensetzung des Aufsichtsrats

Die Größe des Aufsichtsrats richtet sich nach der Anzahl der im **149**
Unternehmen beschäftigten Arbeitnehmer. Grundsatz ist jedoch, daß
die Besetzung immer paritätisch sein sollte. Im einzelnen bestimmt § 7
Abs. 1 S. 1 MitbestG, daß Aufsichtsräte in Unternehmen mit

- in der Regel maximal 10000 Arbeitnehmern mit jeweils sechs
  Mitgliedern von Aktionären und Arbeitnehmern,
- in der Regel mehr als 10000, aber nicht mehr als 20000 Arbeitnehmern mit jeweils acht Mitgliedern jeder Seite,
- in der Regel mehr als 20000 Arbeitnehmern mit jeweils 10 Mitgliedern jeder Seite

besetzt sein müssen.

---

[82] Hüffer, AktG, § 101 Rn. 10.
[83] BGHZ 36, 296, 306; BGHZ 90, 381, 398.

150 Die Satzung kann gemäß § 7 Abs. 1 S. 2 MitbestG jedoch auch jeweils größere Besetzungen zulassen.

151 Innerhalb der „Arbeitnehmerbank" differenziert das Mitbestimmungsgesetz weiter. § 7 Abs. 2 MitbestG bestimmt nämlich, daß unter den Arbeitnehmervertretern jeweils zwei, in Unternehmen mit zehn Arbeitnehmervertretern drei Vertreter von Gewerkschaften sein müssen. Dabei ist es unerheblich, ob die Gewerkschaftsvertreter Arbeitnehmer des Unternehmens oder überhaupt Mitglied der Gewerkschaft sind.[84] Die Gewerkschaften müssen aber gemäß § 7 Abs. 4 MitbestG in dem Unternehmen selbst oder in einem anderen Unternehmen, dessen Arbeitnehmer nach dem Mitbestimmungsgesetz an der Wahl von Aufsichtsratsmitgliedern des Unternehmens teilnehmen, vertreten sein. Zusätzlich müssen gemäß § 15 Abs. 2 MitbestG unter den Vertretern der Arbeitnehmer Arbeiter, Angestellte und leitende Angestellte nach ihrer jeweiligen Anzahl vertreten sein, mindestens aber jeweils einer.

152 Eine Besonderheit stellt darüber hinaus § 6 MitbestG für Prokuristen dar, die als Vertreter der leitenden Angestellten in den Aufsichtsrat entsandt werden. Gemäß § 105 Abs. 1 kann ein Aufsichtsratsmitglied nicht gleichzeitig Prokurist oder zum gesamten Geschäftsbetrieb Bevollmächtigter der Gesellschaft sein. § 6 Abs. 2 MitbestG konkretisiert diese Regelung nun in der Weise, daß solche Personen nur dann nicht Mitglieder des Aufsichtsrats werden können, wenn sie dem Vorstand unmittelbar unterstellt sind und zur Ausübung der Prokura für den gesamten Geschäftsbereich des Vorstands ermächtigt sind.

2.1.3 Wahlverfahren

153 Die nachfolgenden Bemerkungen gelten nur für die Wahl der Arbeitnehmervertreter. Hierfür gelten auch im Geltungsbereich des Mitbestimmungsgesetzes die Bestimmungen des Aktiengesetzes.

154 Die Aufsichtsratsmitglieder der Arbeitnehmer werden in geheimer und regelmäßig nach Gruppen in Arbeiter- und Angestellte bzw. leitende Angestellte getrennter Abstimmung gewählt. Die Wahl erfolgt gemäß § 9 Abs. 2 MitbestG bei Unternehmen mit in der Regel nicht mehr als 8 000 Mitarbeitern direkt, bei größeren Unternehmen gemäß § 9 Abs. 1 MitbestG durch Zwischenschaltung von Delegierten, den sogenannten Wahlmännern.[85] Auch in Unternehmen nach § 9 Abs. 2 MitbestG können solche Delegierte gemäß dem 2. Halbs. dieser Vorschrift

---

[84] Lehmann/Heinsius, S. 25.
[85] Lehmann/Heinsius, S. 27.

gewählt werden, wenn dies die wahlberechtigten Arbeitnehmer beschließen. Dabei entfallen nach § 11 Abs. 1 MitbestG als Faustregel auf jeweils 60 wahlberechtigte Arbeitnehmer jeweils ein Delegierter, sofern die Anzahl der Delegierten nicht eine bestimmte Größe überschreitet.[86] Die Delegierten ihrerseits werden gemäß § 10 Abs. 1 S. 1 MitbestG ebenfalls geheim und regelmäßig auch nach Gruppen getrennt gewählt.

Die Wahlvorschläge müssen gemäß § 12 Abs. 1 S. 2 MitbestG von **155** einem Zehntel oder 100 der wahlberechtigten Arbeitnehmer unterschrieben sein. Für die Wahlvorschläge zur eigentlichen Wahl der Aufsichtsratmitglieder für die Arbeiter und Angestellten gilt, daß sie gemäß § 15 Abs. 4 Nr. 1, 2 MitbestG von mindestens einem Fünftel oder 100 der jeweils wahlberechtigten Arbeitnehmer unterzeichnet sein müssen. Die Wahlvorschläge für das in der Regel aus einer Person bestehende[87] Aufsichtsratmitglied der leitenden Angestellten werden in einer Art Vorwahl gefaßt. Dadurch soll sichergestellt werden, daß das später von allen Angestellten bzw. Delegierten gewählte Mitglied das Vertrauen der leitenden Angestellten genießt. Über diese Kandidaten wird nach § 15 Abs. 4 Nr. 3 MitbestG auf Vorschlag von einem Zwanzigstel oder 50 der Wahlberechtigten geheim gewählt.

Eine weitere Besonderheit gilt für die Aufsichtsratmitglieder, die nach **156** § 17 Abs. 2 MitbestG Vertreter von Gewerkschaften sind. Deren Kandidaten werden gemäß § 16 MitbestG von der betreffenden Gewerkschaft aufgestellt und von den Delegierten in geheimer und gemeinsamer Wahl gewählt.

2.2 Berufung nach dem Montan-Mitbestimmungsgesetz

2.2.1 Anwendungsbereich

Die Bestimmungen des Montan-Mitbestimmungsgesetzes finden An- **157** wendung auf Aktiengesellschaften der Montanindustrie mit mehr als 1 000 Arbeitnehmern.[88] In diesen Unternehmen geht es als lex specialis dem Mitbestimmungsgesetz vor.[89]

---

[86] Beachte aber die Regelungen des § 11 Abs. 1 S. 2 Nr. 1–3 MitbestG.
[87] Lehmann/Heinsius, S. 29.
[88] Die genaue Definition findet sich in § 1 Montan-MitbestG.
[89] Hueck, Gesellschaftsrecht, S. 230.

2.2.2 Größe und Zusammensetzung des Aufsichtsrats

158 Im Anwendungsbereich des Montan-Mitbestimmungsgesetzes besteht der Aufsichtsrat aus elf Mitgliedern, die sich nach § 4 Montan-MitbestG wie folgt zusammensetzen:

– vier Vertreter der Aktionäre und ein weiteres Mitglied;

– vier Vertreter der Arbeitnehmer und ein weiteres Mitglied;

– ein weiteres Mitglied.

159 Die bereits erwähnten „weiteren Mitglieder" müssen besondere Voraussetzungen des § 4 Abs. 2 Montan-MitbestG erfüllen, damit eine gewisse Neutralität gewahrt ist. So dürfen diese weiteren Mitglieder beispielsweise weder Arbeitnehmer des Unternehmens sein noch einer Spitzenorganisation der Arbeitgeber oder der Arbeitnehmer angehören.

2.2.3 Wahlverfahren

160 Die Aufsichtsratsmitglieder der Anteilseigner werden gemäß § 5 Montan-MitbestG durch das nach Gesetz, Satzung oder Gesellschaftsvertrag zur Wahl von Aufsichtsratsmitgliedern berufene Wahlorgan nach Maßgabe der Satzung oder des Gesellschaftsvertrages gewählt.

161 Auch die Aufsichtsratsmitglieder der Arbeitnehmer werden gemäß § 6 Montan-MitbestG durch das entsprechende Wahlorgan gewählt. Hierfür macht der Betriebsrat Wahlvorschläge, die für die Hauptversammlung bindend sind.

162 Das elfte, in § 4 Abs. 1 Buchst. c genannte, weitere Mitglied wird entsprechend § 8 Abs. 1 S. 1 Montan-MitbestG ebenfalls vom entsprechenden Wahlorgan auf Vorschlag der übrigen Aufsichtsratsmitglieder gewählt. Dieser Vorschlag wird mit einfacher Stimmenmehrheit beschlossen, wobei allerdings mindestens drei Vertreter der Arbeitgeber und der Arbeitnehmer dem Vorschlag zustimmen müssen.

163 Kommt ein Vorschlag auf diese Weise nicht zustande, so wird nach § 8 Abs. 2 und 3 Montan-MitbestG ein Vermittlungsausschuß aus je zwei Arbeitgeber- und Arbeitnehmervertretern gebildet, der binnen eines Monats der Hauptversammlung drei Personen zur Wahl vorschlägt.

164 Die Bestellung des weiteren Mitgliedes soll die Handlungsfähigkeit des Aufsichtsrats dadurch garantieren, daß es von einem breiten Vertrauen innerhalb des Aufsichtsrats getragen wird und Pattsituationen vermeidet.[90]

---

[90] Hueck, a.a.O., S. 231.

2.3 Berufung nach dem Betriebsverfassungsgesetz 1952

2.3.1 Anwendungsbereich

Das Betriebsverfassungsgesetz 1952 findet Anwendung auf alle Akti- **165**
engesellschaften, völlig unabhängig von ihrer Größe, die nicht vom
Mitbestimmungsgesetz oder dem Montan-Mitbestimmungsgesetz erfaßt werden. Es regelt den „Normalfall" arbeitnehmerischer Mitbestimmung im Aufsichtsrat.[91]

2.3.2 Größe und Zusammensetzung des Aufsichtsrats

Das Betriebsverfassungsgesetz 1952 bestimmt in § 76 Abs. 1 BetrVG **166**
1952, daß der Aufsichtsrat zu einem Drittel aus Arbeitnehmern zu
bestehen hat. Eine besondere Größenregelung wird jedoch nicht
festgelegt.

Ist nach dieser Vorschrift ein Arbeitnehmervertreter zu wählen, so muß **167**
dieser gemäß § 76 Abs. 2 S. 2 BetrVG 1952 in einem Betrieb des
Unternehmens als Arbeitnehmer unter Vertrag sein. Bei zwei oder
mehr zu wählenden Arbeitnehmervertretern müssen gemäß § 76
Abs. 2 S. 3 BetrVG 1952 unter diesen mindestens zwei Arbeitnehmer,
darunter ein Arbeiter und ein Angestellter, in einem Betrieb des
Unternehmens beschäftigt sein. Zu beachten ist jedoch, daß gemäß
§ 76 Abs. 3, 2. Halbs. BetrVG 1952 i.V.m. §§ 129 Abs. 1, Abs. 2;
10 Abs. 3 BetrVG eine Minderheitsgruppe unter bestimmten Voraussetzungen kein Vertretungsrecht erhalten kann. Besteht die Belegschaft des Unternehmens mindestens zur Hälfte aus Frauen, so soll
gemäß § 76 Abs. 2 S. 4 BetrVG 1952 im Aufsichtsrat zumindest eine
Frau vertreten sein.

Die Schutzbestimmung des § 78 BetrVG ist gemäß § 76 Abs. 2 S. 5 **168**
BetrVG 1952 i.V.m. § 129 Abs. 1, Abs. 2 BetrVG entsprechend anwendbar. Somit ist eine Benachteiligung bzw. Störung der Arbeitnehmervertreter wegen ihrer Vertretungstätigkeit rechtswidrig.

2.3.3 Wahlverfahren

Die nach dem Betriebsverfassungsgesetz 1952 in den Aufsichtsrat zu **169**
wählenden Arbeitnehmervertreter werden gemäß § 76 Abs. 2 S. 1
BetrVG 1952 von allen im Sinne von §§ 129 Abs. 1, Abs. 2; 7 BetrVG
wahlberechtigten Arbeitnehmern in allgemeiner, geheimer, gleicher

---

[91] Hueck, a.a.O., S. 231.

und im Unterschied zum Mitbestimmungsgesetz unmittelbarer Wahl bestimmt. Die Wahldauer richtet sich gemäß dieser Vorschrift nach der Zeit, die im Gesetz oder der Satzung für die von der Hauptversammlung zu wählenden Aufsichtsratsmitglieder bestimmt ist.

170   Wahlvorschläge können gemäß § 76 Abs. 3 S. 1 BetrVG 1952 von den Betriebsräten oder den Arbeitnehmern kommen, wobei die Wahlvorschläge der Arbeitnehmer gemäß § 76 Abs. 3 S. 2 BetrVG 1952 von mindestens einem Zehntel der wahlberechtigten Arbeitnehmer der Betriebe des Unternehmens oder von mindestens einhundert der Wahlberechtigten unterschrieben sein müssen.

171   Die Bestellung eines Arbeitnehmervertreters in den Aufsichtsrat kann unter den in § 76 Abs. 5 BetrVG 1952 näher bestimmten Voraussetzungen widerrufen werden.

3. Mitbestimmungsfreie Aktiengesellschaften

172   Bestimmte Unternehmen sind von der Mitbestimmung der Arbeitnehmer ausgenommen. Dazu gehören außer der Aktiengesellschaft im Gründungsstadium[92] sogenannte Familiengesellschaften im Sinne von § 76 Abs. 6 BetrVG 1952. Das sind solche Gesellschaften, deren Aktien alleine in der Hand einer natürlichen Person sind oder deren sämtliche Aktionäre untereinander im Sinne von §§ 15 Abs. 1 Nr. 2 bis 8, Abs. 2 der Abgabenordnung verwandt oder verschwägert sind.

173   Hinzu kommen gemäß § 81 Abs. 1 BetrVG 1952 noch sogenannte Tendenzunternehmen im Sinne von § 118 BetrVG, also Unternehmen bzw. Betriebe, die politischen, erzieherischen oder künstlerischen Zwecken dienen. Ausgenommen sind ebenfalls gemäß § 81 Abs. 2 BetrVG 1952 Religionsgemeinschaften.[93]

4. Persönliche Eignungsvoraussetzungen für Aufsichtsratsmitglieder

174   Gemäß § 100 Abs. 1 S. 1 AktG können nur natürliche und voll geschäftsfähige Personen Mitglieder des Aufsichtsrats sein. Darüber hinaus macht § 100 Abs. 2 AktG einige weitere Einschränkungen:

175   – Aufsichtsratsmitglied kann gemäß § 100 Abs. 2 S. 1 Nr. 2 AktG nicht werden, wer bereits in zehn Handelsgesellschaften oder bergrechtlichen Gesellschaften, die gesetzlich einen Aufsichtsrat zu bilden

---

[92] Dazu §§ 28 ff. AktG.
[93] Siehe auch die entsprechende Regelung in § 1 Abs. 4 MitbestG.

haben, vertreten ist. Dabei gilt allerdings das sogenannte Konzernprivileg des Abs. 2 S. 2. Danach werden bis zu fünf Aufsichtsratsmandate nicht mitgezählt, die ein Vorstandsmitglied einer herrschenden Gesellschaft in Aufsichtsräten von abhängigen Unternehmen bekleidet.[94]

- Aufsichtsratsmitglied kann nach § 100 Abs. 2 S. 1 Nr. 2 AktG ebenfalls nicht werden, wer gesetzlicher Vertreter eines von der Aktiengesellschaft abhängigen Unternehmens ist.   **176**

- Nicht zulässig sind außerdem sogenannte Überkreuzverflechtungen nach § 100 Abs. 2 S. 1 Nr. 3 AktG. Diese liegen dann vor, wenn die Person, die Aufsichtsratsmitglied werden soll, bereits gesetzlicher Vertreter einer anderen Gesellschaft ist, deren Aufsichtsrat wiederum ein Vorstandsmitglied der Aktiengesellschaft angehört.[95]   **177**

Teilweise wird es – wohl zutreffend – außerdem für unzulässig gehalten, mehrere Aufsichtsratsmandate in konkurrierenden Unternehmen in einer Person zu vereinigen, da sich solche Konstellationen zwingend negativ auf die Aufsichtsratsarbeit auswirken könnten.[96]   **178**

Die Satzung kann weitere persönliche Voraussetzungen festlegen, jedoch gemäß § 100 Abs. 4 AktG grundsätzlich nur für die Aufsichtsratsmitglieder der Aktionäre sowie für die von Aktionären gemäß der Satzung entsendeten bzw. zu entsendenden Mitglieder, nicht aber für Arbeitnehmervertreter. Dabei darf allerdings nicht die freie Personalauswahl der Hauptversammlung eingeschränkt werden.[97] Für die Arbeitnehmervertreter sind persönliche satzungsmäßige Einschränkungen demnach allenfalls dann zulässig, wenn sie von der Hauptversammlung ohne Bindung an Wahlvorschläge gewählt werden bzw. worden sind.[98]   **179**

Die persönlichen Voraussetzungen der Aufsichtsratsmitglieder der Arbeitnehmer sowie der weiteren Mitglieder konkretisieren sich gemäß § 100 Abs. 3 AktG durch die weiteren Regelungen der dort aufgezählten Gesetze.   **180**

---

[94] Vgl. Hüffer, AktG, § 100 Rn. 4.
[95] Vgl. Hüffer, AktG, § 100 Rn. 6.
[96] Lutter/Krieger, a.a.O., Rn. 9.
[97] Siehe bereits RGZ 133, 90, 94.
[98] Vgl. BGH, NJW 1963, 905.

5. Gerichtliche Notbestellung wegen Beschlußunfähigkeit

181 Um die Handlungsfähigkeit des Aufsichtsrats sicherzustellen, kann das Gericht in dem Fall, daß der Aufsichtsrat nicht genügend Mitglieder hat, auf Antrag eine Notbestellung vornehmen.

182 Voraussetzung dafür ist gemäß § 104 Abs. 1 AktG entweder, daß der Aufsichtsrat durch den Mitgliedermangel nicht beschlußfähig ist. In diesem Fall ist nach § 104 Abs. 1 S. 2 AktG eine Notbestellung vorzunehmen, wenn nicht sichergestellt ist, daß der Aufsichtsrat bis zur nächsten Aufsichtsratssitzung wieder beschlußfähig ist. Eine Notbestellung kann jedoch nach § 104 Abs. 2 S. 1 AktG auch erfolgen, wenn der Aufsichtsrat länger als drei Monate weniger Mitglieder hat, als nach Gesetz oder Satzung vorgeschrieben ist oder wenn gemäß § 104 Abs. 2 S. 2 AktG ein dringender Fall vorliegt. Diese Situation liegt gemäß § 104 Abs. 3 Nr. 2 AktG stets bei Unterbesetzung des mitbestimmten Aufsichtsrats vor. Außerdem kann es als dringender Fall angesehen werden, wenn Entscheidungen anstehen, die den Bestand oder die Struktur der Gesellschaft betreffen.[99]

183 Antragsberechtigt ist zunächst einmal der Vorstand, dem auch die Pflicht zur unverzüglichen Antragstellung obliegt, wenn nicht zu erwarten ist, daß die gesetz- oder satzungsmäßige Zahl der Aufsichtsratsmitglieder vor der nächsten Aufsichtsratssitzung wiederhergestellt wird. Weiterhin antragsberechtigt sind jedes einzelne Aufsichtsratsmitglied, gemäß § 104 Abs. 1 S. 1 AktG jeder Aktionär, in mitbestimmten Gesellschaften der Gesamtbetriebsrat, eine Mindestzahl von Arbeitnehmern sowie nach § 104 Abs. 1 S. 3 AktG vorschlagsberechtigte Gewerkschaften oder deren Spitzenorganisationen.

184 In der Auswahl der zu bestellenden Mitglieder ist das Gericht prinzipiell frei, unterliegt aber den Beschränkungen des § 104 Abs. 4 AktG. So ist in mitbestimmten Gesellschaften die Parität zu beachten und auf die Vorschläge von Vorschlagsberechtigten Rücksicht zu nehmen.

185 Die Amtszeit der gerichtlich bestellten Aufsichtsratsmitglieder endet nach § 104 Abs. 5 AktG automatisch mit der Behebung des Mangels.

---

[99] AG Wuppertal, DB 1971, 764.

6. Die Wahl von Ersatzmitgliedern

Nach § 101 Abs. 3 S. 2 AktG können für die Aufsichtsratsmitglieder **186** Ersatzmitglieder bestellt werden, die bei Wegfall von regulären Mitglieder in deren Mandat eintreten. Dabei kann für jedes Aufsichtsratsmitglied jeweils ein Ersatzmitglied gewählt werden, es kann aber auch eines für mehrere Aufsichtsratsmitglieder ernannt werden.[100] Ersatzmitglieder in mitbestimmten Gesellschaften werden, wie auch die regulären Mitglieder, nach Gruppen gewählt, also jeweils getrennt nach Anteilseignern, Arbeitern, Angestellten usw. Die Bestellung der Ersatzmitglieder erfolgt gleichzeitig mit der Wahl der regulären Mitglieder,[101] und zwar jeweils durch dasjenige „Wahlorgan", das auch für die Wahl der regulären Mitglieder zuständig ist.[102] Das Ersatzmitglied rückt nur dann in die Rechtsstellung des Aufsichtsratsmitglieds nach, wenn dieses auf Dauer wegfällt, wohingegen eine vorübergehende Verhinderung nicht ausreicht.[103] Bis zum Einrücken sind Ersatzmitglieder nicht Mitglied des Aufsichtsrats, haben also weder dessen Rechte noch Pflichten.[104]

V. Abberufung von Aufsichtsratsmitgliedern

Wie für die Wahl von Aufsichtsratsmitgliedern, so ist auch für deren **187** Abberufung nach den jeweils einschlägigen Gesetzen über die Mitbestimmung der Arbeitnehmer zu differenzieren.

1. Abberufung der Aufsichtsratsmitglieder der Aktionäre

Aufsichtsratsmitglieder der Aktionäre können vor Ablauf ihrer Amtszeit **188** durch die Hauptversammlung abberufen werden. Gemäß § 103 Abs. 1 S. 2 AktG bedarf dieser Beschluß einer Mehrheit von drei Vierteln der abgegebenen Stimmen. Jedoch kann dieses Mehrheitserfordernis gemäß § 103 Abs. 1 S. 3 AktG durch die Satzung verändert, aber nach allgemeiner Meinung nicht aufgegeben werden.[105] Die Abberufung wird erst mit der Erklärung gegenüber dem betreffenden Aufsichtsratsmitglied wirksam.[106]

---

[100] Lutter/Krieger, a.a.O., Rn. 323 m.w.N.
[101] Hüffer, AktG, § 101 Rn. 12.
[102] Lutter/Krieger, a.a.O., Rn. 322.
[103] Hüffer, AktG, § 101 Rn. 11.
[104] Lutter/Krieger, a.a.O., Rn. 327.
[105] Hüffer, AktG, § 103 Rn. 4.
[106] Hüffer, AktG, § 103 Rn. 5.

2. Abberufung der Aufsichtsratsmitglieder der Arbeitnehmer

2.1 Nach dem Mitbestimmungsgesetz

189 Über die Abberufung von Aufsichtsratsmitgliedern der Arbeitnehmer, die nach dem Mitbestimmungsgesetz gewählt wurden, wird in der gleichen Zusammensetzung entschieden wie zu deren Wahl. Beispielsweise beschließen die Wahlmänner der Arbeiter über die Abberufung der Aufsichtsratsmitglieder, die sie gewählt haben.

190 Antragsberechtigt hierzu sind gemäß § 23 Abs. 1 S. 2 Nr. 1–3 MitbestG jeweils drei Viertel der Arbeitnehmer derjenigen Gruppe, der das Aufsichtsratsmitglied angehört.[107] Für die Abberufung von Aufsichtsratsmitgliedern der Gewerkschaften ist nach § 23 Abs. 1 S. 2 Nr. 4 MitbestG die Gewerkschaft antragsberechtigt, der das betreffende Aufsichtsratsmitglied angehört.

2.2 Nach dem Montan-Mitbestimmungsgesetz

191 Die Abberufung von Aufsichtsratsmitgliedern, die nach dem Montan-Mitbestimmungsgesetz gewählt sind, regelt sich nach § 11 Abs. 2 Montan-MitbestG. Demnach wird über die Abberufung der Aufsichtsratsmitglieder der Arbeitnehmer durch die Hauptversammlung entschieden.

192 Antragsberechtigt sind gemäß § 11 Abs. 2 S. 1 Montan-MitbestG allerdings nur die Betriebsräte des Unternehmens. Für die Abberufung eines Aufsichtsratsmitgliedes, das nach § 6 Abs. 3 oder 4 Montan-MitbestG durch eine Spitzenorganisation vorgeschlagen wurde, ist nach § 11 Abs. 2 S. 2 Montan-MitbestG auch nur diese antragsberechtigt. Im Falle eines solchen Antrags kann der Betriebsrat die Abberufung vorschlagen.

193 Hingegen kann eine Abberufung des weiteren Mitglieds des Aufsichtsrats nach § 11 Abs. 3 Montan-MitbestG i.V.m. §§ 8, 4 Abs. 1 Buchstabe c Montan-MitbestG nur auf Antrag von mindestens drei Aufsichtsratsmitgliedern durch das Gericht aus wichtigem Grunde erfolgen.

---

[107] Vgl. zur Zusammensetzung oben B.III.2.3.2.

2.3 Nach dem Betriebsverfassungsgesetz 1952

Auch hier erfolgt gemäß § 76 Abs. 5 S. 1 BetrVG 1952 die Abstimmung **194** über die Abberufung, wie auch zuvor schon die Wahl des betreffenden Aufsichtsratsmitgliedes, entweder auf Antrag der Betriebsräte oder durch Antrag von mindestens 20 % der wahlberechtigten Arbeitnehmer der Betriebe des Unternehmens im Wege eines Beschlusses der wahlberechtigten Arbeitnehmer. Dieser Beschluß bedarf nach § 76 Abs. 5 S. 2 BetrVG 1952 der Mehrheit von drei Vierteln der abgegebenen Stimmen.

3. Abberufung der entsandten Aufsichtsratsmitglieder

Aufsichtsratsmitglieder, die von einem Aktionär entsandt wurden, **195** können gemäß § 103 Abs. 2 S. 1 AktG von diesem jederzeit und ohne Vorliegen eines wichtigen Grundes[108] abberufen werden. Ausnahmsweise kann gemäß § 103 Abs. 2 S. 2 AktG auch die Hauptversammlung ein entsandtes Aufsichtsratsmitglied dann abberufen, wenn die in der Satzung bestimmten Voraussetzungen für das Entsenderecht entfallen sind. Dies ist namentlich gegeben, wenn der Entsendeberechtigte seine Aktien veräußert hat.[109]

4. Abberufung durch das Gericht aus wichtigem Grund

Bei Vorliegen eines wichtigen Grundes können gemäß § 103 Abs. 3 **196** AktG Aufsichtsratsmitglieder auf Antrag durch das Gericht aus dem Aufsichtsrat abberufen werden.

Antragsberechtigt hierzu ist gemäß § 103 Abs. 3 S. 2 AktG zum einen **197** der Aufsichtsrat, der über die Stellung des Antrages mit einfacher Mehrheit entscheidet. Das betroffene Aufsichtsratsmitglied darf nach streitiger Meinung nicht mitstimmen.[110] Hingegen ist für aufgrund der Satzung entsandte Aufsichtsratsmitglieder gemäß § 103 Abs. 3 S. 3 AktG eine Aktionärsminderheit antragsberechtigt, die mindestens 10 % des Grundkapitals oder einen Gesellschaftsanteil in Höhe von 2 Millionen DM in sich vereinigt.

Gegen die Entscheidung des Gerichts ist nach § 103 Abs. 3 S. 4 AktG **198** die sofortige Beschwerde statthaft.

---

[108] Hüffer, AktG, § 103 Rn. 7.
[109] Hüffer, AktG, § 103 Rn. 8.
[110] Hanau/Ulmer, MitbestG, § 6 Rn. 70; a.A. Geßler, in: Geßler/Hefermehl, AktG, § 103 Rn. 34.

199 Was die Voraussetzungen des Vorliegens eines wichtigen Grundes angeht, wurde nach früher überwiegender Ansicht für die Abberufung ein gesellschaftswidriges Verhalten des Aufsichtsratsmitgliedes vorausgesetzt.[111] Nach heute überwiegender Ansicht soll dagegen im Einzelfall geprüft werden, ob die Fortsetzung des Amtsverhältnisses bis zum Ablauf der Amtszeit für die Gesellschaft zumutbar ist.[112]

---

[111] BGHZ 39, 116, 123.
[112] Fleck, WM 1985, 677, 680.

C. Die Rechtsstellung der Hauptversammlung

Die Hauptversammlung ist das Organ der Gesellschaft, in dem der **200** einzelne Aktionär seine Mitgliedschaftsrechte ausüben kann. Sie ist daher sozusagen das „Parlament" der Aktiengesellschaft[1] bzw. der „Sitz der Aktionärsdemokratie".[2] Durch die Hauptversammlung vervollständigt sich das Bild der „Gewaltenteilung" innerhalb der Gesellschaft.

I. Aufgaben und Zuständigkeiten

Abweichend von der früheren Auffassung,[3] die Hauptversammlung sei **201** für alle Aufgaben zuständig, die nicht abschließend anderen Organen zugewiesen sind, besteht heute der Grundsatz, daß die Hauptversammlung nur noch die ihr ausdrücklich vorbehaltenen Entscheidungen zu treffen befugt sei.[4] Die Zuständigkeiten der Hauptversammlung ergeben sich zum einen aus § 119 AktG, zum anderen aus einer Reihe im gesamten Aktiengesetz verstreuter Regelungen. In einem sehr engen Rahmen können der Hauptversammlung weitere Rechte durch die Satzung zugestanden werden.

Nachfolgend sollen die wichtigsten und am häufigsten anzutreffenden **202** Aufgaben der Hauptversammlung dargestellt werden. Dabei soll die in der Literatur[5] üblicherweise vorgenommene Einteilung der Zuständigkeiten der Hauptversammlung einerseits in Grundlagenzuständigkeiten sowie andererseits in laufende Angelegenheiten befolgt werden. Anschließend erfolgt eine kurze Darstellung, inwieweit die Hauptversammlung Fragen der Geschäftsführung gemäß § 119 Abs. 2 AktG regeln kann.

---

[1] Henn, Handbuch des Aktienrechts, Rn. 685.
[2] K. Schmidt, Gesellschaftsrecht, S. 703.
[3] Vgl. Geßler, Fs-Stimpel, S. 771, 773 f.
[4] Vgl. Würdinger, Aktienrecht und das Recht der verbundenen Unternehmen, S. 138.
[5] Zöllner, in: Kölner Komm, § 119 Rn. 13 ff.

1. Grundlagenzuständigkeiten

203 Die Grundlagenkompetenz umfaßt alle grundsätzlichen Fragen des verfassungsmäßigen Aufbaus und der Kapitalgrundlage der Aktiengesellschaft.[6] Hierzu gehören als Beispiel gemäß § 119 Abs. 1 Nr. 5 AktG jegliche Satzungsänderungen, gemäß § 119 Abs. 1 Nr. 6 AktG alle Maßnahmen der Kapitalerhöhung oder Kapitalsenkung, gemäß § 52 Abs. 1 AktG Nachgründungen sowie gemäß §§ 293 Abs. 1, 295 Abs. 1 AktG die Zustimmung zu Abschluß oder Änderung von Unternehmensverträgen. Selbstverständlich gehört zu den Grundlagenkompetenzen auch die Entscheidung über die Auflösung der Gesellschaft gemäß § 119 Abs. 1 Nr. 8 AktG.

2. Laufende Angelegenheiten

204 Als laufende Angelegenheit ist zunächst die Wahl der Aufsichtsratsmitglieder gemäß § 119 Abs. 1 Nr. 1 AktG zu nennen. Ausgenommen sind nach dieser Vorschrift jedoch die Aufsichtsratsmitglieder, die von Aktionären aufgrund eines Entsenderechts in den Aufsichtsrat entsandt werden sowie in mitbestimmten Gesellschaften die Aufsichtsratsmitglieder der Arbeitnehmer, die nicht in den Geltungsbereich des Montan-Mitbestimmungsgesetzes fallen.[7]

205 Auch die Geltendmachung etwaiger Ansprüche auf Schadenersatz gegen Mitglieder von Vorstand und Aufsichtsrat, die an der Gründung der Gesellschaft beteiligt waren, obliegt nach § 147 AktG der Entscheidung der Hauptversammlung.

2.1 Wahl und Abberufung der Aktionärsvertreter im Aufsichtsrat

206 Die Anteilseignervertreter werden nach § 101 Abs. 1 AktG von der Hauptversammlung grundsätzlich frei gewählt. Ihre Wiederwahl nach Ablauf der Amtszeit ist möglich. Nach § 103 Abs. 1 AktG steht es der Hauptversammlung jedoch grundsätzlich frei, die Anteilseigner im Aufsichtsrat jederzeit abzuberufen, soweit in der Satzung nichts anderes bestimmt ist. Ein derartiger Beschluß bedarf jedoch nach § 103 Abs. 1 S. 2 AktG einer 3/4-Mehrheit. Es sind daher keine sachlichen Erfordernisse, wie zum Beispiel eine Pflichtverletzung oder Amtsunfähigkeit erforderlich; die Aktionärsvertreter im Aufsichtsrat sollen das Vertrauen der Hauptversammlung haben, so daß für die Amtsbeendigung der Vertrauensentzug durch Hauptversammlungsbeschluß ge-

---

[6] Hueck, Gesellschaftsrecht, S. 238.
[7] Zu den Wahlmodalitäten vgl. oben unter B.III.2.1.3.

nügt.[8] Mit gültigem Hauptversammlungsbeschluß tritt aber das Amtsende des Aufsichtsratsmandats nicht automatisch ein; vielmehr muß die Abberufung, die wie die Einstellung ein kooperationsrechtliches Rechtsgeschäft ist, gegenüber dem ausscheidenden Aufsichtsratsmitglied erklärt werden.[9] Das Amtsende tritt mit Zugang der Erklärung ein,[10] die nach zutreffender Auffassung durch den Vorstand abzugeben ist.[11] Ist der ausscheidende Aktionärsvertreter im Aufsichtsrat bei Verkündung des Beschlußergebnisses in der Hauptversammlung, so liegt die Erklärung in der Feststellung des Beschlußergebnisses.[12]

2.2 Wahl von Abschlußprüfern

Für mittelgroße bis große Aktiengesellschaften ist die Prüfung des Jahresabschlusses einschließlich der Buchprüfung und des Lageberichts nach § 316 Abs. 1 HGB zwingend geboten. Als Abschlußprüfer können für die Aktiengesellschaft nur Wirtschaftsprüfer oder Wirtschaftsprüfungsgesellschaften im Sinne der Wirtschaftsprüfungsordnung gemäß § 316 Abs. 3 HGB gewählt werden. Grundsätzlich werden diese Prüfer von der Hauptversammlung gewählt.[13] Ausnahmsweise kann dieses Recht der Aktionäre bzw. Mehrheitsaktionäre in der Hauptversammlung durch den Vorstand, Aufsichtsrat oder eine Minderheit der Aktionäre derart eingeschränkt sein, daß diese die gerichtliche Bestellung eines anderen Abschlußprüfers anstelle des von der Hauptversammlung gewählten beantragen.[14] Das angerufene Gericht hat dem Antrag stattzugeben, wenn dies aufgrund eines in der Person des Prüfers liegenden Grund geboten scheint, insbesondere wenn der Verdacht besteht, daß der Abschlußprüfer befangen ist.[15] **207**

Auch für die Abschlußprüfung hat das Gesetz zur Kontrolle und Transparenz im Unternehmen (KontraG) eine Reihe von wichtigen Änderung mit sich gebracht: **208**

– Umsatzabhängigkeit **209**

   Zur Sicherung der Unabhängigkeit des Abschlußprüfers ist nunmehr vorgesehen, daß ein Prüfer von der Prüfung einer Kapital-

---

[8] Hüffer, AktG, § 103 Rn. 3.
[9] Hüffer, AktG, § 103 Rn. 4.
[10] Baumbach/Hueck, AktG, § 103 Anm. 4; Geßler, in: Geßler/Hefermehl, AktG, § 103 Rn. 14.
[11] Hüffer, AktG, § 103 Rn. 4.
[12] Hüffer, AktG, § 103 Rn. 5.
[13] Hueck, a.a.O., S. 279.
[14] Hueck, a.a.O., S. 279.
[15] Hueck, a.a.O., S. 279.

gesellschaft ausgeschlossen ist, wenn er von ihr in den letzten fünf Jahren mehr als 30 % (bisher 50 %) seiner Gesamteinnahmen bezogen hat (§ 319 Abs. 2 Nr. 8 HGB).

210 – Prüferwechsel

Eine langjährige Tätigkeit des selben Abschußprüfers bei einem Unternehmen kann den Anschein der Abhängigkeit erwecken. Ein externer Prüferwechsel, d.h. Auswechslung der Prüfungsgesellschaft, erwies sich als nicht zweckmäßig, jedoch wird ein Prüferwechsel auf der Ebene der den Bestätigungsvermerk zeichnenden Personen vorgeschrieben, wenn diese binnen zehn Jahren den Bestätigungsvermerk in mehr als sechs Fällen gezeichnet haben (§ 319 Abs. 3 Nr. 6 HGB).

211 – Prüfungsinhalt

Die §§ 289 Abs. 1, 315 Abs. 1, 317 und 321 HGB sehen eine stärker problemorientierte Gestaltung der gesetzlichen Prüfung vor. Die Abschlußprüfer sollen nunmehr zur Prüfung angehalten werden, ob die Risiken der zukünftigen Entwicklung richtig dargestellt sind und sollen zudem die vom Vorstand einzurichtenden Überwachungssysteme (§ 91 Abs. 2 AktG) beurteilen. Allerdings geht es hierbei lediglich um eine Plausibilitätsprüfung. Die unternehmerische Prognoseentscheidung soll nicht durch den Wirtschaftsprüfer ersetzt werden.

212 – Prüfungsbericht

Die Interessen des Aufsichtsrates sollen bei der Abfassung des Prüfungsberichtes stärker berücksichtigt werden. Der Prüfungsbericht soll insbesondere verständlicher werden (§ 321 Abs. 1 HGB).

213 – Haftungshöchstgrenze

Die gesetzliche Haftungshöchstgrenze des Abschlußprüfers ist in § 323 Abs. 2 S. 1 HGB heraufgesetzt worden. Eine abgestufte Lösung setzt jetzt die Haftung bei Prüfung generell auf zwei Millionen DM und bei Prüfung im amtlichen Handel notierter Gesellschaften auf acht Millionen DM an.

2.3 Verwendung des Bilanzgewinns

Gemäß § 174 Abs. 1 S. 1 AktG beschließt die Hauptversammlung über   **214**
die Verwendung des Bilanzgewinns. Dies geschieht nach Absatz 2
Nr. 1 bis 5 derselben Vorschrift durch Beschluß, in dem namentlich
anzugeben ist:

– der Bilanzgewinn,

– der an die Aktionäre auszuschüttende Betrag,

– die in die Gewinnrücklagen einzustellenden Beträge,

– ein Gewinnvortrag und

– der zusätzliche Aufwand aufgrund des Beschlußes.

2.4 Entlastung von Vorstand und Aufsichtsrat

Die Entlastung ist die Billigung der Verwaltung der Aktiengesellschaft   **215**
hinsichtlich des abgelaufenen Geschäftsjahrs[16] sowie – nach herrschender Auffassung[17] – die Vertrauenskundgabe für die zukünftige
Verwaltung der Gesellschaft. Die rechtliche Bedeutung dieser Entlastung ist eher begrenzt:[18] Während die Entlastung in anderen Ver-
bandsformen – wie zum Beispiel im GmbH-Recht[19] – dazu führt, daß
der Geschäftsführer frei von Ersatzansprüchen ist, verbieten die §§ 93
Abs. 4, 116, 120 Abs. 2 S. 2 AktG zwingend einen Verzicht auf Ersatzansprüche vor Ablauf von drei Jahren. Die Entlastung enthält keinen
Verzicht auf Ersatzansprüche.

Umstritten ist die rechtsdogmatische Einordnung dieses Instituts: Die   **216**
Entlastung ist ein spezifisch gesellschaftsrechtliches Institut, das – wie
die Regelung des § 120 Abs. 2 S. 2 AktG zeigt – nicht den Charakter
eines Erlaßvertrages oder Schuldanerkenntnisses im Sinne des § 397
BGB hat.[20] Die Auffassung, die Entlastung stelle sozusagen eine
Quittung in dem Sinne dar, daß kein Anspruch auf wiederholte Rechnungslegung bestehe,[21] sind nach aktueller Fassung des § 120 AktG
nicht haltbar[22] und damit obsolet.

---

[16] Hüffer, AktG, § 120 Rn. 2, 11.
[17] BGHZ 29, 387, 390; BGHZ 94, 324, 326; BGH, WM 1979, 361; Tellis, Die Rechtsnatur
   der gesellschaftsrechtlichen Entlastung und die Entlastungsklage – ein Beitrag zur
   rechtsformübergreifenden Betrachtung des Entlastungsinstituts, S. 88 f.
[18] Hueck, a.a.O., S. 237.
[19] Hüffer, AktG, § 120 Rn. 2, 13.
[20] K. Schmidt, ZGR 1978, 425, 429 f.; Tellis, a.a.O., S. 78 ff.
[21] Schlegelberger/Quassowski, AktG 1937, § 104 Rn. 4.
[22] Barner, Die Entlastung als Institut des Verbandsrechts, S. 66 ff.; Zöllner, in: Kölner
   Komm, § 120, Rn. 22.

217 Umstritten ist ebenfalls, ob die Billigung ein gesetzes- bzw. satzungsmäßiges Verhalten der Verwaltung voraussetzt, oder ob die Hauptversammlung Vorstand und Aufsichtsrat auch dann entlasten darf, wenn ein satzungs- bzw. gesetzeswidriges Verhalten vorliegt. Nach einer Literaturauffassung ergibt sich aus § 120 Abs. 2 S. 2 AktG, daß die Hauptversammlung auch „einer pflichtvergessenen Verwaltung die Entlastung erteilen" kann.[23] Andere Teile der Literatur propagieren, daß eine Entlastung nur bei satzungs- bzw. gesetzesmäßigem Verhalten erteilt werden kann.[24] Durch die Entlastung erklärt die Hauptversammlung nämlich, daß sie die Verwaltung als im großen und ganzen gesetzes- und satzungsmäßig billige.[25]

218 Die Billigung hat vor allem deklaratorische Bedeutung, was jedoch umgekehrt nicht bedeutet, daß die Entlastung praktisch völlig unwichtig ist.[26] Stelle man sich den praktischen Fall vor, daß die Hauptversammlung die Entlastung verweigert, so kann man sich unschwer vorstellen, welche Beachtung diese Haltung der Hauptversammlung in der interessierten Öffentlichkeit finden wird.[27] Daher ist der inhaltlich „falsche" Entlastungsbeschluß auch anfechtbar.[28]

3. Maßnahmen der Geschäftsführung gemäß § 119 Abs. 2 AktG

219 Gemäß § 119 Abs. 2 AktG kann die Hauptversammlung über Fragen der Geschäftsführung nur dann entscheiden, wenn dies der Vorstand ausdrücklich verlangt. Dieses Verlangen muß der Vorstand als Antrag zur Hauptversammlung einbringen,[29] wobei es als gesonderter Punkt auf die Tagesordnung zu setzen ist.[30]

220 Über das Verlangen entscheidet die Hauptversammlung gemäß § 133 Abs. 1 AktG grundsätzlich mit einfacher Stimmenmehrheit, soweit das Gesetz oder die Satzung nichts anderes vorsehen. Entscheidet die Hauptversammlung über Fragen der Geschäftsführung, so ist der Vorstand daran gebunden.[31] Im Gegenzug entfällt damit aber auch gemäß § 93 Abs. 4 S. 1 AktG die Haftung des Vorstands für die betreffende Maßnahme.

---

[23] Eckardt, in: Geßler/Hefermehl, AktG, § 120 Rn. 38 m.w.N.
[24] Zöllner, in: Kölner Komm, § 120 Rn. 47.
[25] Hüffer, AktG, § 120 Rn. 12.
[26] Hueck, a.a.O., S. 237.
[27] Hueck, a.a.O., S. 237.
[28] Hüffer, AktG, § 120 Rn. 12.
[29] Hüffer, AktG, § 119 Rn. 14.
[30] Henn, Handbuch des Aktienrechts, Rn. 691.
[31] Hüffer, AktG, § 119 Rn. 15.

Streitig ist in diesem Zusammenhang die Frage, ob und wann der **221** Vorstand bei Maßnahmen von großer struktureller Bedeutung für die Gesellschaft verpflichtet ist, diese der Hauptversammlung vorzulegen. Der *Bundesgerichtshof* hat diese Frage in seiner „Holzmüller-Entscheidung" für den Fall bejaht, daß der Vorstand den wertvollsten Teil des Gesellschaftsvermögens in eine dafür gegründete Tochtergesellschaft verlagert hat.[32] In der Begründung heißt es, der Vorstand sei zur Vorlage an die Hauptversammlung jedenfalls dann verpflichtet, wenn die Entscheidung zwar formal noch im Ermessen des Vorstands liege, sie aber „so tief in die Mitgliedsrechte der Aktionäre [...] eingreife, daß der Vorstand vernünftigerweise nicht annehmen kann, er dürfe sie in ausschließlich eigener Verantwortung treffen, ohne die Hauptversammlung zu beteiligen".[33]

Dieses Urteil stellt eine Kernentscheidung für das Verhältnis zwischen **222** Vorstand und Hauptversammlung dar, wobei dessen Bedeutung über den Teilbereich „Schutz der Aktionäre der Obergesellschaft" weit hinausreicht.[34] In der Literatur wird diese Entscheidung nach wie vor, wenn auch überwiegend zustimmend, heftig diskutiert.[35] Bedenken gegen die Urteilsbegründung werden vor allem auf die Furcht vor einer mangelnden Eingrenzung des Zustimmungserfordernisses gestützt.[36] Diese Bedenken dürften jedoch nicht durchgreifen. Bei der „Holzmüller-Entscheidung" handelt es sich um eine Konzernbildungskontrollentscheidung, die einen krassen, in der Nähe der Vermögensübertragung liegenden Fall betraf (Verlagerung von 80 % der Aktiva). Jedenfalls bei einer solchen Fallgestaltung ist von einem ungeschriebenen Zustimmungserfordernis durch die Hauptversammlung auszugehen. Es kann nicht davon ausgegangen werden, daß der Vorstand alle Geschäftsführungsmaßnahmen, für die das Gesetz nicht ausdrücklich eine Zuständigkeit der Hauptversammlung begründet, allein ergreifen kann, weil sonst gegen den Grundsatz der auf eine Machtbalance abzielenden Kompetenzordnung des Aktiengesetzes verstoßen würde. Eine gesetzliche Eingrenzung ungeschriebener Hauptversammlungszuständigkeiten ist zur Herstellung von Rechtssicherheit in

---

[32] BGHZ 83, 122 ff.
[33] BGHZ 83, 122, 131.
[34] Mülbert, Aktiengesellschaft, Unternehmensgruppe und Kapitalmarkt, S. 19.
[35] Siehe dazu ausführlich Hirte, Bezugsrechtsausschluß und Konzernbildung, 1986, S. 129 ff., 155 ff. m.w.N.
[36] Beusch, Fs-Werner S. 1 ff.; Martens, ZHR 147 [1983], 429 ff.; Götz, AG 1984, 85 ff.; Heinsius, ZGR 1984, 383 ff.; die Entscheidung dagegen befürwortend: Geßler, Fs-Stimpel, 1985, S. 771 ff.; ; Hübner, Fs-Stimpel 1985, S. 791 ff.; Hüffer, AktG, § 119 Rn. 18; Lutter, Fs-Stimpel 1985, S. 825 ff.; Rehbinder, ZGR 1983, 93.

den beteiligten Verkehrskreisen wünschenswert. Solange dies nicht geschehen ist, gibt es zur einzelfallorientierten Lösung des *BGH* de lege lata keine Alternative.

II. Einberufung der Hauptversammlung

223 Die ordentliche Hauptversammlung ist gemäß § 175 Abs. 1 AktG unverzüglich nach Eingang des Aufsichtsratsberichts einmal im Jahr zur Entgegennahme des festgestellten Jahresabschlußes, des Lageberichts und zur Entscheidung über die Gewinnverwendung vom Vorstand einzuberufen. Daneben ist eine außerordentliche Hauptversammlung gemäß § 121 Abs. 1 AktG dann einzuberufen, wenn das Wohl der Gesellschaft dies erfordert.

1. Zuständigkeit

224 Zuständig für die Einberufung der Hauptversammlung ist gemäß § 121 Abs. 2 AktG der Vorstand. Über die Einberufung beschließt er zwingend mit einfacher Mehrheit. Gemäß § 111 Abs. 3 AktG kann auch der Aufsichtsrat mit einfacher Mehrheit die Einberufung der Hauptversammlung beschließen, wenn das Wohl der Gesellschaft dies erfordert. Voraussetzung hierfür ist jedoch, daß die Hauptversammlung überhaupt in der betreffenden Angelegenheit Beschlußkompetenz hat und ohne die Einberufung der Hauptversammlung die Interessen der Hauptversammlung nicht ohne weiteres gewahrt werden könnten.[37]

225 Daneben kann auch eine Minderheit von Aktionären gemäß § 122 Abs. 1 AktG die Einberufung der Hauptversammlung schriftlich unter Angabe des Zwecks und der Gründe gegenüber dem Vorstand verlangen. Dieses Verlangen muß nach dieser Vorschrift von einem Teil der Aktionäre getragen werden, die zusammen mindestens 5 % des Grundkapitals auf sich vereinigen. Nach allgemeiner Meinung darf dieses Verlangen aber nicht mißbräuchlich ausgeübt werden.[38] Mißbrauch kann insbesondere dann vorliegen, wenn die Dringlichkeit der Angelegenheit nur vorgeschoben wird. Der Vorstand darf den Antrag nur dann zurückweisen, wenn die Mindestbeteiligung nicht erreicht wird oder Form bzw. Inhalt nicht ordnungsgemäß ist.

---

[37] Hüffer, AktG, § 111 Rn. 13.
[38] OLG Köln, WM 1959, 1402; Zöllner, in: Kölner Komm, § 122 Rn. 4.

2. Form und Frist

Die Modalitäten der Einberufung sind in den §§ 123 bis 128 AktG umfassend geregelt. Die Hauptversammlung ist gemäß § 123 Abs. 1 AktG mindestens einen Monat vor dem Termin einzuberufen. Sie ist zusammen mit der Tagesordnung gemäß §§ 121 Abs. 3 S. 1, 124 Abs. 1 S. 1 AktG in den Gesellschaftsblättern bekannt zu machen. Hat eine Minderheit der Aktionäre, deren Anteile gemäß § 122 Abs. 2 mindestens 5 % des Stammkapitals oder einen Nennbetrag in Höhe von 500.000 Euro erreichen, die Aufnahme von Punkten in die Tagesordnung verlangt, so muß der Vorstand diese Punkte gemäß § 124 Abs. 1 S. 2 AktG binnen 10 Tagen auf die gleiche Weise bekanntmachen. Die Hauptversammlung kann nicht über Gegenstände beschließen, die nicht ordnungsgemäß in der Tagesordnung bekanntgemacht wurden.[39]

226

Steht die Wahl von Aufsichtsratsmitgliedern auf der Tagesordnung, so hat der Vorstand gemäß § 124 Abs. 2 S. 1 AktG zudem bekanntzumachen, nach welchen gesetzlichen Vorschriften sich der Aufsichtsrat zusammensetzt und an welche Wahlvorschläge die Hauptversammlung gebunden ist. Der Vorstand und der Aufsichtsrat bzw. im Fall der Wahl von Aufsichtsratsmitgliedern und Prüfern nur der Aufsichtsrat haben zu jedem Gegenstand der Tagesordnung, über den ein Beschluß der Hauptversammlung erfolgen soll, in der Bekanntmachung der Tagesordnung Punkte zur Beschlußfassung vorzuschlagen. Der Vorstand hat außerdem gemäß § 125 Abs. 1 AktG innerhalb von 12 Tagen nach Veröffentlichung der Tagesordnung den Kreditinstituten und Aktionärsvereinigungen, die in der letzten Hauptversammlung Stimmrechte für Aktionäre ausgeübt oder eine Mitteilung verlangt haben, Angaben über Einberufung, Bekanntmachung der Tagesordnung sowie etwaige Anträge und Wahlvorschläge zu machen. Dasselbe gilt unter den in § 125 Abs. 2 AktG genannten Voraussetzungen auch für Aktionäre, die eine Aktie hinterlegt haben, eine Mitteilung nach Bekanntmachung der Einberufung der Hauptversammlung im Bundesanzeiger verlangt haben oder als Aktionär im Aktienbuch der Gesellschaft eingetragen sind.

227

Gemäß § 126 Abs. 1 AktG müssen auch Gegenanträge von Aktionären, die innerhalb einer Woche nach der Bekanntmachung der Einberufung der Gesellschaft mit Begründung übersandt worden sind, unter der Voraussetzung, daß hieraus Einwände gegen Vorschläge des

228

---

[39] Würdinger, Aktienrecht und das Recht der verbundenen Unternehmen, S. 140.

Vorstands oder des Aufsichtsrats ersichtlich werden und die anderen Aktionäre für den Gegenvorschlag gewonnen werden sollen, im Sinne von § 125 AktG mitgeteilt werden. Allerdings kann eine solche Pflicht zur Mitteilung unter den in § 126 Abs. 2 AktG katalogartig aufgezählten Voraussetzungen entfallen. Als Beispiel wäre der Fall zu nennen, daß der Gegenantrag oder der damit angestrebte Beschluß ersichtlich gegen Gesetz oder Satzung verstößt oder seine Begründung offensichtlich falsch ist.

III. Beschlußfassung der Hauptversammlung

1. Beschlußfähigkeit

229 Das Gesetz schreibt keine Mindestbeteiligung von Aktionären zur Beschlußfähigkeit der Hauptversammlung vor, jedoch kann die Satzung für bestimmte oder alle Beschlüsse derartiges vorsehen, um eine Beschlußfassung durch Minderheiten zu verhindern.[40]

2. Mehrheitserfordernisse

230 Grundsätzlich bedürfen Beschlüsse der Hauptversammlung gemäß § 133 Abs. 1 AktG der einfachen Mehrheit der abgegebenen Stimmen, wenn nicht durch das Gesetz oder die Satzung anderes gefordert wird. So schreibt beispielsweise § 103 Abs. 1 S. 2 AktG vor, daß der Beschluß über die Abberufung von Aufsichtsratsmitgliedern der Mehrheit von drei Vierteln der abgegebenen Stimmen bedarf.

231 Durch die Satzung können, wenn das Gesetz nicht zwingend die einfache Mehrheit vorschreibt, Mehrheitserfordernisse gemäß § 133 Abs. 1 AktG grundsätzlich nur verschärft, nicht aber gemildert werden.[41] Mehrheitserfordernisse können auch dann noch durch die Satzung verschärft werden, wenn das Gesetz schon eine qualifizierte Mehrheit verlangt.[42] Neben den Mehrheitserfordernissen bei der Stimmenabgabe können auch bestimmte Kapitalmehrheiten gefordert werden, die neben der Stimmenmehrheit zur Beschlußfassung vorliegen müssen.[43]

---

[40] Würdinger, a.a.O., S. 144.
[41] Zöllner, in: Kölner Komm, § 133 Rn. 87 m.w.N.
[42] Hüffer, AktG, § 133 Rn. 15.
[43] BGH, NJW 1975, 212.

Zur Feststellung der Stimmenmehrheit sind im wesentlichen zwei **232**
Verfahren gebräuchlich. Beim sogenannten Additionsverfahren werden die Ja-Stimmen gegen die Nein-Stimmen gerechnet. Dabei zählen ungültige Stimmen und Enthaltungen als nicht abgegebene Stimmen.[44] Beim sogenannten Subtraktionsverfahren hingegen werden die Gegenstimmen aus der Differenz der Gesamtstimmen und der Ja-Stimmen errechnet.[45]

3. Rechtsnatur des Hauptversammlungsbeschlusses

Der Hauptversammlungsbeschluß ist ein mehrseitiges, aber nicht **233**
vertragliches Rechtsgeschäft eigener Art.[46] Ein Vertrag liegt deshalb nicht vor, da die dem Beschluß zugrunde liegende Stimmabgabe nicht auf Übereinstimmung durch korrespondierende Willenserklärungen, sondern auf die Herbeiführung einer Entscheidung durch Feststellung des Mehrheitswillens gerichtet ist.[47] Auf die in der Stimmabgabe liegende Willenserklärung sind die Vorschriften des Bürgerlichen Gesetzbuches über Willensmängel grundsätzlich anwendbar.[48]

Gemäß § 130 Abs. 1 S. 1 AktG bedürfen alle Hauptversammlungsbe- **234**
schlüsse zu ihrer Wirksamkeit der notariellen Beurkundung. Fehlt diese Beurkundung oder ist sie unrichtig oder unvollständig, so ist der Hauptversammlungsbeschluß nach § 241 Nr. 2 AktG nichtig.

4. Antrags- und Informationsrechte des Aktionärs

Jeder Aktionär hat das Recht, Anträge zur Tagesordnung zu stellen.[49] **235**
Dieses Recht ergibt sich bereits aus seiner Mitgliedschaft in der Gesellschaft.[50]

Daneben steht jedem Aktionär das Auskunftsrecht des § 131 AktG zu. **236**
Dies soll ihm die Möglichkeit verschaffen, Informationen zu bekommen, die zur sachgemäßen Beurteilung eines Gegenstandes der Tagesordnung erforderlich sind.[51] Das Auskunftsrecht richtet sich

---

[44] So schon RGZ 80, 142, 144; OLG Frankfurt, NJW 1954, 802, 803.
[45] Henn, Handbuch des Aktienrechts, Rn. 731.
[46] Hüffer, AktG, § 133 Rn. 3; BGHZ 65, 93, 97 f.; BGH, WM 1979, 71, 72; die früher herrschende „Sozialaktstheorie" (so noch BGHZ 52, 316, 318) wurde als nicht zutreffend aufgegeben.
[47] Vgl. Hüffer, AktG, § 133 Rn. 4.
[48] Würdinger, a.a.O., S. 144 oben.
[49] Würdinger, a.a.O., S. 141.
[50] Zu den Mitgliedschaftsrechten auch unten D.II.
[51] Witt, Jb. Junger Zivilrechtswissenschaftler 1995; S. 92.

gegen die Gesellschaft und ist vom Vorstand zu erfüllen.[52] Gegenstand dieses Auskunftsrechts sind die Angelegenheiten der Gesellschaft, also alles, was sich auf die Aktiengesellschaft und ihre Tätigkeit bezieht.[53] Der Vorstand hat die Auskunft nach den Grundsätzen einer gewissenhaften und getreuen Rechenschaft zu geben.[54] Die Auskunft muß also vollständig und sachlich zutreffend sein.[55] Sie darf nur aus den in § 131 Abs. 3 AktG abschließend aufgezählten Gründen verweigert werden, etwa wenn die Erteilung der Auskunft geeignet ist, im Sinne von § 131 Abs. 3 Nr. 1 AktG einen nicht unerheblichen Nachteil für die Gesellschaft herbeizuführen[56] oder gemäß § 131 Abs. 3 Nr. 5 AktG dann, soweit sich der Vorstand durch die Erteilung der Auskunft strafbar machen würde.[57] Verweigert der Vorstand die Auskunft, so kann auf Antrag gemäß § 132 Abs. 1 S. 1 AktG durch das zuständige Gericht festgestellt werden, ob sie dennoch zu erteilen ist.

237   Gerade in letzter Zeit hat es in der Rechtsprechung eine Fülle von Entscheidungen zur Reichweite des Auskunftsrechts des Aktionärs gegeben.[58] Wesentlich ist dabei die auch im Eigenverhalten der Vorstände selbst zu beobachtende Tendenz, dieses Recht zunehmend extensiv auszuweiten. In diesem Zusammenhang sind mehrere Entscheidungen zu nennen, in denen es um die Offenlegung von Beteiligungsverhältnissen der Aktiengesellschaft an anderen, börsennotierten Gesellschaften gegangen ist. Namentlich in Urteilen, die den „Allianz"-Versicherungskonzern betrafen, aber auch in anderen Entscheidungen hat die Rechtsprechung verschiedentlich entschieden und bestätigt, daß dem Aktionär diejenigen Anteile mitzuteilen sind, die von der Aktiengesellschaft oder einem verbundenen Unternehmen an den sogenannten DAX-Gesellschaften sowie den weiteren 20 größten börsennotierten Gesellschaften gehalten werden, sofern die Beteiligung am Nennkapital 10 % oder mehr beträgt oder sie einen Börsen-

[52] K. Schmidt, Gesellschaftsrecht, S. 707 m.w.N.
[53] Hüffer, AktG, § 131 Rn. 11.
[54] Vgl. zum Spannungsfeld Gläubigerschutz und Informationsrecht der Gesellschafter bei der Rechnungslegung, Budde/Steuber. AG 1996, 542.
[55] Hüffer, AktG, § 131 Rn. 21.
[56] Vgl. zum Begriff der Nachteilszufügung Hüffer, AktG, § 131 Rn. 24.
[57] Siehe zu möglichen Strafbarkeitsvorschriften z. B. die §§ 13 Abs. 1 Nr. 2 i.V.m. 38 Abs. 1 Nr. 2 WpHG, in denen die strafrechtliche Ahndung bei Verrat von Insidertatsachen geregelt ist.
[58] Vgl. zum Beispiel: BGH, AG 1995, 462; OLG München, AG 1996, 328 ff.; LG Hanau, AG 1996, 184; LG München I, AG 1996, 186; LG München I, AG 1996, 89; LG Hannover, AG 1996, 37.

wert von mehr als 100 Mio. DM erreicht.[59] Nach dieser Rechtsprechung sind auch Anteile mit einzubeziehen, die von Dritten für die Aktiengesellschaft bzw. für ein verbundenes Unternehmen gehalten werden.[60] Hingegen wurde ein Informationsrecht über Beteiligungen in einer Höhe, die nach § 21 WpHG an 5 % des Stimmrechtsanteils ausgerichtet ist, von der Rechtsprechung teilweise abgelehnt[61] und teilweise bejaht.[62] Weiterer Beleg für die beschriebene Tendenz ist ein Beschluß des Kammergerichts bezüglich der „Siemens" II-Entscheidung.[63] Hierin wurde dem Aktionär immerhin ein Auskunftsrecht über die konzernfremden Aufsichtsratsmandate der Vorstandsmitglieder zugestanden, auch wenn in dem gleichen Beschluß ein Anspruch auf Nennung der zehn höchsten Abfindungsbeträge, die die Aktiengesellschaft im Jahr zuvor ausscheidenden Mitgliedern gezahlt hat, verneint worden ist.

Darüber hinaus können die Aktionäre im Falle der Umwandlung einer AG in eine GmbH die Vorlage des nach dem UmwG erforderlichen Prüfungsberichts verlangen.[64] **238**

Die Brisanz der Frage des Umfangs des Aktionärsauskunftsrechts zeigt sich nicht zuletzt auch daran, daß *Wenger* eine Verfassungsbeschwerde beim Bundesverfassungsgericht erhoben hat, mit der er ein umfassendes Auskunftsrecht des Aktionärs im Hinblick auf vorhandene „Stille Reserven" der Aktiengesellschaft erreichen möchte.[65] **239**

Grundsätzlich entfällt das Rechtsschutzbedürfnis eines Aktionärs auf gerichtliche Entscheidung über sein Auskunftsrecht, sobald der Aktionär die geforderten Auskünfte außerhalb der Hauptversammlung erhält.[66] **240**

Unter den Voraussetzungen des § 131 Abs. 4 AktG kann aber eine erweiterte Auskunftspflicht des Vorstands in der Hauptversammlung dann bestehen, wenn zuvor einem Aktionär außerhalb der Hauptversammlung Auskünfte erteilt worden sind, selbst wenn diese Auskünfte an sich nicht zur sachgemäßen Beurteilung der Tagesordnung erfor- **241**

---

[59] KG Berlin, NJW-RR 1994, 162; KG Berlin, ZIP 1995, 1585; KG Berlin, ZIP 1995, 1590; KG Berlin, ZIP 1995, 1992; vgl. auch Hirte, NJW 1996, 2827 ff., 2839 m.w.N.; vgl. aber auch die Kritik von Hüffer, ZIP 1996, S. 401 ff.
[60] KG Berlin, NJW-RR 1994, 162.
[61] KG Berlin, ZIP 1995, 1590.
[62] BayObLG, AG 1996, 516.
[63] KG Berlin, ZIP 1995, 1592.
[64] LG Heidelberg, AG 1996, 523.
[65] Siehe den Artikel „Das Verfassungsgericht überprüft die Mündigkeit des Aktionärs" in Handelsblatt vom 14.09.1995; zur Streitfrage eines Auskunftsrechts über „Stille Reserven" ferner die Nachweise bei Hüffer, AktG, § 131 Rn. 29.
[66] BayObLG, AG 1996, 516.

derlich sind.[67] Streitig ist in diesem Zusammenhang, ob der Vorstand die erteilten Auskünfte nur innerhalb der Hauptversammlung wiederholen muß, oder ob andere Aktionäre die gleichen Auskünfte ebenfalls außerhalb der Hauptversammlung fordern können. Eckardt bejaht mit Hinweis auf den Gleichbehandlungsgrundsatz ein solches Recht der anderen Aktionäre.[68] Richtigerweise werden aber andere Aktionäre Auskünfte außerhalb der Hauptversammlung nicht verlangen können, weil § 131 Abs. 4 AktG aufgrund seines insoweit eindeutigen Wortlauts als spezielle und damit einschränkende Ausformung des § 53 a AktG aufzufassen ist.[69]

242 In zwei Beschlüssen aus dem Jahre 1999 hat das BVerfG klargestellt, daß die Beschränkung des Auskunftsrechts der Aktionäre, wie sie das Aktiengesetz vorsieht, verfassungsrechtlich nicht zu beanstanden sei.[70] Die Bundesverfassungsrichter sehen in § 131 Abs. 1 S. 1 AktG eine zulässige Inhalts- und Schrankenbestimmung des Eigentums. Der Gesetztgeber habe im Aktiengesetz regeln dürfen, daß die Informationsansprüche der Aktionäre mit deren – beschränkten – Befugnissen gegenüber Vorstand und Aufsichtsrat der Aktiengesellschaft korrespondieren. Zudem sei das Auskunftsrecht in eine Vielzahl von Informations- und Publizitätsvorschriften eingebettet, von denen jeder einzelne Aktionär profitiere. Als verfassungsrechtlich unbedenklich bezeichnen die Richter ebenfalls die im Aktiengesetz vorgesehene Möglichkeit des Vorstands, Auskünfte über stille Reserven der Gesellschaft zu verweigern. Dies würde die Rechte der Minderheitsaktionäre nicht unverhältnismäßig beeinträchtigen. Soweit das Bilanzrecht die Bildung stiller Reserven zulasse, könnten andere Aktionäre daran interessiert sein, daß die stillen Reserven gerade nicht aufgedeckt werden.

243 Als Rechtsfolge eines Verstoßes gegen die Auskunftspflicht kann der Aktionär das Auskunftserzwingungsverfahren des § 132 AktG einleiten. Ob er darüber hinaus den ohne die entsprechende Auskunft gefaßten Beschluß der Hauptversammlung gemäß § 243 Abs. 1 AktG anfechten kann, ist streitig, wird aber mit der ständigen Rechtsprechung jedenfalls bei Relevanz eines solchen Verfahrensfehlers für die nachfolgende Abstimmung zu bejahen sein.[71]

---

[67] Vgl. zu den Voraussetzungen einer solchen Auskunftspflicht Hüffer, AktG, § 131 Rn. 37 ff.
[68] Eckardt, in: Geßler/Hefermehl, AktG, § 131 Rn.161.
[69] Vgl. Hüffer, AktG, § 131 Rn. 42.
[70] BVerfG, AG 2000, 72 und 74
[71] BGHZ 107, 296, 307; BGHZ 119, 1, 18 ff.; BGH, WM 1990, 140, 143 f.; OLG München, AG 1996, 328 f.

IV. Rechtsfolgen fehlerhafter Hauptversammlungsbeschlüsse

Fehlerhafte Hauptversammlungsbeschlüsse sind solche, die auf ir-   **244**
gendeine Weise gegen Gesetz oder Satzung verstoßen. Solche
Beschlüsse sind anfechtbar und in einigen besonderen Fällen nichtig.

1. Nichtigkeit von Hauptversammlungsbeschlüssen

§ 241 AktG gibt eine Aufzählung von Gründen für die Nichtigkeit von   **245**
Hauptversammlungsbeschlüssen. Diese Aufzählung ist nach ganz
überwiegender Auffassung abschließend.[72] Danach ist ein Beschluß
der Hauptversammlung nichtig, wenn:

- er gemäß Nr. 1 unter Verletzung wesentlicher Vorschriften über die   **246**
  Einberufung gefaßt worden ist;[73] damit sollen Aktionäre geschützt
  werden, die nicht über die Einberufung der Hauptversammlung
  informiert worden waren;[74]

- gemäß Nr. 2 wesentliche Beurkundungsmängel vorliegen, also   **247**
  etwa die Beurkundung insgesamt fehlt oder grobe formale oder
  inhaltliche Mängel bestehen;[75]

- nach Nr. 3 Normen zum Schutz der Gläubigern oder der Interessen   **248**
  der Allgemeinheit verletzt werden oder wenn er gegen das Wesen
  der Aktiengesellschaft verstößt;[76]

- im Sinne von Nr. 4 sein Inhalt sittenwidrig ist; sind jedoch lediglich   **249**
  Zustandekommen, Zweck oder Beweggründe sittenwidrig, so hat
  dies nicht die Nichtigkeit, sondern nur Anfechtbarkeit des Beschlusses zur Folge;[77]

- gemäß Nr. 5 und Nr. 6 der Beschluß auf Anfechtungsklage durch   **250**
  Urteil rechtskräftig für nichtig erklärt oder als nichtig gelöscht
  worden ist.[78]

Die Nichtigkeit eines Beschlusses der Hauptversammlung kann von   **251**
jedermann in jeder Weise geltend gemacht werden, also auch ohne

---

[72] Siehe nur Hueck, Gesellschaftsrecht, S. 249; K. Schmidt, Gesellschaftsrecht, S. 719.
[73] BGHZ 18, 334.
[74] Hueck, a.a.O., S. 249.
[75] Hüffer, AktG, § 241 Rn. 13.
[76] Streitig ist allerdings, ob der Verstoß gegen das Wesen der Aktiengesellschaft nur ein
    Auffangtatbestand ist: so Hüffer in: Geßler/Hefermehl, AktG, § 241 Rn. 41; a.A.
    Würdinger, Aktienrecht und das Recht der verbundenen Unternehmen, S. 151.
[77] RGZ 131, 141, 145; 146, 385; 166, 129, 132; BGHZ 15, 382, 385; 24, 119.
[78] Siehe § 144 Abs. 2 FGG.

Klage.[79] Daneben besteht jedoch Möglichkeit einer Nichtigkeitsklage nach § 249 AktG und einer Anfechtungsklage nach § 246 AktG.

252 Die Nichtigkeit eines Beschlusses ist aber gemäß § 242 Abs. 2 S. 1 AktG heilbar, wenn er in das Handelsregister eingetragen worden ist und seitdem eine Frist von drei Jahren verstrichen ist. Für die Heilung der Nichtigkeit wegen mangelhafter Beurkundung gemäß §§ 130, 241 Nr. 2 AktG genügt nach § 242 Abs. 1 AktG die Eintragung in das Handelsregister.

2. Anfechtbarkeit von Hauptversammlungsbeschlüssen

253 Fehlerhafte Beschlüsse der Hauptversammlung, die nicht unter die Aufzählung des § 241 AktG fallen, sind gemäß § 243 Abs. 1 AktG durch Klage anfechtbar. Ein anfechtbarer Beschluß ist bis zu seiner Anfechtung rechtswirksam und für alle Beteiligten bindend.[80]

254 Als Anfechtungsgründe kommen alle Gesetzes- oder Satzungsverletzungen in Betracht, sofern diese in ursächlichem Zusammenhang mit dem Zustandekommen des anfechtbaren Beschlusses stehen.[81] Daneben erklärt § 243 Abs. 2 S. 1, S. 2 AktG auch diejenigen Beschlüsse für anfechtbar, durch die ein Aktionär sich oder Dritten Sondervorteile zum Nachteil der Gesellschaft oder anderer Aktionäre verschaffen wollte, ohne die Gesellschaft dafür angemessen zu entschädigen.

255 Geltend gemacht werden muß die Anfechtung mittels einer Anfechtungsklage gemäß § 246 Abs. 1 AktG binnen eines Monats nach der Beschlußfassung. Der Kreis der klagebefugten Personen bestimmt sich gemäß § 245 AktG wie folgt:

– Gemäß Nr. 1 ist dies zunächst der auf der Hauptversammlung erschienene Aktionär, der Widerspruch zu Protokoll gegeben hat.

– Nr. 2 nennt des weiteren den Fall des nicht erschienenen Aktionärs, der zu Unrecht nicht zu der Hauptversammlung zugelassen worden ist oder zu einer nicht ordnungsgemäß einberufenen Hauptversammlung bzw. zu einer Hauptversammlung, deren Gegenstand der Beschlußfassung nicht ordnungsgemäß bekanntgemacht worden ist, zugelassen worden ist.

– Nach Nr. 3 ist dies im Fall des § 243 Abs. 2 AktG jeder Aktionär.

– Nr. 4 bezieht sich auf den Vorstand.

---

[79] Hueck, a.a.O., S. 249.
[80] Würdinger, a.a.O., S. 149.
[81] Im Gesetz nicht ausdrücklich gefordert, vorausgesetzt jedoch von BGH, NJW 1951, 98; BGHZ 36, 139.

– Nr. 5 befugt jedes Mitglied des Vorstands und des Aufsichtsrats, soweit diese durch die Ausführung des Beschlusses eine Straftat oder Ordnungswidrigkeit begehen oder ersatzpflichtig werden würden.

Macht der Aktionär von seiner Klagebefugnis Gebrauch, so hat er den Gerichtskostenvorschuß zu leisten und trägt das Kostenrisiko des Prozesses. Die Prozeßkostenfrage kann aber dadurch entschärft werden, daß der klagende Aktionär Antrag auf Festsetzung eines Teilstreitwerts nach § 247 Abs. 2 AktG stellt.[82]   **256**

Obsiegt der Aktionär im Prozeß, so wird der fehlerhafte Hauptversammlungsbeschluß gegenüber jedermann vernichtet. Das Urteil entfaltet Rechtskraft nicht nur zwischen den Parteien des Rechtsstreits, sondern gegenüber allen Aktionären und Organmitgliedern. Ein klageabweisendes Sachurteil entfaltet hingegen materielle Rechtskraft nur zwischen den Parteien des Rechtsstreits, so daß andere Aktionäre nicht gehindert sind, ihrerseits zu klagen.[83]   **257**

Nach § 244 S. 1 AktG ist die Anfechtung ausgeschlossen, wenn die Hauptversammlung den anfechtbaren Beschluß ordnungsgemäß bestätigt und dieser nicht innerhalb der Anfechtungsfrist angefochten oder die Anfechtung rechtskräftig zurückgewiesen wird.   **258**

Seit Mitte der achtziger Jahre stellte sich gehäuft das Problem des Mißbrauchs dieses Anfechtungsrechts. Es war wiederholt der Fall, daß Minderheitsaktionäre die Durchführung von Hauptversammlungsbeschlüssen durch Anfechtungsklagen blockierten und sich durch Zahlung eines „Lästigkeitswertes" zur Rücknahme der Anfechtungsklage bereiterklärten.[84] Dem ist der *Bundesgerichtshof* in der „Kochs-Adler-Entscheidung" aus dem Jahre 1989 dadurch begegnet, daß er Anfechtungsklagen dann als rechtsmißbräuchlich zurückweist, wenn der Aktionär damit die Gesellschaft grob eigennützig zu einer Leistung veranlassen wollte, auf die er keinen Anspruch hat.[85] Diese Ausweitung des Rechtsmißbrauchsbegriffs hat sich in der Praxis bewährt. Das Phänomen des Rechtsmißbrauchs bei aktienrechtlichen Anfechtungsklagen existiert seit der genannten Entscheidung aus dem Jahre 1989 praktisch nicht mehr.[86]   **259**

---

[82] Planck, Aktionärsklagen im französischen und deutschen Recht, S. 185.
[83] Zöllner, in: Kölner Komm, § 248 Rn.33.
[84] Etwa BGHZ 107, 296, 308.
[85] Vgl. wieder BGHZ 107, 296, 308.
[86] Vgl. Götz, ZIP 1995, 1310, 1311.

3. Unwirksame Hauptversammlungsbeschlüsse

260 Von den eigentlichen fehlerhaften Hauptversammlungsbeschlüssen zu unterscheiden sind die sogenannten unwirksamen Beschlüsse. Das sind solche Beschlüsse, die für sich allein betrachtet fehlerfrei sind, zu ihrer Wirksamkeit jedoch noch der Zustimmung bestimmter Aktionäre bedürfen.[87] Solche Beschlüsse sind weder nichtig noch anfechtbar. Bis zum Eintritt des Wirksamkeitserfordernisses sind sie lediglich schwebend unwirksam.[88]

---

[87] Hueck, a.a.O., S. 253.
[88] Hueck, a.a.O., S. 253.

D. Die Rechtsstellung des Aktionärs

I. Grundlagen der Mitgliedschaft

Die Aktie ist das Bindeglied zwischen der Gesellschaft und dem **261** Aktionär. Neben ihrer Funktion als Wertpapier und Kapitalanlage vermittelt sie dem Aktionär die Mitgliedschaft in der Gesellschaft. Diese Mitgliedschaft ist das Rechtsverhältnis, das die Rechte und Pflichten der Aktionäre gegenüber der Gesellschaft zum Inhalt hat.[1]

Durch den Erwerb der Aktie wird der Aktionär aber nicht etwa sachen- **262** rechtlicher Eigentümer eines Teils am Gesellschaftsvermögen. Dies ist schon deshalb unmöglich, weil die Aktiengesellschaft als juristische Person selbst Trägerin von Rechten und Pflichten und damit auch Eigentümerin des Gesellschaftsvermögens ist.[2] Das Eigentum des Aktionärs am Gesellschaftsvermögen ist daher eher wirtschaftlicher Art.[3]

1. Überblick über die verschiedenen Aktienarten

1.1 Die Inhaberaktie

Soweit nichts anderes bestimmt ist, wird eine Aktie im Sinne von § 10 **263** Abs. 1, 1. Var. AktG als vorrechtslose Stammaktie in der Form der Inhaberaktie ausgestellt.[4] Diese ist ein echtes Inhaberpapier. Damit finden auf sie die Regelungen der §§ 793 ff. BGB Anwendung, soweit nicht die Spezialvorschriften des Aktienrechts entgegenstehen.[5]

Die Übertragung von Inhaberaktien vollzieht sich gemäß §§ 929 ff. **264** BGB wie die Übereignung beweglicher Sachen,[6] nämlich durch Einigung und Übergabe bzw. durch Übergabesurrogat. Durch die Übergabe der Urkunde wird also gleichzeitig das in der Urkunde verkörperte Anteilsrecht übertragen.

1.2 Namensaktien

Aktien können aber gemäß § 10 Abs. 1, 2. Var. AktG auch auf Namen **265** lauten. Dies müssen sie gemäß § 10 Abs. 2 S. 1 AktG sogar, wenn sie vor der vollen Einzahlung des Nennbetrages ausgegeben werden. Die

---

[1] Würdinger, a.a.O., S. 44; K. Schmidt, Gesellschaftsrecht, S. 445.
[2] Henn, Handbuch des Aktienrechts, Rn. 14.
[3] Henn, a.a.O., Rn. 14 m.w.N.
[4] Kübler, Gesellschaftsrecht, S. 157.
[5] Würdinger, Aktien- und Konzernrecht, S. 55.
[6] Henn, a.a.O., Rn. 33.

Namensaktie ist ein gesetzliches Orderpapier.[7] Übertragen wird sie gemäß § 68 Abs. 1 AktG nach den Regeln der Art. 12 ff. WG durch Indossament.

266   Gibt eine Gesellschaft Namensaktien aus, so hat sie nach § 67 Abs. 1 AktG ein Aktienbuch anzulegen, in dem der Inhaber der Aktie mit Namen, Wohnort und Beruf eingetragen wird. Im Verhältnis zur Aktiengesellschaft gilt gemäß § 67 Abs. 2 AktG nur derjenige als Aktionär, der ordnungsgemäß im Aktienbuch eingetragen ist. Wird eine Namensaktie übertragen, so ist dies nach § 68 Abs. 3 AktG bei der Gesellschaft unter Vorlage der Aktie und Nachweis der Übertragung zur Korrektur des Aktienbuches anzumelden.

267   Die Namensaktie erlebt derzeit eine Rennaissance. Während sie bis vor kurzem bei börsennotierten Gesellschaften kaum zu finden war, haben in den letzten zwei Jahren eine Reihe wichtiger Unternehmen die Umstellung auf die Namensaktie vollzogen. Eine der Gründe hierfür sind die Bedingungen im amerikanischen Börsenhandel. Denn dort kann sie nur zum Handel in den Vereinigten Staaten zugelassen werden, wenn ihre Aktien auf den Namen und nicht auf den Inhaber lauten. Vor allem aber begünstigt das elektronisch geführte Aktienbuch die Wiedererweckung der Namensaktie. Mit dem computergestützten Verzeichnis wird zum einen erreicht, daß die Fungibilität der Namensaktie nicht mehr hinter der von Inhaberaktien zurückbleibt. Zudem ist die Gesellschaft jederzeit in der Lage, sich auf Knopfdruck über ihre derzeitige Aktionärsstruktur zu informieren. Die eröffnet die Möglichkeit gezielter Öffentlichkeitsarbeit im Hinblick auf die Aktionäre der Gesellschaft. Außerdem ist die Aktiengesellschaft eher in der Lage, den Aufkauf von Streubesitz zu erkennen und Maßnahmen gegen feindliche Übernahmen zu erwecken.

268   Die Übertragung von Namensaktien kann gemäß § 68 Abs. 2 S. 1 AktG an die Zustimmung der Gesellschaft gebunden werden. In einem solchen Fall spricht man von Vinkulierung.[8] Ist durch die Satzung nichts anderes bestimmt, so erteilt diese Zustimmung nach § 68 Abs. 2 S. 2 AktG der Vorstand. Die Satzung kann des weiteren gemäß § 68 Abs. 2 S. 4 AktG Gründe vorschreiben, aus denen die Zustimmung zur Übertragung verweigert werden kann. Bei fehlerhafter Ermessensausübung durch den Vorstand kann ein Anspruch des Aktionärs auf Genehmigung der Übertragung von vinkulierten Namensaktien bestehen.[9]

---

[7] Würdinger, Aktien-und Konzernrecht, S. 57.
[8] Hüffer, AktG, § 69 Rn. 10.
[9] Vgl. Wellkamp, INF 1996, 177 ff.

Das Instrument der Vinkulierung wird etwa eingesetzt, um Überfrem- **269** dung von Familienbetrieben zu verhindern, bestehende Beteiligungs-verhältnisse zu überwachen oder die Zahlungsfähigkeit von Aktionä-ren zu prüfen.[10]

2. Besondere Aktienarten

Das Gesetz läßt außerdem in § 10 Abs. 3 AktG die Ausgabe von **270** sogenannten Zwischenscheinen zu. Hierunter versteht man Beschei-nigungen, die die Rechte des Aktionärs für den Zeitraum, in dem die eigentlichen Aktien noch nicht ausgegeben werden können, verbrie-fen.[11] Sie müssen auf den Namen lauten und werden somit ebenfalls, wie Namensaktien, durch Indossament übertragen. Nach § 10 Abs. 4 S. 1 AktG sind Zwischenscheine, die auf den Inhaber lauten, nichtig.

Daneben können gemäß § 12 Abs. 1 S. 2 AktG auch sogenannte **271** Vorzugsaktien ausgegeben werden. Die gesetzliche Regelung dieser Aktien findet sich in den §§ 139–141 AktG. Sie dürfen gemäß § 139 Abs. 2 AktG nur in einem Gesamtnennbetrag ausgegeben werden, der dem Gesamtnennbetrag der anderen Aktien entspricht. Vorzugsaktien sind solche Aktien, deren Inhaber bei der Verteilung des Gewinnes oder des Abwicklungserlöses bevorzugt werden.[12] Sie können nach den Vorschriften des Aktiengesetzes auch ohne Stimmrecht ausgege-ben werden. Ansonsten hat der Aktionär aber alle Aktionärsrechte,

Aktionärsrechte		
Vermögensrechte	**Herrschaftsrechte**	**Informationsrechte**
Dividendenanspruch § 58 AktG	Stimmrecht § 12 Abs. 1 AktG	Jahresabschluß und Lagebericht § 175 Abs. 2 AktG
Bezugsrecht § 186 Abs. 2 AktG	Teilnahme- und Rederecht in HV § 118 Abs. 1 AktG	Auskunftsrecht § 13 Abs. 1 AktG
Rückzahlungsanspruch § 225 Abs. 2 AktG	Anfechtungsrecht §§ 245, 254 AktG	Zwischenberichte § 44 b BörsG
Liquidationserlös § 271 Abs. 1 AktG	Minderheitenrechte §§ 122 Abs. 1, 147 AktG	Ad-hoc-Publizität § 44 a BörsG

---

[10] Hüffer, AktG, § 68 Rn. 10 m.w.N.; Wellkamp, INF 1996, 177, 178.
[11] K. Schmidt, Gesellschaftsrecht, S. 654.
[12] Henn, a.a.O., Rn. 38.

also beispielsweise auch das Recht auf Zugang zur Hauptversammlung und auf Auskunftserteilung.

3. Ausschluß der Verbriefung von Aktien

272   Durch das Gesetz zur Kontrolle und Transparenz der Unternehmen (KonTraG) wird nunmehr den Aktiengesellschaften durch die Neufassung des § 10 Abs. 5 AktG die Möglichkeit eingeräumt, den Verbriefungsanspruch des einzelnen Aktionärs ganz auszuschließen. Es bleibt dann lediglich eine Globalurkunde, die in der Regel bei der Deutsche Börse Clearing AG hinterlegt ist.

II. Mitgliedschaftsrechte des Aktionärs

273   Die Mitgliedschaft in der Aktiengesellschaft wird vermittelt durch die Aktie. Der Begriff der Mitgliedschaft umschreibt das Rechtsverhältnis, bestehend aus Rechten und Pflichten des Aktionärs gegenüber der Gesellschaft und den anderen Anteilseignern, die obligatorisch durch das Aktiengesetz bzw. die Satzung dem Aktionär eingeräumt werden.[13] Die Pflichten gegenüber der Gesellschaft lassen sich nach Haupt-(Aufbringung der Einlage gemäß § 54 AktG) und Nebenpflichten (gemäß § 55 AktG) unterteilen, während die Rechte nach Vermögens-, Herrschafts- und Informationsrechten differenziert werden und wie folgt überblicksartig zusammengefaßt werden können:[14]

1. Das Stimmrecht des Aktionärs

274   Nach § 12 Abs. 1 S. 1 AktG gewährt jede Aktie ein Stimmrecht. Das Stimmrecht ist das Recht, durch Stimmabgabe am Zustandekommen von Hauptversammlungsbeschlüssen mitwirken zu können.[15] Der Hauptversammlungsbeschluß ist ein kooperationsrechtliches Rechtsgeschäft, in dem die Hauptversammlung als Gesellschaftsorgan durch die Stimmabgabe der Aktionäre ihren Willen zur Regelung von Gesellschaftsangelegenheiten bildet und innerhalb der Gesellschaft erklärt.[16] Die Norm des § 12 AktG trifft folgende grundsätzliche Aus-

---

[13] Pellens, Aktionärsschutz im Konzern, S. 47.
[14] Vgl. Pellens, a.a.O., S. 47.
[15] Zöllner, in: Kölner Komm, § 134 Rn. 4.
[16] Hüffer, in: Geßler/Hefermehl, AktG, § 241 Rn. 7.

sagen: keine Aktie ohne Stimmrecht; kein Stimmrecht ohne Aktie sowie gleiches Stimmrecht für jede Aktie.[17]

1.1 Der Stimmberechtigte

Das Stimmrecht steht grundsätzlich dem Aktionär zu, d.h. dem Eigentümer der Aktie.[18] Der bloße Besitz einer Aktie berechtigt nicht zur Ausübung des Stimmrechts. Bei dem Stimmrecht des Aktionärs handelt es sich um eine aus der Mitgliedschaft folgende und von ihr nicht abspaltbare Einzelbefugnis.[19] Dieses Verwaltungsrecht der Aktionäre ermächtigt diese, durch die Abgabe von Willenserklärungen am Zustandekommen von Hauptversammlungsbeschlüssen mitzuwirken.[20] Das Stimmrecht ist nicht übertragbar, denn kein Aktionär kann unter Beibehaltung seiner Mitgliedschaft das ihm zustehende Stimmrecht einem anderen zu eigenem Recht verschaffen (sog. Abspaltungsverbot)[21]. Dies schließt selbstverständlich nicht aus, daß der Aktionär sein Stimmrecht durch einen Bevollmächtigten ausüben lässt.[22] **275**

Seit langem ins Gerede gekommen ist die Ausübung des Stimmrechtes durch das sog. Depotstimmrecht der Banken. Unter dem Stichwort „Bankenmacht" ist eine stark emotional gefärbte Debatte geführt worden, die durch das Gesetz zur „Kontrolle und Transparenz im Unternehmensbereich" (KonTraG) ihr – wie wohl zu vermuten ist – nur vorläufiges Ende gefunden hat. Folgende gesetzliche Neuerungen sind hervorzuheben: **276**

- Die Ausübung des Vollmachtstimmrechts der Kreditinstitute wird stärker am Interesse der Aktionäre ausgerichtet (§ 128 Abs. 2 S. 2 AktG). **277**

- Das Kreditinstitut hat ein Mitglied der Geschäftsleitung zu benennen, das die Einhaltung der zum Vollmachtsstimmrecht bestehenden Pflichten zu überwachen hat (§ 128 Abs. 2 S. 2, 2. Halbs. AktG). **278**

- Kreditinstitute und Gesellschaften haben die Aktionäre auf alternative Möglichkeiten der Stimmrechtsausübung durch Übertragung an Bevollmächtigte oder auch Aktionärsvereinigungen hinzuweisen (§ 125 Abs. 1 S. 2, § 135 Abs. 2 S. 6 AktG). **279**

---

[17] Hüffer, AktG, § 12 Rn. 1.
[18] Hüffer, AktG, § 13 Rn. 8.
[19] Hüffer, AktG, § 12 Rn. 1.
[20] Hüffer, AktG, § 12 Rn. 2.
[21] Zöllner, in: Kölner Komm, § 131 Rn. 25.
[22] Hüffer, AktG, § 13 Rn. 13.

280 – Die Angabepflicht der Kreditinstitute gegenüber Depotkunden bei Interessenkonfliktsituationen sind verschärft worden. Es ist nun auf Mitarbeiter des Kreditinstitutes im Aufsichtsrat der betroffenen Aktiengesellschaft, auf den Beteiligungsbesitz über 5 % sowie auf die Mitwirkung im letzten Emmissionskonsortium hinzuweisen (§ 128 Abs. 2 S. 5 u. 6 AktG).

1.2 Einfaches Stimmrecht

281 Jede Aktie gewährt grundsätzlich ein Stimmrecht. Davon macht das Gesetz nur wenige, eng umrissene Ausnahmen.[23] Das Stimmrecht kann nach § 139 Abs. 1 AktG ausgeschlossen werden, wenn die Aktien mit einem nachzuzahlenden Dividendenvorzug ausgestattet sind. Hier soll es nun insbesondere darum gehen, inwieweit das Stimmrecht der Aktionäre in der Hauptversammlung durch das Aktiengesetz beschränkt wird bzw. durch die Satzung der Aktiengesellschaft beschränkt werden kann.

1.3 Verbot der Mehrfach- und Höchststimmrechte

282 Mehrfachstimmrecht und Höchststimmrechte sind durch das Gesetz zur Kontrolle und Transparenz im Unternehmensbereich (KonTraG) abgeschafft worden. Die Neuregelungen finden sich im § 12 Abs. 2 S. 2 AktG und § 134 Abs. 1 S. 2 AktG.

2. Teilnahmerecht des Aktionärs an der Hauptversammlung

283 Von besonderer Bedeutung für die Ausübung der Aktionärsrechte ist der möglichst uneingeschränkte Zugang zu der Hauptversammlung als Willensbildungsorgan der Aktiengesellschaft.[24] Das Organ der Hauptversammlung dient innerhalb des aktienrechtlichen Kompetenzgefüges zur Machtbalance zwischen den Gesellschaftsorganen.[25] Gemäß § 118 Abs. 1 AktG üben die Aktionäre ihre Rechte in den Angelegenheiten der Gesellschaft in der Hauptversammlung aus, soweit das Gesetz nichts anderes bestimmt. Die Hauptversammlung ist „die ordnungsgemäß einberufene und unter Beachtung bestimmter Formalien stattfindende ausdrücklich als Hauptversammlung bezeich-

---

[23] Hüffer, AktG, § 12, Rn. 2.
[24] Hüffer, AktG, § 118 Rn. 3; Jäger, WiB 1996, 457, 461.
[25] Hüffer, AktG, § 118 Rn. 4.

nete Versammlung der Aktionäre".[26] Das Aktiengesetz sieht vor, daß die Aktionäre ihre Rechte in Gesellschaftsangelegenheiten in der Hauptversammlung geltend machen. Dabei muß es sich um sog. Mitgliedschaftsrechte im Gegensatz zu Gläubigerrechten handeln.[27] Den Aktionären stehen eine Vielzahl sog. versammlungsgebundener Rechte zu, wie z. B. das Stimmrecht nach §§ 12, 133 ff. AktG, das Recht, Widerspruch zur Niederschrift nach § 245 Nr. 1 AktG zu erklären und das Auskunftsrecht nach § 131 AktG.[28] Man kann sagen, die wichtigsten Verwaltungsrechte kann der Aktionär – im Unterschied zu seinen Vermögensrechten – nicht allein, sondern nur in der Hauptversammlung geltend machen.[29]

2.1 Anspruch der Aktionäre auf Teilnahme an der Hauptversammlung

Grundsätzlich ist jeder Aktionär zur Teilnahme berechtigt.[30] Das Teilnahmerecht ist im Kern unentziehbar,[31] wodurch jedoch Einschränkungen, wie zum Beispiel der Saalverweis, nicht ausgeschlossen werden.[32] Es ist kein höchstpersönliches Recht, kann also durch Vertreter des Aktionärs, insbesondere Bevollmächtigte, ausgeübt werden.[33] **284**

Schranken findet dieses grundsätzliche Teilnahmerecht der Aktionäre jedoch in § 123 Abs. 3 und 4 AktG. **285**

2.2 Anspruch der Aktionäre auf Einberufung der außerordentlichen Hauptversammlung

In der Praxis wird es regelmäßig bei der gesetzlich vorgesehenen sog. ordentlichen Hauptversammlung, die gemäß §§ 175, 120 Abs. 1 AktG einmal jährlich stattfindet, bleiben. Außerordentliche Hauptversammlungen sieht das Aktiengesetz nur für den Bedarfsfall vor. Die Hauptversammlung ist durch den Vorstand gemäß § 121 Abs. 1 i.V.m. Abs. 2 S. 1 AktG einzuberufen, wenn es das Wohl der Gesellschaft erfordert. Einen solchen Anspruch auf Einberufung der Hauptversammlung **286**

---

[26] Zöllner, in: Kölner Komm, § 118 Rn. 12.
[27] Hüffer, AktG, § 118 Rn. 6 f.
[28] Hüffer, AktG, § 118 Rn. 7 (mit weiteren Beispielen).
[29] Hüffer, AktG, § 118 Rn. 7.
[30] Hüffer, AktG, § 118 Rn. 12.
[31] BGH, WM 1989, 63, 64 f.
[32] BGHZ 44, 245, 251 ff.
[33] Eckardt, in: Geßler/Hefermehl, AktG, § 119 Rn. 21 f.

haben gemäß § 122 Abs. 1 AktG auch die Aktionäre, deren Anteil am Grundkapital der Gesellschaft 20 % erreicht.

3. Rederecht des Aktionärs

287 Wie das Teilnahmerecht so ist auch das Rederecht der Aktionäre in § 118 Abs. 1 AktG nicht ausdrücklich erwähnt. Nach ganz herrschender Auffassung stellen diese Rechte selbstverständliche Aktionärsrechte dar und brauchen daher im Gesetz nicht erwähnt zu werden.[34] Das Rederecht ist notwendig z. B. in dem Auskunftsrecht gemäß § 131 Abs. 1 Satz 1 AktG enthalten.[35] Auch das Rederecht ist im Kern unentziehbar.[36]

288 Wie sich aus § 118 Abs. 1 AktG ergibt, können die Aktionäre ihr Rederecht nur in der Hauptversammlung wahrnehmen. Zweck der Hauptversammlung ist es, die Tagesordnung sachgemäß abzuwickeln.[37] Daraus wird einerseits gefolgert, daß Gegenstand der Erörterungen und damit des Rederechts nur Inhalte sein können, die mit der gemäß § 124 AktG mitzuteilenden Tagesordnung in Einklang stehen,[38] andererseits, daß nur nicht gesellschaftsbezogene Redebeiträge nicht in die Hauptversammlung gehören.[39]

289 Mit der „Holzmüller"-Entscheidung des *BGH* sind der Hauptversammlung ungeschriebene Zuständigkeiten zugewiesen worden. Je mehr Zuständigkeiten auf die Hauptversammlung übertragen werden, desto schwieriger wird eine sachgerechte Durchführung der Hauptversammlung. Daher ist es richtig, den Gegenstand des Rederechts auf den Inhalt der Tagesordnung zu beschränken.

290 Ist so der mögliche Gegenstand des Rederechts bestimmt, zeigt die Praxis, daß darüber hinaus die Ausübung des Rederechts gewissen Regeln unterworfen werden muß.

291 Es ist daher anerkannt, daß bei Hauptversammlungen von Publikumsgesellschaften eine häufig anzutreffende allgemeine Beschränkung der Redezeit zulässig ist und kein Anfechtungsrecht begründen kann.[40] Regelmäßig wird eine Beschränkung auf zehn Minuten als

---

[34] Vgl. nur Quack in: FS-Brandner, S. 113.
[35] Siepelt, AG 1995, 254, 255.
[36] Zöllner, in: Kölner Komm, AktG, § 118 Rn. 118.
[37] BGHZ 40, 245, 252.
[38] Siepelt, AG 1995, 254, 255.
[39] Eckardt, in: Geßler/Hefermehl, AktG, § 124 Rn. 14.
[40] OLG Stuttgart, WM 1995, 617, 619 unter Berufung auf BGHZ 44, 245, 252.

zulässig angesehen.[41] Davon betroffen sind auch ausschließlich sachbezogene Äußerungen, wenn ansonsten die Hauptversammlung nicht in angemessener Zeit durchgeführt werden kann.[42] Die allgemeine Beschränkung der Redezeit darf aber nicht zu einer Einschränkung des Fragerechts des Aktionärs führen, weshalb die für die Fragestellung verwendete Zeit nicht auf die allgemeine Redezeit angerechnet wird.[43]

Darüber hinaus kommen als zulässige regulative Maßnahmen des Versammlungsleiters eine individuelle Redezeitbeschränkung, Wortentzug und als ultima ratio ein Saalverweis in Betracht.[44] Zur Ausübung seines Rederechts ist der Aktionär nur solange berechtigt, solange er den durch den Zweck der Hauptversammlung vorgegebenen Rahmen nicht verläßt. „Fällt er aus dem Rahmen", ist sein Verhalten nicht mehr gerechtfertigt, und die Folge kann ein Wortentzug sein.[45] Darunter fallen z. B. beleidigende Äußerungen bzw. ständige Wiederholungen. Bei den genannten Maßnahmen ist ein Stufenverhältnis zu beachten, um die Verhältnismäßigkeit der jeweiligen Maßnahme zu gewährleisten.[46] Der ergriffenen Maßnahme muß die jeweils mildere Maßnahme vorausgegangen sein.[47] Es ist also zunächst Toleranz seitens des Versammlungsleiters zu üben und gegebenenfalls nochmals kurz Gelegenheit zur Rückkehr in eine sachgemäße Themenbehandlung zu geben. Ein Saalverweis kann danach z. B. aufgrund von Tätlichkeiten des Redners zulässig sein, weil er selbst den Boden zulässiger Rechtsausübung verlassen hat. **292**

Schließlich wird noch diskutiert, ob mit der Einführung der 1-Euro-Aktie (§ 8 Abs. 2 S. 1 AktG) das Rederecht eine neue Dimension gewinnt und daher die Grenzen der Ausübung des Rederechts neu zu bestimmen sind.[48] Etwa in dem Sinne, daß derjenige Aktionär, der nur eine solche Aktie hält, weniger Redezeit erhält. Die 1-Euro-Aktie wird sicher keine minderer Qualität sein können, nur weil sie weniger Verwaltungsrechte vermittelt als eine Aktie mit höherem Nennbetrag. Das ist schon aufgrund des Gleichbehandlungsgebotes gemäß § 53 a AktG nicht **293**

---

[41] Schon RGZ 36, 24, 25.
[42] Quack, in: Fs-Brandner, S. 118.
[43] Jäger, WiB 1995, 457, 462.
[44] LG Stuttgart, DB 1994, 1076; OLG Stuttgart, DB 1995, 568; BGHZ 44, 245, 252; LG Frankfurt, AG 1984, 193, 194; Zöllner, in: Kölner Komm, AktG, § 119 Rn. 86.
[45] Quack, in: Fs-Brandner, S. 118.
[46] Siepelt, AG 1995, 254, 259.
[47] LG Stuttgart, AG 1994, 425, 426.
[48] Quack, in: Fs-Brandner, S. 117.

möglich. Das bedeutet, daß auch einem solchen Kleinaktionär das Rederecht weder beschnitten noch ganz entzogen werden kann. Es wird aber in Zukunft noch mehr als bisher darauf ankommen, die Zulässigkeit eines Redebeitrages dahin zu überprüfen, ob sein Inhalt sachlich zur Tagesordnung Stellung nimmt oder nicht.

4. Antrags- und Auskunftsrechte

294 Die Rechte des Aktionärs, Anträge zur Tagesordnung zu stellen, darüber eine Abstimmung sowie Auskunftserteilung über Angelegenheiten der Gesellschaft zu verlangen, wurden bereits unter C.III.4. erwähnt. Diese Rechte sind Ausfluß des Mitgliedschaftsrechts und werden daher auch als „mitgliedschaftliches Grundrecht" bezeichnet.[49]

5. Bezugsrecht und -ausschluß

a) Bei Kapitalerhöhung gegen Einlagen

295 § 186 Abs. 1 AktG bestimmt, daß Aktionäre bei einer Kapitalerhöhung gegen Einlagen grundsätzlich einen Anspruch auf die neuen Aktien prozentual entsprechend ihrer bisherigen Beteiligung am Grundkapital haben. Dabei besteht aber keine Pflicht zum Bezug der neuen Aktien. Der Zweck dieser Regelung besteht darin, jedem Aktionär die gleiche mitgliedschaftliche Stellung wie vor der Neuemission zu erhalten. Der Bezugsanspruch wird durch eine der AG gegenüber abzugebende Bezugserklärung ausgeübt. Mit Abschluß dieses Zeichnungsvertrages zwischen AG und Aktionär erfolgt die Zuteilung der Aktien. Dabei ist für die Bezugsrechtsausübung die Ausschlußfrist des § 186 Abs. 1 Satz 2 AktG bzw. der jeweiligen Satzung zu beachten.

296 Unter den Voraussetzungen des § 186 Abs. 3 und Abs. 4 AktG kann das gesetzliche Bezugsrecht der Aktionäre ausgeschlossen werden. Neben formellen Voraussetzungen – wie z. B. die notwendige Kapitalmehrheit nach § 186 Abs. 3 Satz 2 AktG – bedarf der Ausschluß des Bezugsrechts materiellrechtlich einer sachlichen Rechtfertigung.[50] Eine solche sachliche Rechtfertigung ist gegeben, wenn der Ausschluß des Bezugsrechts einem Zweck dient, der im Interesse der Gesellschaft liegt, zur Erreichung des beabsichtigten Zwecks geeignet

---

[49] Wiedemann, Gesellschaftsrecht, S. 374.
[50] Grundlegend BGHZ 71, 40, 43 ff.

und überdies erforderlich und verhältnismäßig ist.[51] Im Rahmen einer Abwägung ist festzustellen, daß das Gesellschaftsinteresse am Bezugsrechtsausschluß höher zu bewerten ist, als das Aktionärsinteresse am Erhalt seiner Rechtsposition.

b) Bei genehmigtem Kapital

Nach bisheriger Rechtsprechung waren an dem Bezugsrechtsausschluß an genehmigtem Kapital die gleichen Anforderungen zu stellen wie bei der Kapitalerhöhung gegen Einlagen. Mit seiner Entscheidung vom 23. 6. 1997[52] hat der *BGH* seine bisherige Rechtsprechung zum Bezugsrechtsausschluß weitgehend aufgegeben. Der *BGH* hat erkannt, daß die Anforderungen, die er im Rahmen des genehmigten Kapitals an den Bezugsrechtsausschluß bei der Ausgabe von Aktien gegen Sacheinlagen stellt, wie sich in der Praxis der Unternehmen gezeigt hat, zu streng und nicht praktikabel sind. Sie würden dem Institut des genehmigten Kapitals die Flexibilität nehmen, die den Gesellschaften zur Verfügung stehen müsse, um auf nationalen oder internationalen Märkten rasch und erfolgreich auf vorteilhafte Angebote, insbesondere der Unternehmenserweiterung einzugehen.

297

Der *BGH* gibt daher die Forderung, bei einem Bezugsrechtsausschluß müsse bereits im Beschlußzeitpunkt feststehen, daß der Ausschluß durch sachliche Gründe gerechtfertigt ist, und die sich daran knüpfende Notwendigkeit, die für die Prüfung dieser Frage maßgebenden Einzelheiten den Aktionären offenzulegen, auf. Hierdurch würden kurzfristige Entscheidungen stets ausgeschlossen. Der *BGH* bestimmt mit der genannten Entscheidung die Kriterien für den Bezugsrechtsausschluß nunmehr neu: Die Maßnahme, zu deren Durchführung der Vorstand ermächtigt werden soll, muß danach nur noch allgemein umschrieben und in dieser Form in der Hauptversammlung bekanntgegeben werden. Sie müsse vor allem im Interesse der Gesellschaft liegen. Es sei dann Pflicht des Vorstandes, im Rahmen seines unternehmerischen Ermessens sorgfältig zu prüfen, ob der Ausschluß im Einzelfall im Gesellschaftsinteresse gerechtfertigt sei. Sei dies der Fall, könne der Vorstand den Ermächtigungsbeschluß der Hauptversammlung folgend vom genehmigten Kapital unter Ausschluß des Bezugsrechts der Aktionäre Gebrauch machen. Auf diese Weise werde die Hauptversammlung in die Lage versetzt, allein anhand der

298

---

[51] BGHZ 71, 40, 46; BGHZ 83, 319, 321; Bungeroth, in: Geßler/Hefermehl, AktG, § 186 Rn. 103.
[52] BGH DStR 1997, 1460.

abstrakt umschriebenen Voraussetzungen des Vorhabens zu prüfen, ob der Ausschluß gerechtfertigt sei oder ob der Vorstand zu einer solchen Maßnahme ermächtigt werden solle. Dieses abstrakte Verfahren entspreche dem Zweck der Vorschriften über das genehmigte Kapital.[53]

299 Die Entscheidung ist für die Praxis der Aktiengesellschaft von größter Bedeutung, da sie die Anforderungen an den Bezugsrechtsausschluß erheblich senkt. Nach der neueren Rechtsprechung ist es nur noch erforderlich, daß der abstrakte Zweck, für den das Kapital verwendet werden soll, umschrieben wird. Der Vorstand hat dann nach eigenem Ermessen zu prüfen, ob im Einzelfall diesen abstrakten Anforderungen Rechnung getragen wird und ob der Ausschluß im Gesellschaftsinteresse im Einzelfall gerechtfertigt ist. Wichtig ist hierbei, daß in der Hauptversammlung Beschlüsse oder Bezugsrechtsausschluß nicht mehr angefochten werden können mit der Begründung, das konkrete Vorhaben sei nicht genannt worden.[54]

6. Vermögensrechte

6.1 Gewinnverwendung und Dividende

300 Jeder Aktionär hat Anspruch auf einen Anteil am Bilanzgewinn, der Dividende. Dieser Anteil des einzelnen Aktionärs entspricht dabei grundsätzlich seinem Anteil am Gesellschaftsvermögen.[55]

301 Der Dividendenanspruch bezieht sich ausschließlich auf den im Regelfall durch Vorstand und Aufsichtsrat festgestellten Bilanzgewinn. Bilanzgewinn ist der festgestellte Jahresüberschuß abzüglich der gesetzlichen und freiwilligen Rücklagen.[56] Diese bestimmten gesetzlichen Rücklagen müssen nach § 150 AktG gebildet werden. Daneben können Vorstand und Aufsichtsrat gemäß § 58 Abs. 2 AktG ihrerseits weitere Rücklagen bilden, die bis zu 50 % des Jahresüberschusses ausmachen können.

---

[53] BGH DStR 1997, 1460, 1462.
[54] Goette, Anm. zu BGH, Urt. v. 23. 6. 1997, II ZR 132/93, DStR 1997, 1463.
[55] Würdinger, Aktien- und Konzernrecht, S. 68.
[56] Würdinger, a.a.O., S. 69.

6.2 Liquidationserlös

Das im Falle der Abwicklung der Aktiengesellschaft nach der Befriedi-   **302**
gung der Gläubiger verbleibende Vermögen wird gemäß § 271 Abs. 1
AktG auf die Aktionäre verteilt. Der Verteilungsschlüssel richtet sich
gemäß § 271 Abs. 2 AktG auch hier nach den jeweiligen Anteilen am
Gesellschaftsvermögen.

III. Verpflichtungen aus der Mitgliedschaft

Wie bereits erwähnt, ist die Mitgliedschaft des Aktionärs ein aus   **303**
Rechten und Pflichten bestehendes Rechtsverhältnis.[57]

1. Leistung der Kapitaleinlage

Hauptverpflichtung des Aktionärs ist nach § 54 Abs. 1 AktG die Lei-   **304**
stung der Kapitaleinlage. Von dieser Leistungspflicht kann nach § 66
Abs. 1 S. 1 AktG kein Aktionär befreit werden. Gemäß § 66 Abs. 1 S. 2
AktG ist ebenso die Aufrechnung mit eigenen Forderungen gegen die
Gesellschaft unzulässig. Diese Verpflichtung zur Zahlung der Einlage
ist von eminenter Bedeutung für die Gesellschaft, da sie sich gemäß
§ 36 Abs. 2 AktG nur bei vollständig geleisteter Einlage zur Eintragung
in das Handelsregister anmelden darf.

Die Höhe der Einlage bestimmt sich nach dem Nennwert der Aktie. Die   **305**
Ausgabe der Aktien für einen höheren als den Nennbetrag, die
sogenannte Überpariemission, ist nach § 9 Abs. 2 AktG zulässig, die
Ausgabe für einen geringeren als den Nennbetrag, die sogenannte
Unterpariemission, gemäß § 9 Abs. 1 AktG dagegen nicht.[58] Ebenso ist
es gemäß § 57 Abs. 1 S. 1 AktG unzulässig, die Einlagen auf irgendeine Weise zurückzugewähren. Dieses Verbot erfaßt jede Leistung
der Gesellschaft, wenn sie nicht aus dem Bilanzgewinn erfolgt oder
gesetzlich ausnahmsweise zugelassen ist.[59] Eine derartige ausnahmsweise Zulässigkeit ist etwa in § 57 Abs. 1 S. 2 AktG für die
Zahlung des Erwerbspreises beim Erwerb eigener Aktien vorgesehen.
Zuwendungen an Aktionäre, die einen Verstoß gegen das Verbot der

---

[57] Siehe oben unter D.I.
[58] Hueck, Gesellschaftsrecht, S. 265.
[59] Absolut überwiegende Ansicht, vgl. nur Hüffer, AktG, § 57 Rn. 2 m.w.N.

Einlagenrückgewähr darstellen, sind nach überwiegender Ansicht nichtig.[60]

306 Die genannten Regelungen dienen der Aufbringung und der Erhaltung des Grundkapitals und sind deshalb nicht dispositiv.[61]

307 Die Einlage muß allerdings nicht sofort in voller Höhe geleistet werden. Ausreichend gemäß § 36 a Abs. 1 S. 1 AktG ist es, wenn bei der Anmeldung zum Handelsregister 25 % des Aktiennennbetrages geleistet ist. Im Falle der Überpariemission ist nach dieser Vorschrift des weiteren die Differenz zwischen dem Ausgabebetrag und dem Nennbetrag der Aktien, das sogenannte Agio, in voller Höhe zu leisten. Soll die Leistung der Einlage als Sacheinlage erfolgen, so ist diese gemäß § 36 a Abs. 2 S. 1 AktG vollständig zu leisten, und zwar gemäß § 36 a Abs. 2 S. 2 AktG bis spätestens fünf Jahre nach der Eintragung der Gesellschaft in das Handelsregister.

2. Nebenpflichten

308 Grundsätzlich hat der Aktionär neben der Leistung der Kapitaleinlage keine weiteren Pflichten; die Leistung der Einlage ist nach § 54 Abs. 1 AktG auf den Nenn- oder Ausgabebetrag begrenzt. Insbesondere besteht für den Aktionär keinerlei Nachschußpflicht wie etwa für die Gesellschafter der GmbH nach § 26 GmbHG.

309 Allerdings können unter ganz bestimmten Voraussetzungen gemäß § 55 Abs. 1 S. 1 AktG in der Satzung den Aktionären wiederkehrende, nicht in Geld bestehende Leistungen auferlegt werden. Voraussetzung dafür ist, daß diese Verpflichtung in der Gründungssatzung der Gesellschaft enthalten ist. Eine nachträgliche Aufnahme in die Satzung ist nur mit Zustimmung aller betroffenen Aktionäre möglich. Weiter kann dies nur bei vinkulierten Namensaktien erfolgen,[62] wobei die Nebenleistungspflicht zum Schutz zukünftiger Erwerber auf der Aktie oder dem Zwischenschein vermerkt werden muß. Gemäß § 55 Abs. 1 S. 2 AktG kann die Satzung bestimmen, daß für diese Leistung eine Vergütung gezahlt wird, die jedoch den Wert der Leistung nicht übersteigen darf.[63]

---

[60] Würdinger, a.a.O., S. 38.
[61] Hueck, a.a.O., S. 265.
[62] Zum Begriff der vinkulierten Namensaktie oben unter D.I.1.2.
[63] Hueck, a.a.O., S. 266.

IV. Allgemeiner Gleichbehandlungsgrundsatz

Der Grundsatz der Gleichbehandlung der Aktionäre ist seit langem **310** anerkannt und gefestigt.[64] Durch die Einfügung des § 53 a AktG, beruhend auf Art. 42 der EG-Kapitalschutzrichtlinie, wurde dieser Grundsatz auch ausdrücklich in das Aktiengesetz aufgenommen. Die Vorschrift hat also lediglich klarstellenden Charakter.[65]

Inhaltlich gebietet § 53 a AktG die Gleichbehandlung der Aktionäre **311** beim Vorliegen gleicher Voraussetzungen, verbietet somit also jegliche willkürliche Ungleichbehandlung. Dies bedeutet, daß eine Ungleichbehandlung der Aktionäre dann nicht gegen § 53 a AktG verstößt, wenn sie sachlich gerechtfertigt ist.[66] Dies kann dann der Fall sein, wenn sie geeignet und erforderlich ist, ein bestimmtes Interesse der Aktiengesellschaft zu wahren und auch unter Berücksichtigung der Aktionärsinteressen als verhältnismäßig erscheint.[67] Ergibt diese Abwägung dennoch einen Verstoß gegen § 53 a AktG, so ist der betreffende Beschluß nach ganz überwiegender Ansicht anfechtbar.[68]

---

[64] Schon RGZ 51, 287, 293 f; neuer: BGHZ 33, 175, 177.
[65] Hüffer, AktG, § 53 a Rn. 1.
[66] Ausdrücklich BGHZ 120, 141.
[67] Vgl. Hüffer, AktG, § 53 a Rn. 10.
[68] Vgl. LG Köln, AG 1981, 81 f., Hefermehl, in: Geßler/Hefermehl, AktG, § 53 a Rn. 22 m.w.N.

V. Treuepflichten des Aktionärs

312 Üblicherweise wird die Treuepflicht als „Schranke zur Begrenzung der Mehrheitsherrschaft" verstanden.[69] Der Hauptanwendungsfall, in dem sich die Treubindung der Gesellschafter auswirkt, ist bei allen Gesellschaftsformen die Tätigkeit in der Gesellschafterversammlung, insbesondere bei der Abstimmung über Gesellschaftsangelegenheiten und hier wiederum bei Satzungs- und Strukturänderungen.[70] Treuepflichten des Aktionärs sind in zwei Verhältnissen denkbar:

– Treuepflichten des Aktionärs gegenüber der Aktiengesellschaft (vgl. unter 1.)

– Treuepflichten der Aktionäre untereinander (vgl. unter 2.).

313 Inhaltlich bestimmt die mitgliedschaftliche Treuepflicht für das Verhalten des Aktionärs gegenüber der Gesellschaft und den Mitaktionären wegen des Ermessensspielraums, den das Gesetz gewährt, einen Mindeststandard für die Ausübung der Aktionärsrechte,[71] der deutlich über den der §§ 226, 242, 826 BGB hinausgeht.[72] Diese Treupflichten werden getrennt diskutiert, weil es sich um zwei verschiedene Rechtssubjekte und zwei verschiedene Rechtssphären handelt, so daß eine zusammengefaßte Behandlung die Unterschiede nur unzulänglich erfassen würde.[73] Die Annahme einer „Aktionärstreuepflicht" ist für die Möglichkeit der Ausübung der Aktionärsrechte von großer Bedeutung. Von Interesse ist insbesondere der Einfluß einer solchen Treuepflicht auf die Möglichkeit des Aktionärs, Hauptverhandlungsbeschlüsse anzufechten und damit der Frage nach der Treuwidrigkeit einer solchen Anfechtung[74] sowie auf die Ausübung des Stimmrechts der Aktionäre.[75]

---

[69] Timm, WM 1991, 481, 482, unter Hinweis auf den Titel der Habilitationsschrift von Zöllner: „Die Schranken mitgliedschaftlicher Stimmrechtsmacht bei den privatrechtlichen Personenverbänden" (1963).

[70] Timm, WM 1991, 481, 483; Wiedemann, JZ 1989, 447, 448.

[71] BGHZ 14, 25, 38; BGHZ 71, 40, 50.

[72] M. Schmidt, Die Stimmrechtsvertretung durch Kreditinstitute, S. 99.

[73] M. Schmidt, a.a.O., S. 87.

[74] Kort, ZIP 1990, 294, 295.

[75] M. Schmidt, a.a.O., S. 84.

1. Die Treuepflicht des Aktionärs gegenüber der Aktiengesellschaft

1.1 Herleitung einer solchen Treuepflicht

Die Existenz einer Treuepflicht zwischen Aktionär und Aktiengesell-　**314**
schaft ist (heute) – wenn auch in unterschiedlichen Umfang – unstreitig, während die Herleitung solcher Treubindungen umstritten ist.[76] Als
Rechtsgrundlage bieten sich auf den ersten Blick zwei Vorschriften an:
die allgemeine Bestimmung des § 242 BGB und die besondere
gesellschaftsrechtliche Förderungspflicht aus § 705 BGB.[77] Eine Stellungnahme erscheint aus praktischer Sicht nicht erforderlich.[78] Die
folgenden Ausführungen sollen daher einen kurzen Überblick über die
vertretenen Meinungen geben, wobei sich eine Stellungnahme mangels praktischer Relevanz erübrigt.

1.1.1 Zur Rechtsprechung

Bereits das *Reichsgericht* hat in zwei Entscheidungen eine Treue-　**315**
pflicht des Aktionärs gegenüber der Aktiengesellschaft angenommen.[79]

Der II. Zivilsenat des *Bundesgerichtshofs* bejahte in seinem Urteil vom　**316**
9. Juni 1954 erstmals eine Treuepflicht der Aktionäre gegenüber der
Aktiengesellschaft[80] und setzte die Rechtsprechung des *Reichsge-
richts* damit fort. Er verwies allerdings ausdrücklich darauf, diese gehe
weniger weit als die Treuepflicht des GmbH-Gesellschafters gegenüber der GmbH. Zunächst ist zwischen Entstehungsgrund und rechtlicher Grundlage der Treuepflicht zu unterscheiden: Der *Bundesgerichtshof*[81] und ein Teil des Schrifttums halten als Entstehungsgrund
eine „organschaftliche Sonderverbindung" für erforderlich. Diese sei –
unabhängig von der Rechtsform der Gesellschaft – mit dem Gesellschaftsverhältnis gegeben, das eine gesellschaftsrechtliche Sonderverbindung darstelle, die Bestandteil jeglicher Mitgliedschaft[82] und
damit organisationsrechtliche Pflicht sei.[83]

---

[76] M. Schmidt, a.a.O., S. 90.
[77] Hennrichs, AcP 195 (1995), 221, 228.
[78] Henze, BB 1996, S. 489, 491.
[79] Vgl. RGZ 146, 71, 76; RGZ 146, 385, 395.
[80] Vgl. BGHZ. 14, 25 ff.
[81] Vgl. BGHZ 103, 184, 195 (Linotype).
[82] Timm, WM 1991, 481, 483.
[83] Vgl. Hennrichs, AcP 195 (1995), 221, 234.

1.1.2 Zum Schrifttum

317 Auch im Schrifttum wird das Bestehen einer solchen Treuepflicht grundsätzlich bejaht.[84] Woraus sie dogmatisch herzuleiten ist, kann aufgrund ihrer allgemeinen Anerkennung in Theorie und Praxis dahinstehen.

1.1.2.1 Treuepflicht aufgrund der personenrechtlichen Struktur der Aktiengesellschaft

318 Teilweise wird die mitgliedschaftliche Treuepflicht im Aktienrecht aus personenrechtlichen Elementen hergeleitet werden,[85] wie dies im Personen- und GmbH-Gesellschaftsrecht praktiziert wird.[86] Bei der Treupflicht handelt es sich um eine auf § 705 BGB beruhende Förderungs-, Unterlassens- und Loyalitätspflicht.[87] Die Ursprünge der mitgliedschaftlichen Treupflicht liegen im Recht der Personengesellschaften; ihre Grundlage ist dort der enge personelle Zusammenschluß der Gesellschafter bzw. die personalistische Struktur der Gesellschaft, ein Gedanke, der sich in § 705 BGB wiederfindet.[88]

319 Dies stößt aber auf erhebliche Bedenken: Zum einen werde bei dieser Herleitung nicht deutlich zwischen den Rechtssphären der Aktionäre und der Aktiengesellschaft getrennt,[89] zum anderen fehlten der typischen Aktiengesellschaft mit ihrer Vielzahl von anonymen Aktionären im Gegensatz zu Personengesellschaften und auch häufig der GmbH die erforderlichen personenrechtlichen Elemente.[90]

1.1.2.2 Treuepflicht aufgrund einer Treuhänderstellung des Aktionärs

320 Eine andere Auffassung leitet aus der Möglichkeit des Aktionärs, durch Ausübung seiner Mitgliedschaftsrechte Einfluß auf die Aktiengesellschaft zu nehmen, dessen Verpflichtung her, die ihm anvertrauten Rechte zum Wohle der Aktiengesellschaft einzusetzen.[91] Diese Treu-

---

[84] Jäger, WiB 1996, 457, 458.
[85] Klausing, Fs-Schlegelberger, S. 405, 418 ff.; 433 ff.; vgl. bei M. Schmidt, a.a.O., S. 90.
[86] BGHZ 9, 157, 163 ff.; BGHZ 65, 15, 18 f.
[87] Lutter, AcP 180 (1980), 84, 102 ff., 108 ff.; Lutter, ZHR 153 (1989), 446, 454.
[88] K. Schmidt, Gesellschaftsrecht, S. 482 f.
[89] Fillmann, Treuepflichten der Aktionäre (1991), S. 60 f.
[90] Vgl. dazu BGHZ 65, 15 ff., 19; vgl. bereits BGHZ 103, 184, 195; Zöllner, Die Schranken mitgliedschaftlicher Stimmrechtsmacht bei den privatrechtlichen Personenverbänden, S. 339.
[91] Vgl. M. Schmidt, a.a.O., S. 90 f.

händerstellung trifft nach einer Auffassung alle Aktionäre;[92] eine andere Ansicht, will sie auf Aktionäre, die aktiv unternehmerisch tätig sind beschränken, wenn der Aktionär nicht bloß seine Vermögensrechte verfolgt.[93] Hiergegen spricht jedoch, daß ein Aktionär nicht die Voraussetzungen eines Treuhänders erfüllt, denn während dem Treuhänder fremde Rechtspositionen zu eigener Hand bzw. zu eigener Verfügungsmacht übertragen werden,[94] die er im Außenverhältnis im eigenen Namen geltend macht, übt der Aktionär ureigene Rechte in eigenem Namen aus.[95]

1.1.2.3 Treuepflicht aufgrund der mitgliedschaftlichen Zweckbindung

Jede Mitgliedschaft – folglich auch die des Aktionärs – unterliegt, wie sich aus § 705 BGB ergebe, einer Bindung an den Gesellschaftszweck, zu dessen Verfolgung sich die Gesellschaft zusammengeschlossen habe.[96] In § 705 BGB finde sich eine gesellschaftsrechtliche Steigerung dieser allgemeinen Loyalitätspflicht, die ein „dominierendes Element der Legalordnung aller Gesellschaftsformen" darstellt, wonach die Mitglieder einer Gesellschaft das Wohl der Gesellschaft zu fördern haben.[97] Dabei ist jedoch kritisch zu bedenken, daß § 705 BGB eine Norm des Personengesellschaftsrechts ist, wo regelmäßig wenige Gesellschafter auf persönlicher Vertrauensbasis zur Erreichung eines gemeinsamen Ziels zusammenarbeiten[98] und als Hauptleistungspflicht die allgemeine Förderung des Gesellschaftszwecks schulden.[99] Legt man der Treuepflicht § 705 BGB zugrunde, so muß man diese Vorschrift – konsequenterweise – als „Grundnorm für das gesamte Kooperationsrecht" verstehen, die nicht nur für das Recht der Personengesellschaften, sondern über diesen Anwendungsbereich hinaus, für das gesamte Verbandsrecht allgemeine Geltung beansprucht.[100]

321

---

[92] Dorphalen, ZHR 102 (1936), S. 1, 18 ff.
[93] Fehrensen, Treuepflicht des Großaktionärs, S. 84 f., 91, 94 f.
[94] Vgl. Palandt-Heinrichs, BGB, Einl § 164, Rn. 7; Thiele, in: Münch Komm, BGB, § 164, Rn. 27; Dilcher, in: Staudinger, BGB, Vorbem. § 164, Rn. 48; Leptien, in: Soergel, BGB, § 164, Rn. 60 f.
[95] M. Schmidt, a.a.O., S. 91.
[96] Zöllner, Die Schranken mitgliedschaftlicher Stimmrechtsmacht bei den privatrechtlichen Personenverbänden, S. 4 f., 318 ff., 338 f., 341; Lutter, AcP 180 (1980), 84, 102 f.
[97] Timm, WM 1991, 481, 482.
[98] M. Schmidt, a.a.O., S. 91.
[99] Vgl. Ulmer, in: Münch Komm, BGB, § 705 Rn. 121.
[100] Hennrichs, AcP 195 (1995), 221, 229.

1.1.2.4 Treuepflicht aufgrund des Organisationsvertrages

322   Die Treuepflicht der Aktionäre gegenüber der Aktiengesellschaft kann auch dem Organisationsrecht selbst entnommen werden, da dieses zum einen als objektives Recht die Grundlage des Verbandes bilde und zum anderen auch die Beziehungen des Verbandes zu seinen Mitgliedern regelt.[101] Die Satzung basiere auf einem rechtsgeschäftlichen Gründungsakt, dem die Rechtsordnung dann die gleiche Wirkung wie einer Rechtsnorm zugestehe.[102] Durch diesen Organisationsvertrag werden dem Aktionär die Interessen der Gesellschaft sozusagen „anvertraut".[103] Dieser Meinung wird entgegengehalten, daß der Organisationsvertrag als objektiver Rechtssatz nicht schuldrechtliche Pflichten begründen könne.[104]

1.2 Gegenstand und Umfang von Treuepflichtverletzung gegenüber der Aktiengesellschaft

323   Die konkrete Einflußnahme der Treuepflicht hängt davon ab, ob es sich um eigennützige (aktionärsbezogene) oder uneigennützige (gesellschaftsbezogene) Aktionärsrechte handelt.[105]

324   Der Umfang der Treuepflicht richtet sich nach der Realstruktur des Verbandes, dessen Rechtsform und dessen Verbandszweck sowie nach der konkreten Stellung des Mitglieds.[106] Heranzuziehen ist hier der Begründungsansatz, daß die Treuepflicht das Korrelat zu den von der Rechtsordnung dem Aktionär zugestandenen Einwirkungsbefugnissen ist,[107] d. h. daß diese Pflichten in einer gegenseitigen Beziehung zueinander stehen. Maßgeblich ist die Einwirkungsmöglichkeit des Aktionärs auf die Interessen der Aktiengesellschaft, deren Umfang von diesen Faktoren abhängt.[108] Entscheidend ist die in realiter herausgebildete Struktur der Gesellschaft und ihrer Gesellschafter.[109] So unter-

---

[101]   M. Schmidt, a.a.O., S. 92.
[102]   Vgl. M. Schmidt, a.a.O., S. 92, Fn. 66 m.w.N.
[103]   Zöllner, Die Schranken mitgliedschaftlicher Stimmrechtsmacht bei den privatrechtlichen Personenverbänden, S. 341 f.
[104]   Fillmann, Treuepflichten der Aktionäre, S. 75.
[105]   Jäger, WiB 1996, 457, 458.
[106]   Kort, ZIP 1990, 294, 295 f.; Zöllner, in: Kölner Komm, § 243 Rn. 190.
[107]   M. Schmidt, a.a.O., S. 101 unter Bezugnahme auf K. Schmidt, Gesellschaftsrecht, § 20 IV 2, S. 436 ff.; vgl. dazu auch Kort, ZIP 1990, 294, 295.
[108]   M. Schmidt, a.a.O., S. 101.
[109]   Vgl. BGHZ 103, S. 184, 195; K. Schmidt, Gesellschaftsrecht, S. 485; Timm, ZGR 1987, 403, 409; Raiser, Kapitalgesellschaftsrecht, S. 49.

liegt der Großaktionär grundsätzlich einer stärkeren Treubindung als der Kleinaktionär, dessen Treubindung dürfte bei einer Publikums-Aktiengesellschaft „gegen Null" tendieren.[110]

1.3 Verletzung der Treuepflicht

Eine Treuepflicht ist verletzt, wenn der Aktionär durch sein Verhalten **325** den in der Satzung geregelten Verbandszweck objektiv beeinträchtigt, ohne daß dies durch eigene vorrangige Mitgliedschaftsinteressen und/ oder durch ein zulässig ausgeübtes Ermessen gerechtfertigt ist.[111] Die Frage, ob ein Aktionär sein Entscheidungsermessen pflichtgemäß ausgeübt hat, richtet sich nach den Umständen, die zum Zeitpunkt der Entscheidung objektiv erkennbar waren.[112]

Einzelne Beispiele:

1.3.1 Treuepflichtverletzung durch die Ausübung aktionärsbezogener Rechte

1.3.1.1 Treuepflichtverletzung durch Ausübung des Auskunftsrechts

Aktionäre können ihre Treuepflicht gegenüber der Aktiengesellschaft **326** nach überwiegender Meinung dadurch verletzen, indem sie ihr Auskunftsrecht gemäß § 131 Abs. 1 AktG in unzumutbarer, rechtsmißbräuchlicher Weise (§ 242 BGB) ausüben.[113] Die herrschende Auffassung stößt bisweilen auf Ablehnung.[114] Zu folgen ist der überwiegenden Ansicht, denn die hier erörterten Mißbrauchsfälle gehören im weiteren Zusammenhang zu den Treupflichtverletzungen.[115] Die Treuepflicht entfaltet ihre Schrankenwirkung bei der Ausübung eigennütziger Mitgliedschaftsrechte, zu denen das Recht aus § 131 Abs. 1 AktG gehört.[116] Dem steht auch nicht § 131 Abs. 3 S. 2 AktG entgegen, wonach aus anderen Gründen die Auskunft nicht verweigert werden darf, denn diese Norm erklärt lediglich den Katalog der Auskunftsverweigerungsgründe nach § 131 Abs. 3 S. 1 AktG für abschließend.[117]

---

[110] M. Schmidt, a.a.O., S. 101.
[111] M. Schmidt, a.a.O., S. 103.
[112] Zöllner, in: Kölner Komm, § 243 Rn. 190 ff.; Wiedemann, Gesellschaftsrecht I, S. 434 f.
[113] Vgl. BayObLG, OLGZ 1974, 208, 213; vgl. auch BayObLG, NJW 1974, 2094; OLG Frankfurt, AG 1984, 25 (Unzumutbarkeit von mehr als 25.000 Einzelangaben); Zöllner, in: Kölner Komm, § 131 Rn. 44; Hüffer, AktG , § 131 Rn. 33.
[114] Eckardt, in: Geßler/Hefermehl, § 131, Rn. 132; Meilicke/Heidel, DStR 1992, 113, 115; Meyer-Landrut, Fs-Schilling, S. 235, 242 ff.
[115] Hüffer, AktG, § 131 Rn. 33.
[116] Hüffer, AktG, § 131 Rn. 33; so auch Jäger, WiB 1996, 457, 458.
[117] Hüffer, AktG, § 131 Rn. 33; Hefermehl, Fs-Duden, S. 110, 114.

1.3.1.2 Treuepflichtverletzung durch Ausübung des Dividenderechts

327   Im Verhältnis der Aktionäre zur Gesellschaft kommt der Treubindung bezogen auf eigennützige Rechte – z. B. die Vermögensrechte – lediglich eine Schrankenfunktion zu, die den Aktionären eine willkürliche oder unverhältnismäßige Rechtsausübung verbietet.[118]

1.3.2 Treuepflichtverletzung durch die Ausübung gesellschaftsbezogener Mitgliedschaftsrechte

328   Bei der Ausübung ihrer gesellschaftsbezogenen Mitgliedschaftsrechte müssen die Aktionäre dagegen eigene Interessen hinter den Interessen des der Gesellschaft und den Verbandszweck zurückstellen und alles tun, um diesen zu fördern bzw. alles unterlassen, was ihm schaden könnte.[119]

329   Fraglich ist, ob sich aus der Treupflicht auch positive Vornahmepflichten (Handlungspflichten), insbesondere positive Stimmpflichten ableiten lassen.[120]

330   Grundsätzlich gebietet die Treuepflicht nur Unterlassungspflichten,[121] d. h. der Aktionär hat solche Verhaltensweisen zu unterlassen, die mit dem Gesellschaftsinteresse kollidieren; er hat auf das Verbandsinteresse Rücksicht zu nehmen.[122] Daher läßt sich auch die Meinung vertreten, daß die Treubindung des Aktionärs gegenüber der Gesellschaft, den Aktionär zu keinem positiven Tun für die Aktiengesellschaft verpflichte, wie dies bei Personengesellschaften aufgrund der Förderungspflicht der Fall sei.[123]

331   Eine Verpflichtung der Aktionäre, der Änderung des Unternehmensgegenstandes zuzustimmen, kann aufgrund der Treuepflicht bestehen, wenn die Erhaltung der Existenz- und Funktionsfähigkeit des Unternehmens dies verlangt.[124] Eine Interesse an der Durchführung einer derartigen Maßnahme besteht, wenn eine effektivere Zweckverfolgung angestrebt wird.[125] Ein solches Interesse liegt hingegen dann

---

[118]   Jäger, WiB 1996, 457, 458.
[119]   Jäger, WiB 1996, 457, 458.
[120]   M. Schmidt, a.a.O., S. 99.
[121]   K. Schmidt, Gesellschaftsrecht, S. 381, 503 ff.; Wiedemann, Gesellschaftsrecht I, S. 431.
[122]   Lutter, AcP 180 (1980), 84, 110 f.
[123]   Hueck, Gesellschaftsrecht, § 26 IV 1, S. 263.
[124]   Säcker, Fs-Lukes, S. 548 ff.; Martens, Fs-Kellermann, S. 271, 274.
[125]   Wellkamp, INF 1995, 81, 84.

nicht vor, wenn es um die Änderung des Gesellschaftszwecks geht, denn der Unternehmensgegenstand ist mit dem Gesellschaftszweck nicht identisch.[126]

Die Annahme einer solchen Stimmpflicht für Gesellschaften, die durch das sog. Einstimmigkeitsprinzip beherrscht werden, ist von größerer Bedeutung als für Aktiengesellschaften, in denen grundsätzlich nach § 133 Abs. 1 AktG das Mehrheitsprinzip gilt.[127] Jedoch gewinnt dieses Prinzip auch bei geltendem Mehrheitsprinzip an Bedeutung, wenn sich z. B. eine Sperrminorität gegen einen dringend gebotenen Beschluß stellt.[128] In solchen Fällen wird daher eine positive Stimmpflicht auf die allgemeine Treuepflicht gestützt, wenn der Beschluß objektiv dringend geboten und die Zustimmung aus eigensüchtigen Motiven verweigert würde.[129] Das pflichtgemäße Ermessen bezüglich des Abstimmungsverhaltens ist dann auf Null reduziert.[130] **332**

Der Umfang der Treubindung bestimmt sich nach dem Gegenstand des zu fassenden Beschlußes.[131] Während Beschlüsse über Geschäftsführungsmaßnahmen der Treubindung uneingeschränkt unterliegen, ist eine Entscheidung über die Auflösung der Aktiengesellschaft bindungsfrei,[132] da es kein rechtlich geschütztes Interesse des Verbandes auf Fortbestand schlechthin gibt, das durch eine mitgliedschaftliche Treuepflicht geschützt werden müßte.[133] Zudem widerspräche dies der Wertung des § 262 Abs. 1 Nr. 2 AktG dem Selbstauflösungsrecht und der Privatautonomie, die neben der Gründungsfreiheit auch die Freiheit des Verbandes normiert, sich selbst aufzulösen.[134] **333**

Nur ganz vereinzelt wird die Heranziehung der mitgliedschaftlichen Treupflicht bei der Ausübung des Stimmrechtes bestritten: Die Treupflichten der Aktionäre habe der Gesetzgeber bereits weitestgehend im Aktiengesetz selber durch die §§ 117, 243 Abs. 2, 311 ff. AktG geregelt.[135] Die Beschränkung des Stimmrechts durch den Aktionär sei in § 243 Abs. 2 AktG ausdrücklich normiert; es handele sich dabei **334**

---

[126] Wellkamp, INF 1995, 81, 84.
[127] M. Schmidt, a.a.O., S. 100.
[128] M. Schmidt, a.a.O., S. 100.
[129] K. Schmidt, Gesellschaftrecht, S. 112, 118 ff., 505 f.; Zöllner, in: Kölner Komm, § 243, Rn. 203 ff.; auf die personalistische strukturierte Aktiengesellschaft will dies Wiedemann, Gesellschaftsrecht I, S. 431 beschränken.
[130] M. Schmidt, a.a.O., S. 100.
[131] Flume, BGB AT, Bd. I/2, S. 217.
[132] BGHZ 76, 352 ff.; BGHZ 103, 184, 190 f.; Zöllner, in: Kölner Komm, § 243, Rn. 193.
[133] M. Schmidt, a.a.O., S. 100.
[134] M. Schmidt, a.a.O., S. 102.
[135] Vgl. Lutter, ZHR 153 (1989), 446, 456; so auch Becker, ZGR 1986, 383, 401.

um eine spezielle Ausprägung des Verbots der unrichtigen und unzulässigen Rechtsausübung der §§ 242, 826 BGB, so daß insofern ein Rückgriff auf ein echte Treuepflicht des Aktionärs nicht notwendig sei.[136]

2. Die Treuepflicht gegenüber den Mitaktionären

2.1 Zur Herleitung

335 Die Annahme einer Treuepflicht im Verhältnis der Aktionäre untereinander ist heute immer noch umstritten:

2.1.1 Rechtsprechungsübersicht

336 Das grundsätzliche Bestehen wird seit dem sog. „Linotype-Urteil" des II. Zivilsenates des *Bundesgerichtshofs*[137] höchstrichterlich anerkannt. Bestätigt wurde diese Rechtsprechung in dem sog. „Scheich-Kamel-Urteil"[138] und im „Girmes-Urteil"[139]. Seither ist nach herrschender höchstrichterlicher Rechtsprechung von einer umfassenden Geltung mitgliedschaftlicher Treuepflichten auch für das Aktienrecht auszugehen.[140] Es handelt sich dabei um keine schuldrechtliche Verpflichtung. Vielmehr hat diese Treuepflicht ihre Wurzel im Gesellschaftsrecht.[141] Sie ist auf das mitgliedschaftliche Gemeinschaftsverhältnis zu stützen, was auch im Kapitalgesellschaftsrecht trotz der dort lockeren Bindung der Gesellschafter untereinander gilt.[142] Entgegenstehende Entscheidungen sind überholt.[143]

2.1.1.1 Rechtsprechung des Bundesgerichtshofs bis zum „Linotype-Urteil" (insb. sog. „Audi/NSU-Entscheidung")

337 „Gesellschaftsrechtliche Treupflichten" galten im Aktienrecht lange Zeit auf das Verhältnis zwischen Aktiengesellschaft und Aktionären beschränkt.[144] Der *Bundesgerichtshof* lehnte das Bestehen derartiger Treupflichten zwischen den Aktionären deswegen ab, weil zwischen ihnen keine rechtlichen Beziehungen persönlicher Art – die Grund-

---

[136] Hueck, a.a.O., § 26 IV 1, S. 263.
[137] BGHZ 103, S. 184 ff. (Linotype).
[138] BGH, NJW 1992, 3167 ff. (IBH/Scheich-Kamel).
[139] BGH, ZIP 1995, 819 ff. (Girmes).
[140] Vgl. Hüffer, AktG, § 53 a, Rn. 14.
[141] Vgl. BGHZ 103, 184.
[142] Vgl. BGHZ 103, 184.
[143] Vgl. dazu: BGHZ 18, 350, 365; BGH, JZ 1976, 561 (Audi/NSU).
[144] Vgl. BGHZ 14, 25, 38; BGHZ 18, 350, 365; BGH, WM 1976, 449.

lage einer solchen Treuepflicht sein könnten – bestehen könnten.[145] Der organisatorische Aufbau der Aktiengesellschaft, d. h. ihre körperschaftliche und kapitalistische Struktur, sei mit einer solchen Treuepflicht unvereinbar.[146] Auch in der "Audi/NSU-Entscheidung" des *Bundesgerichtshofs*[147] wurde noch an der Ablehnung einer Treuepflicht in diesem Bereich festgehalten. Eine Treuepflicht unter Aktionären bestehe nicht im Sinne einer über die allgemeinen Rechtsgrundsätze der §§ 226, 242, 826 BGB hinausgehenden Bindung, denn zwischen den einzelnen Gesellschaftern (Aktionären) beständen keine rechtlichen Beziehungen persönlicher Art.[148]

2.1.1.2 Die Rechtsprechung des Bundesgerichtshofs seit dem „Linotype-Urteil"

Seit der „Linotype-Entscheidung" wird das Bestehen einer Treuepflicht zwischen Gesellschaft und Gesellschaftern bejaht.[149] Der II. Zivilsenat des *Bundesgerichtshofs* erkannte hiermit erstmalig eine Treuepflicht auch zwischen den einzelnen Aktionären an.[150] **338**

In der Urteilsbegründung beruft sich der *Bundesgerichtshof* vorrangig auf seine ständige Rechtsprechung im GmbH-Recht. Er knüpft insbesondere an das sog. „ITT-Urteil" an, das für die Ausbildung von Treuepflichten im GmbH-Recht grundlegend war.[151] Dort wurde für das GmbH-Recht anerkannt, daß Treupflichten nicht nur zwischen den Gesellschaftern und der GmbH als juristische Person bestehen können, sondern auch im Verhältnis der einzelnen GmbH-Gesellschafter untereinander.[152] Die in diesem Urteil entwickelten Grundsätze – Orientierung der Annahme von Treupflichten an der „Realstruktur"[153] – übertrug der *Bundesgerichtshof* vom GmbH-Recht auf das Aktienrecht. Dies wurde damit begründet, daß eine GmbH im Einzelfall ähnlich einer GmbH organisatorisch ausgestaltet und in ihrer Struktur einer Personengesellschaft sehr stark angenähert sein kann.[154] Das ältere Urteil des *Bundesgerichtshofs* vom 16. Februar 1976,[155] das eine über §§ 226, 242 und 826 BGB hinausgehende Treuepflicht der **339**

---

145 BGHZ 18, 350, 365.
146 Vgl. nur BGHZ 18, 350, 365.
147 Vgl. BGH, JZ 1976, 561.
148 Vgl. BGH, JZ 1976, 561, 562; vgl. auch BGHZ 18, 350, 365.
149 Vgl. BGHZ 14, 25, 38.
150 Vgl. BGHZ 103, 184 (194) (Linotype).
151 Kort, ZIP 1990, 294, 295.
152 Vgl. BGHZ 65, 15, 18 (ITT).
153 Vgl. dazu auch Roschmann/Frey, WiB 1996, 881, 884.
154 BGHZ 103, 184, 195.
155 Vgl. BGHZ 18, 350, 365.

Aktionäre untereinander verneinte, beruht auf einer Überbewertung der körperschaftlichen Struktur der Aktiengesellschaft. Dies hat zu der Vorstellung geführt, Rechtsbeziehungen bestünden nur zwischen der Gesellschaft und den Aktionären.[156] Festzuhalten ist damit, daß nach dieser Rechtsprechung des *Bundesgerichtshofs* Treubindungen auch rechtsformübergreifend bestehen können und an der „Realstruktur" einer Gesellschaft zu orientieren sind.[157] Die Treuepflicht ist im Gesellschaftsrecht begründet.[158] Auch das Verhältnis der Mitglieder (der Aktionäre) könne als Kooperation den Charakter einer Sonderverbindung haben.[159] Die Ausgestaltung, Organisation und wirtschaftliche Betätigung der GmbH unterliege häufig in erheblichen Maße dem unmittelbaren Einfluß ihrer Gesellschafter. Vor allen Dingen besteht für die Gesellschaftermehrheit die Möglichkeit, durch Einflußnahme auf die Geschäftsführung die gesellschaftsbezogenen Interessen der Mitgesellschafter zu beeinträchtige. Als Gegengewicht stehe dem aber die gesellschaftliche Pflicht gegenüber, die verlange, auf die gesellschaftsbezogenen Interessen Rücksicht zu nehmen.[160]

340   Diese Rechtsprechung des *Bundesgerichtshofs* wurde in drei weiteren Entscheidungen bestätigt.[161] Zunächst das Urteil „IBH/Scheich-Kamel", in dem der *Bundesgerichtshof* ausführte, daß sich der Wirkungsbereich der Treuepflicht im Aktienrecht grundsätzlich nur auf einen vom Gesellschaftsvertrag erfaßten, durch den Gesellschaftszweck und Unternehmensgegenstand umschriebenen mitgliedschaftlichen Bereich erstreckt.[162] Das Urteil „BMW-AB" umschreibt die Treuepflicht zwischen Aktionären und Gesellschaft als eine Pflicht, die dem einzelnen Aktionär eine ungehinderte und sachgemäße Wahrnehmung seiner Mitgliedschaftsrechte ermöglicht und gewährleistet, daß alles unterlassen wird, was dieses Recht beeinträchtigen könnte.[163] Jüngst die „Girmes-Entscheidung"[164] des *Bundesgerichtshofs*, die überwiegend als „Meilenstein" in der Rechtsprechung des *Bundesgerichtshofs* zum Thema Treuepflicht im Aktienrecht angesehen wird.[165]

---

[156] BGHZ 103, 184, 194 f.
[157] Vgl. Kort, ZIP 1990, 294, 295 m.w.N.; Lutter, ZHR 153 (1989), 446, 452 ff.; Schmidt, Gesellschaftsrecht, § 20 IV 2, S. 436 ff.; Wiedemann, Gesellschaftsrecht I, § 8 II 3, S. 431 ff.; Wiedemann, JZ 1988, 447, 448.
[158] Kort, ZIP 1990, 294.
[159] BGHZ 103, 184, 195.
[160] Vgl. BGHZ 65, 15, 18; vgl. bereits BGHZ 14, 25, 38.
[161] Roschmann/Frey, WiB 1996, 881, 885.
[162] BGH, ZIP 1992, 1464, 1470 (IBH/Scheich-Kamel).
[163] BGHZ 127, 107, 111 (BMW).
[164] BGH, NJW 1995, 1739 (Girmes). Auf dieses Urteil wird bei der Frage des Bestehens von Treupflichten der Minderheitsaktionäre näher eingegangen.
[165] Roschmann/Frey, WiB 1996, 881, 885.

2.1.2 Zum Schrifttum

Ob eine Treuepflicht zwischen den Aktionären bestehen kann, ist im **341**
Schrifttum weiterhin umstritten.

2.1.2.1 Treuepflicht aufgrund einer Vertrauensbeziehung zwischen den Aktionären

Teilweise wird die Treuepflicht auf ein Vertrauensverhältnis der Aktio- **342**
näre gestützt, das sich entweder aus den personenrechtlichen Struk-
turen der Gesellschaft oder aus dem weiten Ermessensspielraum der
Aktionäre bei der Ausübung ihrer Rechte herleitet.[166] Daraus folge
aber, daß eine solche Treuepflicht zwischen den Aktionären in einer
typischen Aktiengesellschaft grundsätzlich ausscheide, es sei denn,
es handelt sich um eine personalistische Aktiengesellschaft, d. h. eine
durch persönliche Zusammenarbeit geprägte Aktiengesellschaft; in
einer anonymen „Satzungs-Aktiengesellschaft", die durch rein kapitalistische Interessenbeziehungen geprägt werde, gebe es hingegen
mangels eines Rechtsverhältnisses keine mitgliedschaftlichen Treupflichten, da der Aktionär hier gerade nicht auf die Interessen irgend-
welcher anonymer Mitglieder verpflichtet werden wolle.[167] Hiergegen
wird eingewandt, daß Rechtsgedanken aus dem Recht der Personengesellschaften nicht einfach auf die Aktiengesellschaft übertragen
werden könnten.[168] Die Unterscheidung zwischen personalistischer
Vertrags- und kapitalistischer Satzungsgesellschaft, die diesem Begründungsansatz zugrunde liege, finde keine Stütze im Gesetz.[169]
Diese Einwände seien zu vermeiden, wenn diese Treuepflicht aus
dem, den Aktionären eingeräumten, weiten Ermessensspielraum bei
Ausübung ihrer Rechte hergeleitet werde.[170] Den Aktionären würden
Eingriffsbefugnisse zu Lasten der Interessen anderer Aktionäre eingeräumt, denen die mitgliedschaftliche Treuepflicht als Korrelat gegenüber gestellt werden müsse.[171] Man kann insofern von einer „Korrelation zwischen Rechtsmacht und Verantwortung" sprechen.[172] Grundlage einer solchen Treuepflicht sei dann das Vertrauen auf sachliches
Wohlverhalten der Mitgesellschafter.[173] Skepsis ist bezüglich dieser

---

[166] Vgl. M. Schmidt, a.a.O., S. 92 f.
[167] Reuter, in: Münch Komm, BGB, § 34, Rn. 20 f.
[168] M. Schmidt, a.a.O., S. 93.
[169] Vgl. M. Schmidt, a.a.O., S. 93 m.w.N.
[170] M. Schmidt, a.a.O., S. 94.
[171] M. Schmidt, a.a.O., S. 94.
[172] K. Schmidt, Gesellschaftsrecht, § 20 IV 2, S. 436.
[173] Zöllner, Die Schranken mitgliedschaftlicher Stimmrechtsmacht bei den privatrechtlichen Personenverbänden, S. 339 ff.; Zöllner, in: Kölner Komm, Einl, Rn. 169.

Auffassung angebracht, da es der Annahme eines entsprechenden Vertrauensverhältnisses zwischen Aktionären widerspreche, daß die typische Aktiengesellschaft eine unpersönliche Realität aufweise.[174]

2.1.2.2 Treuepflicht aufgrund einer BGB-Innengesellschaft zwischen den Aktionären

343 Zwischen Aktionären, die in einer qualifizierten Beziehung zueinander stehen, so eine verbreitete Auffassung, besteht im Innenverhältnis eine BGB-Innengesellschaft.[175] Deren Ziel sei es, den Gesellschaftszweck zu fördern.[176] Als „rechtsfunktioneller Anknüpfungspunkt" der gesellschaftlichen Treuepflicht im Aktienrecht werden die mitgliedschaftliche Zweckförderungspflicht und die „Korrelation zwischen Rechtsmacht und Verantwortung" angeführt.[177] Die Treuepflicht der Aktionäre untereinander stützt sich auf ein mitgliedschaftliches Gemeinschaftsverhältnis, was trotz der lockeren Bindung der Aktionäre untereinander gilt.[178] Allerdings sei die Zweckförderungspflicht im Kapitalgesellschaftsrecht gegenüber der Pflichtbindung im Personengesellschaftsrecht abgeschwächt.[179] Gegenüber der Förderungspflicht trete im Kapitalgesellschaftsrecht die Schrankenfunktion der Treuepflicht für die Ausübung von Gesellschaftsrechten deutlich hervor.[180]

344 Dagegen spricht, daß es in einer Aktiengesellschaft grundsätzlich an der notwendigen vertrauensvollen Zusammenarbeit der Aktionäre zur Förderung eines gemeinsamen Zweckes fehlen.[181] Das bloße Vorliegen einer personalistisch strukturierten Aktiengesellschaft, kann ohne konkrete vertragliche Absprache keine BGB-Gesellschaft begründen.[182] Im übrigen harmonierten die §§ 705 ff. BGB, aus denen die BGB-Innengesellschaft nach dieser Auffassung resultiert, auch nicht mit dem Außenrecht entsprechend dem Aktiengesetz.[183]

---

[174] Fillmann, Treuepflichten der Aktionäre, S. 79 f.
[175] Verhoeven, GmbH-Konzern-Innenrecht, S. 73 ff., der diesen für das GmbH-Recht entwickelten Ansatz bei personalistischer Struktur der Aktiengesellschaft für anwendbar hält.
[176] Vgl. dazu M. Schmidt, a.a.O., S. 94.
[177] K. Schmidt, a.a.O., § 20 IV 2, S. 436.
[178] BGHZ 103, 184 ff. (Linotype); Kort, ZIP 1990, 295.
[179] Vgl. Eder, in: Hdb GmbH, I 402.3.; Kort, ZIP 1990, 294, 295.
[180] Baumbach/Hueck, GmbHG, § 13 Rn. 25; Kort, ZIP 1990, 294, 295.
[181] Vgl. dazu M. Schmidt, a.a.O., S. 94.
[182] Lutter, AcP 180 (1980), 84, 111 f.; vgl. auch: M. Schmidt, a.a.O., S. 94.
[183] Vgl. dazu M. Schmidt, a.a.O., S. 95.

2.1.2.3 Treuepflicht aus dem Grundsatz von Treu und Glauben gemäß § 242 BGB

Nach einer weiteren Ansicht ist die Treuepflicht kein selbständiges **345** Rechtsinstitut, sondern nur eine Verdichtung des für alle Rechtsbeziehungen geltenden allgemeinen Grundsatzes von Treu und Glauben, der daher auch für Rechtsbeziehungen zwischen Aktionären gelte.[184] Sie sei auf eine bestehende rechtliche Sonderverbindung im Sinne des § 242 BGB zurückzuführen.[185] Unter rechtlicher Sonderverbindung ist bereits jeder soziale Kontakt zu verstehen, ist nach herrschender Meinung weit zu definieren ist.[186] Im Verhältnis der Aktionäre bestehen erhöhte Einwirkungsmöglichkeiten auf das Interesse der anderen Mitgesellschafter. Dieses Verhältnis geht über das „deliktische Jedermanns-Verhältnis" und die daraus resultierenden „Jedermanns-Pflichten" hinaus, so daß die erforderliche rechtliche Sonderverbindung besteht.[187] Nach einer anderen, zu dieser Meinungsgruppe gehörenden Auffassung, ist die Treuepflicht der Aktionäre untereinander als gesellschaftsrechtsspezifische Ausprägung des § 242 BGB anzusehen.[188] Anhand dieser Norm sei ohne weiteres zu veranschaulichen, daß „gesellschaftsrechtliche Treuepflichten" rechtsformunabhängig anerkennbar sind, und daß sie auch im Verhältnis der Aktionäre untereinander gelten; die Anknüpfung an § 242 BGB kann weiterhin ungezwungen erklären, daß und warum Berührungspunkte der „Treuepflichtsproblematik" mit dem Institut des Rechtsmißbrauchs bestehen,[189] denn Mißbräuche des Mehrheitsprinzips seien Fälle des institutionellen Rechtsmißbrauchs[190], die klassischerweise bei dieser Norm des BGB eingeordnet wird.[191] Zudem sei es wesentlich „unverkrampfter", die gesellschaftliche Treuepflicht bei § 242 BGB einzuordnen und in ihr lediglich einen Unterfall der in jeder rechtlichen Sonderverbindung geltenden allgemeinen Rücksichtnahme- und Loyalitätspflicht zu verstehen.[192] Dafür spreche, daß die gesellschaftliche Treuepflicht anhand § 242 BGB rechtsformunabhängig anerkannt werden

---

[184] Teichmann, in: Soergel, BGB, § 242 Rn. 34; vgl. dazu M. Schmidt, a.a.O., S. 95 m.w.N.
[185] Hennrichs, AcP 195 (1995), 221, 230.
[186] Vgl. Palandt-Heinrichs, § 242 Rn. 6.
[187] Vgl. Hennrichs, AcP 159 (1995), 221, 242 f.
[188] Vgl. Nehls, Die gesellschaftsrechtliche Treuepflicht im Aktienrecht, S. 52.
[189] Hennrichs, AcP 159 (1995), 221, 242 f.
[190] M. Schmidt, a.a.O., S. 95.
[191] Hennrichs, AcP 195 (1995), 221, 230; vgl. auch Palandt-Heinrichs, BGB, § 242 Rn. 40; Schmidt, in: Staudinger, BGB, § 242 Rn. 637 ff.; Teichmann, in: Soergel, BGB, § 242 Rn. 302 ff., 308.
[192] Hennrichs, AcP 195 (1995), 221, 229.

könne.[193] Schließlich sei die „Treuepflichtproblematik" eng mit dem Institut des Rechtsmißbrauchs verbunden,[194] das klassischerweise bei § 242 BGB eingeordnet wird.[195]

346 Dagegen wird aber angeführt, daß § 242 BGB völlig unterschiedliche Fallgruppen erfasse und deshalb den Anforderungen an ein Rechtsinstitut, welches die Rechtsverhältnisse unter den Aktionären nach mit dem Aktiengesetz abgestimmten Maßstäben regeln soll, nicht gerecht wird.[196] § 242 BGB ist als Auffangnorm für eine Vielzahl problematischer zu universal, um daraus die mitgliedschaftliche Treuepflicht als gesellschaftsrechtsspezifisches Rechtsinstitut herzuleiten.[197] Insbesondere dürfte es schwer fallen, aus § 242 BGB eine Zustimmungspflicht zu einer dringend gebotenen Satzungsänderung herzuleiten, da damit die von § 242 BGB vorausgesetzte Rechtsbeziehung selbst geändert würde.[198]

2.1.2.4 Treuepflicht aus einem treuhänderischen Verhältnis zwischen den Aktionären

347 Der Aktionär ist jedoch nicht Treuhänder[199] bzw. Sachwalter[200] gegenüber den Mitaktionären, weil die Aktionäre bei Ausübung ihrer Mitgliedschaftsrechte grundsätzlich nicht die Voraussetzungen einer Treuhänderschaft erfüllen, keine ihnen „anvertraute" Rechte ausüben, sondern lediglich von den Rechten Gebrauch machen, die ihnen das Aktiengesetz und die Satzung der Aktiengesellschaft gewähren.[201]

2.1.2.5 Treuepflicht aufgrund des Organisationsvertrages

348 Das Rechtsverhältnis der Aktionäre untereinander leitet sich aus der Satzung der Aktiengesellschaft ab,[202] so daß auch die Treuepflicht der Aktionäre auf die Satzung gestützt werden kann.[203] Vergleichbar ist die Rechtsprechung des *Bundesgerichtshofs* zur materiellen Beschlußkontrolle: Danach sind die Aktionäre bei der Entscheidung über

---

[193] So Hennrichs, AcP 195 (1995), 221, 230.
[194] Vgl. Hennrichs, AcP 195 (1995), 221, 230.
[195] Vgl. Palandt-Heinrichs, § 242 Rn. 38 ff.
[196] Vgl. M. Schmidt, a.a.O., S. 95 m.w.N.
[197] M. Schmidt, a.a.O., S. 99.
[198] Hüffer, Fs-Steindorff, S. 59, 71 ; M. Schmidt, a.a.O., S. 99.
[199] Dorphalen, ZHR 102 (1936), 1, 20.
[200] Lutter, JZ 1976, 225, 231.
[201] M. Schmidt, a.a.O., S. 95.
[202] Hüffer, Fs-Steindorff, S. 59, 67 f.
[203] Vgl. Hüffer, AktG, § 53 a Rn. 15.

strukturändernde Maßnahmen in der Hauptversammlung dazu untereinander verpflichtet, ihre Angelegenheiten unter Berücksichtigung
des Gesellschaftsinteresses und des Verhältnismäßigkeitsprinzips zu
regeln.[204]

Hierbei stößt insbesondere die Herleitung der Treuepflicht auf Kritik,
denn die Satzung betreffe nur das Verhältnis des Aktionärs zu der
Aktiengesellschaft selber, nicht aber zu den Mitaktionären.[205] Der
Aktionär trete mit dem Erwerb der Aktie nur der Aktiengesellschaft,
einer von dem Bestand ihrer Mitglieder unabhängigen juristischen
Person, bei, nicht hingegen einem Aktionärsverband.[206]

349

2.1.2.6 Treuepflicht aufgrund einer allgemeinen Verhaltenspflicht im Sinne des § 823 BGB

Aus deliktischen Schadensersatzansprüchen nach §§ 823 ff. BGB
ließe sich die Treuepflicht herleiten,[207] wenn man davon ausgeht, daß
die Mitgliedschaft ein absolut geschütztes Recht im Sinne des § 823
Abs. 1 BGB ist.[208] Der Umfang des deliktischen Schutzes vor unmittelbar gegen das Mitgliedschaftsrecht gerichteten Eingriffen, erstrecke
sich auf den rechtlichen Bestand der Mitgliedschaft sowie deren
Vermögenswert, der aus Herrschaftsmacht, Einfluß und Wertzuweisung bestehe.[209] Zu begründen sei dies mit einer allgemeinen Verkehrspflicht zum Schutz fremden Vermögens, das ein Rechtsgut im
Sinne des § 823 Abs. 1 BGB („sonstiges Recht") begründe.[210]

350

Diese Meinung wird abgelehnt, weil der Mitgliederschutz im Innenverhältnis durch spezielle gesellschaftsrechtliche Mittel gewährleistet
werden müsse; der Sonderordnung im Innenverhältnis der Aktiengesellschaft könne das pauschale Deliktsrecht hingegen nicht gerecht
werden.[211] Zudem werde durch die Anerkennung einer solchen allgemeinen Verkehrspflicht wider den Wertungen der §§ 823 Abs. 1 und 2,
826 BGB, die einen deliktischen Vermögensschutz nur ausnahmsweise unter den erschwerten Voraussetzungen der §§ 823 Abs. 2, 826

351

---

[204] Vgl. BGHZ 71, 40, 43 ff.; BGHZ 83, 319, 321; BGH, WM 1988, 325, 327; vgl. auch
M. Schmidt, a.a.O., S. 96.
[205] M. Schmidt, a.a.O., S. 96.
[206] Flume, BGB AT, Bd I/2, S. 263 f.; M. Schmidt, a.a.O., S. 96.
[207] Mertens, AcP 178 (1978), 227, 240, 242 ff., 250, 251 f., 253, 261 f.
[208] So jedenfalls RGZ 158, 248, 255; vgl. auch BGHZ 110, 323, 327 f., 334 f. (zur
Vereinsmitgliedschaft); vgl. dazu M. Schmidt, a.a.O., S. 96.
[209] Mertens, AcP 178 (1978), 227, 251 f.
[210] Mertens, AcP 178 (1978), 227, 251 f.
[211] Wiedemann, Gesellschaftsrecht I, S. 463 f.; Lutter, AcP 180 (1980), 84, 142.

BGB gewähren, als Regelfall eingeführt.[212] Dies dehne den deliktischen Vermögensschutz „ins Uferlose" aus und sprenge damit den Rahmen einer zulässigen Rechtsfortbildung.[213]

2.1.2.7 Treuepflicht aus einer Sonderverbindung zwischen den Aktionären

352 Zwar besteht keine vertraglichen Beziehungen zwischen den Aktionären, die gegenseitige Treuepflicht kann jedoch auf eine Sonderverbindung gestützt werden, die Grundlage für eine über die §§ 226, 242, 826 BGB hinausgehende Treuepflicht ist. Diese wird durch die Mitgliedschaft, d. h. durch die Teilnahme an der Gesellschaftsgründung oder einem späteren Beitritt sowie die durch die Mitgliedschaft erworbenen Mitverwaltungs- und Vermögensrechte begründet.[214] Aus der eingeräumten Rechtsmacht resultiere eine Beschränkung ähnlich der culpa in contrahendo im Schuldrecht, so daß der Aktionär berechtigterweise erwarten dürfe, daß bei der Ausübung der mitgliedschaftlichen Rechte auf seine Interessen Rücksicht genommen werde.[215]

353 Hiergegen wird eingewendet, die Besonderheiten der Beziehungen der Aktionäre ließen sich durch die bestehende deliktsrechtliche Beziehung nicht ausreichend berücksichtigen, es bestehe aber kein schuldrechtliches Vertragsverhältnis zwischen den Aktionären.[216]

2.2 Gegenstand, Umfang und Verletzung der Treuepflicht gegenüber den Mitaktionären

354 Hinsichtlich des Gegenstandes, Umfangs und der Verletzung von Treupflichten gegenüber Mitaktionären gilt im wesentlichen das, was bezüglich der Treupflichten der Aktionäre gegenüber der Aktiengesellschaft erörtert worden ist. Es bestehen aber auch Besonderheiten, auf die nun gezielt eingegangen werden soll.

---

[212] M. Schmidt, a.a.O., S, 97.
[213] M. Schmidt, a.a.O., S. 97.
[214] Fillmann, Treuepflichten der Aktionäre, S. 89 ff.; Winter, Mitgliedschaftliche Treuebindungen im GmbH-Recht, S. 70 f.
[215] Vgl. bei M. Schmidt, a.a.O., S. 98 m.w.N.
[216] Mertens, AcP 178 (1978), 227, 243 f., 249.

2.2.1 Inhalt der Treuepflicht

Der Aktionär hat solche Verhaltensweisen zu unterlassen, die mit den mitgliedschaftlichen Interessen der Mitaktionäre kollidieren.[217] Unter mitgliedschaftlichen Interessen sind solche zu verstehen, die mit der Stellung als Mitglied ihrer rechtlichen Natur nach typischerweise verknüpft sind, d. h. solche Interessen, die auf Erhaltung der Mitgliedschaft bezüglich Wert, Ertrag, Liquidität und Einfluß gerichtet sind.[218] Grundsätzlich nicht unter die Wirkungen der Treupflicht fallen hingegen private Sonderinteressen der Mitaktionäre, es sei denn, daß das Gesellschaftsverhältnis von persönlichem Vertrauen getragen wird, was in einer Aktiengesellschaft aber ganz regelmäßig nicht der Fall sein wird.[219]

355

2.2.2 Umfang der Treuepflicht

Der Umfang der Treubindung hängt auch hier – wie bereits oben für die Treubindung gegenüber der Aktiengesellschaft erörtert wurde – von der Realstruktur des Verbandes ab.[220] In einer auf persönliche Zusammenarbeit angelegten Gesellschaft unterliegen die Mitglieder grundsätzlich einer höheren Treubindung als in einer anonymen Massengesellschaft.[221] Letztendlich ist die Treubindung des einzelnen Gesellschafters entsprechend dem Gedanken der Abhängigkeit von Einfluß und Verantwortung, d. h. seiner persönlichen Stellung und seinen Einflußmöglichkeiten in der Gesellschaft zu bestimmen.[222] Von Bedeutung für den Umfang ist auch der Verbandszweck, denn mit dem Eintritt in eine Aktiengesellschaft bezweckt der Aktionär die Beteiligung am Kapital der Gesellschaft zu dem in der Satzung genannten Zweck, so daß den Mitgliedern, d. h. Aktionären, ein gewisser Grundkonsens gemeinsam ist,[223] der die Verletzung mitgliedschaftlicher Interessen nur im Verbandsinteresse zuläßt.[224]

356

---

[217] M. Schmidt, a.a.O., S. 100.
[218] M. Schmidt, a.a.O., S. 100.
[219] M. Schmidt, a.a.O., S. 100.
[220] M. Schmidt, a.a.O., S. 101.
[221] M. Schmidt, a.a.O., S. 101.
[222] Raiser, Kapitalgesellschaftsrecht, S. 49; K. Schmidt, Gesellschaftsrecht, S. 485; Wiedemann, Gesellschaftsrecht I, S. 434; M. Schmidt, a.a.O., S. 101; Zöllner, in: Kölner Komm, Einl, Rn. 190; Kort, ZIP 1990, 294, 295 f.
[223] Vgl. M. Schmidt, a.a.O., S. 103.
[224] Zöllner, in: Kölner Komm, § 243 Rn. 196.

2.2.3 Verletzung der Treuepflicht

357 Eine Treupflichtverletzung eines Aktionärs gegenüber einem Mitaktionär ist dann ausgeschlossen, wenn der Eingriff in die mitgliedschaftlichen Interessen durch eine Abwägung mit den Verbandsinteressen gerechtfertigt sowie bezüglich des angestrebten Ziels geeignet, erforderlich und angemessen ist.[225]

358 Wichtiger als die Frage der dogmatischen Herleitung der Treuepflichten der Aktionäre ist es, die allgemeine „gesellschaftsrechtliche Treuepflicht" zu im Einzelfall subsumtionsfähigen Verhaltenspflichten zu konkretisieren, d. h. festzustellen, welche konkreten Handlungs- oder Unterlassungspflichten sich daraus herleiten lassen.[226] Die Treuepflicht der Aktionäre untereinander beziehe sich jedoch – im Gegensatz zu solchen Treuepflichten im Verhältnis zur Gesellschaft – von vornherein nur auf die uneigennützigen Rechte der Mitaktionäre, die bei der eigenen Rechtsausübung angemessen berücksichtigt werden müssen.[227] Wann eine Treuepflichtverletzung vorliegt, muß im Einzelfall durch sorgfältige Interessenabwägung ermittelt werden.[228] Mangels subsumtionsfähiger gesetzlicher Umschreibung der Treuepflichten, wird es daher erforderlich sein, nun die typischen – insbesondere durch die Rechtsprechung geprägten – Fälle von Verstößen aufzuzeigen. Es wird sich zeigen, daß die Annahme einer Treuepflicht mannigfaltigen Einfluß auf die Entscheidungsfreiheit des Aktionärs in der Ausübung seiner Rechte hat.

359 Ferner bleibt es festzuhalten, daß sich der Wirkungskreis der Treuepflicht im Aktienrecht grundsätzlich nur auf den vom Gesellschaftsvertrag erfaßten, durch den Gesellschaftszweck und Unternehmungsgegenstand umschriebenen mitgliedschaftlichen Bereich erstreckt.[229]

---

[225] Vgl. M. Schmidt, a.a.O., S. 103 f., Fn. 141.
[226] Vgl. Hennrichs, AcP 195 (1995), 221, 223, 244.
[227] Jäger, WiB 1996, 457, 458.
[228] Marsch-Barner, ZIP 1996, 853; Hennrichs, AcP 195 (1995), 221, 228.
[229] Vgl. BGH, ZIP 1992, 1464, 1470.

2.2.3.1 Einfluß der Treuepflicht auf die Ausübung der Mitgliedschaftsrechte / Die Treuepflicht als Institut des Minderheitsschutzes

Eine besondere Rolle spielt die Treuepflicht im sog. Mehrheits-/ **360** Minderheitskonflikt.[230] In dieser Hinsicht wird auch von einer „Treuepflicht als Schranke zur Begrenzung der Mehrheitsherrschaft" gesprochen.[231] Mit wachsendem Einfluß auf die Gesellschaft und die mitgliedschaftlichen Interessen der Mitaktionäre wächst auch die Pflichtenbindung der Aktionäre aus dem Treuegedanken.[232] Das heißt, der Umfang der Treuepflicht bestimmt sich nach Maß, in dem für den einzelnen Aktionär solche Einwirkungsmöglichkeiten bestehen.[233] Sie wird dort als Verhaltensmaßstab oder Begrenzung bei der Ausübung der Mehrheitsmacht, sei es durch einen Mehrheitsaktionär, sei es durch eine Aktionärsgruppe, angesehen.[234] Großaktionäre wie auch Mehrheitsgruppen müssen daher nach ganz überwiegender Ansicht bei der Ausübung ihres Einflusses, sei es in der Hauptversammlung, sei es in sonstiger Weise, Rücksicht auf das Gesellschaftsinteresse und die mitgliedschaftlichen Interessen der Minderheitsaktionäre nehmen, ohne daß dadurch die Verfolgung eigener Ziele ganz ausgeschlossen wird.[235] Der Mehrheitsaktionär darf „egoistische" Zielsetzungen verfolgen, doch hat er sich dabei immer im Rahmen des Gesellschaftszweck und einer besonderen Treubindung gegenüber der Minderheit zu bewegen.[236] Die Abgrenzung bereitet im Einzelfall große Schwierigkeiten:

Jedoch bleibt in diesem Bereich für eine allgemeine Treupflicht kein **361** Raum, wo das Aktiengesetz, wie in §§ 291 ff. AktG, selber abschließende Wertungen vornimmt.[237] Außerhalb solcher abschließend geregelter Rechtsfolgen von Mehrheitsherrschaft und Verantwortung sei eine gesteigerte Treuepflicht des Mehrheitsaktionärs gegenüber der Minderheit wir im US-amerikanischen Kapitalgesellschaftsrecht zu bejahen.[238] Die Treuepflicht wird aufgrund des unzureichend geregelten Minderheitenschutzes im Aktiengesetz als ungeschriebene Legal-

---

[230] Kort, ZIP 1990, 294, 296.
[231] Vgl. Timm, WM 1991, 481, 482.
[232] Vgl. BGHZ 103, 184, 195 (Linotype); Lutter, ZHR 153 (1989), 446, 453; Timm, WM 1991, 481, 482 f.
[233] Nehls, a.a.O., S. 67.
[234] Hueck, Gesellschaftsrecht, § 26 IV 1, S. 264.
[235] Hueck, a.a.O., § 26 IV 1, S. 264.
[236] Kort, ZIP 1991, 294, 296.
[237] Kort, ZIP 1990, 294, 296.
[238] Kort, ZIP 1990, 294, 296.

ordnung[239] zur Korrektur gegen Mißstände des Mehrheitsprinzips gefordert,[240] denn es hat sich gezeigt, daß die spezifisch aktienrechtlichen Schutzmechanismen gegen den Mißbrauch der Mehrheitsmacht – vor allem Gleichbehandlungsgrundsatz nach § 53 a AktG, die Anfechtbarkeit von Hauptversammlungsbeschlüssen nach § 243 Abs. 2 AktG und die Schutzbestimmungen in Recht der verbundenen Unternehmen – nicht in allen Fällen ausreichen, um einen angemessenen Schutz der Gesellschaft und der Aktionärsminderheit zu gewährleisten.[241] Es besteht eine gesteigerte Treuepflicht des Mehrheitsaktionärs gegenüber dem Minderheitsaktionär.[242] Teilweise wird sogar angenommen, der Mehrheitsaktionär kann als Sachwalter der Minderheit angesehen werden.[243]

362 Bereits das *Reichsgericht* hat in einer Reihe von Entscheidungen festgestellt, daß sich die Minderheit der Aktionäre dem Willen der Mehrheit unterwerfen müsse,[244] auch wenn dies eine Beeinträchtigung ihrer mitgliedschaftlichen Rechtsstellung zur Folge habe; später entfernte sich das *Reichsgericht* von diesen Vorstellungen und erkannte an, daß eine Benachteiligung der Minderheit durch die Mehrheit unter Hintansetzung des Wohles der Gesellschaft zu einem Verstoß gegen die guten Sitten führen kann, was auf die §§ 138, 226, 242, 826 BGB gestützt wurde.[245] Aufgrund der Tatsache, daß ein rechtsmißbräuchliches Gesellschafterverhalten den angewendeten Normen nicht oder nur partiell erfaßt werden, ist das *Reichsgericht* in der sog. „Victoria-Entscheidung" von einer mitgliedschaftlichen Treuepflicht ausgegangen, die den „Belangen der Minderheit Berücksichtigung angedeihen zu lassen und deren Rechte nicht über Gebühr zu verkürzen hat"[246].

363 Doch wird die Annahme einer solchen Treuepflicht von einem anderen Teil der Literatur, wenn auch nur ganz vereinzelt, bestritten.[247] Eine Mindermeinung lehnt die Annahme einer gegenseitigen Treuepflicht der Aktionäre völlig ab. Die Kritiker vertreten die These, daß die Treuepflicht der Aktionäre untereinander in §§ 117, 243 Abs. 2 AktG

---

[239] K. Schmidt, Gesellschaftsrecht, S. 306.
[240] Zöllner, in: Kölner Komm, Einl, Rn. 169; Henze, Fs-Kellermann, S. 149; Lutter, ZHR 153 (1989), 454 ff.
[241] Hueck, a.a.O., § 26 IV 1, S. 264.
[242] Kort, ZIP 1990, 294, 296.
[243] Zöllner, in: Kölner Komm, Einleitung, Rn. 169.
[244] RGZ 68, 235, 246 (Hibernia); RGZ 37, 85, 105.
[245] Vgl. nur RGZ 108, 41, 43; RGZ 112, 14, 18.
[246] Vgl. RGZ 132, 149, 163.
[247] Vgl. Hüffer, AktG, § 53 a Rn. 14 m.w.N.

abschließend gesetzliche geregelt sei, so daß für eine richterliche Treuepflicht kein Raum mehr bleibe.[248] Diese ablehnende Haltung kann nicht überzeugen.[249]

Teile der Literatur vertreten die Auffassung, die Treuepflicht der **364** Aktionäre gegenüber der Aktiengesellschaft könne sich nur in einem beschränkten Maße entfalten: Ansprüche aus Treuepflichten scheiden in den Bereichen aus, wo das Gesetz selbst abschließend Wertungen vorgenommen hat.[250] So würden seine Treuepflichten nicht gelten, wenn er lediglich die Dividende bezieht und sich im übrigen um das Schicksal der Aktiengesellschaft nicht weiter kümmert; zwar würde für die Ausübung des Stimmrechts in der Hauptversammlung das Verbot der Verfolgung gesellschaftsfremder Sondervorteile gelten.[251]

2.2.3.2 Treuepflichten der Minderheitsaktionäre

Ob alle Aktionäre, d. h. auch Minderheits- oder sogar Kleinaktionäre, **365** Adressat einer Treuepflicht gegenüber anderen Aktionären sind, wird unterschiedlich beurteilt.

In dieser Frage legt sich der *Bundesgerichtshof* nicht eindeutig fest.[252] **366** Er wendet in der Regel einen „engen" Treuebegriff an und beschränkt den Anwendungsbereich der Treuepflichten auf Mehrheitsaktionäre. Er stellte in der „Linotype-Entscheidung" fest, „daß die Gesellschafter- pflichten eines Kleinaktionärs in der Regel nicht von der gesellschafts- rechtlichen Treuepflicht bestimmt werden"[253]. Dies wird darauf ge- stützt, daß die Kleinaktionäre weitestgehend einflußlos seien.[254]

Im „Girmes-Urteil" vom 20. März 1995[255] hat der II. Zivilsenat hingegen **367** angenommen, auch den „kleinen" Aktionär träfe eine Treuepflicht. Der *Bundesgerichtshof* hat damit – möglicherweise – eine 20jährige Aus- einandersetzung der Rechtsprechung und Literatur beendet.[256]

Der II. Zivilsenat führte im ersten der beiden amtlichen Leitsätzen der **368** Entscheidung aus:[257]

---

[248] Vgl. Meyer-Landrut, Fs-Häußling, S. 249 (250 ff.).
[249] Hüffer, AktG, § 53 a Rn. 14 f.
[250] Kort, ZIP 1990, 294, 296.
[251] Hueck, a.a.O., § 26 IV 1, S. 263.
[252] Henze, BB 1996, 489, 490.
[253] BGHZ 103, 184, 195 (Linotype); in Anlehnung an Wiedemann, Gesellschaftsrecht I, § 2 I 1 b.
[254] Zöllner, in: Kölner Komm, Einl, Rn. 169; Wiedemann, Gesellschaftsrecht I, § 8 II 3, S. 432 ff.
[255] Vgl. BGH, ZIP 1995, 819 (Girmes).
[256] So jedenfalls Lutter, JZ 1995, 1053.
[257] BGH, ZIP, 1995, 819 linke Spalte.

369 „1. Auch dem Minderheitsaktionär obliegt eine Treuepflicht gegenüber seinen Mitaktionären. Sie verpflichtet ihn insbesondere seine Mitgliedsrechte, insbesondere seine Mitverwaltungs- und Kontrollrechte, unter angemessener Berücksichtigung der gesellschaftsbezogenen Interessen der anderen Aktionären auszuüben."

370 „2. Aufgrund der unter Aktionären bestehenden Treuepflicht ist es den einzelnen Aktionär nicht erlaubt, eine sinnvolle und mehrheitlich angestrebte Sanierung der Gesellschaft – einschließlich einer zum Sanierungskonzept gehörenden Kapitalherabsetzung – aus eigennützigen Gründen zu verhindern."

371 Der *Bundesgerichtshof* betont, daß selbstverständlich jeder Gesellschafter, gleich in welcher Verbandsform er Mitglied ist, sowohl im Verhältnis zur Gesellschaft wie zu seinen Mitgesellschaftern den Förderungs- und Loyalitätspflichten des § 705 BGB unterliege und von jedem seiner Mitglieder erwarten könne, daß sie den Verbandszweck fördern, Schäden für die Gesellschaft vermeiden und die gesellschaftsrechtlich vermittelten Interessen der Mitgesellschafter berücksichtigen.[258] Nur werde die Verletzung dieser Pflichten mangels Einfluß beim Kleinaktionär in aller Regel nicht relevant (kausal). Anders ist es hingegen, wenn der Aktionär Individualrechte in der Hauptversammlung oder Minderheitsrechte von seiner Beteiligung erreicht werden und er diese Rechte zum Schaden der Gesellschaft ausübt.[259] Im „Girmes-Urteil" hat die Hauptversammlung mit den Beschlüssen über die Kapitalherabsetzung bzw. Kapitalerhöhung und damit auch jeder Aktionär mit seiner Stimmabgabe eine unternehmerische Entscheidung getroffen, wobei ihm ein unternehmerischer Ermessensspielraum zusteht.[260] Innerhalb dieses Ermessens getroffene Entscheidungen können nicht „richtig" oder „falsch" sein, so daß auch sich im nachhinein herausstellende Fehler, nicht nach § 243 AktG angefochten werden können und ebenfalls keiner materiellen richterlichen Überprüfungskompetenz unterliegen.[261] Die Besonderheit des „Girmes-Falles" liegt darin, daß – würde man es verwaltungsrechtlich ausdrücken, so müßte man von einer Ermessensreduzierung auf Null sprechen[262] – die finanzielle Situation der Girmes-Aktiengesellschaft keine Alternative zugelassen hat: Zur Bilanzbereinigung durch Kapitalherabsetzung zum Verlustausgleich, Wiederherstellung der Emmissionsfähigkeit der Gesellschaft dadurch und anschließender Zufuhr

---

[258] Vgl. BGH, JZ 1995, 1053; vgl. auch Lutter, JZ 1995, 1053, 1054.
[259] Vgl. BGH, JZ 1995, 1053.
[260] Lutter, JZ 1995, S. 1054, 1055; vgl. z. B. zum Vorstand Mertens, in: Kölner Komm, § 76, Rn. 10.
[261] Lutter, JZ 1995, 1054, 1055.
[262] Lutter, JZ 1995, 1054, 1055.

frischen Kapitals durch Kapitalerhöhung gab es aus damaliger Sicht keine Alternative, denn es handelte sich um einen Fall sog. Stimmpflicht.[263]

Ablehnender Teil des Schrifttums

Jedoch ist dieses Urteil im Schrifttum auch auf Kritik gestoßen.[264] **372** Teilweise wird behauptet, daß nur der Großaktionär aufgrund seiner dominierenden Stellung in der Aktiengesellschaft über entsprechende Einwirkungsmöglichkeiten verfüge,[265] quasi eine Organfunktion ausübe. *Hueck*[266] ist der Auffassung, eine Treuepflicht müsse jedenfalls für Anleger bzw. Kleinaktionäre ausscheiden: Aktionäre grundsätzlich könnten nicht durch ein „Treueband" miteinander verbunden sein, zumal Kleinaktionäre, einander gar nicht kennen würden und unter Umständen nie miteinander in Berührung kämen.[267]

Zustimmender Teil des Schrifttums

Der Rechtsprechung des *Bundesgerichtshofs* stimmt jedoch der über- **373** wiegende Teil des Schrifttums zu.[268] Es wäre verfehlt anzunehmen, daß Treupflichten allein die Mehrheitsaktionäre treffen.[269] Nicht nur dem Mehrheits- sondern auch dem Minderheitsaktionär eröffnet das Gesetz die Möglichkeit, die Belange der Gesellschaft und die gesellschaftsbezogenen Interessen der Mitgesellschafter durch Einflußnahme zu beeinträchtigen, was als Gegengewicht die gesellschaftsrechtliche Pflicht erfordere, auf diese Interessen Rücksicht zu nehmen.[270] Das Bestehen der Treuepflicht sei von der Höhe der Beteiligung unabhängig. Die Treuepflicht sei vielmehr unabdingbarer Bestandteil jeder Mitgliedschaft.[271] Lediglich Inhalt und Ausmaß der Treuepflicht können für die einzelne Kooperationsmitgliedschaft unterschiedlich sein, denn die entscheidende „Meßlatte" liegt im Maß der dem Aktionär

---

263 Vgl. BGH, WM 1986, 1348; BGH, WM 1987, 841; Lutter, ZHR 153 (1989), 446, 467 f.; Lutter, JZ 1995, 1054, 1055; Hüffer, AktG, § 179, Rn. 30; Zöllner, in: Kölner Komm, § 179, Rn. 213.
264 Vgl. Flume, ZIP 1996, S. 161, 165 ff.
265 Fehrensen, Treupflicht des Großaktionärs, S. 119 f.; so ähnlich Wiedemann, Gesellschaftsrecht I, S. 432 ff.; vgl. bei M. Schmidt, a.a.O., S. 102.
266 Hueck, Gesellschaftsrecht, § 26 IV 1, S. 262.
267 Hueck, a.a.O., § 26 IV 1, S. 262.
268 Hennrichs, AcP 195 (1995), S. 221, 241; Timm, Treuepflichten im Aktienrecht, WM 1991, S. 481, 483.
269 M. Schmidt, a.a.O., S. 101.
270 Henze, BB 1996, 489, 490.
271 Timm, WM 1991, 481, 483.

allein oder im Verband mit anderen gegebenen Einflußmöglichkeiten.[272] Auch Minderheitsrechte könnten durch Nutzung der Minderheitsrechte, insbesondere der Sperrminoritäten, einen erheblichen Einfluß auf die Aktiengesellschaft und ihre Mitglieder ausüben.[273] Die Durchsetzung von Minderheitsrechten in der Form der Verhinderung der Fassung wirksamer Gesellschafterbeschlüsse aufgrund einer Sperrminorität ist daher nur in den Grenzen der Treuepflicht möglich.[274] Verfügt ein Aktionär oder eine Aktionärsminderheit dauerhaft über eine Sperrminorität, können strukturändernde Maßnahmen grundsätzlich nicht gegen deren Willen durchgesetzt werden, so daß auch die Minderheit in solchen Fällen „ Einflußmacht „ besitzen kann, und die Treuepflicht daher keineswegs nur Instrument des Minderheit in solchen Fällen „Einflußnahme" besitzen kann, und die Treuepflicht daher keineswegs nur Instrument des Minderheitsschutzes sei.[275] Die Treuepflicht im Zusammenhang mit der Stimmrechtsausübung wird mithin vornehmlich als „Verbot illoyaler Stimmrechtsausübung" verstanden.[276]

3. Handlungspflicht der Aktionäre aufgrund der Treuepflicht

374 Jedoch soll eine positive Mitwirkungspflicht der Minderheitsaktionäre aufgrund der Treuepflicht im Mehrheits-/Minderheitskonflikt die Ausnahme bleiben.[277] Positive Handlungspflichten sollen im Aktienrecht nur ausnahmsweise aus der Treuepflicht abgeleitet werden können, weile es ein essentielles Recht der Minderheit bzw. der Minderheitsaktionäre ist, sich der Stimme zu enthalten oder negativ abzustimmen, was sich insbesondere bei der Sperrminorität zeige.[278] Das Stimmrecht darf nicht durch die weitgehende Annahme einer zu positiven Mitwirkungspflicht führenden Treuepflicht unterlaufen werden.[279] Gerade im Bereich des rechtsmißbräuchlichen Aktionärsverhaltens zeige sich, das die Treuepflicht in erster Linie nicht aktive Förderungspflicht, sondern Grenzen von Rechten ist.[280]

---

[272] Timm, WM 1991, 481,483.
[273] M. Schmidt, a.a.O., S. 102.
[274] Henze, BB 1996, 489, 490; Timm, WM 1991, 481, 483; vgl. K. Schmidt, Gesellschaftsrecht, § 20 IV, S. 439 und § 21 II 3 c, S. 455.
[275] Timm, WM 1991, 481, 483.
[276] Timm, WM 1991, 481, 483.
[277] Kort, ZIP 1990, 294, 297.
[278] Kort, ZIP 1990, 294, 297.
[279] Kort, ZIP 1990, S. 294, 297; vgl. auch Zöllner im Kölner Komm, Rn 203 ff.
[280] Kort, ZIP 1990, 294, 297.

Die Gegenansicht ist der Auffassung, daß die Treuepflicht neben ihrer **375** rechtsbegrenzenden Funktion des gesellschaftsrechtlichen Loyalitätsgebotes auch pflichtbegründend wirken kann, d. h. das Förderungsangebot als aktive Seite der Treuepflicht kann unter Umständen – wenn auch nur in Extremfällen – eine positive Stimmpflicht begründen.[281]

Anerkannt ist dies bei der Anpassung des Gesellschaftsvertrages an **376** veränderte Verhältnisse, wenn:

– diese Änderung zur Erhaltung des geschaffenen dringend geboten (objektives Element)

– und den Gesellschaftern unter Berücksichtigung ihrer eigenen schutzwerten Belange zumutbar

ist (subjektives Element).[282]

Die Treubindung verpflichtet kein Mitglied zur Unternehmenserhaltung **377** um jeden Preis; der Einzelne darf auf anderen Seite auch nicht eine sinnvolle und von der Mehrheit angestrebte Unternehmenssanierung eigennützig verhindern.[283] Die Gesellschafter bestimmen autonom über die Auflösung des Unternehmens, ein allgemeiner Bestandschutz der Gesellschaft gegen Maßnahmen der Gesellschafter besteht nicht, so daß die Gesellschafter durchaus legal wirtschaftlich törichte Entscheidungen treffen können.[284]

4. Die materielle Beschlußkontrolle durch den Aktionär

Bereits das *Reichsgericht* lehnte in der sog. Hibernia-Entscheidung **378** einen über die starren gesetzlichen Grenzen hinausgehenden Minderheitsschutz ab:[285]

„Die Unterwerfung der Minderheit unter den Willen der Minderheit ist ... die **379** unmittelbare und notwendige Folge der gesetzlichen Bestimmungen und verletzt die der Minderheit vom Gesetz tatsächlich zuerkannte Berechtigung nicht."

Der II. Zivilsenat des *Bundesgerichtshofes* hat in der Linotype-Ent- **380** scheidung[286] und schon in einem früheren Urteil[287] die Inhaltskontrolle eines Mehrheitsbeschlusses über die Auflösung einer Kapitalgesell-

---

[281] Timm, WM 1991, 481, 483; M. Schmidt, Die Stimmrechtsvertretung durch Kreditinstitute, S. 101.

[282] BGHZ 44, 40, 41; 64, 253, 257; BGHZ, NJW 1987, 189; Timm, ZGR 1990, 142 ff.

[283] K. Schmidt, Gesellschaftsrecht, S. 107.

[284] Flume, BGB AT I/2; S. 212; Timm, WM 1991, 481, 484.

[285] RGZ, 68, 235, 245 f. (Hibernia-Entscheidung); vgl. bei Henze, BB 1996, S. 489, 495.

[286] BGHZ. 103, 184, 186 f. (Linotype-Entscheidung).

[287] BGHZ 76, 352.

schaft abgelehnt. Der Mehrheitsgesellschafter verletzte seine Pflicht zur Rücksichtnahme auf die gesellschaftsbezogenen Interessen der Minderheitsaktionäre dadurch, daß er schon vor Auflösung einer Kapitalgesellschaft diese ablehnte. Der Minderheitsaktionär verletzte seine Pflicht dadurch, daß er schon vor Auflösung der Linotype AG mit dem Vorstand unter Ausschuß der Aktionäre und Dritter Absprachen über die Verwertung der wertvollsten Teile des Gesellschaftsvermögens traf, wodurch er den Effekt der Ausschließung der Minderheitsaktionäre unter Ausschaltung der nach der Gesellschaftsauflösung zu beachtenden Abwicklungsvorschriften erzielte.[288]

381 Gerade die Ausprägung der Treuepflicht im Linotype-Urteil mache deutlich, das Grundlagenbeschlüsse nicht stets ihre „Rechtfertigung in sich" tragen.[289] Teile der Literatur fordern daher eine umfassende materielle Kontrolle von Grundlagenentscheidungen im Kapitalgesellschaftsrecht und damit auch bei der Aktiengesellschaft.[290] Zu fragen ist, in welchem Umfang der Minderheit bzw. einzelnen Minderheitsaktionären die Möglichkeit zustehen soll, Entscheidungen der (qualifizierten) Mehrheit zu beeinflussen.[291] Nach anderer Auffassung, ist die Frage problematisch, ob Grundlagenbeschlüsse einer Inhaltskontrolle unterliegen, die über die Bindung der am Beschluß beteiligten Gesellschafter an die Treuepflicht und den Gleichbehandlungsgrundsatz hinausgeht,[292] so daß Ablehnung einer weitgehenden Inhaltskontrolle durch den *Bundesgerichtshofs* zu begrüßen ist.[293] Das Übergehen der Interessen der Minderheit bei wichtigen Grundlagenentscheidungen wird durch die Bindung der Mehrheit an die Treuepflicht und den Gleichbehandlungsgrundsatz des § 53 a AktG wirksam verhindert.[294] Insbesondere bei der „kapitalistischen" Aktiengesellschaft ist es nicht angebracht, Hauptversammlungsbeschlüsse einer mehr oder minder umfassenden Inhaltskontrolle zu unterwerfen.[295]

---

[288] Henze, 489, 496; K. Schmidt, Gesellschaftsrecht, S. 450.
[289] Kort, ZIP 1990, 294, 297.
[290] Wiedemann, Gesellschaftsrecht, I, S. 445 ff.; ders., JZ 1988, 447, 448 f.
[291] Kort, ZIP 1990, 294, 297.
[292] K. Schmidt, S. 452 ff.
[293] Kort, ZIP 1990, 294, 297.
[294] Kort, ZIP 1990, 294, 297.
[295] Kort, ZIP 1990, 294, 297.

5. Rechtsmißbräuchliches Aktionärsverhalten

In der grundlegenden Entscheidung des II. Zivilsenats des *Bundesge-* **382**
richtshofs, der sog. Kochs-Adler-Entscheidung[296] stellte sich die Frage, ob bei der Abstimmung über den Zustimmungsbeschluß zu einem
Verschmelzungsvertrag ein rechtsmißbräuchliches Aktionärsverhalten vorgelegen hat. Die Beantwortung dieser Frage wurde dort ausschließlich auf das Problem des Rechtsmißbrauchs gestützt, was nach
Auffassung des *Bundesgerichtshofes* dazu führt, daß es für die
Begründung des Rechtsmißbrauchs eines Rückgriffes auf die gesellschaftsrechtliche Treuepflicht nicht bedürfe.[297]

Nach Auffassung von *Kort* kann zwischen Rechtsmißbrauch und **383**
treuwidrigem Verhalten kaum unterschieden werden, vielmehr werden
der Rahmen der Rechte und Pflichten des Aktionärs ganz wesentlich
durch die Treuepflicht des Aktionärs bestimmt, so daß maßgeblich
nach dem Umfang der Treuepflicht bewertet werde, welches Aktionärsverhalten als rechtsmißbräuchlich anzusehen sei.[298] Daher sei es
– insbesondere in Hinblick auf die Linotype-Entscheidung des *Bundes-*
gerichtshofs – zu erwägen, die Diskussion um das rechtsmißbräuch-
liche Aktionärsverhalten auf die Treubindungen im Aktienrecht und
deren Grenzen zu stützen.[299]

6. Rechtsfolgen der Treupflichtverletzung durch den Aktionär

Schließlich stellt sich die Frage, welchen Folgen aus einem Treue- **384**
pflichtverstoß des Aktionärs resultieren. Dies muß im Einzelfall durch
sorgfältige Interessenabwägung ermittelt werden.[300] In Betracht kommen neben Ansprüchen auf Unterlassung des treuwidrigen Verhaltens
bzw. auf Vornahme des durch die mitgliedschaftliche Treuepflicht
gebotenen Verhaltens die Anfechtungsbefugnis des § 243 Abs. 1 AktG
und Schadensersatzansprüche.[301]

---

[296] Vgl. BGH, ZIP 1989, 980 (Kochs-Adler-Entscheidung).
[297] Vgl. BGH, ZIP 1988, 980 (Kochs-Adler-Entscheidung).
[298] Kort, ZIP 1990, 294, 297.
[299] Kort, ZIP 1990, 294, 297.
[300] Hennrichs, AcP 195, (1995), 221, 228; Marsch-Barner, ZIP 1996, 853.
[301] M. Schmidt, Die Stimmrechtsvertretung durch Kreditinstitute, S. 104.

6.1 Nichtigkeit des Beschlusses oder der abgegebenen Stimmen

385   Vereinzelt wird angenommen, der sicherlich einfachste Weg wäre der, die treupflichtwidrigen Neinstimmen schlicht zu übergehen, was jedoch nicht praktikabel ist, da man wohl kaum ein Registergericht finden wird, daß einen formal nicht gefaßten Beschluß in das Handelsregister einträgt.[302]

6.2 Anfechtbarkeit des Hauptversammlungsbeschlusses

386   Nach § 243 Abs. 1 AktG können solche Hauptversammlungsbeschlüsse angefochten werden, die Gesetz und Satzung verletzen. Die Treuepflicht des Aktionärs gegenüber der Aktiengesellschaft bzw. den Mitaktionären ist ein Gesetz im Sinne dieser Vorschrift.[303] Dies ist damit zu begründen, daß der durch die Anfechtungsbefugnis gewährleistet Rechtsschutz des Aktionärs ansonsten von der Rechtsfortbildung abgekoppelt würde und von der Dichte der ausdrücklich normierten gesetzlichen Regelungen abhängig wäre.[304] Die Verletzung der Treuepflicht knüpfe an den Beschluß, nicht hingegen an die einzelne Stimmabgabe an, wie sich bei einem Vergleich des Wortlauts des § 243 Abs. 1 AktG zu Abs. 2 ergebe.[305] Daher sei eine Anfechtungsbefugnis begründet, wenn sich die treuwidrig abgegebenen Stimmen konkret auf den Beschluß ausgewirkt haben.[306]

6.3 Schadensersatzpflicht des Aktionärs wegen Treuepflichtverletzung

387   Die Ansprüche auf Unterlassung bzw. Vornahme bestimmter gesellschaftszweckfördernder Handlungen wird die Situation nach Verletzung der Treuepflicht häufig nicht in zufriedenstellender Weise lösen können.[307] Teilweise verbleibe nur noch die Möglichkeit der Geltendmachung eines Schadensersatzanspruches, um die Treuepflichtverletzung zu sanktionieren und den daraus entstandenen Schaden zu restituieren.[308] Das Bestehen einer Schadensersatzpflicht der Aktionäre wird im einzelnen mit Vehemenz bestritten.

---

[302] Timm, WM 1991, 481,485.
[303] Zöllner, Kölner Komm. § 243 Rn. 69, 189 ff.; Timm, WM 1991, 481, 486.
[304] M. Schmidt, a.a.O., S. 104.
[305] M. Schmidt, a.a.O., S. 104; Timm, WM 1991, 481, 486.
[306] M. Schmidt, a.a.O., S. 104.
[307] Timm, WM 1991, 481, 486; M. Schmidt a.a.O., S. 104.
[308] M. Schmidt, a.a.O., S. 105.

6.3.1 Haftungsausschluß wegen § 54 AktG

Möglicherweise bestehen Schadensersatzansprüche des Aktionärs **388** oder der Aktiengesellschaft gegen (Mit-)Aktionäre. Das Aktiengesetz in der Fassung von 1937 sah in § 200 Abs. 2 eine Schadensersatzpflicht bei unbegründeter Anfechtung ausdrücklich vor, während der Gesetzgeber des Aktiengesetzes in der Fassung von 1965 dieses drohende Risiko bewußt gestrichen hat.[309] Möglicherweise widerspricht die Annahme einer Schadensersatzpflicht der Aktionäre der Grundnorm des § 54 AktG, der sog. magna charta des Aktienrechts[310], wonach sie nur zur Leistung der Einlage verpflichtet sind.[311] Fraglich ist, ob hierauf ein Ausschluß der Schadensersatzhaftung der Aktionäre bei treuwidrigem Verhalten gestützt werden kann. Nach § 54 AktG kann jeder Aktionär sicher sein, daß ihn keine weitergehenden körperschaftlichen Pflichten treffen als die Einlagepflicht, d. h., daß er mit Erwerb der Aktie und der Ausübung seines Stimmrechtes in der Hauptverhandlung keine Risiken eingeht, die ihn unter Umständen mit erheblichen Zahlungspflichten belasten, was ein nicht unerhebliches finanzielles Risiko bedeuten würde.[312] Eine drohende Schadensersatzhaftung könnte als unkalkulierbare Risikohaftung gegen diesen Grundsatz verstoßen.[313] Jedoch soll § 54 AktG kein „Freibrief" für treuwidriges und schädigendes Handeln der Aktionäre darstellen.[314] Der § 54 AktG müsse derart ausgelegt werden, daß der Aktionär von zukünftigen Primäransprüchen, d. h. Einlageleistungsansprüchen, nicht aber von sekundären Schadensersatzansprüchen aufgrund Treuepflichtverletzung geschützt werden solle, denn Rechtsgrund für die Einlagepflicht sei der Erwerb der Mitgliedschaft, während der Grund der Schadensersatzpflicht in einem Verstoß gegen die mitgliedschaftlichen Verhaltensgebote liege.[315]

Dem wird entgegengehalten, daß es im Hinblick auf § 247 Abs. 2 AktG **389** im Anfechtungsverfahren keine „Kampfparität" zwischen Gesellschafter und Kläger gebe, und die Waffengleichheit auf eine andere Art und Weise hergestellt werden müsse; dies entsprechend dem Vorbild des § 945 ZPO[316]. Die Schadensersatzhaftung sei daher zu bejahen, denn

---

[309] Vgl. bei Timm, WM 1991, 481, 486.
[310] Lutter, in: Kölner Komm, § 54 Rn. 2.
[311] Timm, WM 1991, 481, 486.
[312] Timm, WM 1991, 481, 486.
[313] M.Schmidt, a.a.O., S. 105.
[314] M. Schmidt, a.a.O., S. 105.
[315] M. Schmidt, a.a.O., S. 105.
[316] Timm, WM 1991, 481, 487.

sie stelle das notwendige Gegenstück zu den prozessualen Vorteilen des Anfechtungsklägers dar, insbesondere dessen Möglichkeit, quasi zum Nulltarif eine Registersperre zu erreichen.[317]

6.3.2 Haftungsausschluß wegen § 117 Abs. 7 AktG

390   Ob und ggf. unter welchen Voraussetzungen die Verpflichtung zum Schadensersatz auch auf ein treuwidriges Stimmrechtsverhalten gestützt werden kann, ist umstritten:[318]

391   Nach der Auffassung des II. Zivilsenats des *Bundesgerichtshofs* in der sog. Girmes-Entscheidung ist die Geltendmachung eines Schadensersatzanspruchs aufgrund der Vorschrift des § 117 Abs. 7 Nr. 1 AktG nicht ausgeschlossen.[319] Nach dieser Vorschrift löst ein Verhalten im Sinne des § 117 Abs. 1 AktG keine Schadensersatzpflicht aus, wenn es auf der Ausübung des Stimmrechts in der Hauptversammlung beruht.[320] § 117 Abs. 7 schließt eine Haftung aufgrund Stimmrechtsausübung dann nicht aus, wenn der Eintritt des Schadens durch Erhebung einer Anfechtungsklage nicht gehindert werden kann.[321]

392   Bedenklich erscheint Teilen der Literatur die Verträglichkeit einer Schadensersatzhaftung des Aktionärs aufgrund Treuepflichtverletzungen durch die Stimmabgabe in der Hauptversammlung in Hinblick auf die Wertung des § 117 Abs. 7 AktG[322]. Der Schutz der Aktiengesellschaft und der Aktionäre vor schuldhaften Treuepflichtverletzungen erfordere eine Schadensersatzpflicht, die nicht dadurch erschwert werden dürfe, daß § 117 Abs. 1 AktG eine solche Schadensersatzpflicht an das Vorliegen eines vorsätzlichen Verhaltens knüpfe.[323] Dieser Norm sei bei Wertung des Gesetzeszwecks zu entnehmen, Aktionäre von einem Schadensersatzrisiko freizuhalten,[324] mit der Folge, daß Aktionäre durch Ausübung ihres Stimmrechts in der Hauptversammlung ganz legal und ohne entsprechende Ersatzpflicht eine Schädigung der Gesellschaft verursachen können.[325]

---

[317] Timm, WM 1991, 481, 487.
[318] BGH, ZIP 1995, 819, 827 (Girmes) m.w.N. zum Streitstand.
[319] BGH, ZIP 1995, 819, 828.
[320] BGH, ZIP 1995, 819, 827.
[321] BGH, ZIP 1995, 819, 827; Zöllner, in: Kölner Komm, § 243 Rn. 195; Martens, in: K. Schmidt (Hrsg.), Rechtsdogmatik und Rechtspolitik, Hamburger Ringvorlesung, S. 251.
[322] Hennrichs, AcP 195 (1995), 221, 267.
[323] M. Schmidt, a.a.O., S. 105.
[324] LG Düsseldorf, WM 1993, 153, 161 ff.; Hennrichs, AcP 195 (1995), 221, 268 f.
[325] Martens, in: K. Schmidt (Hrsg.), a.a.O., S. 251.

Dem wird entgegengehalten, daß die Bereiche der Treuepflichtverlet-   **393**
zung und der Anwendungsbereich des § 117 AktG durchaus eigenständige Anwendungsbereiche besitzen, wofür insbesondere der
Umstand spreche,[326] daß nach allgemeiner Auffassung auch Aktionäre
nach § 117 AktG haften können.[327] Von § 117 AktG werde die allgemeine Schadensersatzhaftung unberührt gelassen.[328] Er sei restriktiv
auszulegen und schütze primär die Zuständigkeitsordnung des Aktienrechts bezüglich der Einflußnahme der Aktionäre, was die Autonomie
der Willensbildung innerhalb der Verwaltung einer wirtschaftlich selb-
ständigen Aktiengesellschaft und den Vermögensschutz der Aktiengesellschaft und/oder ihrer Aktionäre gegen die fremd veranlaßte Schädigung beinhalte und diene damit dem Schutz der Aktiengesellschaft.[329] Hingegen gehe es bei Fällen der Treuepflichtverletzung
allein um das Maß zulässiger Einwirkung auf die mitgliedschaftlichen
Interessen der Mitaktionäre und damit allein um den Schutz der
Gesellschafter.[330] Der § 117 Abs. 7 Nr. 1 AktG stelle keinen „Freibrief"
dar, durch Ausübung der Stimmrechtsmacht Mitaktionäre nach Belie-
ben schädigen zu können, so daß in Ausnahmefällen trotz dieser Norm
die Haftung der Aktionäre bestehen bleiben soll.[331] Dies ist auch in der
Begründung zum Regierungsentwurf ausdrücklich festgehalten worden.[332] Wenn der Gesetzgeber in § 117 AktG eine Ersatzpflicht für
doloses Verhalten der Aktionäre ausdrücklich vorsehe, so könne eine
allgemeine Verschuldenshaftung des Gesellschafters bei treuwidrigem Verhalten, dies letztlich durch eine Verbreiterung des Gedankens
des § 117 AktG, Bedenken nur schwerlich unterliegen.[333]

6.3.3 Haftungsmaßstab

Unter den Befürwortern einer grundsätzlichen Schadensersatzpflicht   **394**
der Aktionäre ist es umstritten, welcher Haftungsmaßstab hier zu
gelten hat:

Die Verletzung der Treuepflicht ist eine positive Verletzung der gesell-   **395**
schaftlichen Pflichten und führt mithin zu einer Schadensersatzpflicht.
Dies ist keine Neuigkeit und schon gar keine Besonderheit, sondern

---

[326] Timm, WM 1991, 481, 487.
[327] Kropff, in: Geßler/Hefermehl, AktG, § 117 Rn. 5.
[328] Fillmann, Treuepflichten der Aktionäre, S. 266; Timm, WM 1991, 481, 487; vgl. dazu
       Hennrichs, AcP 195 (1995), 221, 268, Fn. 200 m.w.N.
[329] Timm, WM 1991, 481, 487; M. Schmidt, a.a.O., S. 105.
[330] Timm, WM 1991, 481, 487.
[331] Timm, WM 1991, 481, 487.
[332] Vgl. K. Schmidt, Gesellschaftsrecht I, § 8 II 4, S. 436 f.
[333] Timm, WM 1991, 481, 487.

zivilrechtliche Normalität.[334] Allerdings setzt die Schadensersatzpflicht im Gegensatz zur Anfechtbarkeit ein Verschulden voraus,[335] d. h. der Schädiger gemäß § 276 Abs. 1 S. 1 BGB für Vorsatz und Fahrlässigkeit einzutreten hat. Es liegt nahe anzunehmen, daß ein nach § 276 Abs. 1 S. 1 BGB zu vertretender Treuepflichtverstoß eine Schadensersatzpflicht des Aktionärs gegenüber der Aktiengesellschaft begründet.[336]

396 Teilweise wird in der Literatur jedoch einschränkend vertreten, daß die Anwendung dieses weiten Haftungsmaßstabs hier nicht richtig sein kann,[337] der Haftungsumfang auf Vorsatz beschränkt werden muß. Der II. Zivilsenat des *Bundesgerichtshofs* hat die Haftung des Aktionärs wegen treuwidriger Stimmrechtsausübung im sog. Girmes-Urteil auf vorsätzliches Verhalten beschränkt.[338] Dahingestellt bleiben könne allerdings, ob dies, wie in § 117 Abs. 1 AktG geregelt ist, für das Aktienrecht generell gelte.[339] Dem ist zuzustimmen, bedenkt man, daß das Aktiengesetz gerade auch von einem „unerfahrenen Aktionär" ausgeht,[340] dem es kaum möglich sein wird, wie in der letzten Hauptversammlung der Girmes-Aktiengesellschaft zu erkennen war, ob die Verwaltung oder der opponierende Stimmrechtsvertreter Hoffmann „Recht hat"[341]. Im Gegensatz dazu stehen die Mitglieder des Vorstands und des Aufsichtsrats, die fachliche Mindeststandards erfüllen müssen, die ihnen auf jeden Fall von Rechts wegen zugerechnet werden.[342]

397 In der Literatur will man deshalb teilweise differenzieren: Der Großaktionär hafte im Rahmen von Geschäftsführungsmaßnahmen im Verhältnis zur Gesellschaft und den Mitaktionären nach § 93 Abs. 1 AktG analog nur für Vorsatz, während er bei sonstigen Mehrheitsbeschlüssen gemäß § 276 Abs. 1 BGB für die im Verkehr erforderliche Sorgfalt haften.[343] Hingegen sollen Kleinaktionäre immer nach § 276 Abs. 1 BGB haften.[344] Die analoge Anwendung des § 93 Abs. 1 AktG wird mit einer vom Aktionär ausgeübten „Organfunktion" begründet, die eine gegenüber § 276 Abs. 1 BGB verschärfte Haftung rechtfertige.[345] Dem

---

[334] Lutter, JZ 1995, 1053, 1055.
[335] Lutter, JZ 1995, 1053, 1055.
[336] Vgl. Hüffer, AktG, § 53 a Rn. 20.
[337] Lutter, JZ 1995, 1053, 1055.
[338] BGH, ZIP 1995, 819, 828.
[339] BGH, ZIP 1995, 819, 828.
[340] Baums/v. Randow, AG 1995, 145, 147.
[341] Lutter, JZ 1995, 1053, 1055.
[342] Lutter, JZ 1995, 1053, 1055; Lutter/Krieger, a.a.O., Rn. 311.
[343] Wiedemann, Gesellschaftsrecht I, S. 455; Fillmann, a.a.O., S. 105 ff., 109 f., 110 ff., 122.
[344] M. Schmidt, a.a.O., S. 106.
[345] Fillmann, a.a.O., S. 105 f.

wird entgegengehalten, für eine analoge Anwendung des § 93 Abs. 1 AktG fehle es an einer ungewollten Regelungslücke.[346] Dies führe zu einer unangemessenen Aufhebung der Trennung zwischen den verschiedenen Rechts- und Verantwortungskreisen des Vorstands und Aktionärs.[347]

Die erforderlich Haftungsherabsetzung läßt sich aber auch im Rahmen des § 276 Abs. 1 BGB erreichen: Den Großaktionär muß eine höhere Sorgfaltspflicht treffen als den Kleinaktionär, denn die objektive Mindestverhaltensnorm, die „im Verkehr erforderliche Sorgfalt", schließe die Berücksichtigung von individuellen Sonderfähigkeiten nicht aus.[348]   **398**

6.4 Rechtsgrundlagen der Schadensersatzansprüche

In der Girmes-Entscheidung stützt der *Bundesgerichtshof* die Haftung des opponierenden Stimmrechtsvertreters auf § 179 Abs. 1 BGB analog,[349] worin eine völlig korrekte und zivilrechtlich zutreffende Herleitung der Haftung zu sehen ist.[350]   **399**

Neben § 117 AktG ist § 826 BGB anwendbar.[351] Kein Raum bleibt hingegen für § 823 Abs. 2 BGB, weil § 117 AktG kein Schutzgesetz im Sinne dieser Vorschrift ist.[352] Skepsis besteht gegenüber der Anwendung des § 826 BGB in der Girmes-Entscheidung deswegen, weil der *Bundesgerichtshof* in dieser Entscheidung eine Normativierung des Vorsatzbegriffes in Richtung auf eine Einbeziehung grober Fahrlässigkeit betreibe.[353]   **400**

Eine Naturalrestitution des Schadens nach § 249 S. 1 BGB wird bei einer Treuepflichtverletzung regelmäßig nicht möglich sein, da eine Treuepflicht nicht rückabgewickelt werden kann.[354] Aus diesem Grunde hat der Schadensausgleich durch eine Geldleistung gemäß § 251 Abs. 1 BGB zu erfolgen.[355]   **401**

---

[346] M. Schmidt, a.a.O., S. 107.
[347] M. Schmidt, a.a.O., S. 106.
[348] M. Schmidt, a.a.O., S. 107.
[349] BGH, ZIP 1995, 819, 828.
[350] Lutter, JZ 1995, 1053, 1056.
[351] Vgl. OLG Köln, ZIP 1988, 987.
[352] Hüffer, AktG, § 117 Rn. 14.
[353] Flume, ZIP 1996, 161, 166; Hennrichs, AcP 195 (1995), 221, 268 ff.
[354] Fillmann, a.a.O., S. 105 f.; M. Schmidt, a.a.O., S. 107.
[355] M. Schmidt, a.a.O., S. 107.

Teil 2

Die Wechselbeziehungen zwischen Aufsichtsrat und Vorstand

Einleitung

402 Das Organisationsrecht der Aktiengesellschaft beruht – wie im ersten Teil ausgeführt – auf einem Modell der Gewaltenteilung. Dadurch soll eine Machtbalance zwischen den drei Organen der Aktiengesellschaft erreicht werden.[1] Probleme der Gewaltenteilung können sich im Verhältnis von Aufsichtsrat und Vorstand aufgrund der Informationspolitik des Vorstands, aufgrund der Einrichtung von Zustimmungsvorbehalten durch den Aufsichtsrat gemäß § 111 Abs. 4 S. 2 AktG sowie aufgrund der unternehmerischen Entscheidungen des Aufsichtsrats ergeben.

---

[1] K. Schmidt, Gesellschaftsrecht, S. 728.

A. Die Information des Aufsichtsrats durch den Vorstand als Grundlage der Überwachungstätigkeit

In Abschnitt A.I. werden die verschiedenen Informationsrechte und **403** -möglichkeiten des Aufsichtsrats und die hiermit korrespondierenden Informationspflichten des Vorstands dargestellt.

Abschnitt A.II. befaßt sich mit den Grenzen der Informationspflicht.

In Abschnitt A.III. werden Umfang und Grenzen der eng mit den umfassenden Informationsrechten verbundenen Verschwiegenheitspflichten des Aufsichtsrat gemäß § 93 I 2 AktG i.V.m. § 116 AktG. erläutert.

In Abschnitt A.IV. werden die Offenbarungspflichten des Aufsichtsrat als Durchbrechung der Verschwiegenheitspflicht dargestellt.

I. Die Berichterstattung des Vorstands an den Aufsichtsrat und sonstige Informationsmöglichkeiten des Aufsichtsrats

1. Funktion der Berichterstattung

Die wichtigste Aufgabe des Aufsichtsrats liegt in der Überwachung des **404** geschäftsführenden Vorstands.[2] Dies setzt voraus, daß der Aufsichtsrat hinreichend durch den Vorstand über dessen Tätigkeit informiert wird. Information ist die unabdingbare Grundlage jeder Tätigkeit des Aufsichtsrats. Die Vorstandsmitglieder können sich gerade gegenüber dem Aufsichtsrat nicht auf ihre Verschwiegenheitspflicht nach § 93 I 2 AktG berufen.[3] Aus der Auseinandersetzung mit den Berichten des Vorstands, aber auch durch andere Informationsquellen gewinnt der Aufsichtsrat die erforderliche Sachkunde, um den ihm im Zusammenhang mit seiner Überwachungsfunktion verlangten kritischen Dialog mit dem Vorstand zu führen.

---

[2] Graf Lambsdorff, Die Überwachungstätigkeit des Aufsichtsrats, in: Corporate Governance, hrsg. von Dieter Feddersen u.a., Köln 1996, S. 217 ff.
[3] Unstreitig, vgl. BGHZ 20, 239, 246.

119

2. Übersicht über das Informationssystem

405 Die zentrale Regelung für die Informationspflicht des Vorstands ist das Berichtssystem im Sinne des § 90 AktG. Zusätzlich kann der Aufsichtsrat nach § 90 III AktG auf eigenen Beschluß hin zusätzliche Berichte vom Vorstand anfordern.

406 Die Rechtspflicht zur Berichterstattung ist in § 90 AktG jedoch nicht abschließend geregelt.[4] Daneben hat der Aufsichtsrat gemäß § 111 II AktG die Möglichkeit, sich unabhängig vom Vorstand Einsicht in die Unterlagen des Unternehmens zu verschaffen. Der Vorstand ist weiterhin berichtspflichtig, wenn er einen Beschluß des Aufsichtsrat herbeiführen muß oder möchte, da dieser sonst nicht in kompetenter Weise entscheiden kann. Hierbei ist die Vorlage des Jahresabschlusses nach §§ 170, 171 AktG zu nennen, um die Billigung des Jahresabschlusses durch den Aufsichtsrat gemäß § 172 AktG zu erlangen. Ähnliches gilt für den Prüfungsbericht bei einer abhängigen AG, der durch den Aufsichtsrat gemäß § 312 AktG zu prüfen ist. Weitere Maßnahmen des Vorstands, die der Mitwirkung des Aufsichtsrat bedürfen und daher entsprechende Informationen voraussetzen, sind in den §§ 59 III, 89, 114, 115 AktG geregelt.

407 Eine andere wichtige und neutrale Informationsquelle für den Aufsichtsrat ist der Bericht des Abschlußprüfers gemäß § 321 HGB. Daneben hat der Aufsichtsrat die Möglichkeit, sich durch die Befragung von Angestellten Informationen zu beschaffen.

3. Regelmäßig zu erstattende Berichte

408 Das Fundament des Informationssystems des § 90 AktG bilden die regelmäßig ohne Anforderung des Aufsichtsrat zu erstattenden Berichte des Vorstands.

3.1 Jahresberichte, § 90 Abs. 1 S. 1 Nr. 1, Abs. 2 Nr. 1 AktG

3.1.1 Geschäftspolitik

3.1.1.1 Grundsatz

409 Zur Leitung der Gesellschaft, welche nach § 76 Abs. 1 AktG allein dem Vorstand obliegt, gehört die Festlegung der Geschäftspolitik.[5] Damit der Aufsichtsrat seiner Überwachungsaufgabe diesbezüglich nachkommen kann, legt § 90 Abs. 1 S. 1 Nr. 1 AktG fest, daß der Vorstand

---

[4] Mertens, in: Kölner Komm, § 90 Rn. 3.
[5] Hefermehl, in: Geßler/Hefermehl, AktG, § 90 Rn. 33.

dem Aufsichtsrat über die beabsichtigte Geschäftspolitik und andere grundsätzliche Fragen der Geschäftsführung zu berichten hat.

Im Rahmen des Berichts über die beabsichtigte Geschäftspolitik muß **410** der Vorstand seine Vorstellungen über das unternehmerische Gesamtkonzept entwickeln. So soll der Vorstand beispielsweise darlegen, welche Marktstellung für das Unternehmen in der Bundesrepublik, im EG-Raum oder weltweit angestrebt wird und wie dieses Ziel erreicht werden soll. Dabei ist etwa auszuführen, welche Anstrengungen auf dem Gebiet der Forschung nötig sind, welche Investitionen erforderlich sein werden, welcher Bedarf an Führungskräften hierbei besteht, was eine solche Geschäftspolitik kosten wird usw.[6]

3.1.1.2 Berichterstattung auch über Planrechnungen?

Strittig und bis jetzt nicht höchstrichterlich entschieden ist in diesem **411** Zusammenhang, ob auch über die Planrechnungen zu berichten ist.

Nach der Ansicht von *Lutter* und *Krieger* sollen sämtliche Plandaten **412** und -rechnungen mitgeteilt werden, da nur so eine fundierte Überwachung durch den Aufsichtsrat möglich sei.[7] Die beabsichtigte Geschäftspolitik lasse sich rational nur in der Form von Planrechnungen entwickeln und darstellen. Die Begriffe Geschäftspolitik und Unternehmensplanung seien gleichzustellen.[8] Demnach sei detailliert über Produkt-, Absatz-, Investitions-, Finanz-, Entwicklungs- und Personalplanungen zu informieren.

Überwiegend wird jedoch im Schrifttum zwischen Geschäftspolitik **413** und Planung unterschieden. Teilweise wird entsprechend der oben zitierten Ansicht gefordert, daß der Aufsichtsrat seine Überwachung auch auf die strategische (= mittel- und langfristige) und operative (= kurzfristige, das nächste Geschäftsjahr umfassende) Planung zu erstrecken habe.[9] Nach *Mertens* hingegen soll der Vorstand in der Mitteilung von Planungsdetails Zurückhaltung üben.[10] Die beabsichtigte Geschäftspolitik umfasse nur die Grundzüge der unternehmensstrategischen Konzeption des Vorstands und der operativen Umsetzung dieser Konzeption.

---

[6] Weitere Beispiele bei Semler, Die Überwachungsaufgabe des Aufsichtsrat, S. 34.
[7] Lutter/Krieger, Rechte und Pflichten des Aufsichtsrats, Rn. 62.
[8] Zur Gleichsetzung von „beabsichtigter Geschäftspolitik" und Unternehmensplanung siehe Osterloh, AuR, 1986, 332, 337.
[9] Semler, a.a.O., S. 34 f.
[10] Mertens, in: Kölner Komm, § 90 Rn. 33; zustimmend Hüffer, AktG, § 90 Rn. 4.

414 Eine vermittelnde Position nimmt *Wiesner* ein, der zwischen operativer und strategischer Planung[11] unterscheidet.[12] Nur bei der operativen Planung sollen die Plandaten mitgeteilt werden, da ohne deren Kenntnis die Aufsichtsratsmitglieder die in den Vierteljahresberichten mitgeteilten und im Jahresabschluß niedergelegten Zahlen nicht hinreichend würdigen könnten. Erst der Vergleich zwischen Plan und erzieltem Ergebnis sei Ansatzpunkt für eine Kontrolle durch den Aufsichtsrat.

415 Mit Hinblick auf den Gesetzeswortlaut, der eine „grundsätzliche" Information genügen läßt, ist der Meinung beizutreten, nach der eine Mitteilung der Planrechnung nicht erforderlich ist. Allerdings dürfte der Streit mit Hinblick auf die weitere Berichtpflicht nach § 90 Abs. 1 Nr. 3 AktG ohne größere praktische Relevanz sein. Zudem besteht das Recht des Aufsichtsrat, gemäß § 90 Abs. 3 AktG weitere zusätzliche Berichte anzufordern. Eine umfassende Versorgung des Aufsichtsrat mit Planungsdetails ist auf diese Weise sichergestellt.

3.1.2 Grundsätzliche Fragen der Geschäftsführung

416 Während die Aussagen zur beabsichtigten Geschäftspolitik notwendigerweise einen Gesamtzusammenhang umfassen müssen, sind unter „grundsätzlichen Fragen der Geschäftsführung" hingegen vor allem Einzelfragen zu verstehen. Sie können alle Bereiche des unternehmerischen Verhaltens betreffen. Als Beispiel werden in der Begründung zum Regierungsentwurf[13] die Umstellung der Arbeitsmethoden oder des Herstellungsprogramms oder die Veränderungen der Betriebsformen genannt.

417 Es ist aber nicht nur über geplante Veränderungen, sondern über alle wesentlichen Aspekte der Unternehmenstätigkeit zu berichten.[14] Zu solchen Grundsatzfragen der Geschäftsführung gehören alle wesentlichen Probleme der gegenwärtigen und künftigen Organisation, Finanzierung und Strukturierung des Unternehmens, bei einem herrschenden Unternehmens auch die des Konzerns.[15]

---

[11] Zur Bedeutung der Unterscheidung zwischen strategischer und operativer Planung für die Interpretation des § 90 AktG vgl. Mertens, AG 1980, 67 (68 f.).
[12] Wiesner, in: MünchHdb AG, § 25 Rn. 4.
[13] Kropff, AktG, § 90 S. 116.
[14] Hüffer, AktG, § 90 Rn. 4.
[15] Mertens, in: Kölner Komm, § 90 Rn. 33.

3.1.3 Zeitpunkt der Berichterstattung

Die Berichte sind laut § 90 Abs. 2 Nr. 1 AktG mindestens einmal jährlich **418** zu erstatten, wenn nicht Änderungen der Lage oder neue Fragen eine unverzügliche Berichterstattung gebieten. In letzterem Fall stellt sich dann für den Aufsichtsrat und den Vorstand die Frage, ob die bisherige Geschäftspolitik zu ändern oder aufzugeben ist. Ob ein Anlaß zu unverzüglicher Berichterstattung besteht, entscheidet der Vorstand nach seinem pflichtgemäßem Ermessen.[16] Statt einer schriftlichen Berichterstattung besteht für den Aufsichtsrat in einem solchen Fall auch nach § 110 Abs. 1 AktG die Möglichkeit, unverzüglich eine Aufsichtsratssitzung einzuberufen, falls ihm dies richtiger erscheint.

3.2 Vierteljahresberichte, § 90 Abs. 1 S. 1 Nr. 3, Abs. 2 Nr. 3 AktG

3.2.1 Grundsatz

Der Vorstand hat weiterhin über den Gang der Geschäfte, insbesonde- **419** re den Umsatz und die Lage der Gesellschaft zu informieren. Dieser Bericht ist regelmäßig, mindestens vierteljährlich, zu erstatten. Diese Berichte sind gemäß § 110 Abs. 3 AktG mit den vierteljährlichen Tagungen des Aufsichtsrat verknüpft. Sinnvollerweise sind die Berichte des Aufsichtsrats so zu legen, daß dann bereits die Berichte des Vorstands zum Quartal vorliegen.[17] Mit dieser Berichterstattung soll der Aufsichtsrat so informiert werden, daß er regelmäßig, ordnungsgemäß und zeitnah über die Entwicklung des Unternehmens im Bilde ist.

3.2.2 Inhalt des Berichts im einzelnen

Der Bericht muß ein detailliertes Bild des gesamten operativen Ge- **420** schäfts des Unternehmens zeigen.[18] Die Übersicht über die Entwicklung der Gesellschaft muß den Umsatz anzeigen. Dabei müssen diese Angaben im Periodenvergleich stehen, da nur im Vergleich mit den Vorjahreszahlen eine systematische Überwachung möglich ist.[19]

Weiterhin kann eine Aufgliederung nach Sparten und Geschäftsberei- **421** chen, wenn nicht nach Produkten oder Produktbereichen notwendig

---

[16] Hefermehl, in: Geßler/Hefermehl, AktG, § 90 Rn. 9.
[17] Lutter/Krieger, a.a.O., Rn. 58.
[18] Hüffer, AktG, § 90 Rn. 6.
[19] Semler, a.a.O., S. 37.

sein, um die nötige Transparenz zu erlangen.[20] Dies hängt von der Organisation und den Besonderheiten des Unternehmens ab.

422 Neben dem Umsatz sind Entwicklungsübersichten über die Belegschaft, die Investitionen, für die Kapitalbindung, die Ergebnisrechnung und die Finanzierung zu geben.[21]

423 Diese Angaben allein genügen jedoch noch nicht zur Darstellung der „Lage" des Unternehmens am Markt. Zur „Lage der Gesellschaft" gehört vor allem die Ertrags- und Liquiditätslage des Unternehmens.[22] Diese ist in einer Liquiditätsübersicht in einem Periodenvergleich dazustellen, wobei gerade bei der Ertragslage eine produkt- oder spartenbezogene Darstellung naheliegend ist. Eine Zwischenbilanz verlangt das Gesetz hingegen nicht. Zwar wäre hiermit am zutreffendsten die Lage des Unternehmens zu beurteilen, ein solches Erfordernis wäre jedoch im Interesse einer raschen Berichterstattung nicht sachgerecht.[23]

3.3 Rentabilitätsbericht, § 90 Abs. 1 S. 1 Nr. 2, Abs. 2 Nr. 2 AktG

3.3.1 Grundsatz

424 Der Vorstand hat dem Aufsichtsrat nach § 90 Abs. 1 S. 1 Nr. 2 AktG über die Rentabilität der Gesellschaft, insbesondere die Rentabilität des Eigenkapitals zu berichten. Der Bericht ist gemäß § 90 Abs. 2 Nr. 2 AktG in der Sitzung des Aufsichtsrats zu erstatten, in der über den Jahresabschluß verhandelt wird, also in der Bilanzsitzung. Der Grund für diese Berichtspflicht war für den Gesetzgeber die Überlegung, daß der Aufsichtsrat nur dann eine sachgerechte Entscheidung über den Jahresabschluß treffen kann, wenn er die Rentabilität kennt.[24] Im Ergebnis kann der Aufsichtsrat freilich nur nachträglich feststellen, welcher Erfolg dem Unternehmen beschieden war; die Ergebnisse der Geschäftspolitik können nicht mehr beeinflußt werden.[25]

---

[20] Lutter/Krieger, a.a.O., Rn. 59.
[21] Semler, a.a.O., S. 37.
[22] Im einzelnen Lutter/Krieger, a.a.O, Rn. 61.
[23] Mertens, in: Kölner Komm, § 90 Rn. 36; Semler, a.a.O., S. 38.
[24] So die amtliche Begründung, S. bei Kropff, S. 17.
[25] Semler, a.a.O., S. 35 f.

3.3.2 Inhalt des Berichts im einzelnen

Im Rahmen dieses Berichts sind alle wesentlichen Rentabilitätskenn-   **425**
ziffern aufzuführen. Unter Rentabilität versteht man die Verzinsung
des Eigenkapitals, also des Grundkapitals zuzüglich offener Rücklagen, abzüglich etwaiger Gegenposten.[26] Besonders hervorgehoben
im Gesetz ist die Rentabilität des Eigenkapitals. Dies ist die Summe der
gemäß § 266 Abs. 3 HGB auf der Passivseite unter A auszuweisenden
Beträge, besonders des Grundkapitals und der Rücklagen.[27]

Unverzichtbar sind weiterhin Angaben über den Cash-flow (z. B.:   **426**
Jahresergebnis nach Steuern, zuzüglich Abschreibungen, Wertbe-
richtigungen, Rückstellungen abzüglich nicht einnahmewirksamer Er-
träge), die Umsatzrentabilität und die Gesamtkapitalrendite.[28] Auch
eine Wertschöpfungsrechnung sowie genauere Angaben über diejenigen Faktoren, die das Betriebsergebnis wesentlich beeinflußt haben,
sind erforderlich.[29]

4. Sonderberichte

Zum Informationssystem des § 90 AktG gehören auch Sonderberichte.   **427**
Der Vorstand muß den Aufsichtsrat neben der regulären Berichterstat-
tung auch außerhalb des laufenden Geschehens bei bestimmten
Anlässen informieren.

4.1 Geschäfte von erheblicher Bedeutung, § 90 Abs. 1 S. 1 Nr. 4, Abs. 2 Nr. 4 AktG

4.1.1 Grundsatz

Der Vorstand hat dem Aufsichtsrat über solche Geschäfte zu berich-   **428**
ten, die für die Rentabilität oder Liquidität der Gesellschaft von
erheblicher Bedeutung sein können, § 90 Abs. 1 S. 1 Nr. 4 AktG Sinn
und Zweck dieser Berichtspflicht ist es, dem Vorstand die Möglichkeit
einer Beratung mit dem Aufsichtsrat zu geben.[30]

---

[26] Meyer-Landrut, in: Großkomm, § 90 Anm. 2.
[27] Hüffer, AktG, § 90 Rn. 5.
[28] Hüffer, AktG, § 90 Rn. 5.
[29] Lutter, Information und Vertraulichkeit im Aufsichtsrat, S. 14; Mertens, in: Kölner Komm, § 90 Rn. 35.
[30] Lutter/Krieger, a.a.O., Rn. 66.

4.1.2 Inhalt der Berichte im einzelnen

429 Eine nähere Beschreibung von Geschäften, die von erheblicher Bedeutung für die Rentabilität oder Liquidität sein können, hat der Gesetzgeber nicht gegeben. Maßgeblich hierfür ist nach der amtlichen Begründung der Einzelfall, es kommt auf den Gegenstand, die Größe und finanzielle Lage des Unternehmens an.[31] Als Beispiele für solche Geschäfte nennt die Begr.RegE. den Erwerb oder die Veräußerung eines Betriebs oder Betriebtsteils oder einer Beteiligung, die Gründung oder Schließung einer Zweigniederlassung und die Übernahme eines größeren Auftrags.[32] Zu berichten ist auch über eine beabsichtigte Einflußnahme auf ein verbundenes Unternehmen in bezug auf ein Geschäft, das in seinen möglichen Rückwirkungen auf die Lage der Gesellschaft von erheblichem Einfluß sein kann.[33]

430 Die Berichterstattung ist dabei nicht auf solche Geschäfte begrenzt, die einem Zustimmungsvorbehalt gemäß § 111 Abs. 4 S. 2 AktG unterliegen.[34] Es genügt, daß sich eine erhebliche Bedeutung ergeben kann. Maßgeblich ist insoweit eine vernünftige kaufmännische Prognose.[35]

4.1.3 Zeitpunkt der Berichterstattung

431 Der Vorstand muß nach § 90 Abs. 2 Nr. 4 AktG möglichst so rechtzeitig über diese Geschäfte unterrichten, daß der Aufsichtsrat noch vor ihrem Abschluß sachlich Stellung nehmen kann. Es sind jedoch auch Situationen denkbar, in denen ein unverzüglicher Abschluß des Geschäfts erforderlich ist. Dann kann es, wie in dem Wort „möglichst" angedeutet ist, gerechtfertigt sein, das Geschäft sofort abzuschließen, ohne zuvor dem Aufsichtsrat zu berichten und seine Stellungnahme abzuwarten.[36] In solchen Ausnahmesituationen muß der Vorstand dem Aufsichtsrat aber sofort nach Abschluß des Geschäfts über den Vorgang unterrichten, um seiner Berichtspflicht zu genügen.

---

[31] Begr. RegE., siehe bei Kropff, S. 117.
[32] Begr.RegE a.a.O.
[33] Mertens, in: Kölner Komm, § 90 Rn. 38.
[34] Lutter, a.a.O., S. 15.
[35] Hüffer, AktG, § 90 Rn. 7.
[36] Begr. RegE., siehe Kropff, S. 117.

4.2 Berichte aus wichtigem Anlaß, § 90 Abs. 1 S. 2 AktG

Der Vorstand hat dem Vorsitzenden des Aufsichtsrat außerdem aus **432** sonstigen wichtigen Anlässen zu berichten, § 90 Abs. 1 S. 2 AktG. Im Unterschied zu den Geschäften i.S.d. § 90 Abs. 1 S. 1 Nr. 4 AktG handelt es sich hierbei um Ereignisse, die von außen an die Gesellschaft herangetragen werden und sich nachteilig auf den Gang der Geschäfte auswirken können.[37]

Als „wichtige Anlässe" werden in der Begr.RegE. beispielhaft genannt: **433** eine erhebliche Betriebsstörung, wesentliche Verluste, eine Änderung der Wechselparitäten, ein akuter Arbeitskampf, der negativer Ausgang eines Rechtsstreits und Liquiditätsprobleme in Folge von Kreditkündigung.[38] Die Berichtspflicht ergibt sich nach § 90 Abs. 1 S. 2, 2.Halbs. AktG auch dann, wenn die Lage der Gesellschaft durch einen dem Vorstand bekanntgewordenen Vorgang bei einem verbundenem Unternehmen mittelbar erheblich beeinflußt wird.

Gegenüber den sonstigen in § 90 AktG aufgeführten Berichten ergibt **434** sich die Besonderheit, daß der Bericht nicht den Mitgliedern des Aufsichtsrats in ihrer Gesamtheit, sondern nur dem Vorsitzenden des Aufsichtsrats zu erstatten ist. Ist dieser verhindert, ist der Bericht gemäß § 107 AktG an dessen Vertreter zu erstatten.[39] Es ist dem pflichtgemäßen Ermessen des Aufsichtsratsvorsitzenden überlassen, was auf den Bericht hin zu veranlassen ist, ob er etwa die übrigen Mitglieder des Aufsichtsrats zu unterrichten hat.[40] Der Aufsichtsratsvorsitzende hat diese jedoch spätestens in der nächsten Aufsichtsratsverhandlungen gemäß § 90 Abs. 5 S. 3 AktG zu unterrichten. Der Grund dafür, daß das Gesetz die Berichterstattung an den Aufsichtsratsvorsitzenden genügen läßt, liegt zum einen daran, daß es sich in der Regel um Eilfälle handeln wird.[41] Zum anderen wird aber auch einem gesteigerten Diskretionsbedürfnis der Gesellschaft Rechnung getragen, welches der Aufsichtsratsvorsitzende bei seiner Entscheidung, wann er die übrigen Aufsichtsratsmitglieder informieren soll, zu berücksichtigen hat.[42]

---

[37] Hüffer, AktG, § 90 Rn. 8; Meyer-Landrut, in: Großkomm, § 90 Anm. 5.
[38] Siehe bei Kropff, S. 117.
[39] Begr.RegE., siehe Kropff a.a.O.
[40] Mertens, in: Kölner Komm, § 90 Rn. 39.
[41] Hefermehl, in: Geßler/Hefermehl, AktG, § 90 Rn. 15.
[42] Mertens, in: Kölner Komm, § 90 Rn. 39.

4.3 Vom Aufsichtsrat oder einzelnen seiner Mitglieder angeforderte Berichte, § 90 Abs. 3 AktG

4.3.1 Grundsatz

435 Von erheblicher praktischer Bedeutung[43] ist schließlich die Berichtspflicht des Vorstands aufgrund von Anforderungen des Aufsichtsrats selbst. Nach § 90 Abs. 3 AktG kann der Aufsichtsrat jederzeit vom Vorstand einen Bericht über Angelegenheiten der Gesellschaft verlangen. So über ihre rechtlichen und tatsächlichen Beziehungen zu verbundenen Unternehmen sowie über geschäftliche Vorgänge bei diesen Unternehmen, die auf die Lage der Gesellschaft von erheblichem Einfluß sein können.

436 Der Grund für dieses sehr weitgehende Initiativrecht liegt in der Überwachungsfunktion des Aufsichtsrats, die dieser nur wahrnehmen kann, wenn er nicht auf die selektive Informationsauswahl des Vorstands im Rahmen der periodischen Berichterstattung angewiesen ist.[44] Schließlich berichtet der Vorstand nur über das, was er aus seiner Sicht zu berichten für notwendig hält. Zwischen Aufsichtsrat und Vorstand können aber unterschiedliche Auffassungen darüber bestehen, über welche Angelegenheiten eine Berichterstattung erforderlich ist.

4.3.2 Verfahren

437 Das Anforderungsrecht hat zunächst der Aufsichtsrat als Organ der Gesellschaft, das dieser als deren Vertreter und in deren Interesse auf sachgerechte Erfüllung der Überwachungsaufgabe gemäß § 112 AktG wahrnimmt.[45] Die Entscheidung, ob vom Vorstand zusätzliche Berichte verlangt werden sollen, trifft der Aufsichtsrat durch Beschluß nach § 108 AktG. In entsprechender Anwendung des § 78 Abs. 2 S. 2 AktG genügt es, daß die Anforderung gegenüber einem beliebigen Vorstandsmitglied erklärt wird.[46] Es berichtet jedoch stets der gesamte Vorstand[47], und zwar immer an den Gesamt-Aufsichtsrat[48]. Eine besondere Form ist nicht vorgesehen. Daher kann, vorbehaltlich der

---

[43] Wiesner, in: MünchHdb AG, § 25 Rn. 12.
[44] Hefermehl, in: Geßler/Hefermehl, AktG, § 90 Rn. 17; a.A. Lutter/Krieger, welche die periodische Informationspflicht des Vorstands für hinreichend halten.
[45] Ausführlich hierzu Hefermehl, in: Geßler/Hefermehl, AktG, § 90 Rn. 20.
[46] Baumbach/Hueck, AktG, § 90, Rn. 11; Mertens, in: Kölner Komm, § 90 Rn. 42.
[47] Mertens, in: Kölner Komm, § 90 Rn. 42.
[48] Meyer-Landrut, in: Großkomm, § 90 Anm. 11.

Anforderung eines schriftlichen Berichts, auch ein mündlicher Bericht genügen.[49]

Nach § 90 Abs. 2 AktG kann der Aufsichtsrat „jederzeit" einen Bericht anfordern. Der Vorstand muß sich also bereit halten, um seiner Pflicht zur Berichterstattung genüge zu tun. Im allgemeinen ist der Bericht unverzüglich abzugeben, eine angemessene Frist wird freilich von den Umständen des Einzelfall abhängen.[50] **438**

4.3.3 Inhalt der Berichte

Da die Initiative vom Aufsichtsrat ausgeht, muß dieser sein Anliegen so präzise formulieren, daß der Vorstand in dem notwendigerweise eingeschränktem Umfang eines solchen Berichts überhaupt darauf antworten kann.[51] **439**

Was den Gegenstand der Berichterstattung betrifft, so ist der Begriff „Angelegenheiten der Gesellschaft" im Interesse einer effektiven Kontrolle weit auszulegen.[52] Umfaßt sind sämtliche in § 90 Abs. 1 AktG erwähnten Punkte, aber auch spezielle und innerorganisatorische Fragen wie etwa bestimmte Vertragsverhältnisse zu einzelnen Lieferanten, Abnehmern oder leitenden Angestellten, Schwierigkeiten innerhalb des Vorstands und sonstige rechtliche und tatsächliche Vorgänge.[53] **440**

Ausdrücklich ist die Berichtspflicht auch auf rechtliche und tatsächliche Fragen bei verbundenen Unternehmen erstreckt. **441**

4.3.4 Grenze: Rechtsmißbrauch

Bei der Anforderung von Berichten gemäß § 90 Abs. 3 ist die Schranke des Rechtsmißbrauchs zu beachten. Das Verlangen nach einer wiederholten Berichterstattung über dieselbe Frage kann vom Vorstand ebenso abgelehnt werden wie das Verlangen nach einem ohnehin in Kürze zu erstattenden umfassenden Regularbericht[54]. Demgegenüber kann der Vorstand eine Berichterstattung nicht mit dem Einwand ablehnen, er sei mit den laufenden Geschäften zu sehr belastet.[55] Auf **442**

---

[49] Hefermehl, in: Geßler/Hefermehl, AktG, § 90 Rn. 19.
[50] Meyer-Landrut, in: Großkomm, § 90 Anm. 7.
[51] LG Bonn, AG 1987, 24 ff.
[52] Hefermehl, in: Geßler/Hefermehl, AktG, § 90 Rn. 18; Wiesner, in: MünchHdb AG, § 25 Rn. 12; einschränkend jedoch Ambrosius, DB 1979, 2165 ff.
[53] Meyer-Landrut, in: Großkomm, § 90 Anm. 8.
[54] Lutter/Krieger, a.a.O., Rn. 68; Hefermehl, in: Geßler/Hefermehl, AktG, § 90 Rn. 19.
[55] Meyer-Landrut, in: Großkomm, § 90 Anm. 7.

einem anderen Blatt steht die Frage, ob der Vorstand schlechthin über alles, worüber der Aufsichtsrat einen Bericht verlangt, berichten muß. Zu weiteren Grenzen der Informationspflicht vgl. Abschnitt A.II.

4.3.5 Anforderung durch einzelne Mitglieder des Aufsichtsrats

443   Auch ein einzelnes Aufsichtsratsmitglied kann gemäß § 90 Abs. 2, 1. Halbs. AktG einen Vorstandsbericht anfordern. Das entspricht seiner Aufgabe als Organmitglied. Sein Anforderungsrecht stellt daher ein sog. Pflichtrecht dar. Adressat des Berichts ist dann jedoch nicht das einzelne Aufsichtsratsmitglied selbst, sondern der Aufsichtsrat als Organ. Der Vorstand muß der Anforderung eines einzelnen Aufsichtsratsmitglieds nicht Folge leisten. Es sei denn, die Anforderung des Berichts wird gemäß § 90 Abs. 3 S. 2, 2. Halbs. AktG von einem weiteren Mitglied des Aufsichtsrats unterstützt.

4.3.6 Abgrenzung zu § 111 Abs. 2 AktG

444   Von dem Anforderungsrecht nach § 90 Abs. 3 AktG ist das Recht des Aufsichtsrats nach § 111 Abs. 2 AktG auf Einsicht in die Bücher und Schriften sowie die Vermögensgegenstände zu unterscheiden. Das letztere Recht steht nur dem Aufsichtsrat in seiner Gesamtheit zu,[56] dem einzelnen Mitglied nur dann, wenn es durch den Aufsichtsrat hierzu ermächtigt worden ist.[57]

4.4   § 90 AktG als Mindestregelung

4.4.1 Zwingende Regelung

445   Die soeben angesprochenen Berichtspflichten des Vorstands nach § 90 AktG (regelmäßige Berichte, Sonderberichte) sind im Interesse der Gesellschaft eine zwingende Regelung. Sie können weder in der Satzung noch durch Beschluß der Hauptversammlung oder durch eine Anordnung des Aufsichtsrats eingeschränkt oder gar aufgehoben werden.[58]

446   Auch das Recht der Aufsichtsratsmitglieder auf Kenntnisnahme von den Vorstandsberichten und auf Unterrichtung durch den Aufsichtsratsvorsitzenden nach § 90 Abs. 5 AktG ist als Mindestregelung

---

[56] Umfassend hierzu Mertens, in: Kölner Komm, § 90 Rn. 43.
[57] BayObLG, AG 1968, 329 (320).
[58] Allg. Meinung; vgl. nur Mertens, in: Kölner Komm, § 90 Rn. 29; Baumbach/Hueck, AktG, § 90 Rn. 4; Hefermehl, in: Geßler/Hefermehl, AktG, § 90 Rn. 4.

zwingend. Dieses Recht läßt sich gemäß § 107 Abs. 3 AktG nicht durch die Bestellung eines Ausschusses zur Entgegennahme der Vorstandsberichte einschränken.[59]

4.4.2 Erweiterung der Berichterstattung

§ 90 AktG legt mit zwingender Wirkung aber nur das Minimum an   **447**
Berichten fest, die der Vorstand dem Aufsichtsrat zu erstatten hat. Ohne weiteres kann etwa in der Satzung, der Geschäftsordnung oder im Wege des § 90 Abs. 3 AktG eine Verschärfung der Berichtspflicht festgelegt werden.[60] So können zum einen die Fristen für die Berichterstattung verkürzt werden, indem beispielsweise vom 3-Monatsrhythmus auf den 2-Monatsrhythmus übergegangen wird. Die h.M. nimmt dies für sämtliche in § 90 AktG aufgeführten Berichte an.[61] Nach abweichender Ansicht von *Mertens* soll dies nicht für den Rentabilitätsbericht nach § 90 Abs. 1 S. 1 Nr. 2 AktG gelten.[62] Wie sich aus dem Vergleich der Formulierungen von § 90 Abs. 2 Nr. 1 AktG und Nr. 3 („mindestens") mit Nr. 2 ergibt, habe das Gesetz insoweit eine abweichende Regelung getroffen. Freilich wird hiervon das Recht des Aufsichtsrats nicht berührt, nach § 90 Abs. 3 AktG zusätzliche Berichte anzufordern, so daß diese Kontroverse ohne praktische Auswirkung sein dürfte.

Eine Berichterstattung kann aber auch zu anderen Anlässen oder   **448**
Vorgängen als in § 90 AktG erwähnt angeordnet werden. *Lutter* nennt als Beispiel eine vierteljährliche Kapitalflußrechnung oder eine interne Spartenrechnung.[63]

Nicht möglich ist es hingegen, eine Verschärfung der Berichtspflicht für   **449**
bestimmte Vorstandsmitglieder im Anstellungsvertrag festzulegen, um etwa deren besondere Sachkunde zu nutzen.[64] Die Berichtspflicht trifft in erster Linie den Vorstand als Organ. Die inhaltliche Tragweite der Berichtspflicht betrifft dagegen die verfassungsmäßige Stellung des Vorstands im Verhältnis zum Aufsichtsrat.

---

[59] Hefermehl, in: Geßler/Hefermehl, AktG, § 90 Rn. 5; Meyer-Landrut, in: Großkomm, § 90 Anm. 12, 15.

[60] Allg. Meinung; Mertens, in: Kölner Komm, § 90 Rn. 29; Baumbach/Hueck, AktG, § 90 Rn. 4; Hefermehl, in: Geßler/Hefermehl, AktG, § 90 Rn. 4; Meyer-Landrut, in: Großkomm, § 90 Anm. 15.

[61] Baumbach/ Hueck, AktG, § 90 Rn. 4; Hefermehl, in: Geßler/Hefermehl, AktG, § 90 Rn. 4; Lutter/Krieger, a.a.O., S. 62.

[62] Mertens, in: Kölner Komm, § 90 Rn. 29.

[63] Lutter, a.a.O., S. 22.

[64] Mertens, in: Kölner Komm, § 90 Rn. 32.

5. Vorlageberichte

450 Der Vorstand hat im Rahmen von Vorlagen immer dann zu berichten, wenn er einen bestimmten Beschluß des Aufsichtsrats anstrebt. Zu den wichtigsten Vorlageberichten gehören:

5.1 Jahresabschluß, Lagebericht und Gewinnverwendungsvorschlag, § 170 AktG

451 Der Vorstand hat den Jahresabschluß mit seinem Anhang gemäß § 264 Abs. 1 S. 1 HGB und den Lagebericht unverzüglich nach seiner Fertigstellung dem Aufsichtsrat gemäß § 170 Abs. 1 S. 1 AktG vorzulegen,. § 170 Abs. 2 S. 1 AktG ergänzt die Vorlagepflicht um den Gewinnverwendungsvorschlag. Vorzulegen durch den Vorstand ist nach § 170 I 2 AktG weiterhin der Bericht des Abschlußprüfers, sofern nicht eine gemäß § 316 Abs. 1 S. 1 HGB nicht prüfungspflichtige „kleine AG" vorliegt.

452 Gemäß § 242 Abs. 2 HGB umfaßt der Jahresabschluß die Bilanz und die Gewinn- und Verlustrechnung. Der Lagebericht soll gemäß § 289 Abs. 1 HGB zumindest den Geschäftsverlauf und die Lage der Gesellschaft so darstellen, daß ein den tatsächlichen Verhältnissen entsprechendes Bild vermittelt wird. Bei dem Gewinnverwendungsvorschlag ist die gesetzliche Gliederung gemäß § 170 Abs. 2 S. 2 AktG zu beachten.[65]

453 Der Aufsichtsrat hat im Hinblick auf den Jahresabschluß zwei Aufgaben: Er muß zum einen gemäß § 171 Abs. 1 AktG den Jahresabschluß, den Lagebericht und den Gewinnverwendungsvorschlag prüfen sowie über das Ergebnis schriftlich der Hauptversammlung gemäß § 171 Abs. 2 S. 1 AktG berichten. Die Prüfung der Bilanzen dient somit der ex-post-Kontrolle des Vorstands, da die Bilanzen die Geschäftsführung durch den Vorstand im vergangenen Jahr dokumentieren.[66]

454 Der Aufsichtsrat muß zum anderen entscheiden, ob er den Jahresabschluß gemäß § 172 AktG billigt oder nicht. Billigt er diesen, muß er weiterhin entscheiden, ob er ihn gemeinsam mit dem Vorstand feststellen will, oder ob die Feststellung gemäß § 173 Abs. 1 AktG der Hauptversammlung überlassen werden soll. Hierbei ist der Aufsichtsrat nicht im Rahmen seiner Überwachungsfunktion tätig. Vielmehr trägt

---

[65] Ausführlich zu dem Inhalt der Berichte Claussen, in: Kölner Komm, § 170 Rn. 2; Brönner, in: Großkomm, § 170 Rn. 3 ff.

[66] Mutter, Unternehmerische Entscheidungen und Haftung des Aufsichtstats der Aktiengesellschaft, § 53.

er die volle Mitverantwortung für die bilanzpolitischen Maßnahmen im Jahresabschluß.[67] Da der Aufsichtsrat am Jahresabschluß aber in jedem Fall mitzuwirken hat, sei es nur prüfend oder (mit-)feststellend, hat der Vorstand dem Aufsichtsrat seinen Entwurf des Jahresabschlusses in besonderer Weise zu erläutern.[68]

Der Jahresabschluß und die ergänzenden Schriftstücke sind dem Aufsichtsrat als Organ[69] vorzulegen. Daneben hat jedes Aufsichtsratsmitglied nach § 170 Abs. 3 S. AktG die Möglichkeit, von den Vorlagen des Vorstands Kenntnis zu nehmen. Wie bei § 90 Abs. 5 AktG wird hier ein Individualanspruch gewährt, der nicht durch Satzung entzogen oder beschränkt werden kann,[70] etwa auf die Kenntnisnahme lediglich durch Mitglieder des Bilanzausschusses. Sofern kein abweichender Beschluß des Aufsichtsrats vorliegt, sind die Vorlagen im Regelfall den Aufsichtsratsmitgliedern auszuhändigen. Dies geschieht durch die Übergabe von Mehrfertigungen.[71] Sofern die Vorlagen nicht ausgefertigt werden, muß die AG in ihren Räumen und auf ihre Kosten Einsicht gewähren.[72] Das Aufsichtsratsmitglied kann die Unterlagen selber durcharbeiten und Notizen fertigen.[73] Dabei besteht jedoch kein Recht, sich dabei umfassend sachverständig beraten zu lassen, auch nicht für Arbeitnehmervertreter.[74]

455

5.2 Der Bericht über die Beziehungen zu verbundenen Unternehmen, § 312 AktG, (Abhängigkeitsbericht)

Weitere besondere Berichtspflichten treffen gemäß § 17 AktG den Vorstand einer abhängigen AG. Dieser hat gemäß § 312 AktG in den ersten drei Monaten des Geschäftsjahres einen Bericht über die Beziehungen der Gesellschaft zu verbundenen Unternehmen aufzustellen und diesen Bericht nach § 314 Abs. 1 S. 1 AktG, sofern es sich um eine prüfungspflichtige Gesellschaft handelt, gemeinsam mit dem Prüfungsbericht des Abschlußprüfers dem Aufsichtsrat vorzulegen.

456

Der Aufsichtsrat hat diese Unterlagen selbständig zu prüfen und durch Beschluß über das Ergebnis seiner Prüfung an die Hauptversammlung zu berichten, § 314 Abs. 1 S. 1 AktG. Der Abschlußprüfer hat zuvor

457

---

[67] Kropff, AktG, § 171 Rn. 13 ff.; Lutter, a.a.O.; S. 19; Semler, a.a.O., S. 79.
[68] Näher dazu Lutter, a.a.O., S. 19 f.
[69] Hüffer, AktG, § 170 Rn. 3.
[70] AllgM; siehe Kropff, in: Geßler/Hefermehl, AktG, § 170 Rn. 34.
[71] Hüffer, AktG, § 170 Rn. 13.
[72] Hüffer, AktG, § 170 Rn. 12.
[73] Kropff, AktG, § 171 Rn. 13 ff.
[74] BGHZ 85, 293 (295 ff.) (Hertie).

gemäß § 313 Abs. 1 AktG neben dem Jahresabschluß und dem Lagebericht ebenfalls den Bericht des Vorstands über die Beziehungen zu verbundenen Unternehmen in seine Prüfung aufzunehmen.

458 Von besonderer Bedeutung ist in diesem Zusammenhang, daß das Gesetz den Aktionären die Einsicht in den Abhängigkeitsbericht versagt. Zulässig ist danach nur die Einsicht in den Bericht von Aufsichtsrat und Abschlußprüfer. Das Gesetz bringt auf diese Weise die beiden Instanzen – Aufsichtsrat und Abschlußprüfer – in die Position von Garanten der Minderheitsinteressen.[75] Deshalb muß der Aufsichtsrat beide Berichte sorgfältig prüfen. Der Vorstand wiederum muß den Aufsichtsrat über etwaige Unterschiede zwischen seiner Sicht und der Sicht des Prüfers unterrichten.[76]

5.3 Maßnahmen des Vorstands, die der Mitwirkung des Aufsichtsrats bedürfen und eine entsprechende Information des Aufsichtsrats voraussetzen: §§ 59 Abs. 3, 89, 114, 115 und 111 Abs. 4 S. 2 AktG

459 Der Vorstand hat dem Aufsichtsrat bei Maßnahmen zu berichten, die der Zustimmung, Einwilligung oder sonstigen Mitwirkung des Aufsichtsrats bedürfen. Derartige Vorgänge sind in den §§ 59 Abs. 3, 89, 114, 115, 202 Abs. 3 S. 2, 308 Abs. 3 S. 2 AktG geregelt. Diese kommen vor allem aber auch bei den Zustimmungsvorbehalten kraft Satzung oder Beschluß des Aufsichtsrats gemäß § 111 Abs. 4 S. 2 AktG vor. In all diesen Vorgängen steht die Initiative dem Vorstand zu, der, falls er sie ergreift, den Aufsichtsrat darüber umfassend informieren muß. Dieser ist sonst nicht in der Lage, die Entscheidung mit zu tragen.[77]

6. Eigene Informationsmöglichkeiten des Aufsichtsrats

460 Mit der Entgegennahme der Vorstandsberichte ist die Versorgung des Aufsichtsrats mit Informationen nicht notwendig beendet. Im folgenden Abschnitt werden die Informationsmöglichkeiten des Aufsichtsrats durch Dritte sowie aufgrund eigener Tatsachenfeststellung dargestellt.

---

[75] Lutter/Krieger, a.a.O., Rn. 72; Lutter, a.a.O., S. 20.
[76] Lutter/Krieger, a.a.O., Rn. 72; Lutter, a.a.O., S. 20.
[77] Lutter/Krieger, a.a.O., Rn. 73.

6.1 Das Einsichts- und Prüfungsrecht gemäß § 111 Abs. 2 AktG

6.1.1 Grundsatz und Verfahren

Gemäß § 111 Abs. 2 AktG kann der Aufsichtsrat Bücher und Schriften **461** der AG sowie Vermögensgegenstände wie Kasse, Wertpapiere und Waren einsehen und prüfen. Die Aufzählung ist dabei nicht abschließend; der Aufsichtsrat kann jedoch nur solche Untersuchungen vornehmen, die zur Erfüllung seiner Überwachungspflicht erforderlich sind.[78]

Der Zweck der Regelung ist es, dem Aufsichtsrat eine autonome **462** Informationsquelle zu geben, was im Falle eines Konflikts, etwa bei Verdacht auf Unregelmäßigkeiten, hilfreich sein kann.[79] Als Überprüfungstatbestände kommen etwa das Fehlverhalten von einzelnen Vorstandsmitgliedern, die Liquiditätslage oder der Auftragsbestand in Betracht.[80]

Das Recht steht dem Aufsichtsrat nur als Organ zu, nicht hingegen den **463** einzelnen Mitgliedern.[81] Da eine Betriebsprüfung durch den gesamten Aufsichtsrat wegen der damit verbundenen Unruhe im Unternehmen in höchstem Maße unzweckmäßig wäre, sieht es das Gesetz vor, daß auch einzelne Mitglieder oder besondere Sachverständige mit einer Prüfung beauftragt werden können. Als Sachverständige kommen dabei besonders Wirtschaftsprüfer in Betracht.[82] Dabei ist zu beachten, daß nur zur Klärung von Einzelfragen ein besonderer Sachverständiger beauftragt werden kann, eine generelle Delegierung des Einsichts- und Prüfungsrechts an Dritte wäre unzulässig.[83] Der Aufsichtsrat wird von der eigenen Überprüfung auch nur insoweit befreit, als die besondere Beauftragung und Sachkunde des Sachverständigen reicht.[84]

---

[78] Mertens, in: Kölner Komm, § 111 Rn. 38.
[79] Lutter/Krieger, a.a.O., Rn. 88.
[80] Beispiele nach Lutter/Krieger, a.a.O., Rn. 89.
[81] BayObIGZ 1968, 118 (121).
[82] Ausführlich dazu Steinbeck, Überwachungspflicht und Einwirkungsmöglichkeiten des Aufsichtsrats in der Aktiengesllschaft, S. 130 ff.
[83] BGHZ 85, 293 (296) (Hertie).
[84] Meyer-Landrut, in: Großkomm, 111 Anm. 6.

6.1.2 § 111 Abs. 2 AktG als ultima ratio

464 Das Einsichts- und Prüfungsrechts soll nur als ultima ratio eingesetzt werden.[85] Schließlich signalisiert eine Betriebsprüfung der gesamten Belegschaft und mithin auch der Öffentlichkeit, daß eine Störung des Vertrauensverhältnisses vorliegt. Der Aufsichtsrat hat daher bei der Ausübung dieses Rechts im besonderen Maß die Interessen der Gesellschaft zu beachten, zu deren Wahrung er gemäß §§ 93, 116 AktG verpflichtet ist.[86] Wann eine Einsichtnahme erforderlich ist, entscheidet der Vorstand nach seinem pflichtgemäßen Ermessen.[87]

6.1.3 Praktische Relevanz

465 Die praktische Relevanz des Einsichts- und Prüfungsrechts ist umstritten. Die Regelung wird überwiegend als Relikt vergangener Zeiten oder zumindest in seiner wörtlichen Anwendung als nicht mehr zeitgemäß angesehen.[88] Teilweise wird sogar ihre Abschaffung gefordert.[89] Nach Mutter ist die zeitgemäße Bedeutung über den unmittelbaren Anwendungsbereich hinaus, in der faktischen Disziplinierung des Vorstands zu suchen. Durch eine unabhängige Informationsmöglichkeit würde ein faktischer Druck zu korrekter Berichterstattung auf den Vorstand ausgeübt.[90]

466 In Teilen des Schrifttums wird § 111 Abs. 2 AktG hingegen als unverzichtbare Ergänzung des in § 90 AktG geregelten Informationssystems gewürdigt.[91] Laut *Steinbeck* sichert § 111 Abs. 2 AktG über seinen wörtlichen Anwendungsbereich hinaus, das nach wie vor wichtige Recht des Aufsichtsrats, die Betriebe zu besichtigen. Auf diese Weise könne sich der Aufsichtsrat „vor Ort" einen Eindruck von den Betriebsabläufen im Unternehmen verschaffen.[92] *Semler* legt die

---

[85] Lutter/Krieger, a.a.O., Rn. 90; Steinbeck, a.a.O., S. 128 f.

[86] Lutter/Krieger, a.a.O., Rn. 90.

[87] Mertens, Kölner Komm, § 111 Rn. 37; Lutter/Krieger, a.a.O., Rn. 90.

[88] Besonders pointiert bei Mutter, Unternehmerische Entscheidungen, S. 52: „Daß ein Aufsichtsrat in der heutigen Zeit im Lager einer Unternmehmung lustwandelt um Bestände zu zählen, erscheint (...) undenkbar"; kritisch auch Mertens, in: Kölner Kommentar, 111 Rn. 37; Huppert, Recht und Wirklichkeit der Aktiengesellschaft, S. 38 f.; Steinbeck, a.a.O., S. 127; jeweils m.w.N.

[89] Gutenberg, Funktionswandel, S. 3.

[90] Mutter, a.a.O., S. 52 f.

[91] Hüffer, AktG, § 111 Rn. 11; ähnlich auch Semler, a.a.O., S. 44. Für eine eigenständige Bedeutung des § 111 neben § 90 auch Lutter/Krieger, a.a.O., Rn. 90, jedoch nur als „ultima ratio" neben den übrigen Informationsrechten.

[92] Steinbeck, a.a.O., S. 128.

Vorschrift sogar noch weiter aus und entnimmt ihr die Aussage, daß der Aufsichtsrat bezüglich sämtlicher seiner Überwachung unterliegender Maßnahmen auch selbst Prüfungen vornehmen könne und dürfe. Der Aufsichtsrat dürfe nicht allein auf Informationen des Vorstands angewiesen sein.[93]

In der Praxis hingegen machen die Aufsichtsräte von der Möglichkeit der Einsicht in die Bücher und Schriften des Unternehmens keinen oder wenig Gebrauch.[94]   **467**

6.2 Prüfungsbericht des Abschlußprüfers, § 321 HGB

Das oben beschriebene Einsichts- und Prüfungsrecht des Aufsichtsrats ist wegen der damit verbundenen hohen Belastung des Arbeitsklimas im Grunde nur im Ausnahmefall anwendbar. Die wichtigste neutrale Informationsquelle ist für den Aufsichtsrat der Bericht des Abschlußprüfers nach § 321 HGB[95].   **468**

In dem Bericht ist vor allem festzustellen, ob die Buchführung, der Jahresabschluß, der Lagebericht, der Konzernabschluß und der Konzernlagebericht den gesetzlichen Vorschriften entsprechen und die gesetzlichen Vertreter die verlangten Aufklärungen und Nachweise erbracht haben, § 321 Abs. 1 S. 2 HGB. Der Bericht ist bei allen prüfungspflichtigen Gesellschaften nach § 316 Abs. 1 S. 1 HGB zu erstatten, jedoch nicht bei den kleinen Kapitalgesellschaften i.S.d. § 267 HGB.   **469**

Der Bericht muß von jedem Aufsichtsratsmitglied sorgfältig studiert und mit den zurückliegenden Informationen des Vorstands verglichen werden, andernfalls liegt eine Pflichtverletzung vor.[96] Es handelt sich dabei um eine persönliche Pflicht jedes Aufsichtsratsmitglieds. Dieser Pflicht kann es sich nicht durch Delegation an eine Gruppe im Aufsichtsrat oder durch Hinzuziehung eines außenstehenden Sachverständigen entziehen.[97]   **470**

---

[93] Semler, a.a.O., S. 44.
[94] Mertens, in: Kölner Komm, § 111 Rn. 37; Scheffler, ZGR 1993, 63, 68; vergl. auch die empirischen Nachweise bei Mutter, a.a.O., S. 52 Fn. 248.
[95] Lutter/Krieger, a.a.O., Rn. 85. Eine umfassende Darstellung über die Funktion des Abschlußprüfers als Informant des Aufsichtsrats findet sich bei Lutter, a.a.O., S. 102 ff.
[96] Lutter/Krieger, a.a.O., Rn. 85.
[97] Lutter/Krieger, a.a.O., Rn. 85, unter Hinweis auf BGHZ 85, 293 ff. (Hertie).

6.3 Befragung von Angestellten

471 Neben den oben genannten Berichten und sonstigen Informationsmöglichkeiten käme schließlich eine Befragung der Angestellten des
Unternehmens unterhalb der Vorstandsebene als zusätzliche Informationsquelle in Betracht.

6.3.1 Zulässigkeit der Befragung von Angestellten

472 Ein solches Vorgehen des Aufsichtsrats ist problematisch. Zwar wird
auf diese Weise die Informationsbasis der Aufsichtsratsmitglieder
erweitert und deren Kenntnis von dem Unternehmen und seinen
Interna wesentlich gesteigert. Auf der anderen Seite besteht die
Gefahr, daß die Befragung von Angestellten als Misstrauenskundgabe
gegenüber dem Vorstand gewertet wird, welche geeignet ist, seine
Autorität im Unternehmen zu untergraben.

473 Teilweise wird die Ansicht vertreten, daß der Aufsichtsrat sein Auskunftsbegehren grundsätzlich an die Veranlasser und damit auch an
Angestellte zu richten habe, sofern diese im Bereich der Geschäftsführung tätig seien.[98] Solange der Vorstand ordnungsgemäß arbeite,
würde seine Position durch eine solche Befragung nicht beeinträchtigt,
da dieser insoweit neutral zwischen Aufsichtsrat und Angestellten
stehen würde.[99]

474 Gegen ein solches Vorgehen wird eingewendet, daß dadurch die
notwendige Leitungsautorität des Vorstands beeinträchtigt werde.[100]
Häufig handele es sich um Auskunftsverlangen, denen der Vorstand
nicht nachgekommen ist. Ein Vorstand, der so einmal in Mißkredit
geraten ist, werde einiges an seiner Überlegenheit gegenüber den ihm
untergeordneten Angestellten verlieren. Auch aus der Systematik des
§ 90 AktG ergebe sich, daß grundsätzlich der Vorstand der Informant
im Hinblick auf die Geschäftsführung sei.[101] Dementsprechend wird die
Befragung von Angestellten zum Teil als unzulässig abgelehnt.[102]

475 Überwiegend wird ausschließlich in solchen Sonderfällen, in denen
der Vorstand Unwahres berichtet oder wichtige Tatsachen ver-

---

[98] Saage, in: Handbuch des Aktienrechts, S. 409 (441 f.); ders., DB 1973, 115 (117).
[99] Saage, DB 1973, 115 (117).
[100] Steinbeck, a.a.O., S. 135.
[101] Steinbeck, a.a.O., S. 135.
[102] Godin/Wilhelmi, AktG, § 90 Anm. 9.

schweigt, eine Befragung der Angestellten für zulässig gehalten.[103] Soweit der Untersuchungszweck nicht gefährdet wird, soll der Aufsichtsrat jedoch zunächst an den Vorstand herantreten und unter allen Umständen versuchen, die Autorität des Vorstands möglichst wenig zu beeinträchtigen.[104]

Die Mitglieder des Aufsichtsrats müssen in jedem Einzelfall eine Abwägung über das Ob und Wie der Informationsbeschaffung treffen. Grundlage muß dabei das Wohl der Gesellschaft sein. Aufgrund dessen wird eine Befragung von Angestellten durch Aufsichtsratsmitglieder nur in den genannten Sonderfällen erforderlich sein.   **476**

6.3.2 Verfahren

Bejaht man also die Zulässigkeit einer Befragung von Angestellten in besonderen Fällen, so stellt sich die weitere Frage, in welchem Verfahren eine solche Befragung stattfinden kann. Teilweise wird dazu die Ansicht vertreten, der Aufsichtsrat solle Berichte i.S.d. § 90 AktG von den Angestellten verlangen.[105] Nach anderer Auffassung soll die Befragung in solchen Fällen gemäß § 109 Abs. 1 AktG im Rahmen einer Aufsichtsratssitzung stattfinden, zu welcher die betreffende Person als „Auskunftsperson" i.S.d. § 109 Abs. 1 S. 2 AktG geladen wird.[106] Die Ladung soll aber zunächst über den Vorstand geleitet werden.[107] Auf dieses Weise werde sichergestellt, daß der Vorstand von einem solchen Vorgang Kenntnis erlangt und die Möglichkeit der Stellungnahme erhält. Nur falls der Vorstand diesem Verlangen nicht nachkomme, soll die Ladung unmittelbar an den Bediensteten gerichtet werden.[108] Für das letztgenannte Verfahren spricht der Umstand, daß im Rahmen des Berichtssystems des § 90 AktG nur der Vorstand als der Informant des Aufsichtsrats genannt wird.[109]   **477**

---

[103] Geßler, in: Geßler/Hefermehl, AktG, § 111 Rn. 22; Hoffmann-Becking, in: MünchHdb AG, § 29 Rn. 24, Lippert, Überwachungspflicht, Informationsrecht und gesamtschuldnerische Haftung des Aufsichtsrats nach dem Aktiengesetz von 1965, S. 83; Mertens, in: Kölner Komm, § 90 Rn. 44; Meyer-Landrut, in: Großkomm, § 111 Anm. 12; Steinbeck, a.a.O., S. 135; jeweils m.w.N.
[104] Mertens, in: Kölner Komm, § 90 Rn. 44 m.w.N.
[105] Geßler, in: Geßler/Hefermehl, AktG, § 90 Rn. 22; Lippert, a.a.O., S. 82; Mertens, in: Kölner Komm, § 90 Rn. 44; Saage, DB 1973, 115 (117).
[106] Lutter, a.a.O., S. 100 f.; Semler, a.a.O., S. 46; Steinbeck, a.a.O., S. 136.
[107] Lutter, a.a.O., S. 100 f.
[108] Lutter, a.a.O., S. 100 f.
[109] Vgl. Lutter, a.a.O., S. 100.

6.3.3 Befragung von Angestellten im Rahmen des § 111 Abs. 2 AktG

478 Von obigem Problemkreis unberührt besteht die Möglichkeit, Angestellte im Rahmen einer Betriebsbesichtigung gemäß § 111 Abs. 2 AktG zu befragen.[110] Die Einsicht und Prüfung der Gesellschaftsunterlagen muß nicht notwendigerweise „stumm" durchgeführt werden. Der Aufsichtsrat kann sich auch einen Überblick dadurch verschaffen, daß er entsprechende Sach- und Aufklärungsfragen an die Bediensteten der Gesellschaft stellt.[111] Allerdings muß auch hier, aus den oben genannten Gründen, zunächst dem Vorstand Gelegenheit zur Aufklärung gegeben werden. Im Interesse des Unternehmens muß sich eine solche Befragung im Rahmen des Erforderlichen halten und die für den Vorstand schonendste Form gewählt werden.[112] Außerdem ist an die große Zurückhaltung zu erinnern, welche der Aufsichtsrat bei der Ausübung des Einsichts- und Prüfungsrechts nach § 111 Abs. 2 AktG zu wahren hat.

479 Im Ergebnis ist also eine Befragung von Angestellten des Unternehmens zulässig, und zwar im Wege einer Ladung als „Auskunftsperson" i.S.d. § 109 Abs. 1 AktG zu den Aufsichtsratssitzungen und im Rahmen einer Betriebsbesichtigung nach § 111 Abs. 2 AktG. Darüber hinaus ist eine Informationsbeschaffung bei den Bediensteten ausgeschlossen. Insbesondere ist es dem Aufsichtsrat verwehrt, Belegschaftsmitglieder auszuhorchen oder aus den Reihen des Personals dauernde Informationsträger für sich gewinnen.[113]

II. Grenzen der Informationspflicht

1. Grundsatz und Einführung

480 Dem Aufsichtsrat steht nach dem oben gesagten eine breite Palette an Informationsrechten zur Verfügung (auch wenn über die praktische Umsetzung dieser Rechte Streit herrscht). Aufgrund der gesetzlichen Lage herrscht im Schrifttum weitgehend Einigkeit darüber, daß kein

---

[110] Geßler, in: Geßler/Hefermehl, AktG, § 111 Rn. 22; Lutter, a.a.O., S. 98 ff.; Mertens, in: Kölner Kommentar, § 90 Rn. 44; Meyer-Landrut, in: Großkomm, § 90 Anm. 7, der eine solche Befragung allerdings ausschließlich im Rahmen des § 111 Abs. 2 AktG für zulässig hält.
[111] Lutter, a.a.O., S. 99.
[112] Lutter, a.a.O., S. 99; ähnlich Mertens, in: Kölner Komm, § 90 Rn. 44.
[113] Lutter, a.a.O., S. 102; Semler, a.a.O., S. 46.

allgemeines Geheimhaltungsrecht des Vorstands gegenüber dem Aufsichtsrat besteht.[114] Im Grundsatz kann und darf der Aufsichtsrat also alles über das Unternehmen wissen, was auch der Vorstand weiß.[115] Theisen spricht in diesem Zusammenhang von einem „Grundrecht des Aufsichtsrats zur uneingeschränkten eigenständigen Informationsversorgung"[116].

Es stellt sich aber die Frage, ob dieser Grundsatz auch bei einem mißbräuchlichen Informationsverlangen des Aufsichtsrats gilt. **481**

Was ist, wenn das Informationsverlangen des Aufsichtsrats zu einer **482** Störung der Geschäfte des Vorstands führt, beispielsweise wenn sich der Aufsichtsrat eine ihm nach dem Gesetz nicht zukommende Vorgesetztenrolle anmaßt und tägliche Berichterstattung durch den Vorstand verlangt? Daneben stellt sich das Problem der mißbräuchlichen Informationsverwertung. Beispiel: Einzelne Aufsichtsratsmitglieder gehören noch den Verwaltungsorganen (Vorstand, Aufsichtsrat, Verwaltungsrat) von Konkurrenzunternehmen an und es besteht die Gefahr, daß diese ihr Insiderwissen (technische Geheimnisse, Produktionsdetails) an die Konkurrenz weitergeben. Da es, wie gesagt, keine gesetzliche Einschränkung der Informationspflichten des Vorstands gibt und auch Entscheidungen der Obergerichte zu diesem Problemfeld nicht ergangen sind,[117] wurden die Schranken der Informationspflicht bislang alleine in der rechtswissenschaftlichen Literatur herausgearbeitet.

2. Funktionsschranken

Eine wichtige Grenze der Berichterstattung liegt darin, daß der Auf- **483** sichtsrat Informationen nur über solche Tatsachen einholen kann, die für eine sachgerechte Ausübung seiner Funktionen erheblich sind. Es muß also ein Bezug zur allgemeinen Überwachungsfunktion des Aufsichtsrats oder zu seinen spezifischen Funktionen, etwa der Bestellung des Vorstands und der Mitwirkung zu bestimmten Geschäftsführungsentscheidungen, gegeben sein.[118] Insgesamt wird hier viel

---

[114] Baumbach-Hueck, AktG, § 90 Rn. 10; Hefermehl, in: Geßler/Hefermehl, AktG, § 90 Rn. 33; Lutter, a.a.O., S. 27; Mertens, in: Kölner Komm, § 90 Rn. 4; Meyer-Landrut, in: Großkomm, § 90 Anm. 13.

[115] Lutter, a.a.O., S. 27.

[116] Theisen, Überwachung der Unternehmensführung, S. 290 f.

[117] vgl. Sina, NJW 1990, 1017.

[118] Grundlegend dazu Lutter, a.a.O., S. 28 ff.;. siehe auch Geßler, in: Geßler/Hefermehl, AktG, § 90 Rn. 32; Mertens, in: Kölner Komm, § 90 Rn. 6; Lippert, a.a.O., S. 90; Schlegelberger/Quassowski, AktG, § 95 Rn. 95.

vom Einzelfall abhängen. Die Funktionsschranken sind bewegliche Schranken, die von den Aufgaben des Aufsichtsrats bestimmt werden.[119]

484   Eine Schranke ergibt sich zum einen aus der dualen Organverfassung der AG. Gemäß § 111 Abs. 4 S. 1 AktG dürfen dem Aufsichtsrat keine Fragen der Geschäftsführung übertragen werden. Der Aufsichtsrat darf sich daher nicht in Angelegenheiten der Geschäftsführung einmischen und die Verpflichtung des Vorstands zur Berichterstattung dazu ausnutzen, sich eine ihm nach dem Gesetz nicht zustehende Vorgesetzenrolle anzumaßen.[120] Ein mißbräuchliches Informationsverlangen des Aufsichtsrats wird beispielsweise angenommen, wenn der Aufsichtsrat eine laufende oder tägliche Berichterstattung über den Gang der Geschäfte im Einzelnen verlangt.[121] Das gleiche gilt, wenn der Aufsichtsrat eine laufende oder periodische Mitteilung bestimmter Einzelheiten, wie etwa eine Aufstellung aller Debitoren[122] oder eine laufende Übermittlung der Vorstandsprotokolle[123], anfordert.

485   Auch über Fabrikationsgeheimnisse, Fabrikationsverfahren, Knowhow der Gesellschaft und sonstige technische Geheimnisse braucht nach überwiegender Meinung nicht berichtet zu werden, da der Aufsichtsrat solche Informationen gewöhnlich nicht zur Ausübung seiner Überwachungstätigkeit benötigt.[124] Etwas anderes gilt dann, wenn diese Informationen eine signifikante Aussage über die richtige oder unrichtige Geschäftsführung zulassen, oder wenn der Aufsichtsrat die Frage prüfen möchte, ob der Vorstand veraltete Produktionsweisen favorisiert.[125]

486   Der Vorstand darf weiterhin nicht mit Berichtswünschen nach Vorgängen belastet werden, deren Erkenntnisgehalt gering und schlichtweg nicht mehr im Zusammenhang mit der Überwachungsaufgabe steht.[126] Beispiele:[127] Was verdient der Angestellte Müller? Wie oft gibt es Salat

---

[119] Lutter, a.a.O., S. 29.
[120] Lutter, a.a.O., S. 31; Mertens, in: Kölner Komm, § 90 Rn. 6; Sina, NJW 1990, 1016, 1018.
[121] Mertens, in: Kölner Komm, § 90 Rn. 6.
[122] Lutter, a.a.O., S. 30.
[123] Mertens, in: Kölner Komm, § 90 Rn. 6.
[124] Godin-Wilhelmi, AktG, § 90 Rn. 9; Lutter, a.a.O., S. 31 f.; Mertens, in: Kölner Komm, § 90 Rn. 7; Meyer-Landrut, in: Großkomm, § 90 Anm. 9; Potthoff/Trescher, Das Aufsichtsratsmitglied, S. 56 f.; vgl. dazu auch die Entscheidung des OLG Stuttgart zu § 51 a GmbHG, BB 1983, 677.
[125] Lutter, a.a.O., S. 31 f.; Mertens, in: Kölner Komm, § 90 Rn. 7.
[126] Lutter/Krieger, a.a.O., S. 69, m.w.N.
[127] Lutter, a.a.O., S. 75 Fn. 1.

in der Kantine? Weshalb wird in den Getränkeautomaten dieses und nicht jenes Bier angeboten?

Eine weitere Informationsschranke ist die Berichtsautonomie des **487** Vorstands[128]. An den Aufsichtsrat zu berichten ist Pflicht, aber auch Recht des Vorstands. Ihm obliegt daher die Form und Ausgestaltung der Berichte selbst, die Aufbereitung der Zahlen, die Verbindung von Tabellen, Grafiken und Texten etc.

Daneben ist auch das allgemeine Mißbrauchs- und Schikaneverbot zu **488** beachten.[129] Unzulässig ist eine Berichterstattung zu einem Gegenstand, über den erst kürzlich berichtet wurde und zu dem in absehbarer Zeit keine Änderung zu erwarten ist.[130] Überhaupt ist eine übermäßige Belastung des Vorstands nach Möglichkeit zu vermeiden.[131]

Liegt einer der oben geschilderten Fälle vor, so ist der Vorstand, **489** aufgrund seiner Pflicht zur Wahrung des vorrangigen Unternehmensinteresses – nach überwiegender Auffassung – dazu berechtigt, die vom Aufsichtsrat oder einzelner seiner Mitglieder angeforderten Informationen zurückzuhalten.[132] Hierzu ist ein Beschluß des Vorstands erforderlich. Allerdings trägt der Vorstand in solchen Situationen die Darlegungs- und Beweislast[133].

3. Mißbräuchliche Informationsverwendung durch den Aufsichtsrat

Gedanklich zu trennen von einem mißbräuchlichen Informationsver- **490** langen ist die Gefahr mißbräuchlicher Informationsverwertung durch einzelne Mitglieder des Aufsichtsrats. Dies kann dann der Fall sein, wenn zu befürchten ist, daß einzelne Aufsichtsratsmitglieder vertrauliche Informationen an Konkurrenzunternehmen weitergeben, oder wenn ein Aufsichtsratsmitglied von dem Informationskomplex selbst unmittelbar als Konkurrent betroffen ist.[134] Bei der heutzutage oft

---

[128] Lutter, a.a.O., S. 32.
[129] Wiesner, in: MünchHdb AG, § 25 Rn. 24.
[130] Lutter, a.a.O., S. 32.
[131] Meyer-Landrut, in: Großkomm, § 90 Anm. 7.
[132] Geßler, in: Geßler/Hefermehl, AktG, § 90 Rn. 32; Hanau-Ulmer, MitbestG, § 25 Rn. 56a; Lutter, a.a.O., S. 33 f.; Wiesner, in: MünchHdb AG, § 25 Rn. 24; a.A: Mertens, in: Kölner Komm, § 90 Rn. 8; ders., AG 1980, 67, 74.
[133] Lutter, a.a.O., S. 33; Wiesner, in: MünchHdb AG, § 25 Rn. 24.
[134] Solche Problemlagen sind durch die vielfältigen personellen Verflechtungen in der deutschen Wirtschaft quasi vorprogrammiert. In diesem Zusammenhang sei auch auf die Problematik von Doppel- und Mehrfachmandaten von hochrangigen Wirtschaftsvertretern hingewiesen, welche die betreffenden Mandatsträger oft in tiefgreifende Loyalitätskonflikte verwickeln; vgl. hierzu Dreher, ZIP 1990, 227 ff.

politisch bestimmten Zusammensetzung des Aufsichtsrats kann es aber auch vorkommen, daß z. B. ein Aufsichtsratsmitglied, daß einer bestimmten politischen Partei angehört, aus politischen Gründen das Projekt eines Konkurrenten fördern möchte, weil ihm dieses aus arbeitsmarktpolitischen oder umweltschutzpolitischen Gründen sympathischer ist.[135]

491 Grundsätzlich gilt hier, daß Zurückhaltung zu üben ist. Das Gesetz geht davon aus, daß die dem Aufsichtsrat angehörigen Mitglieder ebenso vertrauenswürdig sind wie die des von ihm zu kontrollierenden Vorstands, denn an keiner Stelle des Gesetzes finden sich Geheimhaltungsregeln oder Regelungen zur Inkompatibilität (vgl. auch oben, Teil 1, A.III.1., B.III.4.).[136] Im Schrifttum ist man sich folglich ganz überwiegend darin einig, daß eine Verweigerung der Information unter dem Aspekt ihrer mißbräuchlichen Verwendung nicht in Frage kommt. Der vom Aufsichtsrat zu kontrollierende Vorstand dürfe sich seinerseits nicht zum Richter über die Informationsrechte seines Kontrollorgans aufschwingen.[137] Etwas anderes soll freilich dann gelten, wenn ganz konkrete Anhaltspunkte für eine mißbräuchliche Verwendung von Informationen durch einzelne Aufsichtsratsmitglieder vorliegen. Dieser Grundsatz wird einheitlich vertreten. Die Einzelheiten hingegen sind umstritten.

492 Nach *Geßler* soll der Vorstand dazu berechtigt sein, die Berichterstattung gegenüber einzelnen Aufsichtsratsmitgliedern zu verweigern, wenn diese ihre Informationsrechte zu eigennützigen und rein persönlichen Zielen ausnutzen.[138] In der Möglichkeit gerichtlicher Nachprüfung bestünde die Gewähr, daß der Vorstand die Berichterstattung gegenüber einem einzelnen Aufsichtsratsmitglied nicht grundlos verweigert. Einschränkend meint *Sina*, daß ein solches Verweigerungsrecht ausgeschlossen sei, falls sich der Gesamtaufsichtsrat dem Berichtsverlangen von einzelnen Aufsichtsratsmitgliedern anschließt.[139] Auch nach *Hüffer* soll die Entscheidungszuständigkeit in

---

[135] Beispiel nach Sina, NJW 1990, 1016, 1018 f.; ein anschauliches Beispiel für solche Interessenkonflikte ist auch der Fall des schleswig-holsteinischen Energieministers Jansen, der Mitglied im Aufsichtsrat des Energieversorgungsunternehmen HEW (= Betreiber von Kernkraftwerken) war, gleichzeitig aber in der Öffentlichkeit den Ausstieg aus der Kernenergie propagierte; vgl. hierzu Dreher, ZIP 1990, 227 ff.

[136] Lutter, a.a.O., S. 34.

[137] Geßler, in: Geßler/Hefermehl, AktG, § 90 Rn. 33, 34; Lippert, a.a.O., S. 92; Lutter, a.a.O., S. 34; Mertens, in: Kölner Komm, § 90 Rn. 14; Meyer-Landrut, in: Großkomm, § 111 Anm. 7; Sina, NJW 1990, 1016, 1019; Wiesner, in: MünchHdb AG, § 25 Rn. 25.

[138] Geßler, in: Geßler/Hefermehl, AktG, § 90 Rn. 34; ähnlich auch Wiesner, in: MünchHdb AG, § 25 Rn. 25.

[139] Sina, NJW 1990, 1016, 1019.

Fällen des Rechtsmißbrauchs beim Vorstand liegen, jedoch solle dieser von diesem Recht nur zurückhaltend Gebrauch machen.[140] Eine Ablehnung des Informationsverlangens durch den Vorstand käme vor allem dann in Betracht, wenn das betreffende Aufsichtsratsmitglied einen Wettbewerber der Gesellschaft repräsentiert und konkret zu befürchten sei, daß Informationen an den Wettbewerber weitergegeben werden.[141]

Nach Ansicht von *Mertens* hingegen soll der Vorstand bei konkreter **493** Gefahr von gesellschaftsschädigender Auswertung einer Information zunächst den Aufsichtsratsvorsitzenden anrufen. Eine solche Gefahr würde grundsätzlich dann vorliegen, wenn ein Aufsichtsratsmitglied zugleich Organmitglied eines konkurrierenden Unternehmens ist und die Information für dieses Unternehmen von Bedeutung ist. Der Aufsichtsratsvorsitzende dürfe in einem solchen Fall den betreffenden Bericht nicht weitergeben. Falls der Aufsichtsratsvorsitzende diesem Verlangen nicht entsprechen würde, könne der Vorstand immer noch Beschlußfassung durch den Gesamtaufsichtsrat verlangen.

Lutter hingegen unterscheidet nach Fallgruppen. Gehört dem Auf- **494** sichtsrat ein Mitglied an, welches auch noch in Verwaltungsorganen von Konkurrenzunternehmen tätig ist, so dürfe es vom Vorstand nicht informiert werden.[142] Ein Verweigerungsrecht des Vorstands liege jedoch nicht vor, wenn das betreffende Aufsichtsratsmitglied einer bestimmten Organisation (z. B. Bank, Gewerkschaft) angehört, aus dem heraus noch andere Personen in den Aufsichtsräten von Konkurrenzunternehmen tätig sind. Schließlich gehe das Gesetz bewußt von solchen Gefahrenlagen aus.[143] Weiß der Vorstand hingegen, daß die Vertraulichkeit nicht eingehalten werde (Beispiele: wiederholtes Fehlverhalten in der Vergangenheit, angekündigte Pressekonferenz), so sei er dennoch nicht von sich aus dazu berechtigt, die gewünschte Information zu verweigern.[144] In einem solchen Fall dürfe der Vorstand den entsprechenden Bericht nur an den Aufsichtsratsvorsitzenden weiterleiten, der über das weitere Vorgehen zu entscheiden habe – ähnlich dem von *Mertens* empfohlenen Verfahren.

---

[140] Hüffer, AktG, § 90 Rn. 12a.
[141] Hüffer, AktG, § 90 Rn. 12a., unter Bezug auf OLG Karlsruhe, OLGZ 1985, 41, 44 und OLG Stuttgart, OLGZ 1983, 184, 187 f., (beide zur GmbH).
[142] Lutter, a.a.O., S. 34; ders., ZHR 145 (1981), 224, 234 ff.
[143] Lutter, a.a.O., S. 34 f., unter Hinweis auf § 7 Abs. 2 MitbestG, der den Gewerkschaften ein subjektives Recht auf Teilhabe in den Aufsichtsräten aller Großunternehmen gewährt.
[144] Lutter, a.a.O., S. 35 f.; zustimmend Potthoff/Trescher, Das Aufsichtsratsmitglied, S. 54, anhand des Beispiels Industriespionage.

4. Öffentlich-rechtliche Geheimhaltungspflichten des Vorstands?

495 Weiterhin ist fraglich, ob der Vorstand aus öffentlich-rechtlichen Gründen zu einer Geheimhaltung verpflichtet ist. Hierbei ist vor allem[145] strittig, wie Staatsgeheimnisse zu behandeln sind, wenn das Unternehmen beispielsweise mit für die Landesverteidigung wichtigen Produktionen beschäftigt ist.[146] Zum einen wird die Ansicht vertreten, der Vorstand dürfe dem Aufsichtsrat nicht über geheime Informationen berichten.[147] Demgegenüber meint ein anderer Teil des Schrifttums, wenn eine Behörde (etwa das Verteidigungsministerium) einem aufsichtsratspflichtigen Unternehmen ein Staatsgeheimnis anvertraue, dann müsse sie auch die internen Regeln der Entscheidungsfindung dieses Unternehmens akzeptieren.[148] Der Vorstand dürfe dem Aufsichtsrat dann auch über Staatsgeheimnisse berichten, die Staatsraison müsse hier hinter dem Aktienrecht zurücktreten.[149] Nach *Lutter* soll dies aber nicht notwendigerweise dann gelten, wenn die Behörde nur einzelne Aufsichtsratsmitglieder als Geheimnisträger akzeptiert hat und der Gesamtaufsichtsrat hiermit einverstanden ist.[150] Der letztgenannten Ansicht ist aus praktischen Erwägungen zu folgen, denn ein Unternehmen, das etwa mit der Fertigung von Kampfpanzern beschäftigt ist, kann dies dem Aufsichtsrat nicht auf Dauer verheimlichen.[151]

5. Geheimhaltungspflichten aufgrund vertraglicher Vereinbarung?

496 Daneben ist an den Fall zu denken, daß der Vorstand einem Dritten Vertraulichkeit zugesagt hat und von bestimmten Dingen nur einzelnen Organpersonen als Geheimnisträgern Kenntnis gibt. Eine solche Vereinbarung wird im Schrifttum für zulässig gehalten, da vom Gesetz nicht zwingend vorgeschrieben werde, daß jede Überwachungshandlung vom gesamten Aufsichtsrat vorgenommen werden soll, vorge-

---

[145]   Zu der Frage, ob allgemeine Gründe des Gemeinwohls i.S.d. § 160 Abs. 2 AktG auch für die Berichtspflichten gelten, vgl. Lutter, a.a.O., S. 37. Zu der Diskussion, die im Zusammenhang mit dem Aktiengesetz von 1937 geführt wurde, siehe Mertens, in: Kölner Komm, § 90 Rn. 15.
[146]   Zum Begriff des Staatsgeheimnis vgl. § 93 StGB.
[147]   Geßler, in: Geßler/Hefermehl, AktG, § 90 Rn. 33; Meyer-Landrut, in: Großkomm, § 90 Anm. 9.
[148]   Lutter, a.a.O., S. 37 f.
[149]   Ebenso Lippert, a.a.O., S. 91; Mertens, in: Kölner Komm, § 90 Rn. 15; Sina, NJW 1990, 1016, 1018.
[150]   Lutter, a.a.O., S. 38.
[151]   Sina, NJW 1990, 1016, 1018.

schrieben sei nur die Überwachung des Vorstands überhaupt.[152] Laut *Mertens* sollen hierbei folgende Kriterien zu beachten sein:[153] Es muß ein erkennbares Eigeninteresse des Vertragspartners an einer Geheimhaltung vorliegen. Einige Aufsichtsratsmitglieder und jedenfalls der Aufsichtsratsvorsitzende sollen in dem Vertrag zu Geheimnisträgern bestimmt werden. Schließlich muß der Gesamtaufsichtsrat über eine solche Vereinbarung unterrichtet werden.

6. Restriktive Information durch den Vorstand?

Vor allem im Zusammenhang mit dem Mitbestimmungsgesetz von **497** 1976 wurde von einzelnen Autoren eine restriktive Auslegung der Informationspflicht diskutiert. Bei der hier festgeschriebenen Entsendung von Arbeitnehmervertretern in den Aufsichtsrat wurde befürchtet, daß es zu einer Weitergabe von Geheimnissen an die Belegschaft bzw. an die Öffentlichkeit kommen könnte.[154] Die hier formulierten Thesen lassen sich jedoch auch auf sonstige Fälle verallgemeinern, in denen es aufgrund von Mehrfachloyalitäten gegenüber der zu beaufsichtigenden Gesellschaft und zum anderen gegenüber dem entsendenden Unternehmen zu Interessenkonflikten kommen kann.

Mertens geht davon aus, daß im Aufsichtsrat nicht der gleiche Geheim- **498** haltungsgrad gegeben ist wie im Vorstand, da dieser alleine dem Unternehmensinteresse verpflichtet ist.[155] Hierdurch wäre aber die Konkurrenzfähigkeit der Gesellschaft gefährdet. Demnach gehöre zur Aufgabe des Vorstands auch, das Unternehmen vor der schädlichen Wahrnehmung von Teilinteressen durch bestimmte Aufsichtsratsmitglieder zu schützen.[156] Dieses Ziel sei über folgende Einschränkung zu erreichen: Der Vorstand habe gemäß § 90 Abs. 1 S. 1 Nr. 1 AktG dem Aufsichtsrat über die geplante Geschäftspolitik zu berichten, die Geschäftspolitik sei aber nicht mit der Unternehmensplanung völlig identisch. Demnach solle die Unternehmensplanung aus der Berichterstattung herausfallen. Daneben stehe dem Aufsichtsrat keine institutionelle Beratungsfunktion zu.[157]

---

[152] Lutter, a.a.O., S. 38; Mertens, in: Kölner Komm, § 90 Rn. 16; ders.: AG 1980, 67, 74.

[153] Mertens, AG 1980, 67, 74.

[154] Das solche Verdachtsmomente nicht völlig von der Hand zu weisen sind, belegt beispielsweise der in ZIP 1985, 1139 ff. geschilderte Fall: Aufsichtsratsmitglieder informieren die betriebliche Öffentlichkeit über die Absicht der Dividendenerhöhung und das Abstimmungsverhalten der übrigen Arbeitnehmervertreter im Aufsichtsrat.

[155] Mertens, AG 1980, 67, 67.

[156] Mertens, AG 1980, 67, 71.

[157] Mertens, AG 1980, 67, 72; ders., in: Kölner Komm, § 90 Rn. 4. Zur strittigen Frage, ob der Aufsichtsrat neben seiner Überwachungsaufgabe losgelöste eigenständige Beratungsfunktion hat, vgl. Lutter/Krieger, a.a.O., Rn. 30 ff.

499 *Claussen* unterstützt diese Thesen und faßt seine Gedanken und die Erkenntnisse von *Mertens* in folgenden zwei Thesen zusammen:[158]

1. „Die Informationspflicht endet, wenn konkrete Besorgnisse über die Einhaltung der Geheimhaltungspflicht (...) bestehen. Wann solche konkreten Besorgnisse gegeben sind, entscheidet der Vorstand."

500 2. § 90 Abs. 1 und Abs. 2 AktG seien restriktiv auszulegen, und zwar ausgehend von folgenden Ansätzen:

„Der Aufsichtsrat wird informiert, um seine Überwachungsfunktion zu erfüllen, nicht aber, um eine gesetzlich nicht vorgesehene Beratung der Gesellschaft durchzuführen; der Aufsichtsrat wird über die Geschäftspolitik informiert, nicht aber über die Planung; der Aufsichtsrat wird über die Gesellschaft informiert, nicht aber über Konzernuntergesellschaften."

501 Insgesamt müsse der Vorstand, so *Claussen*, in Zweifelsfällen der Einhaltung von Geschäftsgeheimnissen restriktiv informieren.[159]

502 Diese Thesen werden als nicht mit dem Gesetz vereinbar kritisiert.[160] Laut *Sina* erscheint zum einen die Trennung von Geschäftspolitik und Planung als künstlich.[161] Auch die Beratungsfunktion des Aufsichtsrats sei unbestreitbar.[162] Vor allem widersprächen diese Ansichten dem Grundsatz, daß die Berichtspflicht nicht eng, sondern weit auszulegen sei, weil der Aufsichtsrat die Geschäftsführung des Vorstand im Ganzen zu überwachen habe.[163] Im übrigen bestehe weitgehend Einigkeit im Schrifttum darüber, daß dem Vorstand gegenüber dem Aufsichtsrat grundsätzlich kein Schweigerecht zustehe und daß dieser dem Aufsichtsrat im Rahmen der Berichtspflicht rückhaltlose Offenheit schulde.[164] *Klein* weist daneben darauf hin, daß eine restriktive Auslegung mit der gesellschaftsrechtlich verankerten Idee von der Gleichheit aller Aufsichtsratsmitglieder und mit ihrer jeweiligen Verpflichtung auf das Unternehmensinteresse kollidiere.[165]

---

[158] Claussen, AG, 1981, 57, 69.
[159] Claussen, AG 1981, 57, 67 ff.
[160] Sina, NJW 1990, 1016, 1018; Klein, AG 1982, 7, 8 ff.
[161] Sina, a.a.O.
[162] Sina, a.a.O.
[163] Sina, a.a.O.
[164] Sina, a.a.O., unter Hinweis auf BGHZ 20, 239, 246, wonach die Vorstandsmitglieder der AG dem Aufsichtsrats zu unbedingter Offenheit verpflichtet sind. Eine Zuwiderhandlung gegen diese Pflicht sei ein Grund, der zur Entziehung des Vertrauens und zur Abberufung aus dem Vorstandsamt berechtige; vgl. auch die Nachweise unter A.III.1.
[165] Klein, AG 1982, 7, 12.

III. Verschwiegenheitspflicht des Aufsichtsrats und seiner Mitglieder

§ 93 Abs. 1 S. 2 AktG i.V.m. § 116 AktG verpflichtet den Aufsichtsrat **503** zur Wahrung von Geheimnissen und vertraulichen Angaben der Gesellschaft, namentlich von Geschäfts- und Betriebsgeheimnissen. Die Verschwiegenheitspflicht ist aus der allgemeinen Treuepflicht des Aufsichtsrats, das Wohl und die Interessen der Gesellschaft zu wahren und Nachteile von ihr abzuwenden, abzuleiten.[166] Die Verschwiegenheitspflicht steht im engen Zusammenhang mit den Informationsrechten des Aufsichtsrats. Da der Aufsichtsrat umfassend zu informieren ist, muß er auch das Interesse der Gesellschaft an der Geheimhaltung dieser Informationen beachten.

1. Sachlicher Umfang der Verschwiegenheitspflicht

1.1 Geheimnis

Unter einem Geheimnis i.S.d. § 93 Abs. 1 S. 2 AktG ist jede relativ **504** unbekannte Tatsache zu verstehen, deren Weitergabe zu einem Schaden der Gesellschaft führen würde.[167]

1.1.1 Tatsache

Unter Tatsachen sind sowohl objektive Daten als auch subjektive **505** Absichten oder Meinungen zu verstehen, etwa der Hinweis eines Aufsichtsratsmitglieds, es werde die Abberufung eines Vorstandsmitglieds beantragen.[168]

1.1.2 Relativ unbekannte Tatsache

Die Tatsache muß relativ unbekannt sein. Zum einen muß der Perso- **506** nenkreis, dem die Tatsache bekannt ist, eingeschränkt sein.[169] Dies wäre dann nicht mehr der Fall, wenn z. B. die Presse bereits über die Tatsache berichtet hätte. Zum anderen muß die Tatsache einigermaßen im Verborgenen liegen, d. h. es darf nicht jedermann Zugang zu der Tatsache haben.[170] So ist etwa ein bereits veröffentlichtes Patent

---

[166] Hefermehl, in: Geßler/Hefermehl, AktG, § 93 Rn. 15.
[167] Lutter/Krieger, a.a.O., Rn. 97.
[168] Lutter/Krieger, a.a.O., Rn. 98.
[169] Hefermehl, in: Geßler/Hefermehl, AktG, § 93 Rn. 16.
[170] Lutter, a.a.O., S. 131.

kein Geheimnis mehr, da hier ein problemloser Zugang zu der Tatsache besteht. Etwas anderes gilt, wenn ein nicht geringer Aufwand an Zeit (z. B. eine Produktanalyse) oder Mitteln (z. B. die Feststellung von Marktanteilen) erforderlich ist, um endgültig Kenntnis von der betreffenden Information zu erlangen.[171]

1.1.3 Objektives Interesse

507 Es werden nur solche Tatsachen geschützt, an deren Geheimhaltung die Gesellschaft ein objektives Interesse hat.[172] Ausschlaggebend ist also nicht die subjektive Einschätzung der Verwaltung (diese wird im Zweifelsfall für eine totale Geheimhaltung sein), oder die Sicht der betreffenden Aufsichtsratsmitglieder, welche zur Information der von ihnen vertretenen Interessengruppen über problematische Vorgänge neigen. In der Grundsatzentscheidung des *BGH* zur Verschwiegenheitspflicht der Aufsichtsratsmitglieder (der sog. „Bayer-Entscheidung") heißt es:

508 „Das entscheidende Merkmal für die Beurteilung der Schweigepflicht ist aber ein objektives, nämlich das Bedürfnis der Geheimhaltung im Interesse des Unternehmens."[173]

509 Das objektive Interesse der Gesellschaft läßt sich am möglichen Eintritt eines Schadens durch die Offenbarung der Tatsache beurteilen.[174] Dies kann ein Vermögensschaden gemäß § 249 ff. BGB sein. Aber auch immaterielle Schäden können hierfür Anhaltspunkte liefern, etwa eine Minderung des Ansehens des Unternehmens oder ein Vertrauensverlust, den die Gesellschaft gegenüber Dritten oder ihren Geschäftspartnern erleidet.[175]

510 Weitere Indizien für ein objektives Interesse können sich aus der allgemein üblichen Handhabung bei Gesellschaften einer bestimmten Größe, Struktur und Tätigkeit ergeben.[176]

511 Man muß aber auch die konkreten Verhältnisse bei dem jeweiligen Unternehmen berücksichtigen. Zu beachten sind beispielsweise Richtlinien der Verwaltung an die Mitarbeiter, welche Informationen nicht weitergegeben werden sollen, Hinweise des Vorstands an den

---

[171] BGH, GRUR 1969, 548, 549.
[172] Ganz h.M., vgl. BGHZ 64, 325, 329; Hefermehl, in: Geßler/Hefermehl, AktG, § 93 Rn. 16; Mertens, in: Kölner Komm, § 93 Rn. 37.
[173] BGHZ 64, 325, 329.
[174] Lutter, a.a.O., S. 133.
[175] Lutter, a.a.O., S. 133.
[176] Lutter, a.a.O., S. 132.

Aufsichtsrat oder Beschlüsse des Aufsichtsrats selbst mit dem Hinweis, die Geheimhaltung bestimmter Sachverhalte solle gewahrt bleiben.[177] Zwar ist der gewöhnliche Firmenbrauch nicht in jedem Fall konstitutiv für ein objektives Interesse der Gesellschaft und kann im Einzelfall widerlegbar sein. Jedoch wird es für ein Aufsichtsratsmitglied schwierig sein, den Vorwurf der Verletzung seiner Verschwiegenheitspflicht zu widerlegen, wenn es in einer bestimmten Situation ohne ausreichende sachliche Überlegung und fachkundige Beratung von der üblichen Regel abgewichen ist.[178] In Zweifelsfällen wird ein Aufsichtsratsmitglied gut daran tun, eine klärende Entscheidung des Gesamtaufsichtsrat herbeizuführen, ob eine Angelegenheit vertraulich behandelt werden soll.[179]

Schließlich ist bei bestimmten sachlichen Gegenständen ein objektives Interesse des Unternehmens bis zu ihrer förmlichen Bekanntgabe zu vermuten.[180] Vergleiche hierzu die Beispiele unter Nr. 3.1.   **512**

1.2 Vertrauliche Angaben

Außer auf Geheimnisse erstreckt sich die Schweigepflicht auch auf vertrauliche Angaben. Hierbei handelt es sich um allgemein bekannte Tatsachen, die zwar keine Geheimnisse sind, aber deren Mitteilung an Dritte sich für die Gesellschaft nachteilig auswirken kann.[181]   **513**

Wie beim Geheimnis ist eine objektive, am Interesse des Unternehmens ausgerichtete Betrachtung ausschlaggebend, wann eine Weitergabe einer Information nachteilig ist. Dies gilt auch, wenn diese Information kein Geheimnis mehr ist.[182] Es ist also nicht erforderlich, daß ein Informant seine Angaben als vertraulich bezeichnet oder daß Schriftstücke explizit als vertraulich gekennzeichnet werden.   **514**

Im wesentlichen gelten, hinsichtlich des objektiven Interesses, die gleichen Regeln wie beim Geheimnis. Ein objektives Interesse an einer Nicht-Erörterung liegt insbesondere vor bei Meinungsäußerungen und   **515**

---

[177] Lutter, a.a.O., S. 134.
[178] Lutter, a.a.O., S. 135.
[179] Vgl. Mertens, in: Kölner Komm, § 93 Rn. 77 (hinsichtlich des Vorstands).
[180] BGHZ 64, 325, 331.
[181] Hefermehl, in: Geßler/Hefermehl, AktG, § 93 Rn. 16; Lutter/Krieger, a.a.O., Rn. 103.
    Teilweise wird ein Unterschied zum Geheimnis auch schlechthin bestritten oder die „vertraulichen Angaben" als Unterfall der Geheimnisse angesehen, vgl. Baumbach-Hueck, AktG, § 404 Anm. 5 sowie die Nachweise bei Lutter, a.a.O., S. 145.
[182] H.M., BGHZ 64, 325, 329; Hefermehl, in: Geßler/Hefermehl, AktG, § 93 Rn. 16; Hüffer, AktG, § 93 Rn. 7; Lutter/Krieger, a.a.O., Rn. 103; a.A. Godin-Wilhelmi, AktG, § 93 Anm. 5, die alles, was in Erwartung der Vertraulichkeit mitgeteilt wurde, darunter fassen wollen. Ausführliche Darstellung des Streitstandes bei Lutter, a.a.O., S. 145 ff.

Stimmabgaben in Sitzungen des Aufsichtsrats[183]. Eine erfolgreiche Zusammenarbeit setzt nämlich voraus, daß innerhalb des Aufsichtsrats eine offene Aussprache möglich ist und über vertrauliche Angaben Stillschweigen gewahrt wird. Als vertraulich sind vor allem auch Diskussionen über Personalentscheidungen zu behandeln.[184]

516 Aber auch bei vertraulichen Angaben Dritter kann ein Interesse des Unternehmens an einer vertraulichen Behandlung vorliegen. Ein Beispiel bietet die vertrauliche Mitteilung eines Bankkunden an seine Bank.[185] Hier würde eine vertragliche zugesicherte Vertraulichkeit den Tatbestand noch nicht zur „vertraulichen Angabe" i.S.d. § 93 Abs. 1 S. 2 AktG machen. Aber der Verlust an Ansehen und die Gefahr, zukünftig nicht mehr als zuverlässig zu gelten, läßt ein eigenes Interesse des Unternehmens an einer vertrauliche Behandlung deutlich werden.

1.3 Wahrung des Ansehens der Gesellschaft

517 Bestimmte Pflichten zur Wahrung der Vertraulichkeit können sich auch aus der ungeschriebenen allgemeinen Treuepflicht der Aufsichtsratsmitglieder ergeben, dem Unternehmen zu nützen und nicht zu schaden. Die Aufsichtsratsmitglieder haben Stillschweigen über Vorgänge zu wahren, die zwar nicht notwendigerweise als Geheimnisse oder vertrauliche Angaben i.S.d. § 93 Abs. 1 S. 2 i.V.m. § 116 gelten, die aber dazu geeignet sind, das Ansehen der Gesellschaft zu schädigen.[186] Unzulässig sind etwa die Herabsetzung oder Verunglimpfung von Mitgliedern der Gesellschaftsorgane, öffentliche Kritik an Unternehmenszielen, an Produktstrategien oder Marketingkonzepten.[187]

1.4 Öffentlichkeitsarbeit des Aufsichtsrats

518 In diesem Zusammenhang ist im übrigen zu beachten, daß der Aufsichtsrat grundsätzlich keine Befugnis zur Öffentlichkeitsarbeit hat und namentlich keine Presseerklärungen abgeben darf.[188] Dies ergibt sich allerdings nicht aus der allgemeinen Schweigepflicht des

---

[183] BGHZ 64, 325, 332.
[184] Hüffer, AktG, § 93 Rn. 7.
[185] Hefermehl, in: Geßler/Hefermehl, AktG, § 93 Rn. 16.
[186] Schwintowski, NJW 1990, 1009, 1013.
[187] Schwintowski, NJW 1990, 1009, 1010.
[188] Lutter/Krieger, a.a.O., Rn. 225.

Aufsichtsrats. Vielmehr ist dies eine Frage der aktienrechtlichen Zuständigkeitsverteilung, wonach der Aufsichtsrat ein „Innenorgan" der Gesellschaft ist.[189]

2. Persönlicher Umfang der Verschwiegenheitspflicht

2.1 Grundsätzlich keine Differenzierung bei unterschiedlichen Aufsichtsratsmitgliedern und Aufsichtsratsgruppierungen

Die Verschwiegenheitspflicht richtet sich grundsätzlich an alle Auf-   **519**
sichtsratsmitglieder in der gleichen Weise, entsprechend dem Grundsatz der gleichen Rechtsstellung aller Aufsichtsratsmitglieder. Früher war in der Literatur umstritten, ob der Umfang der Schweigepflicht für Arbeitnehmer- und Anteilseignervertreter in der gleichen Weise gilt. Dieser Streit hat seit der Bayer-Entscheidung an Bedeutung verloren; die teilweise befürwortete Differenzierung wird heute nur noch vereinzelt vertreten.[190] Laut *BGH* obliegt die Schweigepflicht „jedem Organmitglied"[191]. Eine Gleichbehandlung habe der Gesetzgeber bei der Regelung der Schweigepflicht durch eine geänderte Fassung ausdrücklich festgestellt.[192]

Die Geheimhaltungspflicht besteht gegenüber Dritten, d. h. gegenüber   **520**
allen Personen, die nicht Mitglied des Aufsichtsrats oder des Vorstands sind. Geheimnisse und vertrauliche Angaben sind z. B. gegenüber Aktionären, dem Betriebsrat, Mitarbeitern oder gegenüber Banken in der gleichen Weise zu wahren.[193] Unter Organmitgliedern (Aufsichtsrats- oder Vorstandsmitglieder) besteht hingegen grundsätzlich keine Pflicht zur Verschwiegenheit (Ausnahme: Ein Organmitglied ist selbst von einem bestimmten Sachverhalt in finanzieller oder sonstiger Weise betroffen).

---

[189] Schwintowski, NJW 1990, 1009, 1010.
[190] Vgl. Säcker, NJW 1986, 803, 803.
[191] BGHZ 64, 325, 327.
[192] BGHZ 64, 325, 330; unter Hinweis auf die Begründung zu § 93 AktG, abgedruckt bei Kropff, AktG, S. 122.
[193] Ganz h.M., vgl. Lutter/Krieger, a.a.O., Rn. 112. Zu dem Sonderproblem, auf welche Weise die Verschwiegenheitspflicht von Mitarbeitern der Aufsichtsratsmitglieder rechtlich gesichert werden kann, vgl. Lutter/Krieger, DB 1995, 257 ff.

2.2 Verschwiegenheitspflicht bei politisch legitimierten Aufsichtsratsmitgliedern

521 Eine Besonderheit ergibt sich bei politisch legitimierten Aufsichtsratsmitgliedern aufgrund §§ 394, 395 AktG. Aufsichtsratsmitglieder, die auf Veranlassung einer Gebietskörperschaft in den Aufsichtsrat entsandt wurden, dürfen gemäß § 394 AktG ihrem Vorgesetzten berichten. In diesem Fall geht die Vertraulichkeitspflicht auf den Vorgesetzten über, § 395 AktG.

522 Darüber hinaus stellt sich allgemein die Frage, wie es mit der Verschwiegenheitspflicht in von der öffentlichen Hand beherrschten Unternehmen bestellt ist. Diese Problematik ist von erheblicher praktischer Relevanz, da öffentliche Unternehmen zunehmend in privatrechtlicher Rechtsform betrieben werden (Beispiele: Staatliche Bankinstitute, Messegesellschaften, VEBA, Salzgitter AG usw.)[194]. In neuester Zeit wurde von Fraktionen und einzelnen Mitgliedern von Gemeinderäten die Forderung aufgestellt, daß z. B. Aufsichtsratsmitglieder, die auf Veranlassung der Gemeinde in den Aufsichtsrat gewählt wurden, dem Rat über die aus ihrer Aufsichtsrattätigkeit erlangten geheimhaltungsbedürftigen Tatsachen Bericht zu erstatten haben.[195]

523 Im Schrifttum wird ein solcher Informationsanspruch der Gemeinde- oder Landesparlamente verneint.[196] Zum einen würden öffentlich-rechtliche Normen fehlen, die, wie es § 394 AktG voraussetzt, die entsandten Aufsichtsratsmitglieder zu einer entsprechenden Berichterstattung verpflichten. Im übrigen würde aus § 395 AktG deutlich, daß die Verschwiegenheitspflicht nicht durchbrochen, sondern nur „nach oben" hin verlagert wird.

3. Fallgruppen und -gestaltungen zur Verschwiegenheitspflicht

524 Die Sachverhalte, bei denen der Aufsichtsrat zum Stillschweigen verpflichtet ist, lassen sich grob in drei Fallgruppen einteilen:

a) Sachliche Gegenstände, die einen vertraulichen Charakter haben;

b) Beratungen und Abstimmungen des Aufsichtsrats, d. h. Fallgestaltungen, bei denen die Arbeitsfähigkeit des Aufsichtsrats betroffen ist sowie

c) Fälle, bei denen Rechte und Interessen Dritter betroffen sind.

---

[194] Weitere Beispiele bei Schwintowski, NJW 1990, 1009, 1009.

[195] Vgl. vertiefend das Gutachten von Schmidt-Aßmann/Ulmer, BB Beilage 13 zu Heft 27/1988, S. 3 ff.

[196] Schwintowski, NJW 1990, 1009, 1014; Lutter/Krieger, a.a.O., Rn. 113; jeweils m.w.N.

3.1 Sachliche Gegenstände mit vertraulichem Charakter

Ein Vertraulichkeitsgebot ergibt sich zum einen bei bestimmten sach- **525**
lichen Gegenständen. Im Schrifttum gibt es hierzu kein einheitliches
Bild. Vieles wird auch vom Einzelfall abhängen. Die folgende Darstellung ist daher nur beispielhaft und ohne Anspruch auf Vollständigkeit
zu verstehen.

(1) Nach einer Auflistung von *Lutter/Krieger* ist der Aufsichtsrat bei **526**
folgenden Gegenständen zum Stillschweigen verpflichtet:[197]

– Kenndaten **527**

Zu den wichtigsten Geheimnissen eines Unternehmens gehören die
Kenndaten zur Kontrolle der eigenen Leistung. Die Kenndaten erfassen etwa den Umsatz pro Mitarbeiter, die Relation zwischen Umsatz
und Ertrag, den return of investment, die Kostenstruktur, die Markt-
anteile usw. Diese Daten sind deshalb so wichtig, weil es bei einer
Weitergabe an Konkurrenzunternehmen diesen ermöglicht wird,
Gegenstrategien zu entwickeln.

– Technik und Wissenschaft **528**

Aus diesem Bereich liegt sind typische Geheimnisse die Forschungs-
vorhaben, Forschungsrichtungen, Forschungsergebnissen, techni-
schen Entwicklungen und Fertigungsverfahren, Produktentwicklun-
gen und Produktionsverfahren.

– Kaufmännischer Bereich **529**

Aus dem kaufmännischen Bereich sind zu nennen das geplante
Marketing und die Absatzstrategie, die Kundenliste, die Werbestrate-
gie und die Werbepläne.

– Finanzieller Bereich **530**

Typische Geheimnisse sind die Daten zum cash flow, der Ertragslage
einzelner Unternehmensbereiche und der Tochtergesellschaften, die
Kreditverträge mit Lieferanten, Kunden und Banken, der Gewinn pro
Aktie etc. (neben den bereits oben genannten Kenndaten).

– Planungsbereich **531**

Im Planungsbereich liegen besonders bei der Investitionsplanung, der
Produktplanung und der allgemeinen Unternehmensplanung (z. B.
geplante Tätigkeit im Ausland, Unternehmenszusammenschlüsse)
typischerweise Geheimnisse vor.

---

[197] Lutter/Krieger, a.a.O., Rn. 107 ff.

532 (2) Ein ähnlicher Katalog findet sich bei *Lutter*[198]. Er faßt die sachlichen Gegenstände, bei denen die Vertraulichkeit zu wahren ist, allgemein unter zwei Fallgruppen zusammen. Das sei zum einen die Fallgruppe derjenigen Gegenstände, bei denen die Wettbewerbsfähigkeit der Gesellschaft im besonderen Ausmaß betroffen ist und zum anderen solche Gegenstände, wo ein verwertbares Insiderwissen vorzeitig an „Bevorzugte" weitergeben werden kann.

533 (3) Nach Auffassung von *Hefermehl* ist bei folgenden Gegenständen Vertraulichkeit zu wahren:

534 Produktionsvorhaben, Fabrikationsvorhaben, Erfindungsleistungen, Konstruktionen, Kalkulationen, Absatzplanung, Finanzpläne, Kundenlisten.

3.2 Beratungen und Abstimmungen des Aufsichtsrats

535 Die Verschwiegenheitspflicht soll bei dieser Fallgruppe die Arbeits- und Funktionsfähigkeit des Aufsichtsrats sichern. Der *BGH* führt in dem Bayer-Urteil hierzu aus:

536 „Stünde es einem Mitglied frei, alle Vorgänge, die ihm bei den Beratungen des Aufsichtsrats zur Kenntnis kommen, alsbald in die Öffentlichkeit zu tragen, so wäre zum Schaden des Unternehmens – eine vertrauensvolle Zusammenarbeit im Aufsichtsrat und eine unbefangene Meinungsäußerung und Meinungsbildung seiner Mitglieder in Frage gestellt. Solche Vorgänge unterliegen daher im weitesten Umfang der Schweigepflicht".

Im einzelnen ist hier jedoch zu differenzieren:

3.2.1 Mitteilung des Abstimmungsergebnisses

537 Hinsichtlich des Verlaufs- und Abstimmungsergebnisses von Aufsichtsratssitzungen oder -verhandlungen stellt das Bayer-Urteil klar, daß diese Gegenstände im weitesten Umfang der Schweigepflicht unterliegen und „nicht oder nicht zur Unzeit nach außen dringen dürfen"[199]. Dem wird in der Literatur grundsätzlich zugestimmt,[200] mitunter jedoch unter der Einschränkung, daß der konkrete Inhalt des Abstimmungsergebnisses selbst unter die von § 93 Abs. 1 S. 2 AktG aufgeführten Tatbestände subsumiert werden kann.[201]

---

[198] Lutter, a.a.O., S. 162.
[199] BGHZ 64, 325, 330 u. 332.
[200] Lutter/Krieger, a.a.O., Rn. 105, m.w.N.
[201] Hefermehl, in: Geßler/Hefermehl, AktG, § 116 Rn. 27.

3.2.2 Gegenstand von Aufsichtsratsverhandlungen

Von dem Abstimmungsergebnis ist laut *BGH* der jeweilige „Gegen-   **538**
stand" der Verhandlungen zu trennen, welcher wenigstens nicht
uneingeschränkt einem Verschwiegenheitsgebot unterliege:

> „Es kann gerade im Interesse des Unternehmens notwendig werden, eine   **539**
> im Aufsichtsrat besprochene Angelegenheit anderweitig in einem geschlos-
> senen Kreis oder auch öffentlich zu erörtern, um Mißstände auszuräumen,
> Gerüchten entgegenzutreten, Unruhen zu vermeiden oder sonst die Bezie-
> hungen und das Bild der Gesellschaft nach innen und außen günstig zu
> beeinflussen; wann dies der Fall ist, läßt sich nicht nach starren Regeln,
> sondern nur für den Einzelfall entscheiden (...).“[202]

3.2.3 Abstimmungsverhalten anderer Aufsichtsratsmitglieder

Laut *BGH* soll außerdem „vor allem die Stimmabgabe anderer Auf-   **540**
sichtsratsmitglieder" bei Beschlüssen des Aufsichtsrats der Verschwiegenheitspflicht unterliegen.[203] Dieser Betrachtungsweise wird
in der Literatur nahezu einhellig zugestimmt.[204] Schließlich habe das
einzelne Aufsichtsratsmitglied alleine darüber zu befinden, ob es sein
eigenes Abstimmungsverhalten in der Öffentlichkeit bekanntgeben
möchte. Die übrigen Aufsichtsratsmitglieder hätten dies Entscheidungsfreiheit zu beachten.

3.2.4 Mitteilung des eigenen Abstimmungsverhaltens

Umstritten ist hingegen, ob auch die eigene Stimmabgabe der Öffent-   **541**
lichkeit bekanntgegeben werden darf, beispielsweise ob man für oder
gegen das Projekt X gestimmt habe.

Im Bayer-Urteil findet sich hierzu keine explizite Aussage. Vornehmlich   **542**
im Umkehrschluß aus dem Bayer-Urteil wird dies im Schrifttum überwiegend für zulässig gehalten,[205] weil dort nur die Stimmabgabe
„anderer Aufsichtsratsmitglieder"[206] für vertraulich erklärt wird. Ein
solches Ergebnis lasse sich aber auch aus der Souveränität und
Verantwortlichkeit des einzelnen Aufsichtsratsmitglieds schließen.

Nach anderer Auffassung soll dies nicht möglich sein, wenn hierdurch   **543**
zugleich auch das Abstimmungsverhalten der übrigen Aufsichtsrats-

---

[202] BGHZ 64, 325, 331.
[203] BGHZ 64, 325, 332.
[204] Lutter/Krieger, a.a.O., Rn. 105; Säcker, NJW 1986, 803, 807; jeweils m.w.N.
[205] Säcker, NJW 1986, 803, 807; m.w.N.
[206] BGHZ 64, 325, 332.

mitglieder offenbart wird; aber auch nicht in den übrigen Fällen, da eine Offenbarung den Druck von außen auf das betreffende Mitglied und auch auf die anderen Mitglieder vergrößere.[207]

544 In der Praxis wird diese Streitfrage dann erheblich, wenn Arbeitnehmer- oder Anteilseignervertreter ihr Stimmverhalten ihren „Wählern" mitteilen möchten. Eine Mitteilung des eigenen Abstimmungsverhaltens kann wünschenswert sein, um das Vertrauen der Wahlgruppe zu erlangen und so erneut einen der begehrten Aufsichtsratsposten zu erreichen. In der Praxis wird hiervon reger Gebrauch gemacht.[208] Unabhängig davon, ob man dies für rechtlich zulässig hält, wird ein Verstoß gegen die Verschwiegenheitspflicht jedoch immer dann vorliegen, wenn der notwendigerweise ebenfalls mitgeteilte Beschlußgegenstand selbst zu den verschwiegenheitspflichtigen Gegenständen gehört.[209]

3.3 Vertraulichkeit wegen Rechten und Interessen Dritter

545 Vertraulichkeit ist schließlich bei den Fallgestaltungen zu wahren, in den Rechte und Interessen Dritter betroffen sind. Insbesondere gilt dies hinsichtlich aller im Aufsichtsrat erörterten und beurteilten Personalien von Mitarbeitern oder auch außenstehenden Personen.[210]

546 Ein besonders sensibler Bereich sind dabei Fragen des Gehalts. In die Zuständigkeit des Aufsichtsrats fällt die Erörterung der Gehälter der Vorstandsmitglieder und der leitenden Mitarbeiter. Hierbei ist striktes Stillschweigen zu wahren.[211] Gleiches gilt bei unternehmensexternen Personen, über deren Einstellung im Aufsichtsrat beraten wird.

4. Grenzen der Verschwiegenheitspflicht

4.1 Einschränkung der Schweigepflicht im Interesse des Unternehmens?

547 Maßgebend für das Geheimnis und die Verschwiegenheitspflicht ist allein das Interesse der Gesellschaft.[212] Es kann aber zu Situationen kommen, in denen es gerade im Interesse des Unternehmens liegt, daß bestimmte Dinge offenbart werden. In solchen Fällen muß die Schweigepflicht zurücktreten.

[207] Lutter/Krieger, a.a.O., Rn. 105.
[208] Säcker, NJW 1986, 803, 808.
[209] Lutter/Krieger, a.a.O., Rn.106; Säcker, NJW 1986, 803, 808.
[210] Lutter, a.a.O., S. 159.
[211] Lutter, a.a.O., S. 160 f.; mit Hinweisen zur Gegenansicht.
[212] BGHZ 64, 325, 329.

Dies wird vor allem bei Konfliktlagen deutlich. So kann einer Gesell- **548** schaft durch die Offenbarung eines Geheimnisses ebenso ein Nachteil entstehen (etwa Verlust von Vertrauen beim Vertragspartner) wie durch die fortdauernde Geheimhaltung (z. B. Unruhe in der Belegschaft, Streiks). Eine Weitergabe von vertraulichen oder geheimen Angaben ist dann geboten, wenn hierdurch ein anderer, ebenso wesentlicher oder noch größerer Nachteil für das Unternehmensinteresse vermieden werden kann.[213] Dies darf allerdings nur in dem Umfang geschehen, in welchem es auch tatsächlich erforderlich ist. Beispiel:[214] Geht es um finanzielle Schwierigkeiten des Unternehmens, so darf nur mit den Personen gesprochen werden, welche bei der Beseitigung der Finanzkrise auch mithelfen können. Eine Information der Öffentlichkeit wäre hingegen nicht erforderlich und hätte daher zu unterbleiben.

Die Verschwiegenheitspflicht tritt im Interesse der Gesellschaft auch **549** dann zurück, wenn der Aufsichtsrat Informationen an Berater (Wirtschaftsprüfer, Rechtsanwälte usw.) weitergibt.[215] Die Vertraulichkeit ist dann dadurch gesichert, daß solche Personen ihrerseits einem Berufsgeheimnis unterliegen.

4.2 Einschränkung der Verschwiegenheitspflicht aus öffentlichen Interessen?

Da die Schweigepflicht allein dem Interesse des Unternehmens dienen **550** soll, ergibt sich im Umkehrschluß, daß die Interessen Dritter oder der Öffentlichkeit hierbei keine Rolle spielen können.[216] Es kann also nicht Aufgabe des Aufsichtsrats sein, als Informant von Behörden oder als Informant der Allgemeinheit aufzutreten.

Hat der Aufsichtsrat z. B. Zweifel, ob ein bestimmtes Vorhaben des **551** Vorstands kartellrechtlich zulässig ist, darf er nicht im Interesse der Öffentlichkeit das Bundesamt für Kartellwesen vorab informieren. Hat der Aufsichtsrat z. B. Bedenken gegen den ökologischen Betrieb einer Fertigungsanlage, so kann er in beratender Weise den Vorstand auf den rechten Weg zu bringen versuchen, er darf aber nicht die Öffentlichkeit über die Medien informieren. Wird in einer Strukturkrise zwischen dem Vorstand und dem Aufsichtsrat die Frage besprochen, ob Schrumpfungsmaßnahmen erforderlich sind, so wäre es

---

[213] Lutter/Krieger, a.a.O., Rn. 115; Lutter, a.a.O., S. 139 f.
[214] Beispiel nach Lutter, a.a.O., S. 140.
[215] Hefermehl, in: Geßler/Hefermehl, AktG, § 93 Rn. 21.
[216] Lutter, a.a.O., S. 140 f.

unzulässig, diese Beratungen etwa einer Betriebsversammlung oder der Presse mitzuteilen.[217]

552 Etwas anderes wäre denkbar, wenn es gerade im Unternehmensinteresse liegt, daß eine Behörde oder die Öffentlichkeit über bestimmte Vorhaben informiert wird.[218] In einem solchen Fall decken sich das öffentliche Interesse und das Interesse der Gesellschaft.

4.3 Unzumutbarkeit

553 Es kann Situationen geben, in denen es für ein Aufsichtsratsmitglied unzumutbar ist, über eine geheimzuhaltende Tatsache Stillschweigen zu bewahren, so daß bei einer Abwägung ausnahmsweise das Geheimhaltungsinteresse der Gesellschaft dem Eigeninteresse des Aufsichtsratsmitglieds zurücktreten muß.[219]

554 So kann es für ein Aufsichtsratsmitglied unzumutbar werden, Stillschweigen zu wahren, wenn es in der Öffentlichkeit persönlich angegriffen wird.[220] Das gleiche gilt, wenn die betreffende Person sich nur so gegen eine Abberufung zur Wehr setzen kann. Eine Veröffentlichung von Interna kann ausnahmsweise auch bei der Verteidigung eigener materieller Interessen erforderlich werden.[221]

555 Eine Ausnahme von der Schweigepflicht kann jedoch nur in besonderen Ausnahmesituationen gerechtfertigt sein. Nicht jede kleine Unannehmlichkeit erlaubt die Preisgabe von Geheimnissen und vertraulichen Angaben.[222]

4.4 Durchbrechung der Verschwiegenheitspflicht aufgrund Art. 5 GG?

556 Angesichts des Grundrechts der allgemeinen Meinungsfreiheit liegt der Gedanke nahe, die Verschwiegenheitspflicht an diesem Grundrecht zu messen und verfassungsmäßig einschränkend zu interpretieren.[223] Dabei ist jedoch zu beachten, daß der Aufsichtsrat selbst bzw. Gruppen von Aufsichtsratsmitgliedern nicht grundrechtfähig i.S.d. Art. 19 Abs. 2 GG sind. Aber auch für einzelne Aufsichtsratsmitglieder

---

[217] Beispiele nach K. Schmidt, Gesellschaftsrecht, § 28 III (Beispiel Nr. 15).
[218] Säcker, NJW 1986, 803, 804 f.
[219] Hefermehl, in: Geßler/Hefermehl, AktG, § 93 Rn. 22; Hüffer, AktG, § 93 Rn. 8.
[220] Hefermehl, in: Geßler/Hefermehl, AktG, § 93 Rn. 22; Lutter/Krieger, a.a.O., Rn. 115.
[221] Mertens, in: Kölner Komm, § 93 Rn. 83.
[222] Lutter/Krieger, a.a.O., Rn. 115.
[223] Säcker, NJW 1986, 803, 803 f.

gilt im Ergebnis nichts anderes. § 93 Abs. 1 S. 2 AktG i.V.m. § 116 AktG ist ein allgemeines Gesetz gemäß Art. 5 Abs. 2 GG und daher eine Schranke dieses Grundrechts. Bei einer Auslegung gemäß der Wechselwirkungslehre des BVerfG ist vorrangig das Interesse der Gesellschaft an strikter Einhaltung der Verschwiegenheitspflicht zu beachten.[224] Eine Einschränkung der allgemeinen Meinungsfreiheit ergibt sich zudem aus der allgemeinen Treuepflicht gegenüber der Gesellschaft, wonach die Aufsichtsratsmitglieder zur vertrauensvollen Zusammenarbeit verpflichtet sind.[225]

5. Dauer der Verschwiegenheitspflicht

Die Verschwiegenheitspflicht endet nicht mit Dauer des Aufsichtsrats-   **557**
amtes, sondern besteht auch nach Ausscheiden aus dem Amt. Insoweit kommt eine nachwirkende Treuepflicht aus der früheren Mitgliedschaft im Aufsichtsrat zum Tragen.[226]

6. Sicherung der Verschwiegenheitspflicht

In Anbetracht der pluralistischen, oft widerstreitenden Interessen der   **558**
einzelnen Aufsichtsratsmitglieder besteht potentiell die Möglichkeit, daß es zu Verletzungen der Verschwiegenheitspflicht kommt. Tatsächlich gab und gibt es eine nicht unbeträchtlichen Zahl von Fällen, in denen sich Aufsichtsratsmitglieder als „fremdbestimmt" erwiesen haben und Geheimnisse an Dritte weitergegeben haben. Einige Beispiele hierfür:

– Aufsichtsratsmitglieder informieren Bundeskartellamt „zur vertrau-   **559**
lichen Verwendung".[227]

– Aufsichtsratsmitglieder informieren betriebliche Öffentlichkeit über   **560**
Absicht der Dividendenerhöhung und Abstimmungsverhalten der übrigen Arbeitnehmervertreter im Aufsichtsrat.[228]

– Vertrauliche Vorstandsberichte, WP-Berichte und Personalinfor-   **561**
mationen gelangen aus dem Aufsichtsrat an die Presse.[229]

Folglich stellt sich die Frage, in welcher Weise die Verschwiegenheits-   **562**
pflicht abgesichert werden kann.

---

[224] Lutter/Krieger, a.a.O., Rn. 96; einschränkend Säcker, NJW 1986, 803, 804.
[225] Schwintowski, NJW 1990, 1009, 1010.
[226] Hüffer, AktG, § 93 Rn. 7; OLG Koblenz, WM 1987, 480, 481.
[227] LG Frankfurt, NJW 1987, 505 ff.
[228] AG München, ZIP 1985, 1139 ff.
[229] Fundstellen und weitere Beispiele bei Claussen, AG 1981, 57, 63.

6.1 Sanktionen

563 Zunächst ist einmal an die Sanktionsmöglichkeiten des Aktienrechts zu denken. Verletzt ein Aufsichtsratsmitglied schuldhaft seine Schweigepflicht, so unterliegt es der Strafdrohung des § 404 AktG. Daneben ist eine Klage des Vorstands auf Schadensersatz oder Unterlassung gemäß § 116 AktG i.V.m. § 93 Abs. 2 AktG möglich. Der Aufsichtsrat selbst kann einen Antrag auf Abberufung des betreffenden Aufsichtsratsmitglieds gemäß § 103 Abs. 3 AktG stellen.[230] Zu den Einzelheiten des Innenrechtsstreits vgl. im übrigen Teil 4.

6.2 Einschränkung oder Erweiterung der Verschwiegenheitspflicht durch Satzung oder Geschäftsordnung

564 Weiterhin stellt sich die Frage, ob die Grenzen der Verschwiegenheitspflicht vorab festgelegt werden können.

565 Diese Problematik lag der bereits erwähnten „Bayer-Entscheidung" des *BGH* zugrunde. Zwischen einem Arbeitnehmervertreter im Aufsichtsrat der Bayer-AG und dem Aufsichtsratsvorsitzenden kam es wegen einer Presseveröffentlichung des Arbeitnehmervertreters zu Meinungsverschiedenheiten über Umfang und Grenzen der Verschwiegenheitspflicht. Daraufhin beschloß der Aufsichtsrat mehrheitlich folgende Geschäftsordnungsklausel:

566 „Grundsätzlich sind alle Kenntnisse, die ein Aufsichtsratsmitglied in seiner Eigenschaft erfährt, als Firmengeheimnis geheimzuhalten. Insbesondere haben die Mitglieder des Aufsichtsrats über Gegenstand, Verlauf und Ergebnis der Sitzungen und sonstigen (auch z. B. schriftliche, telegrafischen und fernmündlichen) Verhandlungen volles Stillschweigen zu bewahren. Der Aufsichtsratsvorsitzende kann im Einvernehmen mit dem Vorstand Ausnahmen gestatten, soweit dies im Interesse der Gesellschaft liegt."

567 Der Arbeitnehmervertreter, der gegen diesen Beschluß gestimmt hatte, klagte auf Nichtigerklärung. Der *BGH* gab ihm recht.[231] Nach Auffassung des *BGH* ist das gesetzliche Verschwiegenheitsgebot im Aktiengesetz zwingend und abschließend geregelt. Es kann durch Satzung oder Geschäftsordnung nicht verschärft werden.

---

[230] Ausführlich dazu Lutter/Krieger, a.a.O., Rn. 119.
[231] BGHZ 64, 325. Zustimmend Lutter, a.a.O., S. 190 ff.; K. Schmidt, Gesellschaftsrecht, S. 283 (Beispiel 16); Säcker, NJW 1986, 803, 809.

6.3 Richtlinien zur Sicherung der Vertraulichkeit

Eine andere Möglichkeit zur Sicherung der Vertraulichkeit ist für den   **568**
Aufsichtsrat, entsprechende Richtlinien mit einem nur empfehlenden
Inhalt zu beschließen. Solche „Richtlinien zur Sicherung der Vertraulichkeit" wurden von *Lutter* erarbeitet.[232] Rechtsändernde oder nur
ergänzende Wirkung können und sollen diese Richtlinien wegen § 23
Abs. 5 AktG nicht haben. Als Interpretationshilfe sind solche Richtlinien
aber als rechtlich zulässig zu erachten.[233]

IV. Offenbarungspflichten des Aufsichtsrats

Die Verschwiegenheitspflicht des Aufsichtsrats wird durchbrochen   **569**
durch die Pflichten, Informationen gegenüber Außenstehenden zu
offenbaren.[234]

1. Offenbarungspflichten gegenüber der öffentlichen Verwaltung

Eine Verdrängung der Verschwiegenheitspflicht des Aufsichtsrats aus   **570**
§ 93 Abs. 1 S. 2 AktG ergibt sich aufgrund spezialgesetzlicher Regelungen zugunsten der öffentlichen Verwaltung. Als solche kommen in
Betracht:

- §§ 90, 93, 97 AO (Steuerverwaltung)

- § 24 b GewO (Gewerbebehörden)

- § 34 KreditwesenG, § 83 VersAufsG (Spezielle Aufsichtsämter)

An die Stelle der Verschwiegenheitspflicht des Aufsichtsrats tritt in   **571**
diesen Fällen die Schweigepflicht der mit der Sache befaßten Beamten
oder Angestellten im öffentlichen Dienst.

2. Anzeigepflicht gemäß § 138 StGB

Die Schweigepflicht wird weiterhin durch § 138 StGB (Nichtanzeige   **572**
geplanter Straftaten) durchbrochen.

---

[232] Lutter., a.a.O., S. 213 ff. (Grundsätzliches) und S. 222 ff. (Inhalt von Vertraulichkeits-
        richtlinien).
[233] K. Schmidt, Gesellschaftsrecht, § 283 f.
[234] Ausführlich hierzu Lutter, a.a.O., S. 168 f.

3. Zeugnis- und Verweigerungsrecht

573 Eine Durchbrechung der Schweigepflicht könnte sich auch aus der allgemeinen Aussage- und Zeugnispflicht ergeben. Ein Zeugnisverweigerungsrecht gilt jedenfalls im Zivilprozeß aufgrund § 384 Nr. 3 ZPO, wonach Gewerbegeheimnisse nicht offenbart werden müssen. § 384 Nr. 3 ZPO gilt jedenfalls für Informationen, die dem Aufsichtsrat bei Ausübung seiner Tätigkeit zur Kenntnis gelangen.[235] Teilweise wird ein Zeugnisverweigerungsrecht auch aus § 383 Abs. 1 Nr. 6 ZPO abgeleitet.[236] Im Strafprozeß ergibt sich aus § 93 Abs. 1 S. 2 AktG hingegen kein Zeugnisverweigerungsrecht i.S.d. §§ 52 ff. StPO[237].

---

[235] Greger, in: Zöller, ZPO, § 384 Rn. 7.

[236] Vgl. Hüffer, AktG, § 93 Rn. 9; Lutter, a.a.O., S. 169.

[237] Hefermehl, in: Geßler/Hefermehl, AktG, § 93 Rn. 19; Mertens, in: Kölner Komm, § 93 Rn. 85; Hüffer, AktG, § 93 Rn. 9.

B. Zustimmungsvorbehalte des Aufsichtsrats nach § 111 Abs. 4 S. 2 AktG

I. Aktuelle Rechtslage

1. Zweck der Regelung

Die Satzung und der Aufsichtsrat können gemäß § 111 Abs. 4 S. 2 AktG **574** bestimmen, daß bestimmte Arten von Geschäften nur mit Zustimmung des Aufsichtsrats vorgenommen werden können. Die Vorschrift dient dem Aufsichtsrat zur Erfüllung seiner Überwachungsaufgabe, indem er durch das Erfordernis der Zustimmung für gewisse Geschäfte über diese auf dem laufenden bleibt und nicht erst nachträglich von diesen erfährt.[238] Daneben gibt § 111 Abs. 4 S. 2 AktG dem Aufsichtsrat die Möglichkeit, mittelbar Einfluß auf Maßnahmen der Geschäftsführung zu nehmen. Zwar kann der Aufsichtsrat dem Vorstand nicht vorschreiben, wie dessen Geschäftsführung auszusehen hat, er kann aber vom Vorstand beabsichtigte Maßnahmen verhindern. § 111 Abs. 4 S. 2 AktG überträgt dem Aufsichtsrat folglich eine Mitverantwortung für die Geschäftsführung.[239]

2. Einrichtung von Zustimmungsvorbehalten

2.1 Einrichtung durch Satzung oder durch den Aufsichtsrat

Die Einrichtung von zustimmungsbedürftigen Geschäften kann durch **575** die Satzung oder den Aufsichtsrat angeordnet werden. Wurde in der Satzung die Zustimmungspflicht geregelt, so kann der Aufsichtsrat nichts Gegenteiliges anordnen und auf diese Weise die Satzung aushebeln.[240] Umgekehrt kann die Satzung das Recht des Aufsichtsrats zur Anordnung weiterer Zustimmungsvorbehalte nicht ausschließen oder beschränken.[241] Ausschüsse des Aufsichtsrats hingegen können keine Zustimmungsvorbehalte festlegen.[242]

---

[238] Geßler, in: Geßler/Hefermehl, AktG, § 111 Rn. 62.
[239] Geßler, in: Geßler/Hefermehl, AktG, § 111 Rn. 62.
[240] Hüffer, AktG, § 111 Rn. 17; Geßler, in: Geßler/Hefermehl, AktG, § 111 Rn. 63; Mertens, in: Kölner Komm, § 111 Rn. 59.
[241] H.M.; Geßler, in: Geßler/Hefermehl, AktG, § 111 Rn. 63; Godin-Wilhelmi, AktG, § 111 Anm. 5; Lutter/Krieger, a.a.O., Rn. 36; Mertens, in: Kölner Komm, § 111 Rn. 59; a.A. Baumbach/Hueck, AktG, § 111 Rn. 10. Ausführlich zu dem Streitstand, siehe Götz, ZGR 1990 S. 634 ff.
[242] Mertens, in: Kölner Komm, § 111 Rn. 59 u. 64.

2.2 Ad-hoc-Zustimmungsvorbehalte

576 Die Einrichtung eines Zustimmungsvorbehalts geschieht durch Beschluß des Aufsichtsrats. Ob der Aufsichtsrat einen Zustimmungsvorbehalt anordnet, obliegt grundsätzlich seinem pflichtgemäßen Ermessen. Dieses Ermessen kann sich aber zu einer Pflicht verdichten, wenn dies zur gewissenhaften Kontrolle des Vorstands erforderlich ist, etwa wenn nur durch eine solche Anordnung eine gesetzeswidrige Maßnahme des Vorstands verhindert werden kann.[243] Durch den Verzicht auf eine solche Anordnung kann der Aufsichtsrat sogar schadensersatzpflichtig werden.[244]

2.3 Einrichtung durch Beschluß

577 Ein Zustimmungsvorbehalt kann aufgrund gegebenen Anlasses vom Aufsichtsrat auch ad hoc beschlossen werden. Dies kann dann erforderlich sein, wenn der Aufsichtsrat Absichten des Vorstands für unvertretbar hält, etwa wenn sich der Vorstand in der Erörterung trotz gewichtiger Gegenargumente nicht überzeugen läßt.[245]

3. Umfang und Grenzen

3.1 „Geschäft"

578 Der Begriff des „Geschäfts" ist im weitesten Sinne zu verstehen.[246] Hierunter fallen nicht nur nach außen wirkende Rechtsgeschäfte des Vorstands, sondern auch unternehmensinterne Maßnahmen wie z. B. Investitionsentscheidungen oder das jährliche Investitionsbudget. Insbesondere langfristige Planungsentscheidungen können im Hinblick auf eine effektive Überwachung zustimmungspflichtig sein.[247]

3.2 „Bestimmtes Geschäft"

579 In Betracht kommen gemäß § 111 Abs. 4 S. 2 AktG nur „bestimmte Arten von Geschäften". Ausgeschlossen sind nach dem Gesetzeswortlaut generalklauselartige Zustimmungsvorbehalte etwa für „alle

---

[243] BGHZ 124, 111, 127; Hüffer, AktG, § 111 Rn. 17; Lutter/Krieger, a.a.O., Rn. 36; Wellkamp, INF 1995, 338, 341.
[244] Lutter/Krieger, a.a.O., Rn. 36.
[245] Lutter/Krieger, a.a.O., Rn. 36. Ausführlich zu Ad-hoc-Beschlüssen vgl. Mutter, a.a.O., S. 47 f.
[246] Mertens, in: Kölner Komm, § 111 Rn. 58.
[247] Mertens, in: Kölner Komm, § 111 Rn. 58.

bedeutenden Geschäfte". Die vom Zustimmungsvorbehalt erfaßten
Geschäfte müssen vielmehr nach allgemeinen Merkmalen festgelegt
sein.[248] Beispiele hierfür sind die Veräußerung und Belastung von
Grundbesitz der Gesellschaft, die Gründung einer Tochtergesellschaft
im Ausland oder die Aufnahme eines Kredits von mehr als einer
Million DM.[249]

Ausnahmsweise kann auch für ein einzelnes Geschäft die Zustim-   **580**
mung des Aufsichtsrats vorgeschrieben werden.[250] Dies muß dann
aber nach seiner Bedeutung völlig aus dem Kreis der sonstigen
Geschäfte herausragen. Beispiel hierfür ist der Jahresvertrag eines
Zulieferer-Unternehmens mit seinem Hauptkunden.[251]

3.3 Grenze: Geschäftsführungsautonomie des Vorstands

Begrenzt wird das Recht zur Anordnung von Zustimmungsvorbehalten   **581**
durch die Befugnis des Vorstands zu selbständiger Leitung der Gesellschaft gemäß § 76 AktG.[252] Unzulässig wäre es, dem Vorstand durch
eine Aufzählung fast aller Geschäftsarten die selbständige Geschäftsführung praktisch zu nehmen.[253]

Unzulässig sind auch Zustimmungserfordernisse für Maßnahmen des   **582**
gewöhnlichen Geschäftsbetriebs und bloße Routineangelegenheiten.
Zustimmungsvorbehalte dürfen also nur für bedeutsame Geschäfte
angeordnet werden. Dies sind solche Geschäfte, die nach Umfang,
Gegenstand, Bedeutung oder Risiko für ein Unternehmen der betreffenden Größe aus dem routinemäßigen Geschäftsbetrieb herausfallen.[254] Jedoch müssen auch solche Zustimmungsvorbehalte in ihrem
Umfang bestimmt und begrenzt sein. Bedenken bestehen daher
dagegen, die Zustimmung für alle Geschäfte anzuordnen, die den
laufenden Geschäftsbetrieb der Gesellschaft übersteigen.[255]

Unzulässig wäre auch die Klausel, daß alle wichtigen und für die La-   **583**
ge der Gesellschaft bedeutsamen Geschäfte der Zustimmung des

---

[248] Lutter/Krieger, a.a.O. Rn. 37.
[249] Weitere Beispiele bei Lutter/Krieger,a.a.O., Rn. 37.
[250] Lutter/Krieger, a.a.O., Rn. 37.
[251] Beispiel nach Lutter/Krieger, a.a.O., Rn. 37.
[252] Geßler, in: Geßler/Hefermehl, AktG, § 111 Rn. 65; Godin-Wilhelmi, AktG, § 111 Anm. 2; Lutter/Krieger, a.a.O., Rn. 37; Mertens, in: Kölner Komm, § 111 Rn. 61; Wellkamp, INF 1995, 338, 339.
[253] Geßler, in: Geßler/Hefermehl, AktG, § 111 Rn. 65.
[254] Mertens, in: Kölner Kommentar, § 111 Rn. 61.
[255] Geßler, in: Geßler/Hefermehl, AktG, § 111 Rn. 66.

Aufsichtsrats bedürfen.[256] Durch solche Zustimmungsvorbehalte würde der Vorstand zu sehr in seiner Geschäftsführung beschränkt.

3.4 Grenze: Nur negatives Vetorecht des Aufsichtsrats

584 Eine weitere Schranke besteht darin, daß die Satzung oder der Aufsichtsrat nur ein Zustimmungserfordernis anordnen können. Dieses wirkt wie ein Vetorecht; die fragliche Maßnahme muß dann unterbleiben. Nichtig wären daher solche Bestimmungen in der Satzung oder solche Beschlüsse des Aufsichtsrats, nach denen bestimmte Maßnahmen positiv in die Zuständigkeit des Aufsichtsrats fielen. Der Aufsichtsrat kann den Vorstand nicht dazu verpflichten, ein bestimmtes Geschäft vorzunehmen.[257]

4. Erteilung oder Versagung der Zustimmung

4.1 Grundsatz

585 Es liegt im pflichtgemäßen Ermessen des Aufsichtsrats, ob er die Zustimmung erteilt oder verweigert.[258] Eine Verweigerung kommt nicht nur in Betracht, falls das Geschäft nach Auffassung des Aufsichtsrats gegen das Gesetz oder gegen die Satzung verstößt, sondern auch, wenn er dieses in wirtschaftlicher Hinsicht nicht für zweckmäßig hält.[259] Solange die Ansicht des Vorstands vertretbar ist, kann der Aufsichtsrat seine Zustimmung verweigern, muß es aber nicht.

4.2 Verpflichtung des Aufsichtsrats zum Erlaß von Zustimmungsvorbehalten?

586 Eine aktuelle Problematik betrifft die Frage, ob eine völlige Enthaltsamkeit des Aufsichtsrats zur Beschlußfassung von Zustimmungsvorbehalten zulässig ist. In der Praxis kommt es vor, daß Aufsichtsräte keine oder in nicht hinreichendem Umfang Zustimmungsvorbehalte erlassen (vgl. hierzu die Ausführungen in Teil B). Ein völliger Verzicht der Aufnahme von Zustimmungsvorbehalten ist nach der jüngsten *BGH*-Rechtsprechung ermessensfehlerhaft. Beabsichtigt der Vorstand eine rechtswidrige Geschäftsführungsmaßnahme durchzuführen, kann sich das Ermessen des Aufsichtsrats zur Pflicht verdichten, diese

---

[256] Geßler, in: Geßler/Hefermehl, AktG, § 111 Rn. 67.
[257] Hüffer, AktG, § 111 Rn. 18; Geßler, in: Geßler/Hefermehl, AktG, § 111 Rn. 64.
[258] Geßler, in: Geßler/Hefermehl, AktG, § 111 Rn. 68.
[259] Geßler, in: Geßler/Hefermehl, AktG, § 111 Rn. 68.

Maßnahme durch Anordnung eines Zustimmungsvorbehalts zu verhindern.[260] Ein entsprechender ad-hoc-Beschluß des Aufsichtsrats kommt jedoch nur als ultima ratio in Betracht. Wird in einem solchen Falle die Anordnung des Zustimmungsvorbehalts durch Beschluß des Aufsichtsrats abgelehnt, ist dieser Beschluß selbst nach seinem Inhalt gesetzwidrig und als nichtig anzusehen.

Der *BGH* hat sich in seiner Entscheidung auf die Frage der Anordnung **587** eines auf einen speziellen Fall bezogenen ad-hoc-Beschlusses beschränkt. Darüber hinaus wird im Schrifttum derzeit diskutiert, ob und unter welchen Umständen den Aufsichtsrat die Pflicht treffen kann, generelle Zustimmungsvorbehalte zu erlassen.[261]

Zum einen wird die Frage gestellt, ob die Ermessensreduzierung nicht **588** nur gesetzeswidrige, sondern auch satzungswidrige und zweckwidrige Handlungen des Vorstands umfaßt. Es ist naheliegend, bei einer gegen die Satzung verstoßenden Maßnahme des Vorstands ebenfalls die Möglichkeit einer Ermessensreduzierung anzunehmen.[262]

Problematischer ist hingegen, dies auch bei zweckwidrigen Ge- **589** schäftsführungsmaßnahmen des Vorstands anzunehmen. Es besteht die Gefahr, daß der Aufsichtsrat zu sehr in die Geschäftsführung des Vorstands hineinregiert, falls er die Notwendigkeit einer Ermessensreduzierung zu weit auslegt. Nach Auffassung von *Henze* kann sich trotzdem dann eine Ermessensreduzierung ergeben, wenn es sich um besonders bedeutsame Geschäfte oder Maßnahmen handelt, die schlechthin nicht gerechtfertigt werden könnten und zu deren Durchführung ein verantwortungsbewußt denkender Kaufmann zu keiner Zeit bereit wäre.[263]

4.3 Zeitpunkt der Genehmigung

Es ist im Schrifttum umstritten, zu welchem Zeitpunkt der Vorstand die **590** Zustimmung des Aufsichtsrats einzuholen hat. Nach dem Wortlaut kann unter Zustimmung sowohl die vorherige Einwilligung als auch die nachträgliche Genehmigung gemäß §§ 183, 184 BGB verstanden werden. Dennoch ist man sich in der Literatur im Grundsatz darüber einig, daß aufgrund von Sinn und Zweck der Regelung der Vorstand dazu verpflichtet ist, erst den Beschluß des Aufsichtsrats abzuwarten

---

[260] BGHZ 124, 111, 126 f.
[261] Überblick bei Henze, HRR AktienR, S. 213 ff.
[262] Henze, HRR AktienR, S. 214.
[263] Henze, HRR AktienR, S. 214 f.

und bis dahin das Geschäft zurückzustellen.[264] Da ein bereits vorgenommenes Geschäft nur unter großen Schwierigkeiten rückgängig zu machen sei, dürfe der Vorstand den Aufsichtsrat nicht auf diese Weise vor vollendete Tatsachen stellen.

591   Umstritten ist hingegen, ob in dringenden Fällen und bei eilbedürftigen Geschäften ausnahmsweise eine nachträgliche Genehmigung des Aufsichtsrats genügen kann. Die h.M. hält dies unter Hinweis auf den insoweit offenen Wortlaut für zulässig.[265] Nach anderer Auffassung würde eine solche Genehmigung nur noch auf eine rein informative Kontrolle durch den Aufsichtsrat hinauslaufen und dem Charakter des Zustimmungsvorbehalts als präventiver Überwachungsmaßnahme widersprechen.[266] Diese Ansicht wird jedoch nicht den (seltenen) Situationen gerecht, in denen die Sache auch nach bestem Willen des Vorstands keinen Aufschub mehr duldet. In dringenden Ausnahmefällen kann der Vorstand daher auch nachträglich die Zustimmung des Vorstands einholen.

4.4 Übertragung an Ausschüsse

592   Im Einzelfall kann die Entscheidung über die Zustimmung auch einem Aufsichtsratsausschuß übertragen werden.[267] Das Delegationsverbot des § 107 Abs. 3 S. 2 AktG, wonach die Beschlußfassung bei bestimmten Aufgaben dem gesamten Aufsichtsrat vorbehalten ist, erwähnt die Zustimmungsvorbehalte nach § 111 Abs. 4 S. 2 AktG gerade nicht.

4.5 Rückgängigmachung eines Geschäfts

593   Wird die Zustimmung erst nachträglich eingeholt oder verweigert, hängt es von den Umständen des Einzelfalls ab, ob der Vorstand dazu verpflichtet ist, das Geschäft rückgängig zu machen.[268] Dies kommt

---

[264] Baumbach/Hueck, AktG, § 111 Rn. 12; Geßler, in: Geßler/Hefermehl, AktG, § 111 Rn. 71; Lutter/Krieger, a.a.O., Rn. 38; Mertens, in: Kölner Komm, § 111 Rn. 65; a.A: Meyer-Landrut, in: Großkommentar, § 111 Anm. 16, nach dem es dem Ermessen des Vorstands überlassen ist, ob er die Zustimmung vor oder nach Abschluß des Geschäfts einholt.

[265] Geßler, in: Geßler/Hefermehl, AktG, § 111 Rn. 71; Hoffmann-Becking, in: MünchHdb AG, § 19 Rn. 39; Mertens, in: Kölner Komm, § 111 Rn. 65.

[266] Hüffer, AktG, § 111 Rn. 19; Lutter/Krieger, a.a.O., Rn. 38.

[267] OLG Hamburg, AG 1996, 84 f.; Lutter/Krieger, a.a.O., Rn. 38.

[268] Geßler, in: Geßler/Hefermehl, AktG, § 111 Rn. 74.

praktisch selten vor, weil die Rückgängigmachung eines Geschäfts ohne Entstehung größerer Nachteile für das Unternehmen kaum möglich ist.[269]

5. Rechtliche Wirkung der Zustimmung

Billigt der Aufsichtsrat das betreffende Geschäft, so ist der Vorstand dazu berechtigt, dieses durchzuführen. Eine Bindung des Vorstands entsteht dadurch nicht. Er ist nicht zur Durchführung des Geschäfts verpflichtet. Würde man dies annehmen, würde man die Geschäftsführungskompetenz entgegen § 111 Abs. 4 S. 1 AktG auf den Aufsichtsrat verlagern.[270] Billigt der Aufsichtsrat die Durchführung des Geschäfts nicht, so ist der Vorstand hingegen an diese Entscheidung gebunden. Insoweit liegt nach § 76 AktG eine Ausnahme von der umfassenden Geschäfsführungskompetenz des Vorstands vor, indem die (negative) Entscheidung in die Zuständigkeit des Aufsichtsrats verlagert wird.

594

Die Erteilung oder Versagung der Zustimmung ist nur im Innenverhältnis der Gesellschaft von Bedeutung. Das Fehlen der Zustimmung beeinträchtigt die gemäß § 82 Abs. 1 AktG unbeschränkbare Vertretungsbefugnis des Vorstands nach außen nicht. Der Vorstand handelt jedoch pflichtwidrig und macht sich gemäß § 93 Abs. 2 AktG schadensersatzpflichtig, wenn er sich über das fehlende Zustimmungserfordernis hinwegsetzt.

595

Die Erteilung der Zustimmung durch den Aufsichtsrat befreit den Vorstand nicht von dessen eigener Verantwortlichkeit für das betreffende Geschäft. Die Haftung des Vorstands nach § 93 AktG bleibt demnach bestehen.[271]

596

6. Entscheidung der Hauptversammlung im Konfliktfall, § 111 Abs. 4 S. 3 u. 4 AktG

Der Vorstand ist an die Verweigerung der Zustimmung durch den Aufsichtsrat gebunden. Auch eine pflichtwidrig verweigerte Zustimmung muß der Vorstand beachten. Als mögliches Rechtsmittel kommt die Anrufung der Hauptversammlung in Betracht. Diese kann die Zustimmung ihrerseits durch eine Dreiviertelmehrheit ihrer Stimmen erteilen gemäß § 111 Abs. 4 S. 3 u. 4 AktG. In der Praxis kommt dies

597

---

[269] Meyer-Landrut, in: Großkomm, § 111 Anm. 16.
[270] Henze, HRR AktienR, S. 212.
[271] Meyer-Landrut, in: Großkomm, § 111 Anm. 16.

jedoch äußerst selten vor, weil hiermit eine in der Regel nicht erwünschte Publizität verbunden ist, abgesehen von dem erheblichen zeitlichen, organisatorischen und finanziellen Aufwand, welchen das Einrufen der Hauptversammlung mit sich bringt.[272] Von Teilen der Unternehmensrechtskommission des Bundesjustizministeriums von 1980 ist daher vorgeschlagen worden, das Letztentscheidungsrecht der Hauptversammlung wieder zu streichen.[273]

7. Zustimmungsvorbehalte in der Praxis

7.1 Beispiele für Zustimmungskataloge

598 In der Praxis der großen börsengehandelten Aktiengesellschaften erfolgt die Feststellung der zustimmungspflichtigen Geschäftsführungsmaßnahmen meistens in einer Geschäftsordnung für den Vorstand, die der Aufsichtsrat erlassen hat. Diese Lösung hat den Vorteil der größeren Flexibilität für sich, da eine später notwendig werdende Anpassung an veränderte Umstände nicht des formalen Akts der Satzungsänderung bedarf.[274]

599 Im Formularkommentar von *Happ/Lange* ist ein Katalog von zustimmungspflichtigen Geschäften aufgelistet, welcher oft in die Geschäftsordnungen übernommen wird. Zustimmungserforderlich sind demnach u. a.: Investitionsentscheidungen, Kreditaufnahmen und Immobiliengeschäfte ab einer bestimmten Größenordnung, Gründung und Aufgabe von Unternehmen und Zweigniederlassungen, Kooperations- und Konzernmaßnahmen, die Verlegung von Produktionsstätten, größere Rationalisierungsmaßnahmen und Maßnahmen vergleichbarer Bedeutung.[275]

600 Ein weiteres Beispiel bildet der Katalog von zustimmungspflichtigen Geschäften, den die frühere Treuhandgesellschaft den Aufsichtsräten der von ihr verwalteten Unternehmen mit der Bitte zugeleitet hat, entsprechende Zustimmungsvorbehalte einzurichten.[276] Dieser Katalog enthält zum Teil sehr detaillierte Regelungen. Nach Absatz 1 Nr. o) und Nr. p) sollen beispielsweise die Festsetzung der Konditionen für leitende Angestellte und die Erteilung von Ruhegeldzusagen einem

---

[272] Götz, ZGR 1990, 631, 644 f.; Lutter/Krieger, a.a.O., Rn. 38.
[273] Vgl. Bundesministerium der Justiz (Hrsg.), Bericht über die Verhandlungen der Unternehmensrechtkommission, Rn. 325.
[274] May, Die Sicherung des Familieneinflusses auf die börsengehandelte Aktiengesellschaft – zugleich ein Beitrag zur Gestaltungsfreiheit im Aktienrecht, S. 162 f.
[275] Happ/Lange, Formularkommentar Aktienrecht, 8.08 § 9.
[276] Abgedruckt bei Lutter/Krieger, a.a.O., S. 292 f.

Zustimmungsvorbehalt unterworfen werden. Von *Lutter* und *Krieger* wird der Umfang des Treuhand-Katalogs als zu weitgehende Einschränkung der Leitungsautonomie des Vorstands kritisiert.[277]

7.2 Tatsächlicher Gebrauch von Zustimmungskatalogen und Kritik an der gegenwärtigen Praxis

(1) Von solchen Zustimmungskatalogen wird in der Praxis sehr unterschiedlicher Gebrauch gemacht. Viele Gesellschaften haben einen umfangreichen Zustimmungskatalog. Bei zeitlichen Problemen ist eine Delegation an einen Arbeits- oder Eilausschuß denkbar. Andererseits gibt es große Publikumsgesellschaften, die keinen Zustimmungsvorbehalt nach der Satzung vornehmen oder bei denen der Aufsichtsrat dieses Rechts auch nicht durch Beschlußfassung für sich in Anspruch nimmt.[278]

601

(2) Letzterer Befund wird durch eine Studie der IG Metall von Mai 1996 gestützt, die gut 60 Unternehmen umfaßt.[279] Danach besitzen nur 56 Prozent einen Katalog zustimmungspflichtiger Geschäfte für den Aufsichtsrat. Und diese bezögen sich vorwiegend auf Transaktionen, die nicht mehr im Mittelpunkt unternehmenspolitischer Entscheidungen stehen. Nach Ansicht der Gewerkschaft sei dies auch eine Folge der mit der Verabschiedung des Mitbestimmungsgesetzes von 1976 eingeschlagenen Strategie der Anteilseigner, die Entscheidungs- und Gestaltungskompetenz des Aufsichtsrats auf ein Minimum zu reduzieren. Die Untersuchung untermauert nach Meinung der Gewerkschaft die Forderung nach einem Mindestkatalog zustimmungsbedürftiger Geschäfte sowie dessen regelmäßiger Anpassung.

602

Ein Beispiel für diese Praxis liefert – aus Sicht der Gewerkschaft – ein Vorgang, der sich kürzlich bei der Siemens AG zugetragen hat.[280] Dort wurde unlängst der Antrag der Arbeitnehmer-Vertreter im Aufsichtsrat, gewisse Geschäfte zustimmungspflichtig zu machen, von der Mehrheit der Anteilseignerseite und leitenden Angestellten zurückgewiesen. Dem Vorschlag zufolge sollte die Zustimmung bei strategischen Entscheidungen und Investitionen von einer bestimmten Größenordnung an erforderlich sein. Hierzu erklärte Bayerns IG-Metall-Chef

603

---

[277] Lutter/Krieger, a.a.O., S. 294.
[278] Kropff bei Semler: Reformbedarf im Aktienrecht, S. 1 ff.; zur Vinkulierung, S. 20; Kropff, zitiert in: diesem Zusammenhang die ihm gegenüber gemachte Äußerung eines ungenannten Vorstandsvorsitzenden, demzufolge solche Zustimmungspflichten „nur über seine Leiche" zu begründen seien.
[279] Vgl. Süddeutsche Zeitung vom 30. 7. 1996.
[280] Vgl. Süddeutsche Zeitung vom 30. 7. 1996.

B. Zustimmungsvorbehalte des Aufsichtsrats

Werner Neugebauer in einem Gespräch gegenüber der Süddeutschen Zeitung: „Die bisherige Informationspraxis bei Siemens reicht für eine wirksame Kontrolle nicht aus." De facto existiere keine Zustimmungspflicht, der Vorstand informiere nur global. So wurde ein Budget von mehreren Milliarden DM vorgelegt, ohne daß im einzelnen klar war, wofür die Gelder verwendet wurden.

604 (3) Eine empirische Untersuchung zu den tatsächlichen Inhalten der zustimmungspflichtigen Geschäfte von *Girgensohn* kommt zu einem ähnlichem Befund wie die Studie der IG Metall.[281] *Girgensohns* wesentliche Ergebnisse im einzelnen:

605 Der Aufsichtsrat wirkt vor allem bei traditionsgebundenen, kontrollorientierten Geschäften mit, indem diese Entscheidungen zustimmungspflichtig gemacht werden. Beispiele hierfür sind Prokura, Bürgschaft, Kreditgeschäfte, Erwerb von Grundstücken, Bauten und Beteiligungen und Errichtung von Zweigniederlassungen (S. 339).

606 – Zustimmungsvorbehalte finden sich kaum bei unternehmerischen Gestaltungsaufgaben (S. 339).

607 – Der Aufsichtsrat wirkt in Form von Zustimmungsvorbehalten nicht bei den unternehmenspolitisch relevanten Entscheidungen mit, sondern bei Entscheidungen von geringerer Bedeutsamkeit (S. 339).

608 Die statistische Verteilung der zustimmungspflichtigen Geschäfte entspricht nicht der Verteilung der Entscheidungen der Unternehmenspolitik (S. 340).

609 Nach der Meinung von *Girgensohn* sollten statt dessen Zustimmungsvorbehalte für unternehmenspolitisch relevante Geschäfte vorgesehen werden. Um dieses Ziel zu erreichen, schlägt *Girgensohn* ein Konzept zur Bestimmung der unternehmenspolitisch relevanten Entscheidungen vor.[282]

610 (4) An der gegenwärtigen Praxis wird auch im juristischen Schrifttum Kritik geübt. Nach der Auffassung von *Götz* orientieren sich die Zustimmungskataloge der Gesellschaften zu sehr an tradierten Vorstellungen über die Relevanz geschäftlicher Aktivitäten bzw. an allgemeinen Standards.[283] Es fehle eine zeitnahe Risikoanalyse der unternehmensspezifischen Geschäftsarten und damit eine Aktualisierung der Zustimmungsvorbehalte. So würden oft risikoträchtige

---

[281] Girgensohn, ZGR 1980, 337 ff.
[282] Girgensohn, ZGR 1980, 337, 340 f.
[283] Götz, ZGR 1990, 631, 655 f.; m.w.N.

Geschäfte keinem Zustimmungsvorbehalt unterworfen, relativ risiko-arme hingegen schon. Insbesondere wendet sich *Götz* gegen die Praxis, starre Wertgrenzen für zustimmungsbedürftige Geschäfte festzulegen. Nach seiner Sicht wäre es sinnvoller, als Wertgrenzen Relationen zu dem bilanziellen Eigenkapital vorzusehen und somit eine flexible Regelung zu erreichen.

II. Reformüberlegungen: Einführung eines gesetzlichen Zustimmungskatalogs

Angesichts der oben beschriebenen Praxis gibt es zahlreiche Vor- **611** schläge, wie die Position des Aufsichtsrats verbessert werden kann. Vorgeschlagen wird dabei insbesondere die Einführung von gesetzli-chen Zustimmungskatalogen.

1. Die 5. Richtlinie der EU

Breiten Raum in der Reformdiskussion nimmt die 5. Richtlinie der EU **612** ein, die sog. „Strukturrichtlinie"[284]. Diese Richtlinie steht bislang nur als Vorschlag der Kommission im Raum.[285] Trotz der ersten Entwurfvorla-ge im September 1972 und der Dauer der Diskussion befindet sich die Strukturrichtlinie unverändert in Beratung. Diese europarechtliche Neuregelung des Aktienrechts ist insbesondere auch für die Aufgaben des Aufsichtsrats von Bedeutung.[286]

Nach Art. 12 Abs. 1 der Strukturrichtlinie ist ein Mindestkatalog geneh- **613** migungspflichtiger Geschäfte des Leitungsorgans Vorstand vorgese-hen.[287] Die Genehmigung ist durch das Aufsichtsorgan Aufsichtsrat zu erteilen. Genehmigungspflichtig durch das Aufsichtsorgan sind gemäß Art. 12 Abs. 1:

a) die Schließung oder Verlegung des Unternehmens oder wesentli-cher Unternehmensteile;

b) wichtige Beschränkungen oder Erweiterungen der Unternehmens-tätigkeit;

---

[284] Die Strukturrichtlinie ist umfassend dargestellt bei: Striebeck, Reform des Aktien-rechts durch die Strukturrichtlinie der Europäischen Gemeinschaft.

[285] Zur Zeit i.d.F. der zweiten Änderung, ABl. EG Nr. C 7/4 vom 11. 1. 1991, zuvor ABl. EG Nr. C 240 vom 9. 9. 1983.

[286] Vgl. allgemein zum Europäischen Gesellschaftsrecht Deckert, DStR 1997, 874 ff.

[287] Zu Art. 12 vgl. Striebeck, a.a.O., S. 73 ff.; Kolvenbach, DB 1983, 2235, 2239 f.; Abeltshauser, Strukturalternativen, S. 215 ff.

c) wichtige Änderungen in der Unternehmensorganisation und

d) der Beginn und die Beendigung der Zusammenarbeit mit anderen Unternehmen.

614 Der Begriff der Genehmigung ist dabei mit dem Begriff der Zustimmung i.S.d. §§ 183 f. BGB gleichzusetzen; er umfaßt also die (vorherige) Einwilligung und die (nachträgliche) Genehmigung durch das Überwachungsorgan.[288]

615 Gesetz oder Satzung können diesen Katalog durch weitere Rechtsgeschäfte erweitern.

616 Im Ergebnis wird also die Satzungsautonomie der betroffenen Aktiengesellschaften eingeschränkt. Die weiten und auslegungsbedürftigen Formulierungen wären dabei durch den nationalen Gesetzgeber auszufüllen.[289]

2. Art. 66 des Verordnungsentwurfs zur Europäischen Aktiengesellschaft

617 Eine mit Art. 12 der Strukturrichtlinie vergleichbare Regelung wird auch bei der Europäischen Aktiengesellschaft angestrebt. Art. 66 des Verordnungsentwurfs sieht einen ähnlichen Zustimmungskatalog bei vier Entscheidungen des Leitungsorgans vor. Dies gilt wortgleich für das Board- und das Aufsichtsratsamt.[290]

3. § 95 Abs. 5 AktG

618 Aus rechtsvergleichender Sicht ist auch § 95 Abs. 5 des österreichischen Aktiengesetzes interessant, der ebenfalls einen gesetzlichen Katalog von Zustimmungsvorbehalten enthält.[291]

---

[288] Striebeck, a.a.O., S. 73 f.
[289] Striebeck, a.a.O., S. 75.
[290] Vgl. Raiser, Fs-Semel, S. 292 sowie die Nachweise bei Girgensohn, DB 1980, 337, 340; dazu auch die Stellungnahme des Verbandes der Hochschullehrer, DBW 1987, 538, 543.
[291] Zu den Erfahrungen in der Praxis hierzu siehe Krejci bei Semler: Reformbedarf im Aktienrecht, S. 28 ff.

4. Gesetzliche Zustimmungsvorbehalte im deutschen Aktienrecht

Schließlich wird auch diskutiert, im deutschen Aktienrecht einen **619** gesetzlichen Zustimmungskatalog einzuführen.[292]

5. Pro und contra bei gesetzlichen Zustimmungsvorbehalten

Die Frage nach der Notwendigkeit von gesetzlichen Zustimmungsvor- **620** behalten wird kontrovers diskutiert.

Ablehnend zu der Strukturrichtlinie der EU äußert sich *Striebeck*[293]. **621** Nach seiner Auffassung sind die Formulierungen des Richtlinienvorschlags so undifferenziert, daß eine Übernahme des Wortlauts nicht zu der gewünschten Angleichung führen würde. Eine Konkretisierung der Richtlinie durch den nationalen Gesetzgeber hätte hingegen zur Folge, daß unternehmensspezifische Umstände wie Größe und Branche nicht genügend Berücksichtigung finden würden. Nach *Striebecks* Ansicht ist außerdem zu befürchten, daß die Zustimmungsvorbehalte in den einzelnen Gesellschaften eher zu weit gefaßt werden, um einer gerichtlichen Überprüfung standzuhalten. Der Einfluß des Aufsichtsorgans auf die Geschäftsführung würde dadurch zunehmen. Demnach solle die gegenwärtige Regelung des Aktiengesetzes beibehalten werden, da diese besser den unterschiedlichen Gegebenheiten der einzelenen Gesellschaften Rechnung tragen würde.[294]

In ähnlicher Weise äußert sich auch *Röller* grundsätzlich gegen ge- **622** setzliche Zustimmungskataloge.[295] Nach seiner Meinung läßt sich keine allgemeingültige Aussage über den Charakter der zustimmungspflichtigen Geschäfte geben. Je nach Unternehmensstruktur, Branche und Größe sei zu entscheiden, in welchem Maße dem Vorstand die alleinige Entscheidung belassen werden muß und wie weit die Befugnisse des Aufsichtsrats gehen sollten. Auch nach der Ansicht von *Girgensohn* ist eine abschließende Bestimmung zustimmungsbedürftiger Geschäfte nicht möglich.[296]

---

[292] Vgl. Seibert, ZBB 1994, 348, 350 f. m.w.N; Wellkamp, INF 1995, 338, 341. Vorschläge für zustimmungspflichtige Gegenstände finden sich etwa bei Martens, BB 1973, 1123 ff.

[293] Striebeck, a.a.O., S. 75 ff.

[294] „Gravierende Bedenken" erhebt im Ergebnis auch der Gemeinsame Arbeitsausschuß des Bundesverbandes der Deutschen Industrie, Stellungnahme, S. 12 f.

[295] Röller, Quo Vadis Aufsichtsrat?, AG 1995, 333 ff.

[296] Girgensohn, DB 1980, 337, 340.

B. Zustimmungsvorbehalte des Aufsichtsrats

623 Allgemein für gesetzliche Zustimmungskataloge spricht sich hingegen *Kropff* aus.[297] Die in der Praxis vorkommenden Kataloge würden nämlich in wichtigen Punkten eine bemerkenswerte Übereinstimmung aufweisen. Auf diese Punkte solle man die gesetzlichen Kataloge beschränken, mit dem ausdrücklichen Hinweis auf die Möglichkeit einer Erweiterung durch die Satzung oder den Aufsichtsrat.

624 *Kropff* verspricht sich hiervon eine stärkere Integration des Aufsichtsrats in die Entscheidungsprozesse der Unternehmensführung.

625 Bevor jedoch der Ruf nach dem Gesetzgeber laut wird, muß die Frage gestellt werden, in welchem Umfang die bereits bestehende Möglichkeit, einen Zustimmungsvorbehalt zu erklären, dem Aufsichtsrat ein Teilhaberecht an den Entscheidungsprozessen des Vorstands gibt. Sind der Errichtung von Zustimmungsvorbehalten durch Satzung, Geschäftsordnung oder Beschluß des Aufsichtsrats keine Grenzen gesetzt, so bedarf es des Tätigwerdens des Gesetzgebers nicht.[298] Die Antwort wird in der Wechselwirkung der §§ 76 Abs. 1 und 111 Abs. 4 S. 2 AktG zueinander gesucht.[299] Hierbei verleitet die in § 76 Abs. 1 AktG statuierte Leitungsverantwortung des Vorstands zu der Auffassung, daß es zumindest einen Kernbereich („unantastbare Mindestleitungspflicht"[300]) geben müsse, der einem Zustimmungsvorbehalt nicht unterworfen werden könne.[301] Darin liegt jedoch nichts anderes als eine sehr einseitige Akzentuierung des § 76 Abs. 1 AktG. Demgegenüber ist zu verdeutlichen, daß die Ausübung von Zustimmungsvorbehalten nicht Selbstzweck, sondern Teil der Überwachungstätigkeit des Aufsichtsrats ist.[302] Andererseits ist der umfassende Überwachungsauftrag des Aufsichtsrats nicht mit einem allumfassenden Zustimmungsvorbehalt gleichzusetzen. Andernfalls bliebe dem Vorstand kein Bereich eigenen autonomen Entscheidens übrig.[303] Eben daraus wird geschlossen, daß der Zustimmungsvorbehalt sich nur auf Geschäfte von grundlegender oder besonderer Bedeutung beziehen könne.[304] Ist aber der Zustimmungsvorbehalt lediglich ein Mittel der

---

[297] Kropff bei Semler: Reformbedarf im Aktienrecht, S. 20; (aus konzernrechtlichen Erwägungen) für einen gesetzlichen Zustimmungskatalog ist auch Hommelhoff, ZHR 143 (1979), S. 288 ff.

[298] Wellkamp, INF 1995, 338, 341.

[299] Vgl. Beuthien/Gätsch, ZHR 157 (1993), S. 505.

[300] Götz, ZGR 1990, 633, 641.

[301] Hoffmann-Becking, in: MünchHdb AG, § 29 Rn. 27; Semler, a.a.O., S. 145 ff.

[302] Götz, ZGR 1990, 633, 640 f.

[303] Beuthin/Grätsch, ZHR 157 (1993), S. 505; Geßler, in: Geßler/Hefermehl, AktG, § 111 Rn 65; Lutter/Krieger, a.a.O., S. 50; Striebeck, a.a.O., S. 69.

[304] Hoffmann-Becking, in: MünchHdb AG, § 29 Rn. 27, 35.

Überwachung und hat der Aufsichtsrat umfassend zu überwachen, so kann er jedes Einzelgeschäft des Vorstands zum Gegenstand seines Zustimmungsvorbehalts machen.[305] Daß sich der Aufsichtsrat damit in das Tagesgeschäft einschaltet, ist demgegenüber nicht zu befürchten. Denn gerade die Tatsache, daß ein Vorstand ein einzelnes Geschäft zur „Chefsache" macht, belegt zugleich, daß es sich nicht um ein unbedeutendes Tagesgeschäft handelt. Es ist vielmehr so bedeutend, daß der Vorstand selbst entscheiden will. Dann kann es dem Aufsichtsrat nicht verwehrt werden, einen Zustimmungsvorbehalt zu erklären.[306]

Der Einwand, mit einem derart weit gefaßten Verständnis des Zustimmungsvorbehalts, laufe die Geschäftsleitungskompetenz des Vorstands leer,[307] wird dem Wesen des Zustimmungsvorbehalts nicht gerecht. Auch bei zustimmungspflichtigen Geschäften wird der Aufsichtsrat gegenüber dem Vorstand nicht zu einem gleichberechtigten Geschäftsführungsorgan. Er ist nicht befugt, das betroffene Geschäft selbst vorzunehmen oder den Vorstand zur Vornahme anzuweisen. Das Initiativrecht verbleibt nach wie vor bei dem Vorstand. Auch nach erteilter Zustimmung des Aufsichtsrats kann der Vorstand von der Durchführung des Geschäfts absehen.[308] **626**

Im Ergebnis bedarf es daher nach hier vertretener Auffassung des Einschreitens des Gesetzgebers zur Einführung eines Zustimmungskataloges nicht. Der Aufsichtsrat ist befugt – gegebenenfalls durch Ad-hoc-Beschluß – jedes zu beschließende Geschäft des Vorstands mit einem Zustimmungsvorbehalt zu belegen. Diese Ansicht hat nicht nur den Vorzug der Rechtssicherheit und Rechtsklarheit für sich, sie schützt das einzelne Aufsichtsratsmitglied auch vor Schadensersatzansprüchen, die ein zu enges Verständnis vom Zustimmungsvorbehalt auslösen kann.[309] Dabei wird auch nicht verkannt, daß ein Zustimmungsvorbehalt ohne Grenzen gegenüber der heutigen Praxis zu einer erheblichen Gewichtsverlagerung zu Lasten der Vorstandskompetenzen führt. Dies ist der Preis effektiver Überwachung, die dem Aufsichtsrat jetzt abzuverlangen ist. **627**

---

[305] Vgl. Götz, ZGR 1990, 633, 643.
[306] Lutter/Krieger, a.a.O., S. 50.
[307] Hoffmann-Becking, in: MünchHdb AG, § 29 Rn. 35.
[308] Vgl. BGHZ 124, 111, 126 f.
[309] Dazu: Hopt, ZGR 1992, 265, 273; kritisch: Kolvenbach, DB 1983, 2235; Finken/Weitbrecht, ZIP 1990, 959, 963.

C. Unternehmerische Entscheidungen des Aufsichtsrats

I. Einleitung

628 Die Überwachungsfunktion des Aufsichtsrats erstreckt sich nicht nur auf abgeschlossene Vorgänge, sondern auch auf laufende Sachverhalte und die beabsichtigte Geschäftspolitik sowie andere grundsätzliche Fragen der künftigen Geschäftsführung. Der Aufsichtsrat hat die Geschäftsführung des Vorstands dabei nicht nur auf ihre Rechtmäßigkeit, sondern auch auf ihre Zweckmäßigkeit und Wirtschaftlichkeit hin zu überprüfen.[310] Zur Beurteilung dieser Vorgänge muß der Aufsichtsrat eigenes unternehmerisches Ermessen ausüben.

629 Neben der Überwachung des Vorstands kann der Aufsichtsrat aber auch selbst in die Geschäftsführung eingreifen. Dem Aufsichtsrat fallen nach dem Aktiengesetz teils kooperative, teils autonome unternehmerische Aufgaben zu.[311] Eine (Mit-)Entscheidungsbefugnis kann sich etwa mittels der Einrichtung von Zustimmungsvorbehalten ergeben. Unternehmerische Entscheidungen des Aufsichtsrats sind also generell möglich.

630 Im folgenden wird untersucht, in welchem Umfang dem Aufsichtsrat unternehmerische Entscheidungsbefugnisse zustehen, welche Maßstäbe hierbei anzuwenden und welche Grenzen dem Aufsichtsrat bei seinen unternehmerischen Entscheidungen gesetzt sind.

II. Allgemeine Maßstäbe für unternehmerische Entscheidungen

1. Begriffsbestimmung

631 Bevor im einzelnen auf die Bereiche eingegangen wird, in denen der Aufsichtsrat unternehmerische Entscheidungen trifft, ist es zunächst erforderlich, den Begriff der unternehmerischen Entscheidung näher zu definieren. Dieser Begriff wird nicht einheitlich gebraucht.[312]

---

[310] Allg. Meinung; vgl. Lutter/Krieger, a.a.O., Rn. 22 ff.; Mertens, in: Kölner Kommentar, § 111 Rn. 27.

[311] Lutter/Krieger, a.a.O., S. 190.

[312] Mutter, Unternehmerische Entscheidungen und Haftung des Aufsichtsrats der Aktiengesellschaft, S. 4.

Um eine Definition der unternehmerischen Entscheidung hat sich **632**
Mutter bemüht.[313] Danach liegt eine unternehmerische Entscheidung
dann vor, wenn 1.) es sich um einen Vorgang von besonderer wirtschaftlicher Tragweite handelt und 2.) eine bewußte Auswahl einer
unternehmerischen Handlungsmöglichkeit aus mehreren Handlungs-
alternativen getroffen worden ist. Die dabei erforderliche wirtschaftliche Bedeutung ist dann anzunehmen, wenn die so getroffene Entscheidung entweder nach ihrem Umfang oder Risiko von besonderer
Bedeutung für die Vermögens- oder Ertragslage des Unternehmens
ist. Hierzu gehören ebenfalls Entscheidungen, die aufgrund ihrer
besonderen Gestaltungswirkung das Unternehmen oder einen Teil so
prägen, daß durch diese Ausrichtung die künftige Entwicklung des
Unternehmens in seiner Gesamtheit vorgezeichnet wird.[314]

Wesentliche Kennzeichen von unternehmerischen Entscheidungen **633**
sind die regelmäßige Notwendigkeit zur Entscheidung unter Unsicher-
heit, die vielfältige Ausrichtung auf die Zukunft sowie die häufig hohe
Komplexität.[315]

2. Art und Weise des unternehmerischen Ermessens

Auf welche Weise kann das unternehmerische Ermessen des Auf- **634**
sichtsrats charakterisiert werden? Zu dieser Frage hat *Dreher* folgende Thesen entwickelt:[316]

– Die unternehmerischen Entscheidungen stehen im pflichtgemäßen
  Ermessen des Aufsichtsrats;

– sie sind unter Anwendung zahlreicher aktienrechtlicher Begriffe zu
  treffen;

– derartige Entscheidungen zwingen zu einer wertenden und komplexen Abwägung einer Vielzahl von tatsächlichen Gegebenheiten
  unter Einbeziehung wirtschaftlicher, rechtlicher und sonstiger Zukunftserwartungen;

– dem Aufsichtsrat muß infolgedessen ein breiter Ermessens- und
  Beurteilungsspielraum für die von ihm zu treffende Prognoseentscheidung zugebilligt werden;

– dies hat zur Folge, daß sich derartige Entscheidungen einer richterlichen Ex-post-Kontrolle auf „objektive" Richtigkeit entziehen.

---

[313] Mutter, a.a.O., S. 4 ff.
[314] Mutter, a.a.O., S. 23.
[315] Mutter, a.a.O., S. 23.
[316] Dreher, ZHR 158 (1994), 614 ff.; insbesondere im Bezug auf die richterliche Nachprüfbarkeit von unternehmerischen Ermessensentscheidungen des Aufsichtsrats.

III. Bereiche unternehmerischer Entscheidungen des Aufsichtsrats

635   Im folgenden wird untersucht, in welchen seiner Aufgabenbereiche der Aufsichtsrat unternehmerische Entscheidungen zu treffen hat und in welchem Umfang solche Entscheidungen möglich sind.

1. Unternehmerische Entscheidungen im Rahmen der Berichterstattung nach § 90 AktG

1.1 § 90 Abs. 1 S. 1 Nr. 1 AktG

636   Der Aufsichtsrat ist nach § 90 Abs. 1 S. 1 Nr. 1 AktG zur Kontrolle der beabsichtigten Geschäftspolitik und künftigen Geschäftsführung verpflichtet. Hiervon ist auch eine entsprechende Beratung des Vorstands in Fragen der strategischen Unternehmensplanung umfaßt. Das Initiativrecht obliegt allerdings dem Vorstand. Der Aufsichtsrat kann nicht seine eigenen Konzeptionen durchsetzen, abgesehen von der Möglichkeit, den Vorstand zu bestimmten Planungen „anzuregen" sowie in sonstiger Weise faktischen Einfluß zu nehmen.[317]

637   Die Überwachung der Unternehmensplanung erfordert jedoch, daß der Aufsichtsrat in gewissem Umfang eine eigene planerische Konzeption entwirft. Schließlich kann der Aufsichtsrat nur dann, wenn er eine eigene Meinung zur Unternehmensplanung hat, mit dem Vorstand hierüber in Disput geraten.[318] Andernfalls müßte sich der Aufsichtsrat mit einer reinen Verfahrenskontrolle begnügen. Einschränkend ist jedoch zu sagen, daß der Aufsichtsrat die Unternehmensplanung nur in ihren groben Umrissen zu erarbeiten hat. Diese unternehmerische Planung durch den Aufsichtsrat erfüllt die Merkmale einer eigenen unternehmerischen Entscheidung.[319]

1.2 § 90 Abs. 1 S. 1 Nr. 2–4 AktG

638   Die Aufsichtsratsmitglieder haben bei der Überwachung der wirtschaftliche Lage nach § 90 Abs. 1 S. 1 Nr. 2–4 AktG den erforderlichen Sachverstand aufzuwenden, um die jeweiligen Berichte betriebswirtschaftlich werten zu können. Damit ist jedoch noch keine unternehmerische Entscheidung verbunden.[320]

---

[317]   Mutter, a.a.O., S. 130 Fn. 659.
[318]   Mutter, a.a.O., S. 132 f.
[319]   Mutter, a.a.O., S. 135 f.
[320]   Mutter, a.a.O., S. 137.

Etwas anderes könnte sich bei dem Beteiligungsrecht des Aufsichts- **639**
rats aus §§ 90 Abs. 1 S. 1 Nr. 4 AktG i.V.m. 90 Abs. 2 Nr. 4 AktG
ergeben, wonach der Aufsichtsrat eine Stellungnahme zu besonders
bedeutenden Geschäften abgeben kann. Der Stellungnahme des
Aufsichtsrats kommt jedoch keine rechtliche Verbindlichkeit zu, eine
eigene unternehmerische Entscheidung des Aufsichtsrats ist damit
also nicht verbunden. Dieser Befund ändert sich jedoch dann, wenn
der Aufsichtsrat seiner Stellungnahme dadurch Nachdruck verleiht,
wenn er für ein derartiges Geschäft einen Ad-hoc-Zustimmungsvorbe-
halt anordnet. In diesem Sonderfall liegt eine eigene effektive Mitent-
scheidung durch den Aufsichtsrat vor.[321]

2. Unternehmerische Entscheidungen bei der Mitwirkung an der Rechnungslegung, §§ 170, 172 AktG

Bei der Prüfung des Jahresabschlusses und dessen Billigung zum **640**
Zwecke seiner Feststellung nach § 172 AktG sind unternehmerische
Entscheidungen des Aufsichtsrats möglich, wenn es um die Prüfung
der den Abschluß prägenden bilanzpolitischen Ermessensentscheidungen geht.[322]

Die Prüfung durch den Aufsichtsrat erstreckt sich nicht auf die Recht- **641**
mäßigkeit des Jahresabschlusses, sondern auch auf die Wirtschaftlichkeit der darin getroffenen bilanzpolitischen Entscheidungen. Jedes
Aufsichtsratsmitglied ist dazu verpflichtet, den Bericht kritisch zu
würdigen und sich ein eigenes Bild von der Lage des Unternehmens zu
machen.[323] Dabei sind vor allem die künftigen Planungen des Unternehmens bedeutsam. Der Aufsichtsrat kann sich bei der Prüfung zwar
auf den Bericht des Abschlußprüfers stützen. Dieser Bericht bezieht
sich allerdings nur auf die Rechtmäßigkeit des Jahresabschlusses.[324]

Ähnlich wie bei der Kontrolle der Unternehmensplanung muß der **642**
Aufsichtsrat hierbei, wenn auch nur im groben Umriß, eine eigene
unternehmerische Konzeptionen entwerfen, um verantwortlich Stellung nehmen können.[325]

---

[321] Mutter, a.a.O., S. 142.
[322] Mutter, a.a.O., S. 148 ff.
[323] Steinbeck, Überwachungspflicht und Einwirkungsmöglichkeiten des Aufsichtsrats in der Aktiengesellschaft, S. 96.
[324] Steinbeck, a.a.O., S. 96.
[325] Mutter, a.a.O., S. 149.

3. Unternehmerische Entscheidungen bei dem Erlaß von Zustimmungsvorbehalten

643   Der Aufsichtsrat kann in besonderem Ausmaß durch die Einrichtung von Zustimmungsvorbehalten unternehmerische Entscheidungen treffen. Durch die Einrichtung von Zustimmungsvorbehalten erlangt der Aufsichtsrat eine (negative) Mitentscheidungskompetenz bei den betroffenen Geschäften.[326] Der Aufsichtsrat kann durch die Verweigerung seiner Zustimmung sein eigenes unternehmerisches Ermessen an die Stelle des pflichtgemäßen Ermessens des Vorstands setzen. Hierdurch ist dem Aufsichtsrat ein besonders weitgehender Zugriff auf die unternehmerischen Weichenstellungen des Vorstands gestattet.[327] Der Aufsichtsrat kann die wichtigsten wirtschaftlichen Entscheidungen, beispielsweise die gesamte Unternehmensplanung, unter den Vorbehalt seiner Zustimmung stellen.

644   Das gleiche Ergebnis ergibt sich bei dem gesetzlichen Zustimmungsvorbehalt des § 59 Abs. 3 AktG. Wegen der hohen Gesamtsummen, die bei Abschlagszahlungen an die Aktionäre fällig werden können, liegt eine erhebliche wirtschaftliche Bedeutung und somit eine unternehmerische Entscheidung des Aufsichtsrats vor.[328] Ähnliches gilt für § 204 Abs. 1 S. 2 AktG.[329]

4. Personalkompetenzen des Aufsichtsrats

645   Nach § 84 AktG hat der Aufsichtsrat die Kompetenz zur Bestellung und Abberufung des Vorstands. § 84 AktG ist die nachhaltigste Einwirkungsmöglichkeit des Aufsichtsrats auf den Vorstand. Durch die Besetzung der Führungsstellen setzt der Aufsichtsrat den Grundstein und die Weichen für die zukünftige Unternehmenspolitik.[330] Nichts ist so entscheidend für den Erfolg oder Mißerfolg des Unternehmens wie die Güte des Managements.[331] Mit der Entscheidung für einen bestimmten Kandidaten kann auch eine Änderung der unternehmenspolitischen Leitlinien verbunden sein. Mit der Personalkompetenz ist dem Aufsichtsrat folglich ein gänzlich eigenverantwortliche unternehmerische Entscheidungsmöglichkeit gegeben.[332]

---

[326] Vgl. im einzelnen oben, B.I.2.
[327] Mutter, a.a.O.; S. 151; Lutter/Krieger,a.a.O., Rn. 190; Steinbeck, a.a.O., S. 145.
[328] Mutter, a.a.O.; S. 152.
[329] Mutter, a.a.O.; S. 153.
[330] Steinbeck, a.a.O., S. 137.
[331] Mutter, a.a.O., S. 155.
[332] Lutter/Krieger, a.a.O., Rn. 190; Mutter, a.a.O., S. 154 f.

Im inneren Zusammenhang mit der Bestellung des Vorstands steht auch die Entscheidung über die Verdienstmöglichkeiten des Vorstands, welche dem Aufsichtsrat nach § 86 AktG und § 87 AktG übertragen ist. Da die Bezüge des Gesamtvorstands in deutschen Unternehmen oft zweistellige Millionenbeträge erreichen, liegt angesichts der hohen wirtschaftlichen Tragweite ebenfalls eine unternehmerische Entscheidung des Aufsichtsrats vor.[333]

646

Will die Gesellschaft einem Vorstandsmitglied Kredit gewähren, bedarf es gemäß § 89 AktG der Entscheidung des Aufsichtsrats. Je nach der Höhe der Summe und ihrer wirtschaftlichen Bedeutung sind im Einzelfall ebenfalls unternehmerische Entscheidungen möglich.

647

5. Erlaß einer Geschäftsordnung für den Vorstand

Der Aufsichtsrat verfügt nach § 77 Abs. 2 AktG über die Kompetenz zum Erlaß einer Geschäftsordnung für den Vorstand. Hierdurch kann er in organisatorischer Hinsicht die Tätigkeit eines ihm genehmen Vorstands steuern, indem er etwa Ressortzuteilungen vornimmt, Geschäftsverteilungsfragen entscheidet oder die Abläufe gremiumsinterner Willensbildungsprozesse regelt.[334] Die Organisation der Arbeit des geschäftsführenden Vorstands ist von besonderer wirtschaftlicher Bedeutung für das Unternehmen.[335] Der Erlaß der Geschäftsordnung ist somit als unternehmerische Entscheidung zu werten.

648

6. Unternehmerische Entscheidungen im Hinblick auf die Hauptversammlung

Eine unternehmerische Entscheidung des Aufsichtsrats liegt bei der Entscheidung des Aufsichtsrats zur Einberufung einer Hauptversammlung nach § 111 Abs. 3 AktG vor.[336] Hierdurch ist eine erhebliche Einflußnahme auf die Geschäftsführung möglich. Der Aufsichtsrat erlangt so beispielsweise die Gelegenheit, die Aktionäre über Verfehlungen des Vorstands zu informieren. Diese wiederum können dem Aufsichtsrat darauf das Vertrauen entziehen und hierdurch einen Grund zur Abberufung schaffen.[337] Die besondere wirtschaftliche Bedeutung des Einberufungsrechts wird außerdem durch das

649

---

[333] Mutter, a.a.O., S. 156.
[334] Steinbeck, a.a.O., S. 145; zum Inhalt der Geschäftsordnung vgl. Hüffer, AktG, § 77 Rn. 21.
[335] Mutter, a.a.O.; S. 154.
[336] Mutter, a.a.O., S. 160.
[337] Steinbeck, a.a.O., S. 165 f.

Tatbestandsmerkmal „wenn das Wohl der Gesellschaft es erfordert" angedeutet.[338]

650 In Hinblick auf die Hauptversammlung ist der Aufsichtsrat außerdem nach § 124 Abs. 3 AktG bei jeder Einberufung dazu berechtigt, Beschlußvorschläge zu machen. Unternehmerische Entscheidungen könnte man in den Vorschlägen des Aufsichtsrats deswegen sehen, weil hierdurch die spätere Entscheidung der Hauptversammlung praktisch vorprogrammiert wird. Da im Ergebnis die zu treffende Entscheidung aber eigenständig von der Hauptversammlung getroffen wird, liegen unternehmerische Entscheidungen hierbei nicht vor.[339]

7. Beratung des Vorstands

651 Der Aufsichtsrat ist neben der Überwachung des Vorstands auch zur Beratung des Vorstands über Fragen der Geschäftsführung berufen.[340] Die Beratung durch den Aufsichtsrat ist zwar nicht rechtlich verbindlich, der Aufsichtsrat darf dem Vorstand nicht seine Auffassung aufdrängen. Der Vorstand hat die Stellungnahmen des Aufsichtsrats aber sorgfältig zu prüfen. Die Beratungsfunktion eröffnet dem Aufsichtsrat somit die Möglichkeit unternehmerischer Einflußnahme auf den Vorstand.[341]

8. Geltendmachung von Schadensersatzansprüchen gegen den Vorstand, § 93 AktG

652 Der Aufsichtsrat hat gemäß § 112 AktG die Ansprüche der Gesellschaft gegenüber dem Vorstand wahrzunehmen und gegebenenfalls durchzusetzen. Hierbei kommt insbesondere die Geltendmachung von Schadensersatzansprüchen nach § 93 AktG gegenüber dem Vorstand in Betracht. Bei dieser Entscheidung steht dem Aufsichtsrat ein unternehmerisches Ermessen zu. Bei der hierbei zu treffenden Abwägung muß vor allem das Unternehmensinteresse nach den Maßstäben der Wirtschaftlichkeit und Zweckmäßigkeit einbezogen werden.[342] Der Aufsichtsrat ist im Rahmen seiner pflichtgemäßen Überzeugungsbil-

---

[338] Mutter, a.a.O., S. 160.
[339] Mutter, a.a.O., S. 159 f.
[340] Ausführlich dazu Lutter/Krieger, a.a.O., Rn. 30 f.
[341] Lutter/Krieger, a.a.O., Rn. 190.
[342] Nirk, Fs-Boujong, 393, 405. Zur Justiziabilität von Ermessensentscheidungen bei der Ausübung des Rechts aus §§ 112, 93 AktG siehe im folgenden unter dem Gliederungspunkt C.VI.

dung nicht verpflichtet, einen solchen Anspruch einzuklagen, wenn dies die Interessen der Gesellschaft erfordern.[343] Dies gilt auch dann, wenn eine positive Prognose für eine Klageerhebung besteht.[344]

IV. Grenzen der unternehmerischen Entscheidungen des Aufsichtsrats – insbesondere: Sorgfaltspflichtverletzung durch zu starken Einfluß des Aufsichtsrats?

Durch die oben geschilderten rechtlichen Kompetenzen sind dem Aufsichtsrat zahlreiche Möglichkeiten gegeben, die Geschäftsführung des Vorstands zu dominieren. Ein Übergewicht des Aufsichtsrats kann sich auch faktisch daraus ergeben, daß diesem stärkere Persönlichkeiten angehören als dem Vorstand. Aufgrund der tatsächlichen Verhältnisse besteht die Gefahr, daß der Aufsichtsrat quasi zum letztinstanzlichen Entscheidungsorgan in wichtigen Fragen der Geschäftsführung wird.[345] Das Aktiengesetz sieht jedoch eine gemeinsame Verwaltung der AG durch den Vorstand und den Aufsichtsrat vor, wobei dem Aufsichtsrat in erster Linie die Überwachung des Vorstands zukommt.[346] Daher stellt sich die Frage, ob ein Aufsichtsrat, welcher allzu dominierend auf den Vorstand einwirkt, noch im Rahmen seiner Sorgfaltspflichten gemäß §§ 116, 93 Abs. 1, 111 Abs. 1 AktG handelt.[347]   **653**

Die Organisation der AG geht von einer gleichberechtigten Stellung der einzelnen Organe aus und verbietet ein oberstes Organ. Die vom Gesetz vorgesehenen Kompetenzen sind Regeln zur Konfliktlösung. Sie begründen keine Über- oder Unterordnungsverhältnisse.[348]   **654**

Der Aufsichtsrat darf daher beispielsweise die Abhängigkeit der Vorstandsmitglieder von seiner Personalkompetenz nicht zu einem übergeordnetem Geschäftsführungseinfluß ausüben. Vielmehr ergibt sich aus der gesetzlichen Kompetenzverteilung die Verpflichtung für jedes Aufsichtsratsmitglied, auf möglichst große Ausgewogenheit   **655**

---

343 Mertens, in: Kölner Komm, § 93 Rn. 51.
344 Nirk, Fs-Boujong, 393, 405.
345 Geßler, in: Geßler/Hefermehl, AktG, § 111 Rn. 30; Semler, Überwachungsaufgabe des Aufsichtsrats, S. 84.
346 Vgl. Mertens, in: Kölner Komm, vor § 76 Rn. 3.
347 Ausführlich hierzu Semler, a.a.O., S. 83 ff.
348 Semler, a.a.O., S. 84.

hinzuwirken.[349] Der Aufsichtsrat muß dem Vorstand genügend unternehmerischen Gestaltungsfreiraum belassen. Ein Aufsichtsratsmitglied, das diese Gewichtsverteilung nicht beachtet, verletzt bei normalem Geschäftsverlauf seine Sorgfaltspflichten und wird für einen daraus entstehenden Schaden haftbar.[350]

V. Bedeutung der wirtschaftlichen Lage des Unternehmens

656 Der Aufsichtsrat muß bei der Überwachung des Vorstands sein Verhalten der wirtschaftlichen Lage der Gesellschaft anpassen.[351] Dieser Grundsatz muß auch für die unternehmerische Einflußnahme des Aufsichtsrats gelten, da nach dem oben Gesagten die Überwachung des Vorstands auch nach unternehmerischen Gesichtspunkten erfolgt.

1. Normaler Verlauf der Geschäftsentwicklung

657 Bei normalem Verlauf der geschäftlichen Entwicklung muß sich der Aufsichtsrat zurückhaltend verhalten. Hier gelten die folgenden allgemeinen Grundsätze:

658 Der Aufsichtsrat hat stets dann einzugreifen, wenn eine Maßnahme des Vorstands nicht rechtmäßig oder ordnungsgemäß ist.[352] Solange allerdings eine Maßnahme des Vorstands in wirtschaftlicher Hinsicht als vertretbar erscheint, ist der Aufsichtsrat zu einem Eingreifen grundsätzlich nicht berechtigt, auch wenn nach seiner Ansicht ein anderes Handeln zweckmäßiger oder erfolgversprechender wäre. Zum Beispiel: Der Aufsichtsrat stellt fest, daß eine vom Vorstand angestrebte Ausdehnung der Vertriebsaktivitäten auf den außereuropäischen Markt nicht zweckmäßig ist. Dennoch darf er der Vorstand nicht an seinem Vorhaben hindern, sofern dieser sein kaufmännisches Ermessen nicht verletzt hat.[353]

---

[349] Semler, a.a.O., S. 84.
[350] Semler, a.a.O., S. 84.
[351] „Theorie von der abgestuften Überwachungspflicht", entwickelt von Semler, Überwachungspflicht des Aufsichtsrats, S. 87 f. Zustimmend Geßler, in: Geßler/Hefermehl, AktG, § 111 Rn. 23; Lutter/Krieger, a.a.O., Rn. 27 ff.; Steinbeck, a.a.O., S. 92 ff.;
[352] Semler, a.a.O., S. 77.
[353] Beispiel nach Semler, a.a.O., S. 78.

Etwas anderes gilt, wenn der Vorstand sein kaufmännisches Ermes- **659**
sen überschreitet. Zum kaufmännischen Ermessen des Vorstands
führt das *LG Düsseldorf* aus:[354]

> „Unternehmerische Initiative muß stets mit sorgsamer Risikoeinschätzung **660**
> und dem Versuch, Risiken möglichst gering zu halten, verbunden sein.
> Risiken, die unverhältnismäßig oder für das Unternehmen unangemessen
> sind, darf der Vorstand nicht eingehen. Je höher die Wahrscheinlichkeit
> eines Schadens ist, um so gründlicher müssen die Möglichkeiten bedacht
> werden, sich dagegen abzusichern, oder das Geschäft ganz zu unterlas-
> sen.“

Das kaufmännische Ermessen ist auch dann überschritten, wenn die **661**
für ein Geschäft notwendigen Mittel im Verhältnis zu dem erwarteten
Erfolg unverhältnismäßig hoch sind oder vom Unternehmen nicht ohne
finanzielle Anspannung aufgebracht werden können.[355] Ebenso, wenn
das angestrebte Ziel mit den vorgesehenen Mitteln voraussichtlich
nicht erreicht werden kann.[356] Einschränkend ist freilich zu sagen, daß
die Übernahme von Risiken ein Kennzeichen unternehmerischer
Entscheidungen ist und somit nicht jedes riskante Geschäft eine
Verletzung von Sorgfaltspflichten darstellt.[357]

2. In der Krise

Bei sich abzeichnender Verschlechterung der wirtschaftlichen Situati- **662**
on des Unternehmens und erst recht in der Krise erhöht sich die
Eingriffsintensität des Aufsichtsrats.[358]

Aus einer begleitenden Überwachung wird erst eine unterstützende, **663**
dann eine führende Überwachung. Der Aufsichtsrat muß sich dann
durch Anforderung zusätzlicher Berichte verstärkt informieren und in
häufigerem Turnus zu Sitzungen zusammenkommen. Der Aufsichtsrat muß auch verstärkt Zustimmungsvorbehalte einführen. Es ist ihm
allerdings nicht gestattet, etwa durch übermäßigen Gebrauch von
Zustimmungsvorbehalten die Tätigkeit des Vorstands zu hemmen und
so praktisch selbst die Geschäftsführung zu übernehmen.

In der Krise selbst muß der Aufsichtsrat von seiner Personalkompe- **664**
tenz Gebrauch machen und den Vorstand verstärken oder den vorhan-

---

[354] LG Düsseldorf v. 15. 9. 1995, O 226/94; unter Bezugnahme auf Baumbach/Hueck,
   AktG, § 43 Rn. 15; Mertens, in: Kölner Kommentar, § 93 Rn.10 f.; Wiesner, in:
   MünchHdb AG, § 26 Rn. 6. Das Urteil ist zitiert bei Nirk, Fs-Boujoung, S. 409 f.
[355] Semler, a.a.O., S. 78.
[356] Semler, a.a.O., S. 78.
[357] BGHZ 69, 207, 213.
[358] Ausführlich hierzu Semler, a.a.O., S. 87 f.

denen Vorstand durch einen neuen ersetzen. In einer solchen Lage wird der Aufsichtsrat vorübergehend zu einem „obersten Organ". Ausdrücklich ist aber zu sagen, daß der Aufsichtsrat auch dann keine Aufgaben des Vorstands übernimmt. Die Geschäftsführung bleibt weiterhin Aufgabe des Vorstands.

VI. Richterliche Kontrolle des unternehmerischen Ermessens

665 Eine in jüngster Zeit kontrovers diskutierte Problematik ist die Frage, ob eine richterliche Kontrolle des unternehmerischen Ermessens möglich ist.

666 Diese Frage ist durch das Verfahren ARAG/Garmenbeck wieder in der aktuellen Diskussion. Der Vorstand der Aktiengesellschaft ARAG hatte rechtswidrige Geschäfte getätigt, die zu einem Verlust der Gesellschaft von über 100 Millionen DM geführt hatten.[359] Der Aufsichtsrat lehnte es aber mehrheitlich ab, einen Schadensersatzanspruch der Gesellschaft nach § 93 AktG gegen den Vorstand geltend zu machen. Der *BGH* hat in seiner Entscheidung vom 21. 4. 1997[360] den Sachverhalt zum Anlaß genommen, grundlegende Ausführungen zur Funktion des Aufsichtsrates und auch zu den Aufgaben des Vorstandes in einer AG zu machen. Im Vordergrund der Entscheidung stand dabei die Frage, ob der Aufsichtsrat bei der Prüfung der Erfolgsaussichten der gerichtlichen Geltendmachung von Schadensersatzansprüchen gegen Vorstandsmitglieder ein „Entscheidungsprärogativ" hat, das sich sich einer gerichtlichen Überprüfung entzieht. Bei seiner Beurteilung, ob der festgestellte Sachverhalt den Vorwurf eines schuldhaft pflichtwidrigen Vorstandsverhaltens rechtfertige, hat nach Auffassung des *BGH* der Aufsichtsrat zu berücksichtigen, daß dem Vorstand bei der Leitung der Geschäfte ein weiter Handlungsspielraum zugebilligt werden müsse, ohne den eine unternehmerische Tätigkeit schlechterdings nicht denkbar sei. Dazu gehören neben dem bewußten Eingehen geschäftlicher Risiken grundsätzlich auch die Gefahr von Fehlbeurteilungen. Gewinne der Aufsichtsrat den Eindruck, daß dem Vorstand das nötige Gespür für eine erfolgreiche Führung des Unternehmens fehle, könne er auf dessen Ablösung

---

[359] Sachverhaltsschilderung bei Lutter, ZIP 1995, 441.
[360] BGH AG 1997, 377.

hinwirken. Eine Schadensersatzpflicht des Vorstandes könne daraus nicht hergeleitet werden. Diese könne erst in Betrag kommen, wenn die Grenzen, in denen sich ein von Verantwortungsbewußtsein getragenes, ausschließlich am Unternehmenswohl orientiertes, auf sorgfältige Ermittlung der Entscheidungsgrundlage beruhendes unternehmerisches Handeln bewegen müsse, deutlich überschritten sei, die Bereitschaft, unternehmerische Risiken einzugehen, in unverantwortlicher Weise überspannt worden sei oder das Verhalten des Vorstandes aus anderen Gründen als pflichtwidrig gelten müsse[361].

Der *BGH* ist der Auffassung, daß dem Aufsichtsrat keine Entschei- **667** dungsprärogative zustehe, die zur Beschränkung der gerichtlichen Nachprüfbarkeit führen. Bei der Prüfung des Bestehens und der Durchsetzbarkeit eines Schadensersatzanspruches stehe dem Aufsichtsrat keine andere Aufgabe zu als jedem anderen, der über das Bestehen des Anspruchs zu entscheiden habe. Für einen autonomen unternehmerischen Ermessensspielraum sei in diesem Zusammenhang kein Platz. Vielmehr sei die Entscheidung über die Geltendmachung von Schadensersatzansprüchen Teil der nachträglichen Überwachungstätigkeit. Die Verfolgung von Schadensersatzansprüchen durch den Aufsichtsrat muß die Regel sein. Es bedürfe vielmehr gewichtiger Gegengründe und einer besonderen Rechtfertigung, wenn der Aufsichtsrat von einer Anspruchsverfolgung absehen will, weil dies einem Anspruchsverzicht nahekommt.[362]

Für die Praxis ist aus der *BGH*-Entscheidung folgender Grundsatz **668** herzuleiten: Der Aufsichtsrat ist immer dann zu einer Geltendmachung von Schadensersatzansprüchen gegen Vorstandsmitglieder verpflichtet, wenn der Anspruch durchsetzbar (schlüssig und beweisbar) erscheint, es sei denn, es liegen äußerst gewichtige Gegengründe vor.[363]

---

[361] BGH AG 1997, 377, 378.
[362] BGH AG 1997, 377, 379.
[363] Jaeger/Trölitzsch, ZIP 1995, 1157, 1161; vgl. hierzu auch Jäger. WiB 1997, 10 ff.

Teil 3

Die Haftung der Organe der Aktiengesellschaft

A.   Haftung des Vorstands

A.1   Die Haftung des Vorstands gegenüber seiner Gesellschaft, sog. Innenhaftung gemäß § 93 AktG

I. Einleitung

Die Innenhaftung des Vorstands einer Aktiengesellschaft gemäß § 93 **669**
AktG ist ein relativ junges Thema. Bis vor einigen Jahren war zu
konstatieren, daß die entsprechenden Haftungsnormen hierzulande
„kein lebendes Recht" darstellten.[1]

Heute besteht diese Situation nicht mehr. Das Haftpflichtrisiko von **670**
Unternehmensleitungen ist ein viel diskutiertes Thema geworden. Der
Wandel in der Wahrnehmung der Managerhaftung wird u. a. daran
deutlich, daß jetzt auch auf dem deutschen Versicherungsmarkt die
sogenannten Directors' and Officers' Policen (D & O-Policen) angeboten werden. Diese Policen bieten eine Deckung des Haftpflichtrisikos,
dem Unternehmensleiter in ihrer Tätigkeit ausgesetzt sind.

Neben der gesetzlichen Organhaftung bei Pflichtverletzungen kann **671**
auch eine Vertragshaftung des Organs bestehen, die sich auf eine
positive Forderungsverletzung des Dienstvertrages stützen kann. Die
Behandlung der vertraglichen Ansprüche ist umstritten. Teilweise wird
die Meinung vertreten, die Organhaftung nehme die Vertragshaftung
in sich auf, so daß für letztere kein eigenständiger Regelungsbereich
verbliebe.[2] Auf der anderen Seite steht die Auffassung, daß beide
Anspruchsgrundlagen grundsätzlich selbständig nebeneinander stehen und getrennt zu prüfen seien.[3] Jedoch besteht Einigkeit insoweit,
daß vertragliche Ansprüche erst dann eine eigenständige Bedeutung
gewinnen können, wenn es um die Verletzung von Pflichten geht, die
allein im Anstellungsvertrag geregelt sind. Da aber davon auszugehen
ist, daß die allgemeinen Sorgfaltspflichten des Organs auch dahin
gehen, besondere anstellungsvertragliche Regelungen zu beachten,
ist von einer weitestgehenden Kongruenz zwischen Organhaftungs-
und anstellungsvertraglichen Ansprüchen auszugehen.

---

[1] Vgl. etwa Wiedemann, Gesellschaftsrecht, S. 624.
[2] BGH, NJW-RR 1989, 1255; Fleck, ZIP 1991, 1269, 1270.
[3] Hübner, Managerhaftung, S. 37 f.

672 Es geht bei der Innenhaftung des Vorstands im Kern immer um eine schuldhafte Pflichtverletzung und nicht etwa um die Haftung für einen Mißerfolg oder eine Verantwortung aus einer obligation de resultat.[4]

673 Sowohl aus ihrer Organstellung als auch aus dem Anstellungsvertrag erwächst den Mitgliedern des Vorstands eine besondere Interessenwahrungs- und Treuepflicht der Aktiengesellschaft gegenüber. Sie müssen die Interessen der Gesellschaft wahrnehmen und alles unterlassen, was die Gesellschaft schädigt.[5] Die Mitglieder des Vorstands als Leitungsorgan müssen ihre eigenen Interessen hinter denen der Gesellschaft zurückstehen lassen.[6] Den weitreichenden Befugnissen des Vorstands steht ein ebenso weitreichendes Haftungskorrelat gegenüber.[7] Jedes Vorstandsmitglied haftet für jede schuldhafte Verletzung seiner Pflichten – auch für einfache Fahrlässigkeit –, durch die der Gesellschaft ein Schaden entsteht. Etwas anderes gilt gemäß § 93 Abs. 2 AktG dann, wenn das Vorstandsmitglied nachweist, daß die Sorgfalt eines ordentlichen und gewissenhaften Geschäftsleiters eingehalten wurde. Die Verletzung einer Pflicht kann durch positives Tun oder Unterlassen geschehen, so beispielsweise durch Nichtabwendung eines Schadens oder Nichterzielung eines möglichen Gewinns.[8] § 93 Abs. 3 AktG zählt neun wichtige Einzelfälle auf, in denen eine Schädigung der Aktiengesellschaft vermutet wird. Diese Aufzählung ist nicht abschließend.

674 Die Geltendmachung erfolgt im allgemeinen gemäß § 112 AktG durch den Aufsichtsrat. Doch kann die Hauptversammlung oder auf Verlangen deren Minderheit das *Registergericht* gemäß § 147 Abs. 3 AktG besondere Vertreter zur Geltendmachung bestellen. Die Haftung entfällt, wenn die Handlung auf einem gesetzmäßigen Beschluß der Hauptversammlung beruht. Der Vorstand kann sich also dadurch schützen, daß er für eine besonders risikoreiche Maßnahme zunächst eine Beschlußfassung der Hauptversammlung herbeiführt.[9]

---

[4] Schlechtriem, in: Kreuzer, Die Haftung der Leitungsorgane von Kapitalgesellschaften, S. 11.
[5] Vgl. Hefermehl, in: Geßler/Hefermehl, AktG, § 76 Rn. 22.
[6] Schlechtriem, in: Kreuzer, a.a.O., S. 25.
[7] Hueck, Gesellschaftsrecht, S. 215.
[8] Hueck, a.a.O., S. 215.
[9] Hueck; a.a.O., S. 216.

II. Haftungsvoraussetzungen

Unter der Innenhaftung des Vorstands versteht man die gesamt-schuldnerische Haftung des Vorstands seiner Gesellschaft gegenüber gemäß § 93 AktG[10]. Neben der begangenen Pflichtverletzung ist Voraussetzung für einen Haftungsanspruch der Gesellschaft, daß der Vorstand schuldhaft gehandelt hat und gerade aus der Pflichtverletzung ein Schaden entstanden ist. Dies ergibt sich aus § 93 Abs. 2 AktG. Dabei sind die Grenzen der Verantwortlichkeit des Gesamtvorstands für Pflichtverletzungen einzelner Vorstandsmitglieder, die sich aus dem Ressortprinzip ergeben können und die Beweislastumkehr zu Lasten des Vorstands gemäß § 93 Abs. 2 S. 2 AktG zu beachten.

675

1. Pflichtverletzung

Die Haftung setzt eine Pflichtverletzung voraus. Das Gesetz nennt in verschiedenen Vorschriften eine Reihe konkreter Pflichten, deren Verletzung die Ersatzpflicht auslöst.[11]

676

Im Zentrum steht jedoch die allgemeine Verpflichtung aus § 93 Abs. 1 S. 1 AktG, bei der Geschäftsführung die Sorgfalt eines ordentlichen und gewissenhaften Geschäftsleiters anzuwenden. Nach herrschender Meinung ist dies nicht nur ein Verschuldensmaßstab, sondern zugleich eine generalklauselartige Beschreibung der objektiven Verhaltenspflichten.[12]

677

Die unbestimmten Rechtsbegriffe dieser Regelung erhalten dadurch eine Kontur, daß man diese einerseits auf dem Hintergrund der Aufgabe des Vorstands gemäß § 76 Abs. 1 AktG (Leitung der Gesellschaft unter eigener Verantwortung) betrachtet und andererseits die Art des Geschäftes, die Größe des Unternehmens und dessen konkrete wirtschaftliche Situation jeweils mit einbezieht.[13]

678

Zur weiteren Konkretisierung dieser Generalklausel bietet die Rechtsprechung eine Fülle von Anschauungsbeispielen, die von der Kom-

679

---

[10] Thümmel, Persönliche Haftung von Managern und Aufsichtsräten, S. 21.

[11] Vgl. etwa die Aufzählung in: § 93 Abs. 3 AktG sowie z. B. §§ 57, 71–71 e, 83, 90, 91, 92, 93 Abs. 1, 131 AktG; z.B.: Kapitalerhaltungs-, Gründungs-, Konkursreife-, Berichts- und Konzernpflichten; zu beachten ist in diesem Zusammenhang auch die Pflicht, keine unzulässige Einflußnahme auszuüben, § 117 AktG.

[12] Hübner, Managerhaftung, S. 8; Geßler, in: Geßler/Hefermehl, AktG, § 93 Rn. 9; Mertens, in: Kölner Komm, § 93 Rn. 6; Thümmel, a.a.O., S. 68; Wiesner, in: MünchHdb AG, § 26 Rn. 5.

[13] Vgl. Schlechtriem, in: Kreuzer, a.a.O., S. 17.

mentarliteratur hinreichend systematisiert wurden. Danach können die allgemeinen Pflichten des Vorstands dahingehend zusammengefaßt werden, daß er wie ein Treuhänder immer die Interessen der Gesellschaft zu wahren und alles zu unterlassen hat, was diese schädigen könnte.[14] Hiervon ausgehend ergeben sich zwei zentrale Pflichtenkreise, nämlich Organfunktionspflichten, d. h. die Pflicht zur ordnungsgemäßen Wahrnehmung der Organfunktion und die Treuepflicht, anders gesagt, die Pflicht zum loyalen Einsatz für die Gesellschaft.[15] Darunter fallen beispielsweise Gesetze zum Schutz Dritter und der Allgemeinheit einzuhalten, keine unangemessenen Risiken einzugehen, ein den betriebswirtschaftlichen Erkenntnissen genügendes Planungs- und Controlling-System zu installieren und im Vorstand kollegial zusammenzuarbeiten. Dazu zählt zudem die Verschwiegenheitspflicht, die es den Organmitgliedern auferlegt, über vertrauliche Angaben und Geschäftsgeheimnisse der Gesellschaft Stillschweigen zu bewahren[16] und das Wettbewerbsverbot nach § 88 AktG.

1.1 Organfunktionspflichten

680 Über ihre gesetzlichen Verpflichtungen hinaus unterliegen die Mitglieder des Vorstands in ihrer Eigenschaft einer Treubindung zur Aktiengesellschaft, die sich als organschaftliche Treubindung bezeichnen läßt.[17] Sie wird durch Bestellung zum Vorstandsmitglied rechtsgeschäftlich begründet und bezieht ihre sachliche Rechtfertigung im wesentlichen aus dem Umgang mit fremden Vermögenswerten und Geschäftschancen, aber auch aus der Pflicht vertrauensvoller Zusammenarbeit mit anderen Gesellschaftsorganen.[18] Sie geht in ihrem Umfang und der Intensität der Einzelpflichten über den § 242 BGB[19] und die Treuepflicht eines Arbeitnehmers aus einem Arbeitsvertrag hinaus.[20]

1.1.1 „Business judgement rule"

681 Von zentraler Bedeutung im Bereich der ordnungsgemäßen Wahrnehmung der Organfunktion ist die Beachtung der Grenzen des unternehmerischen Gestaltungsspielraums. Dieser Sachverhalt wird allgemein

---

[14] Vgl. etwa K.Schmidt, Gesellschaftsrecht, S. 479.
[15] Mertens, in: Kölner Komm, § 93 Rn. 27 ff.
[16] Krieger, in: RWS-Forum 8: Gesellschaftsrecht 1995, S. 153.
[17] Vgl. Hüffer, AktG, § 84 Rn. 9.
[18] Hüffer, AktG, § 84 Rn. 13.
[19] Hüffer, AktG, § 84 Rn. 9; § 76 Rn. 20 f.
[20] Hueck, a.a.O., § 23 IV 4.

unter dem aus dem US-amerikanischen Gesellschaftsrecht stammenden Stichwort „business judgement rule" behandelt.[21] Danach können Maßnahmen des Vorstands, die sich im Rahmen dieses Gestaltungsspielraums halten, keinen Haftungstatbestand begründen, selbst wenn der Gesellschaft dadurch Vermögensnachteile entstanden sein sollten.[22] Eine abstrakte Bestimmung des Gestaltungsspielraums ist nicht möglich. Vielmehr ist von der individuellen Entscheidung und dem branchenspezifischen Zusammenhang, in dem diese getroffen wurde, auszugehen. Je höher das Risiko eines Geschäftes ist, desto eher wird man an die Grenzen des Gestaltungsspielraums stoßen. Sind die Grenzen überschritten, kann man von Mißmanagement sprechen.[23] Ein Fall der Grenzüberschreitung liegt z. B. vor, wenn ohne Grund auf rechtliche Positionen verzichtet oder rechtliche Möglichkeiten – wie die Berufung auf die Unwirksamkeit eines das Unternehmen belastenden Vertrages[24] – nicht genutzt werden.

1.1.2 Unternehmerischer Mißerfolg

Zu beachten ist in diesem Zusammenhang weiterhin der Grundsatz, daß Vorstände und Geschäftsführer nicht für unternehmerischen Mißerfolg haften, sondern nur für unsorgfältiges Verhalten. Wer ein Unternehmen führen will, ist gezwungen, Risiken einzugehen. Die Unternehmensleitung kann nicht schon allein deshalb haften, weil sich ein Risiko verwirklicht. Eine Haftung entsteht erst, wenn die Unternehmensleitung nicht mit der nötigen Sorgfalt gehandelt hat und es sich um ein – im Vergleich zu den Chancen – unverhältnismäßiges oder im Hinblick auf die Größe und Art des konkreten Unternehmens unangemessenes Risiko gehandelt hat.[25] Das *Landgericht Düsseldorf* hat sogar die Meinung vertreten, der Vorstand einer Aktiengesellschaft sei von Rechts wegen nicht einmal gehindert, bewußt in ein offensichtlich unseriöses „Schneeballgeschäft" zu investieren, sondern müsse, wenn er das tue, lediglich dafür sorgen, daß sein Investment zuverlässig gesichert sei.[26] Dies geht sicherlich zu weit, da Vorstände und Geschäftsführer treuhänderisch fremde Vermögensinteressen wahrzunehmen haben. Sie müssen sich dabei gemäß § 82 Abs. 2 AktG

682

---

[21] Vgl. Wiedemann, Organverantwortung und Gesellschafterklage in der Aktiengesellschaft, S. 13.
[22] Thümmel, a.a.O., S. 69; Wellkamp, WM 1995, 2155.
[23] Thümmel, a.a.O., S. 69.
[24] Vgl. Autenrieth, GmbHR 1990, 113 ff.
[25] Krieger, a.a.O., S. 153.
[26] LG Düsseldorf, ZIP 1995, 1985.

innerhalb der durch den Unternehmensgegenstand gezogenen Grenzen halten. Diese Verpflichtungen ziehen Grenzen für das, was das Geschäftsführungsorgan mit dem Kapital der Gesellschaft tun darf. Die bewußte Beteiligung an offensichtlich unseriösen Geschäften dürfte diese Grenze überschreiten mit der Folge, daß das handelnde Organ im Schadensfalle zu haften hat.[27]

1.2 Die Treuepflicht

683 Eine besondere gesetzliche Ausprägung der organschaftlichen Treuepflicht ist an unterschiedlichen Stellen des Aktiengesetzes geregelt:[28]

1.2.1 Verschwiegenheitspflicht nach § 93 Abs. 1 S. 2 AktG

684 Unter Verschwiegenheitspflicht im Sinne des § 93 Abs. 1 S. 2 AktG versteht man die Verpflichtung, über vertrauliche Angaben und Geheimnisse der Aktiengesellschaft Stillschweigen zu bewahren. Hierbei handelt es sich um eine Präzisierung der allgemeinen organschaftlichen Treuepflicht.[29] Vertrauliche Angaben können alle Informationen sein, die das Vorstandsmitglied in seiner Eigenschaft, nicht notwendigerweise durch eigene Tätigkeit, erlangt hat.[30] Vertraulichkeit erfordert ein nach der Aktiengesellschaft und ihrem Unternehmen ausgerichtete objektive Beurteilung, nach der die Weitergabe der Information nachteilig sein kann, auch wenn sie kein Geheimnis mehr ist.[31] Geheimnisse der Gesellschaft sind Tatsachen, die nicht offenkundig sind und nach dem geäußerten oder aus dem Unternehmensinteresse ableitbaren mutmaßlichen Willen der Aktiengesellschaft auch nicht offenkundig werden sollen, sofern ein objektives Geheimhaltungsinteresse besteht.[32] Diese Verschwiegenheitspflicht gilt nicht innerhalb des Vorstands und auch nicht gegenüber den Aufsichtsratsmitgliedern.[33]

---

[27] Krieger, a.a.O., S. 154; zur Haftung von Geschäftsleitern im Konzern: vgl. Wellkamp, WM 1993, 2155.

[28] Vgl. Hüffer, AktG, § 84 Rn. 9.

[29] Hüffer, AktG, § 93 Rn. 6; Hefermehl, in: Geßler/Hefermehl, AktG, § 93 Rn. 15; Baumbach/Hueck, AktG, § 93 Rn. 7.

[30] Hüffer, AktG, § 93 Rn. 7.

[31] Baumbach/Hueck, AktG, § 93 Rn. 7; Hefermehl, in: Geßler/Hefermehl, AktG, § 93 Rn. 16 f.; Hüffer, AktG, § 93 Rn. 7; Wiesner, in: MünchHdb AG, § 29 Rn. 26.

[32] BGHZ 65, 325, 329; Hefermehl, in: Geßler/Hefermehl, AktG, § 93 Rn. 16 f.; Wiesner, in: MünchHdb AG, § 25 Rn. 21.

[33] BGHZ 20, 239, 246.

1.2.2 Wettbewerbsverbot nach § 88 AktG

Ein Wettbewerbsverbot für die Vorstandsmitglieder ist in § 88 AktG **685** normiert. Durch dieses Verbot soll die Aktiengesellschaft vor einem anderweitigen Einsatz ihrer Vorstandsmitglieder geschützt werden und konkretisiert damit gesetzlich die organschaftlichen Treuepflichten der Vorstandsmitglieder.[34]

Nach § 88 Abs. 1 S. 1, 1. Fall AktG ist der Betrieb eines eigenen Han- **686** delsgewerbes verboten, was unabhängig vom vorliegenden Geschäftszweig gilt. Maßgeblich sind hierfür die §§ 1 ff. HGB[35]. Die generelle Erweiterung auf sonstige gewerbliche und freiberufliche Tätigkeiten ist wegen der Unbestimmtheit des Verbotsumfangs grundsätzlich abzulehnen.[36] Der 2. Fall verbietet es den Mitgliedern des Vorstands, für eigene oder fremde Rechnung Geschäfte zu machen, wenn sie zum Geschäftszweig der Aktiengesellschaft gehören.[37] Nach § 88 Abs. 1 S. 2 AktG dürfen die Mitglieder des Vorstands grundsätzlich keine Leitungsfunktion in einer anderen Handelsgesellschaft ausüben. Das gilt unabhängig von der Branchennähe dieser Gesellschaft.[38] Sog. Vorstandsdoppelmandate sind nur ausnahmsweise zulässig, wenn die Aufsichtsräte beider Aktiengesellschaften dieser Tätigkeit zustimmen.[39]

1.2.3 Geschäftschancenlehre

Von zentraler Bedeutung im Bereich der Treuepflicht ist darüber **687** hinaus die Geschäftschancenlehre, die in Anlehnung an die aus dem US-Gesellschaftsrecht bekannte „corporate opportunity doctrine" entwickelt wurde.[40] Danach darf der Vorstand Geschäftschancen, die in den Geschäftskreis der Gesellschaft fallen und von denen er geschäftlich oder privat Kenntnis erlangt hat, nicht für sich selbst nutzen. Er darf sie nur namens der Gesellschaft wahrnehmen.[41]

---

[34] Vgl. Hüffer, AktG, § 88 Rn. 1; Hefermehl, in: Geßler/Hefermehl, AktG, § 88 Rn. 1; Mertens, in: Kölner Komm, § 88 Rn. 2; Meyer, AG 1988, 255, 259.
[35] Hüffer, AktG, § 84 Rn. 3.
[36] Hüffer, AktG, § 84 Rn. 3; Mertens, in: Kölner Komm, § 88 Rn. 3.
[37] Hüffer, AktG, § 84 Rn. 3.
[38] Hüffer, AktG, § 88 Rn. 4.
[39] Hüffer, AktG, § 88 Rn. 4.
[40] Vgl. K. Schmidt, Gesellschaftsrecht, § 20 V 3.
[41] Thümmel, a.a.O., S. 74.

1.2.4 Treuepflicht im Konzern

688 In Konzernverbindungen kommt es häufig vor, daß Schäden nicht bei der Mutter-, sondern bei einer Tochtergesellschaft entstehen, die deren Geschäftsleitung verursachte. Hier kann eine Pflichtverletzung seitens der Geschäftsführung der Muttergesellschaft zu bejahen sein, wenn diese an den Geschäften der Tochter mitgewirkt oder sie nicht hinreichend überwacht hat.[42]

689 Manchmal nehmen Führungskräfte der Muttergesellschaft auch Funktionen im Vorstand der Tochter wahr. Aus dieser doppelten Pflichtenstellung folgt in Fällen sorgloser Tochtergeschäftsführung eine Pflichtverletzung nicht nur gegenüber der Tochtergesellschaft, sondern auch gegenüber der Muttergesellschaft.[43]

2. Pflichtverletzung und Ressortprinzip

690 Unter den Vorstandsmitgliedern einer Aktiengesellschaft ist die Unternehmensleitung in verschiedene Ressorts aufgeteilt.

691 Es stellt sich daher die Frage nach der möglichen Mithaftung derjenigen Vorstandsmitglieder, in deren Ressort die haftungsbegründende Fehlentscheidung nicht getroffen wurde.

692 Im sog. „Harpener-Fall" wurde beispielsweise ein ungesichertes Darlehen an den Mehrheitsaktionär gegeben. Nachdem die Gesellschaft mit der Darlehensrückzahlung ausfiel, nahm sie sämtliche Vorstandsmitglieder auf Schadensersatz in Anspruch. Obwohl ein Vorstandsmitglied darauf verweisen konnte, daß die Darlehensgewährung nicht in seine Ressortzuständigkeit gefallen war, wurden alle in erster und zweiter Instanz zum Schadensersatz verurteilt.[44]

693 Im sog. „ARAG-Fall" hat der Vorstand in mehreren Geschäften einige 100 Mio. DM, ohne ausreichende Sicherheit, in zwielichtige Finanzgeschäfte investiert. Dies hatte den Verlust von 56 Mio. DM zur Folge. Hier hingegen konnten sich die Vorstandsmitglieder erstinstanzlich erfolgreich wehren, die einwendeten, die Geschäfte hätten nicht in ihr Ressort gehört und sie hätten sich darauf verlassen, daß der Finanzvorstand für genügende Sicherheiten gesorgt habe.[45]

---

[42] Götz, AG 1995, 337.
[43] Krieger, a.a.O., S. 154.
[44] OLG Hamm, ZIP 1995, 1263.
[45] LG Düsseldorf, ZIP 1995, 1985; vgl. auch OLG Düsseldorf, ZIP 1997, 27 ff.

In diesen Fällen muß danach unterschieden werden, ob eine vom Gesamtorgan beschlossene Geschäftsführungshandlung vorliegt oder nicht.[46] Liegt eine Entscheidung des gesamten Organs vor, müssen alle Mitglieder trotz des Ressortprinzips ihre Meinungsbildung mit derselben Sorgfalt treffen, als müßten sie allein entscheiden. Sie dürfen sich aber bei Fachfragen auf das Urteil des fachlich kompetenteren Kollegen verlassen. Dies muß aber mit der nötigen Sorgfalt geschehen, indem z. B. die eingeholte Meinung einer Plausibilitätsprüfung unterzogen wird.[47]

694

Problematisch sind die Fälle, an denen das Gesamtorgan nicht beteiligt war. Grundsätzlich gilt, daß jedes Organmitglied auch die Ressortgeschäftsführung der Kollegen im Auge behalten muß.[48] Hier wandelt sich die Pflicht zur ordnungsgemäßen Geschäftsführung bei den ressortführenden Vorstandsmitgliedern in eine Überwachungspflicht.[49] Mangelnde Überwachung kann dann Grundlage eines Haftungsanspruchs der Gesellschaft sein.[50] Wer beispielsweise Informationen erhält, die Zweifel an der Ordnungsmäßigkeit dieser Ressortgeschäftsführung wecken, muß ihnen nachgehen[51] und entweder den Vorsitzenden oder das Gesamtorgan einschalten.[52] Darüber hinaus besteht eine Gesamtverantwortung dafür, ein Berichtssystem einzuführen, welches gewährleistet, daß alle Mitglieder des Geschäftsleitungsorgans über bedeutsame Angelegenheiten der einzelnen Ressorts rechtzeitig informiert sind.[53] Der Vorstandsvorsitzende trägt bei der Beobachtung der Tätigkeit in den anderen Ressorts besondere Verantwortung. Ihn trifft eine erhöhte Sorgfaltspflicht und damit ein erhöhtes Haftungsrisiko.[54] Zu seinen Aufgaben gehört die Koordination und Überwachung der Ressorttätigkeiten, unabhängig davon, ob dies in der Geschäftsordnung manifestiert ist oder nicht.[55]

695

Auch bei Teilnahme einzelner Vorstandsmitglieder an Verträgen oder sonstigen Rechtshandlungen aus einem anderen Ressort, besteht eine Haftung für Schäden die der Gesellschaft hieraus entstehen,

696

---

[46] Krieger, a.a.O., S. 155.
[47] Mertens, in: Kölner Komm, § 93 Rn. 56.
[48] Götz, AG 1995, 337, 339.; Hüffer, AktG, § 93 Rn. 13; Wiesner, in: MünchHdb AG, § 26 Rn. 9.
[49] Bezzenberger, ZGR 1996, 661, 672.
[50] Thümmel, a.a.O., S. 72.
[51] Vgl. BGH NJW 86 , 55.
[52] Vgl. Hefermehl, in: Geßler/Hefermehl, AktG, § 93 Rn. 26.
[53] BGH, WM 1995, 709.
[54] Bezzenberger, ZGR 1996, 661, 672; Krieger, in: RWS-Forum 8: Gesellschaftsrecht 1995, S. 156.
[55] Lutter/Krieger, Rechte und Pflichten des Aufsichtsrats, Rn. 178.

wenn sie bei ihrer Mitwirkung nicht zumindest die Vertretbarkeit der Maßnahme überprüft haben.[56]

697 Demnach kann die eingangs gestellte Frage nach der Mitverantwortung von Vorstandsmitgliedern für Fehlentscheidungen einzelner Mitglieder in deren Ressort dahingehend beantwortet werden, daß häufig eine haftungsrechtliche Gesamtverantwortung aller Vorstandsmitglieder vorliegen wird. Das gilt aber nur solange, als jedem der Betroffenen ein persönlicher Schuldvorwurf gemacht werden kann. Entscheidend ist also, ob das nicht ressortführende Vorstandsmitglied im Einzelfall eine Pflichtverletzung begeht, wenn es den Ressortführer nicht an dessen schadensstiftenden Entscheidung hindert, z. B. aufgrund ungenügender Überwachung.

3. Verschulden

698 Die Haftung aus § 93 Abs. 2 AktG stellt eine Verschuldenshaftung dar. Demnach entfällt die Haftung, wenn das Vorstandsmitglied dem Sorgfaltsmaßstab des § 93 Abs. 1 S. 1 AktG gerecht geworden ist. Zu beachten ist jedoch, daß ein objektivierter Verschuldensmaßstab gilt, mit der Folge, daß individuelle Unfähigkeit nicht exkulpierend wirkt.[57] Jedes Vorstandsmitglied muß die Kenntnisse und Fähigkeiten besitzen, die ihn in die Lage versetzen, diesem Maßstab gerecht zu werden.[58]

699 Ein etwaiges Fremdverschulden wird dem Vorstand nicht zugerechnet. § 278 BGB und § 831 BGB sind daher unanwendbar, wenn Angestellte der Gesellschaft schuldhaft handeln. Deren Geschäftsherr bzw. Arbeitgeber ist nämlich nicht der Vorstand, sondern die Aktiengesellschaft. Dies gilt auch für in unechter Gesamtvertretung handelnde Prokuristen.[59] Jedoch wird in diesen Fällen meist ein Verschulden des Vorstands, wegen unzulässiger Aufgabendelegation anzunehmen sein.[60]

---

[56] Krieger, a.a.O., S. 156.
[57] So schon RGZ 163, 200, 208.
[58] BGH WM 1971, 1548, 1549.
[59] BGHZ 13, 61, 65.
[60] Hüffer, AktG, § 93 Rn. 14.

4. Beweislastumkehr

Die Verteilung der Beweislast ist in einem Haftpflichtprozeß von **700** erheblicher Bedeutung. Der Grundsatz lautet, daß der Anspruchssteller sämtliche Voraussetzungen seines geltend gemachten Anspruchs darlegen und beweisen muß. Im Rahmen der Innenhaftung des Vorstands müßte also die Aktiengesellschaft die Pflichtverletzung des Vorstands, dessen Verschulden, den Schaden und den Kausalzusammenhang zwischen Pflichtverletzung und Schaden darlegen und beweisen. Von diesem Grundsatz macht das Gesetz in § 93 Abs. 2 S. 2 AktG eine wesentliche Ausnahme zugunsten der Aktiengesellschaft als Anspruchsstellerin in einem möglichen Haftpflichtprozeß gegen den eigenen Vorstand. Nach allgemeiner Meinung muß danach abweichend vom Grundsatz nicht die Aktiengesellschaft die Pflichtwidrigkeit des Verhaltens des Vorstands und sein Verschulden beweisen, sondern beides wird vermutet.[61] Ist also streitig, ob der Vorstand die Sorgfalt eines ordentlichen und gewissenhaften Geschäftsleiters angewandt hat, so muß er sich vom Vorwurf des Sorgfaltsverstoßes entlasten und im Prozeß entsprechende Tatsachen vortragen und beweisen. Aus praktischer Sicht werden die Haftungsmaßstäbe also dadurch gestärkt, indem das Gesetz die Beweislast hinsichtlich Pflichtwidrigkeit und Verschulden umkehrt. Hintergrund dieser Regelung ist, daß es der Gesellschaft häufig schwerfallen wird, zu Pflichtwidrigkeit und Verschulden etwas vorzutragen, weil der Vorstand hier sachnäher ist und daher ein Haftpflichtprozeß ohne Beweislastumkehr von vornherein wenig Aussicht auf Erfolg hätte.[62]

Die Aktiengesellschaft muß im Prozeß daher nur darlegen, daß ihr ein **701** Schaden entstanden ist, und daß für diesen Schaden Handlungen oder Unterlassungen des Vorstands ursächlich waren.[63] Diesen Nachweis zu führen, ist für die Gesellschaft nicht immer ganz einfach, da sie im Schadensfall substantiierte Ausführungen zur Kausalität konkreter Geschäftsführungsmaßnahmen oder konkreter Unterlassungen machen muß, obwohl jede zu prüfende Maßnahme in einem komplexen wirtschaftlichen Gesamtzusammenhang steht.

Dennoch wird teilweise versucht, diese sich aus der Beweislastumkehr **702** ergebende Erhöhung der Haftungsrisiken der Vorstandsmitglieder, zu entschärfen. *Fleck* will die Beweislastumkehr nur auf die Verschuldensfrage angewendet wissen. Entsprechend müßte die Gesellschaft

---

[61] So schon RGZ 98, 98, 100,OLG Hamm ZIP 1995, 1263, 1265. BGH, NJW 1963, 46; BGH BB 1974, 1619; Mertens, in: Kölner Komm, § 93 Rn. 102.
[62] Hefermehl, in: Geßler/Hefermehl, AktG, § 93 Rn. 32.
[63] Hüffer, AktG, § 93 Rn. 16.

ein pflichtwidriges Verhalten ihres Geschäftsführungsorgans darlegen und beweisen.[64] *Hüffer* schlägt vor, eine Modifizierung des Schadensbegriffs vorzunehmen. Danach soll Schaden im Sinne der Haftungsvorschriften nicht jede Vermögensminderung sein, sondern als Schaden sollen nur zweckwidrige Vermögensbeeinträchtigungen anzusehen sein.[65] Einen weiteren Vorschlag hat *Goette* in die Diskussion eingebracht. Nach ihm soll allein die Darlegung der Tatsache, daß bei der Geschäftsführung ein Schaden entstanden ist, nicht ausreichend sein. Vielmehr müßte die Gesellschaft zusätzlich darlegen, daß das für den Schaden ursächliche Verhalten des Geschäftsführungsorgans zumindest möglicherweise pflichtwidrig gewesen ist.[66]

703 Mit der herrschenden Auffassung sind diese Ansichten abzulehnen. Zwar mag man über den Wortlaut des Gesetzes streiten können. Der Zweck der gesetzlichen Regelung ist aber evident. Durch § 93 Abs. 2 S. 2 AktG soll der Tatsache Rechnung getragen werden, daß im allgemeinen derjenige, der den Schadensersatzanspruch geltend macht, tatsächlich nicht in der Lage ist, Einzelheiten zu ermitteln und darzulegen.[67] Daher ist diese Beweislastumkehr uneingeschränkt beizubehalten. Davon profitiert auch der Aufsichtsrat, wenn er den Schaden verfolgen will. Erst recht gilt dies, wenn die Aktionäre bzw. besondere Vertreter oder Gläubiger über die Geltendmachung von Schadensersatzansprüchen entscheiden müssen.[68]

5. Schaden

704 Der adäquate Schaden einer Pflichtverletzung wird nach den maßgeblichen Vorschriften des Bürgerlichen Gesetzbuches, den §§ 249 ff. BGB bestimmt. Teilweise wird die Meinung vertreten, daß nicht jede Vermögensminderung als Schaden anzusehen ist, sondern nur eine dem Unternehmenszweck widersprechende Vermögensbeeinträchtigung.[69] Dieser Änderung des herkömmlichen Schadensbegriff ist zuzustimmen, da man ansonsten sog. Sozialaufwendungen als Schaden ansehen müßte. Dies dürfte schwerlich mit der sozialen Funktion der Aktiengesellschaft vereinbar sein, welche sie beispielsweise als Arbeitgeber ausübt. Denn trotz Streichung der entsprechenden Regelungen in § 70 des AktG in der Fassung von 1937 sollen soziale und

---

[64] Fleck, GmbHR 1974, 224, 226.
[65] Hüffer AktG, § 93 Rn. 17.
[66] Goette, ZGR 1995, 648, 671 ff.
[67] Hefermehl, in: Geßler/Hefermehl, AktG, § 93 Rn. 32; LG Bochum, ZIP 1989, 1557, 1559; Mertens, in: Kölner Komm, § 93 Rn. 102; Wiesner, in: MünchHdb AG, § 26 Rn. 13.
[68] Krieger, in: RWS-Forum 8: Gesellschaftsrecht 1995, S. 158.
[69] Mertens, in: Kölner Komm, § 93 Rn. 23.

politische Interessen zu berücksichtigen sein.[70] Soziale Verantwortlichkeit soll auch für Leitungsorgane Handlungsmaxime sein.[71] Dies
folgt auch aus dem Grundsatz der Sozialpflichtigkeit des Eigentums.[72]

6. Gesamtschuldnerische Haftung

Für den Fall das mehrere Vorstandsmitglieder für einen Schaden **705**
verantwortlich sind, ist nach § 93 Abs. 2 S. 1 AktG eine gesamtschuldnerische Haftung aller Beteiligten anzunehmen. Graduelle Unterschiede in der Verantwortlichkeit zwischen den einzelnen Vorstandsmitgliedern finden in der Haftung gegenüber der Aktiengesellschaft keine
Berücksichtigung, sondern können nur in einem Regreßprozeß zwischen den Vorstandsmitgliedern analog § 254 BGB Berücksichtigung
finden.[73]

III. Rechtsfolgen

Hat der Vorstand oder eines seiner Mitglieder eine der genannten **706**
Pflichten schuldhaft verletzt, und ist der Gesellschaft gerade daraus
ein Schaden entstanden, so besteht grundsätzlich ein Schadensersatzanspruch der Gesellschaft gegen das gesamte Organ nach § 93
Abs. 2 AktG. Weitere Rechtsfolge kann eine Strafbarkeit eines Vorstandsmitglieds nach §§ 399, 400, 401 Abs. 1 Nr. 1, 404 AktG sein. Es
kann auch ein wichtiger Grund im Sinne des § 84 Abs. 3 AktG vorliegen, der den Widerruf der Bestellung zum Vorstandsmitglied und die
Kündigung rechtfertigen würde.[74]

Da im Regelfalle ein Schaden bei Verstoß gegen das Wettbewerbsver- **707**
bot schwer darstellbar ist, sieht § 88 Abs. 2 S. 2 AktG anstelle des
Schadensersatzanspruchs alternativ ein Eintrittsrecht der Gesellschaft vor. Diese kann dann den Gewinn des Vorstands aus der
verbotenen Tätigkeit an sich ziehen. Bei Verstößen gegen dienst-
vertraglich vereinbarte Wettbewerbsverbote nach dem Ausscheiden
kommen Schadensersatzansprüche aus positiver Forderungsverletzung (pFV) oder – falls vereinbart – Ansprüche aus Vertragsstrafe in
Betracht.

---

[70] Vgl. Mertens, in: Kölner Komm, § 76 Rn. 14, 16, 32 ff.
[71] Schlechtriem, Die Haftung der Leitungsorgane von Kapitalgesellschaften, S. 36.
[72] Mertens, in: Kölner Komm, § 76 Rn. 32.
[73] Mertens, in: Kölner Komm, § 76 Rn. 21.
[74] Hüffer, Aktiengesetz, § 93 Rn. 10.

IV. Haftungsadressaten

708   Die Haftung aus § 93 Abs. 2 AktG betrifft nicht nur Vorstandsmitglieder, sondern über § 94 AktG auch deren Stellvertreter sowie die nach § 85 Abs. 1 AktG gerichtlich bestellten Vertreter. Die Dauer der Haftung läuft ab dem Zeitpunkt der Annahme des Amts bis zu dessen rechtlicher und tatsächlicher Beendigung.[75] Nach der hier vertretenen Auffassung, die in § 93 Abs. 2 AktG einen Fall gesetzlicher Organhaftung sieht, ist es ohne Belang, ob tatsächlich ein Anstellungsvertrag geschlossen wurde. Die Haftung trifft auch fehlerhaft bestellte Vorstände und Geschäftsführer, die aufgrund eines unwirksamen Bestellungsakts ihr Amt führen.[76] Vergleichbar den Fällen fehlerhafter Gesellschafts- und Dienstverhältnisse ist dann von einer vorläufig wirksamen Organstellung auszugehen, welche nur durch Widerruf nach § 84 Abs. 3 AktG oder Amtsniederlegung enden kann.[77] In der Praxis sind solche Fälle nicht selten. In kleineren Gesellschaften kommt es immer wieder vor, daß entweder schon der ursprüngliche Bestellungsakt unwirksam war oder nach Ende der Amtszeit eine Wiederbestellung vorzunehmen versäumt wurde.[78]

709   Umstritten ist, ob dies auch dann gilt, wenn die Gesellschaft die Fehlerhaftigkeit der Bestellung kennt,[79] und ob die Gesellschaft den Schutz der Haftungsvorschriften verliert, wenn sie einen fehlerhaft bestellten Vorstand oder Geschäftsführer in Kenntnis der Fehlerhaftigkeit weiter amtieren läßt.[80] Eine dahingehende Auffassung ist aber abzulehnen, denn der Schutz des Gesellschaftsvermögens und damit auch der Schutz der Gesellschafter und Gläubiger darf richtigerweise von derartigen gesellschaftsinternen Fragen nicht abhängig gemacht werden.[81]

---

[75]   BGHZ 47, 341, 343; Mertens, in: Kölner Komm, AktG, § 93 Rn. 9.
[76]   BGHZ 41, 282, 287; Hüffer, AktG, § 93 Rn. 12. Hiervon zu unterscheiden ist die Frage, ob auch derjenige als Organ haftet, der sich rein faktisch wie ein Organ betätigt, ohne daß auch nur ein unwirksaner Bestellungsakt vorläge; vgl zu dieser Frage Mertens, in: Kölner Komm, AktG, § 93 Rn. 12; Thümmel, a.a.O., S. 29.
[77]   So schon RGZ 144, 384, 387; Hefermehl, in: Geßler/Hefermehl, AktG, § 93 Rn. 8.
[78]   Krieger, in: RWS-Forum 8: Gesellschaftsrecht 1995, S. 151.
[79]   Krieger, a.a.O., S. 151.
[80]   Krieger, a.a.O., S. 151.
[81]   Krieger, a.a.O., S. 151.

V. Haftungseinschränkungen

Im folgenden soll untersucht werden, ob und wie das Haftungsrisiko   **710**
der Mitglieder des Vorstands begrenzt werden kann.

1. Haftungsentlastung durch Mitwirkung anderer Gesellschaftsorgane

Aus § 93 Abs. 4 S. 1 AktG folgt, daß bei einer Handlung, die auf einem   **711**
gesetzmäßigen Beschluß der Hauptversammlung beruht, eine Ersatzpflicht der Gesellschaft gegenüber nicht eintritt. Dies hängt mit der aus
§ 83 Abs. 2 AktG resultierenden Verpflichtung des Vorstands einer
Aktiengesellschaft zusammen, die von der Hauptversammlung im
Rahmen ihrer Zuständigkeit beschlossenen Maßnahmen auszuführen. Dies gilt auch, wenn der Vorstand von seinem Recht Gebrauch
macht, der Hauptversammlung nach § 119 Abs. 2 AktG freiwillig
Fragen der Geschäftsführung zur Entscheidung vorzulegen.[82] Führt
der Vorstand einen solchen Beschluß aus, handelt er pflichtgemäß und
die Haftung entfällt. Deshalb ist der Vorstand einer Aktiengesellschaft
in der Praxis gut beraten, schwierige und sehr risikobehaftete Geschäftsführungsentscheidungen den Gesellschaftern vorzulegen, um
eventuellen Schadensersatzansprüchen vorzubeugen.[83]

2. Verzicht, Vergleich und Verjährung

Grundsätzlich kann die Gesellschaft auf gegen den Vorstand entstan-   **712**
dene Schadensersatzansprüche nicht rechtswirksam verzichten. Ein
Verzicht oder ein Vergleich über die Ersatzansprüche durch die
Gesellschaft ist gemäß § 93 Abs. 4 S. 3 AktG jedoch möglich, wenn seit
der Entstehung des Anspruchs 3 Jahre vergangen sind, die Hauptver-
sammlung zustimmt und nicht eine Minderheit von mindestens 10 %
des Grundkapitals gegen den Zustimmungsbeschluß Widerspruch zu
Protokoll erhebt.[84] Den Gläubigern gegenüber ist jedoch ein solcher
Vergleich gemäß § 93 Abs. 5 S. 3 AktG auch bei Einhaltung dieser
Voraussetzungen unwirksam.

---

[82] Hüffer, AktG § 93 Rn. 5.
[83] Krieger, a.a.O., S. 161.
[84] Wellkamp, WM 1993, 2155, 2158.

3. Vertragliche Haftungsbeschränkungen

713 Eine vertragliche Haftungsbeschränkung zugunsten der Vorstandsmitglieder im Anstellungsvertrag oder in der Satzung wäre gemäß
§ 134 BGB nichtig. Denn darin läge ein antizipierter teilweiser Forde-
rungsverzicht, der dem gesetzlichen Verbot aus § 93 Abs. 4 S. 3 AktG,
auf Schadensersatzansprüche vor Ablauf von drei Jahren zu verzichten, zuwiderliefe.[85]

4. Haftungsbeschränkungen wegen gefahrgeneigter Arbeit

714 Es stellt sich die Frage, ob es sinnvoll ist, eine Haftungsbeschränkung
für Vorstandsmitglieder vergleichbar derjenigen von Arbeitnehmern
anzuerkennen. Die Rechtsprechung hat die Haftung von Arbeitnehmern zunächst für gefahrgeneigte Tätigkeiten in der Weise eingeschränkt, daß der Arbeitnehmer gegenüber seinem Arbeitgeber für
leichteste Fahrlässigkeit gar nicht, bei normaler Fahrlässigkeit anteilig
und nur bei Vorsatz und grober Fahrlässigkeit voll haftet.[86] Hierdurch
wurde berücksichtigt, daß der Arbeitgeber in unserer modernen hoch-
technisierten Industriegesellschaft ein so hohes Betriebsrisiko setzt,
daß der Arbeitnehmer dies mit seinem Arbeitslohn nicht mehr absi-
chern kann und es daher unbillig wäre, ihn schon bei leichter Fahrlässigkeit voll haften zu lassen.

715 Nach einhelliger Meinung in Rechtsprechung und Literatur sind diese
Grundsätze jedoch nicht auf Mitglieder der Geschäftsführungsorgane
zu übertragen.[87] Die Arbeitnehmerhaftung ist nicht spezialgesetzlich
geregelt, und schon die Materialien zum Bürgerlichen Gesetzbuch
gehen insoweit von einer Gesetzeslücke aus.[88] Daher bestand ein
Bedürfnis, die allgemeinen Haftungsgrundsätze richterrechtlich den
besonderen Gegebenheiten der betrieblichen Tätigkeit anzupassen
und so die Arbeitnehmer vor unkalkulierbaren Haftungsrisiken zu
schützen.[89] Etwas anderes muß jedoch für einen Personenkreis gelten, der mit der Übernahme des Amtes die damit verbundenen
Sorgfaltspflichten freiwillig auf sich nimmt. Dieser Situation wird bereits
bei der Organhaftung durch umfassende spezialgesetzliche Regelun-

---

[85] Mertens, in: Kölner Komm, § 93 Rn. 4.
[86] Krieger, in: RWS-Forum 8: Gesellschaftsrecht 1995, S. 164.
[87] BGH, WM 1975, 467, 469; Mertens, in: Kölner Komm, § 93 Rn. 4.
[88] BAG, ZIP 1994, 758, 762.
[89] BAG, DB 1994, 2237, 2238.

gen Rechnung getragen. Eine richterliche Rechtsfortbildung hinsichtlich der Haftungsbeschränkung von Vorstandsmitgliedern ist somit nicht geboten.[90]

5. Versicherung des Haftungsrisikos

Nach amerikanischem Vorbild werden seit einigen Jahren in Deutschland Haftpflichtversicherungen für Vorstände, Aufsichtsratsmitglieder und Geschäftsführer angeboten.[91] In den USA haben nahezu alle Großunternehmen und mehr als 80 % der Unternehmen mit einer Bilanzsumme von mehr als 100 Mio. US-Dollar derartige sogenannte D & O-Versicherungen (Directors' and Officers' Liability Insurance) abgeschlossen. Die Absicherung des Top-Managements im Wege einer D & O-Police ist in den USA selbstverständlich und gehört dort zur Fürsorge des Unternehmens für seine Leitungsorgane.[92]   **716**

Nun könnte es naheliegen, eine ähnliche Absicherung in Deutschland zu verlangen. Das ist aber nicht ganz unproblematisch, weil nach dem deutschen Aktienrecht vertraglich vereinbarte Haftungsbeschränkungen unzulässig sind. Sinn und Zweck dieser Regelung ist es, die Mitglieder der Geschäftsführungsorgane dadurch verstärkt zur ordnungsgemäßen Geschäftsführung anzuhalten. Der Abschluß solcher D & O-Versicherungen könnte diesem Disziplinierungszweck zuwiderlaufen, da den Organmitgliedern die Last der Haftungsdrohung genommen würde.[93] Jedoch ist zu bedenken, daß ein funktionierender Schadensausgleich bedeutsam wichtiger ist, als bloße Präventionsgesichtspunkte. Auch wird die Präventivwirkung lediglich etwas entschärft und nicht ganz aufgehoben. Das Bestreben, den gesetzlichen Sorgfaltsmaßstab zu beachten und Haftungsfälle zu vermeiden, wird auch trotz D & O-Versicherung gegeben sein. Daß dies der Fall sein wird, kann man z. B. bei anderen bereits gegen Haftungsrisiken versicherten Berufen, wie Anwälten, Wirtschaftsprüfern und Steuerberatern erkennen.[94] Auch eine Ausgestaltung der Versicherung mit hohen Selbstbeteiligungen bzw. mit Bonusanreizen oder Malussanktionen sorgen für das Bestehenbleiben der Präventionswirkung.[95]   **717**

---

[90] So auch Krieger, a.a.O., S. 165.
[91] Thümmel, Persönliche Haftung von Managern und Aufsichtsräten, S. 144 ff.
[92] Thümmel, a.a.O., S. 144 ff.
[93] Krieger, a.a.O., S. 165.
[94] Krieger, a.a.O., S. 165.
[95] Mertens, in: Corporate Governance, S.157.

Klärungsbedürftig ist, wer diese D & O-Versicherungen abschließen darf. In der Praxis kommt es häufig vor, daß Vorstände selbst auf Kosten der Gesellschaft D & O-Versicherungen für sich und teilweise auch für den Aufsichtsrat abschließen.[96] Eine solche Vorgehensweise ist abzulehnen. Wenn die Gesellschaft zugunsten des Geschäftsführungsorgans eine D & O-Versicherung abschließt, handelt es sich um einen Sachbezug, über den ausschließlich dasjenige Gesellschaftsorgan zu entscheiden hat, welches auch für den Abschluß des Anstellungsvertrages zuständig ist.[97] Das ist in der Aktiengesellschaft gemäß § 84 Abs. 1 S. 1 AktG der Aufsichtsrat. Hieraus folgt auch die Zuständigkeit des Aufsichtsrats bezüglich des Abschlusses der D & O-Versicherung für den Vorstand.

718 Auch für die Aufsichtsratsmitglieder ist der Abschluß einer von der Gesellschaft bezahlten Versicherung ein Sachbezug, den allein das Organ regeln kann, welches für die Vergütung des Aufsichtsrats zuständig ist. Gemäß § 113 Abs. 1 S. 2 AktG ist dies die Hauptversammlung.[98]

VI. Haftung aus Delikt

1. Haftung aus § 826 BGB

719 In Fällen der vorsätzlichen, sittenwidrigen Schädigung der Aktiengesellschaft durch ihre Vorstandsmitglieder kommt eine Haftung aus dem allgemeinen Tatbestand des § 826 BGB in Betracht.[99]

2. Haftung aus § 823 Abs. 1 BGB

720 Weil durch § 823 Abs. 1 BGB nicht das Vermögen als Ganzes geschützt wird,[100] ist der Anwendungsbereich des § 823 Abs. 1 BGB eingeschränkt auf Verletzungen absoluter Rechtsgüter der Aktiengesellschaft durch den Vorstand.[101]

---

[96] Krieger, a.a.O., S. 166.
[97] BGH, NJW 1991, 1680, 1681.
[98] Krieger, a.a.O., S. 166.
[99] Krieger, a.a.O., S. 166.
[100] Schäfer, in: Staudinger, BGB, § 823 Rn. 76.
[101] Mutter, Unternehmerische Entscheidungen und Haftung des Aufsichtsrats der Aktiengesellschaft, S. 166.

3. Haftung aus § 823 Abs. 2 BGB i.V.m. einem Schutzgesetz

Über § 823 Abs. 2 BGB läßt sich auch eine Haftung bezüglich des **721**
Gesellschaftsvermögens herbeiführen. Als Schutzgesetze kommen
Normen wie §§ 263, 266 StGB sowie aktienrechtliche Vorschriften wie
die in den §§ 399 f AktG in Betracht gesicherten Pflichten.[102]

4. Haftung aus § 117 AktG

Hat sich ein Vorstandsmitglied von einem Dritten, beispielsweise **722**
einem Aktionär, dazu bestimmen lassen, zum Schaden der Gesellschaft oder der Aktionäre zu handeln und hat es dadurch seine
Amtspflichten verletzt, so haftet es gemäß § 117 Abs. 2 AktG neben
dem Dritten der Gesellschaft als Gesamtschuldner. Zu beachten ist
jedoch, daß diese Haftung nach § 117 Abs. 7 AktG nicht in Betracht
kommt, wenn das Vorstandsmitglied durch Ausübung des Stimmrechts in der Hauptversammlung, durch Leitungsmacht auf Grund von
Beherrschungsverträgen oder Eingliederung zu seinem Handeln bestimmt worden ist. Die Ersatzpflicht tritt nach § 117 Abs. 2 S. 2 AktG
auch nicht ein, wenn die Handlung auf einem gesetzmäßigen Beschluß der Hauptversammlung beruht.

VII. Durchsetzung von Ansprüchen durch den Aufsichtsrat

1. Regelungszweck des § 112 AktG

Zu den Aufgaben des Aufsichtsrats gehört gemäß § 112 AktG auch die **723**
gerichtliche und außergerichtliche Vertretung der Gesellschaft bei
Rechtsgeschäften und Prozessen mit Vorstandsmitgliedern.[103]

Darunter fällt auch die Geltendmachung von Schadensersatzan- **724**
sprüchen gegen Vorstandsmitglieder.[104] Der Aufsichtsrat ist befugt
und verpflichtet, die Ansprüche der Aktiengesellschaft gegen den
Vorstand geltend zu machen.[105] Dies gilt unabhängig davon, ob der Akt
der Bestellung zum Vorstandsmitglied wirksam war oder nicht. Entgegen der früher herrschender Meinung gilt dies auch, für bereits

---

[102] Vgl. BGH, BB 1988, 1983, RGZ 157, 213 und RGZ 159, 211.
[103] Ständige Rechtsprechung: vgl. BGHZ 103, 213; BGH, NJW 1989, 2055.
[104] Vgl. hierzu Jaeger WiB 1997, 684 ff.
[105] Vgl. hierzu Thümmel, DB 1997, 1117.

ausgeschiedene Vorstandsmitglieder,[106] sowie wenn es um Geschäfte im Vorfeld der Bestellung geht.[107] Der Aufsichtsrat tritt gemäß § 112 AktG als Vertreter der Gesellschaft auf und macht ein fremdes Recht im fremden Namen geltend.[108] Diese Regelung stellt sicher, daß gegen Pflichten verletzende Vorstandsmitglieder durch ein unvoreingenommenes, die Aktiengesellschaft vertretendes, objektives Organ, vorgegangen wird. Sonst bestünde die Besorgnis der Befangenheit wegen kollegialer Verbundenheit, wenn der Vorstand gegen Vorstandsmitglieder vorgehen müßte.[109] Diese Vertretung gilt für alle Rechtsgeschäfte mit Vorstandsmitgliedern und für Rechtsstreitigkeiten jeder Art.[110]

2. Wahrnehmung der Vertretungsmacht

725   Nach § 112 AktG wird dem Aufsichtsrat die Vertretungsmacht zugewiesen. Über die Modalitäten, wie von dieser Vertretungsmacht im einzelnen Gebrauch zu machen ist, sagt das Gesetz nichts aus.

726   Hierbei muß zwischen Passivvertretung und Aktivvertretung unterschieden werden. Bei ersterer genügt die Abgabe einer Erklärung gegenüber einem Aufsichtsratsmitglied. Dies folgt aus § 78 Abs. 2 S. 2 AktG, welcher insoweit einen allgemeinen Rechtsgedanken darstellt.[111]

727   Hingegen muß bei der Aktivvertretung gemäß § 108 Abs. 1 AktG der gesamte Aufsichtsrat durch Beschluß über die Vornahme des Geschäfts beschließen.

728   In der Regel wird es jedoch so sein, daß der Aufsichtsrat die Vertretungsbefugnis der Aktiengesellschaft auf einen von ihm nach § 107 Abs. 3 S. 1 AktG bestellten Ausschuß überträgt. Aufgrund dieser gesetzlichen Regelung ist das beauftragte einzelne Aufsichtsratsmitglied nur berechtigt, den durch Beschluß des Aufsichtsrat oder seiner Ausschüsse gebildeten Willen zu erklären. Er fungiert lediglich als Erklärungsvertreter und nicht als Willensvertreter.[112]

---

[106] BGH AG 1991, 269, tendenziell auch schon BGH NJW 1987, 254 f., BGHZ 103, 213.
[107] BGHZ 26, 236, 238.
[108] Steinbeck, Überwachungspflicht und Einwirkungsmöglichkeiten des Aufsichtsrats in der Aktiengesellschaft, S. 172.
[109] Vgl.BGHZ 103, 213, 216.
[110] Hüffer, AtkG, § 112 Rn. 3.
[111] Hüffer, AtkG, § 112 Rn. 4.
[112] BGHZ 12, 327, 334 ff.

3. Anspruchsverfolgung durch die Hauptversammlung

Damit Ersatzansprüche geltend gemacht werden können, muß dies **729** gemäß § 147 Abs. 1 S. 1 AktG eine einfache Mehrheit in der Hauptversammlung beschließen. Ausreichend ist ebenfalls ein Verlangen seitens einer Minderheit, die 10 % des Grundkapitals auf sich vereinigt. Darüber hinaus kann die Hauptversammlung zur Geltendmachung des Ersatzanspruchs besondere Vertreter bestellen. Macht sie hiervon keinen Gebrauch, können diese gemäß § 147 Abs. 3 S. 2 AktG auch auf Antrag einer Aktionärsminderheit mit Aktien von entweder 10 % des Grundkapitals oder 500.000 Euro Nennbetrag durch das Gericht bestellt werden. Die besonderen Vertreter treten dann an die Stelle des Aufsichtsrats und sind im Rahmen ihres Aufgabenkreises gesetzliche Vertreter der Gesellschaft.[113]

Ein solcher Beschluß nach § 147 Abs. 1 S. 1 AktG entzieht dem Auf- **730** sichtsrat die Beurteilung der Erfolgsaussichten und der Durchsetzbarkeit der Ersatzansprüche. Damit kann man den Aufsichtsrat selbst dann zur Anspruchsverfolgung zwingen, wenn er dies aus rechtlichen oder praktischen Gründen für nicht erfolgversprechend hält.[114]

Das Recht einer 10 %igen Minderheit, die Durchsetzung von Ersatzan- **731** sprüchen zu erzwingen, ist für die Praxis ohne Bedeutung. Die Quote von 10 % des Grundkapitals ist zu hoch. Auch ist dies mit dem nicht unerheblichen Nachteil verbunden, das volle persönliche Risiko für die Kosten des Rechtsstreits gemäß § 147 Abs. 4 S. 1 AktG übernehmen zu müssen. Die Antragsbefugnis nach § 147 AktG läßt sich nur schwer in die Systematik der Aktionärsrechte und ihre Durchsetzbarkeit einordnen. Sie verleiht der Aktionärsminderheit keinen eigenen und damit selbständig durchsetzbaren Anspruch: Es wird ihnen auch keine Prozeßführungsbefugnis verliehen. Dennoch ist ein Vorgehen der Aktionäre nach § 147 Abs. 2 AktG nicht ohne Einfluß auf die Geltendmachung und Durchsetzung von Ersatzansprüchen. Mit einem Antrag nach § 147 Abs. 2 AktG geben die Aktionäre den Anstoß, die Geltendmachung von Ersatzansprüchen in andere, neutrale Hände zu legen. Ein solches Rechtsinstitut läßt sich am ehesten als Initiativklagerecht bezeichnen.[115]

---

[113] Hüffer, AktG, § 147 Rn. 6.
[114] Krieger, in: RWS-Forum 8: Gesellschaftsrecht 1995, S. 170.
[115] Flume, BGB AT Bd.I/2, S. 312; Pflüger, Verwaltungskontrolle, S. 70.

732 Die Herbeiführung eines Mehrheitsbeschlusses kommt in der Praxis gelegentlich vor und wäre vielleicht häufiger, wenn sich eine Rechtspflicht der Mehrheit für die Aufnahme der Schadensverfolgung begründen ließe.[116] Man könnte überlegen, ob der einzelne Aktionär kraft seiner Treuepflicht gehalten ist, sich im Regelfall zum Schutz der Vermögensinteressen der Gesellschaft und seiner Mitaktionäre für die Schadensverfolgung einzusetzen.[117] Dies von den Aktionären zu erwarten, hieße jedoch ihren weiten Ermessensspielraum bei Abstimmungen einzuschränken. Das ist vom Gesetzgeber nicht gewollt.[118] Daher wird man mit dem Instrument der Treuepflicht nur in krassen Fällen eines Stimmrechtsmißbrauchs agieren können.

4. Anspruchsverfolgung durch einzelne Aufsichtsratsmitglieder

733 Wenn der Aufsichtsrat untätig bleibt, stellt sich die Frage, ob unter bestimmten Voraussetzungen auch eine Minderheit im Aufsichtsrat die Ersatzansprüche verfolgen kann.

734 Die Frage, ob einzelne Aufsichtsratsmitglieder an Stelle des Gesamtaufsichtsrats handeln können, wurde bislang nur im Zusammenhang mit vom Vorstand beabsichtigten und von einer Aufsichtsratsminderheit für rechtswidrig gehaltenen Geschäftsführungsmaßnahmen erörtert. Von der Rechtsprechung wurde dies im Opelfall abgelehnt.[119] Danach sind Konflikte zwischen Mehrheit und Minderheit im Aufsichtsrat intern zu klären. Das soll dadurch erreicht werden, daß dort zunächst eine Entscheidung herbeigeführt wird. Diese kann dann von der überstimmten Mehrheit durch entsprechende Klage angegriffen werden. Das gilt im Grundsatz auch bei der Verfolgung von Schadensersatzansprüchen.[120] Lehnt die Aufsichtsratsmehrheit die Schadensverfolgung ab, kann die überstimmte Minderheit gegen den Beschluß eine Nichtigkeitsfeststellungsklage erheben.[121]

735 Diese kann mit einer positiven Beschlußfeststellungsklage oder mit einer Leistungsklage auf Herbeiführung eines positiven Aufsichtsratsbeschlusses verbunden werden.[122]

---

[116] Krieger, a.a.O., S. 171.
[117] Hüffer, AktG, § 53 a Rn. 13 m.w.N.
[118] Wiedemann, ZGR 1980, 147, 157.
[119] Vgl. BGHZ 106, 54 ff. (Opel).
[120] Krieger, a.a.O., S. 172.
[121] Ganz herrschende Meinung, vgl. BGHZ 122, 342, 344 ff.; OLG Düsseldrof, ZIP 1995, 1183, 1186 m.w.N.
[122] Kort, DZWir 1995, 520.

Etwas anderes kann aber in Eilfällen gelten, wenn beispielsweise der **736** Ablauf der Verjährungsfrist bevorsteht. Nach verbreiteter Ansicht steht dann auch dem einzelnen Aufsichtsratsmitglied die Möglichkeit zu, im Wege einer Notgeschäftsführung für den Aufsichtsrat, die Verjährung zu unterbrechen.[123]

Gleiches gilt bei der Frage, inwieweit einzelne Aufsichtsratsmitglieder **737** sich gegen Geschäftsführungsmaßnahmen wehren können, die sie für rechtswidrig halten. Hier wird man in Eilfällen der Aufsichtsratsminderheit das Recht geben, in einer Art Notaufsichtsrecht, an Stelle des Aufsichtsrats eine einstweilige Verfügung gegen den Vorstand erwirken zu können, um die in Rede stehende Geschäftsführungsmaßnahme bis zur aufsichtsratsinternen Klärung zu unterbinden.[124] Nichts anderes kann bei der drohenden Verjährung eines Schadensersatzanspruchs gelten. Auch hier muß man der Minderheit eine Notzuständigkeit zugestehen, um einen Anspruch vor der Verjährung zu retten.[125] Die hierbei entstehenden Kosten sind als Aufwendungen im Zusammenhang mit der Amtsführung anzusehen und daher von der Gesellschaft zu erstatten.[126]

---

[123] Raiser, ZGR 1989, 44, 56 ff.
[124] Lutter/Krieger, Rechte und Pflichten des Aufsichtsrats, Rn. 43.
[125] Steinbeck, a.a.O., S. 222 ff.
[126] Zum Aufwendungsersatz der Aufsichtsratsmitglieder vgl. Lutter/Krieger, a.a.O., Rn. 294.

A.2. Die Haftung des Vorstands gegenüber dem Aktionär, sog. Außenhaftung

I. Haftungsgrundlagen

738 Der Vorstand kann auch gegenüber den Aktionären für Pflichtverletzungen haften. Die gesetzliche Grundlage ist jedoch zweifelhaft. Nach allgemeiner Meinung können Aktionäre aus § 93 Abs. 2 AktG keine Ansprüche herleiten. Auch ist § 93 Abs. 2 AktG nicht als Schutzgesetz zugunsten der Aktionäre im Sinne des § 823 Abs. 2 BGB anzusehen, so daß auch über diesen Weg keine Haftungsansprüche der Aktionäre hergeleitet werden können.[127]

739 Ein Schadensersatzanspruch kann sich jedoch zugunsten der Aktionäre aus § 823 Abs. 2 BGB ergeben, soweit Normen verletzt sind, die auch den Schutz der Aktionäre zum Inhalt haben, wie z. B. § 266 StGB, § 399 AktG und § 400 AktG[128]. Weitere Anspruchsgrundlage kann auch § 826 BGB sein, wobei dessen Voraussetzungen nur in extremen Ausnahmefällen erfüllt sein werden.

740 Soweit die Aktionäre zum Schadensersatz berechtigt sind und ein Vorstandsmitglied auch seine Geschäftsführerpflichten nach § 93 Abs. 2 AktG verletzt hat, ergibt sich das Problem des sog. „Doppelschadens". Hier ist die Aktiengesellschaft geschädigt durch Minderung des Gesellschaftsvermögens und der einzelne Aktionär ist wegen der Wertminderung seiner Aktie geschädigt. In diesen Fällen können die Aktionäre, nur dann Leistung an sich selbst verlangen, wenn ihnen ein über die Schädigung des Unternehmens hinausgehender Schaden entstanden ist. Wenn also ihr Schaden sich als bloßer Reflex des bei dem Unternehmen eingetretenen Schadens zeigt, weil ihre Beteiligung aufgrund der schädigenden Handlung einen Wertverlust erlitten hat, können sie diesen Schaden nur im Wege der Klage auf Leistung an das Unternehmen selbst geltend machen.[129]

741 Dies ist auch aus Gesichtspunkten der Kapitalerhaltung und der Zweckwidmung des Gesellschaftsvermögens zweckmäßig. Könnte jeder Aktionär für sich anteiligen Schadensersatz verlangen, so käme dies im übrigen einer unzulässigen Einlagerückzahlung oder Gewinnverteilung gleich.[130] Etwas anderes gilt nur wenn der Aktionär den

---

[127] Mertens, in: Kölner Kommentar § 93 Rn. 169.
[128] Vgl. BGHZ 105, 121, 124 ff., RGZ 157, 213, 216.
[129] Thümmel, Haftung von Managern und Aufsichtsräten, Rn. 19.
[130] BGH, DB 1987, 478.

Wertverlust durch Zahlung an die Gesellschaft ausgeglichen hat. In einem solchen Fall kann er ausnahmsweise Ausgleich seines Schadens direkt von den Vorstandsmitgliedern verlangen.[131]

II. Durchsetzung von Ansprüchen durch den Aufsichtsrat

Mit der Leitung der Gesellschaft verbindet sich nach § 76 Abs. 1 AktG **742** die Verantwortlichkeit der Vorstandsmitglieder. Verletzen diese ihre organschaftlichen Pflichten, haften sie gegenüber der Gesellschaft. Die Pflichten, die es zu beachten gilt, ergeben sich aus Gesetz[132], Satzung und Anstellungsvertrag.[133]

Die Geltendmachung der Ansprüche gehört als Maßnahme der Ge- **743** schäftsführung grundsätzlich in den Aufgabenbereich des Vorstands. Seine Mitglieder entscheiden nach freien Ermessen, ob Ersatzansprüche der Aktiengesellschaft geltend gemacht werden sollen. Nur wenn es um Ersatzansprüche gegen amtierende Vorstandsmitglieder geht, ist der Vorstand von der Vertretung ausgeschlossen.[134] In diesem Fall ist der Aufsichtsrat gemäß § 112 AktG zur gerichtlichen und außergerichtlichen Vertretung der Gesellschaft berufen.

III. Bestellung von Sonderprüfern als Vorbereitung bei der Geltendmachung von Schadensersatzansprüchen

Grundsätzlich obliegt die Kontrolle gesellschaftsinterner Vorgänge **744** gemäß § 111 Abs. 1 AktG dem Aufsichtsrat. Nach § 142 Abs. 1 S. 1 AktG kann jedoch die Hauptversammlung eine Sonderprüfung mit einfachem Mehrheitsbeschluß einleiten. Mit diesem Beschluß bestellt sie unmittelbar die Sonderprüfer. Die Sonderprüfer klären gesellschaftsinterne Vorgänge auf und beschaffen Informationen, die den

---

[131] BGH, DB 1987, 478.
[132] §§ 76 Abs.1, 83, 90, 92, 93, 111, 117 AktG.
[133] Ausführlich zu dem gesetzlichen Pflichtenkreis: Kloppenburg, Mitverwaltungsrechte der Aktionäre, S. 120.
[134] Kloppenburg, a.a.O., S. 115.

Aktionären als Grundlage für bevorstehende Beschlüsse dienen sollen. Besondere Bedeutung kommt dem Institut der Sonderprüfung bei der Geltendmachung von Ersatzansprüchen nach § 147 AktG zu.[135]

745   Findet sich in der Hauptversammlung keine Mehrheit für die Bestellung eines Sonderprüfers, so besteht die Gefahr, daß beanstandete Maßnahmen der Verwaltung nicht aufgedeckt und sanktioniert werden. Ohne ausreichende Kenntnis über die Hintergründe wird die Hauptversammlung oder eine Aktionärsminderheit kaum die Geltendmachung von Ersatzansprüchen verlangen oder andere Maßnahmen ergreifen. Deshalb kann gemäß § 142 Abs. 2 AktG eine Minderheit mit Anteilen von einem Zehntel des Grundkapitals oder dem Nennbetrag von zwei Millionen DM die gerichtliche Bestellung beantragen. Dieselbe Minderheit ist gemäß § 142 Abs. 4 S. 1 AktG auch befugt, einen bereits bestellten Sonderprüfer gerichtlich durch einen anderen ersetzen zu lassen.

IV. Konzernrechtliche Abweichungen

746   Einen anderen, die Aktionärsinteressen berücksichtigenden Weg ist der Gesetzgeber 1965 bei der Schaffung eines eigenständigen Konzernrechts im 3. Buch des Aktiengesetzes gegangen. Hier kann der Aktionär einer abhängigen Gesellschaft Ansprüche seiner Gesellschaft geltend machen. Zudem enthält das Konzernrecht auch eigene Ansprüche des Aktionärs, die er als Individualrechte also ohne Unterstützung einer qualifizierten Minderheit, geltend machen kann.

1. Geltendmachung fremder Ansprüche

747   Wird im Vertragskonzern durch ein herrschendes Unternehmen über das Weisungsrecht derart Einfluß auf eine abhängige Gesellschaft ausgeübt, daß der durch § 308 AktG festgelegte Umfang der Leitungsmacht überschritten wird, können bei der abhängigen Gesellschaft und damit mittelbar auch bei den außenstehenden Gesellschaftern Nachteile auftreten.[136] Ein solches Verhalten löst gemäß § 309 AktG die Haftung der gesetzlichen Vertreter des herrschenden Unternehmens aus.[137]

---

[135]   Würdinger, Aktienrecht, S. 146.
[136]   Brondics, Die Aktionärsklage, S. 54.
[137]   Brondics, a.a.O., S. 57.

Zugleich haften die Verwaltungsmitglieder des abhängigen Unternehmens, die der Weisung nach gehandelt haben.[138] Eine derartige Pflichtverletzung führt gemäß § 310 AktG zum Schadensersatz. **748**

Für den faktischen Konzern wird durch die §§ 317, 318 AktG eine entsprechende Haftung der abhängigen und herrschenden Verwaltungsmitglieder begründet, für den Fall , daß die abhängige Gesellschaft durch das herrschende Unternehmen dazu veranlaßt wurde, ein für sie nachteiliges Rechtsgeschäft vorzunehmen oder zu ihrem Nachteil eine Maßnahme zu treffen oder zu unterlassen.[139] **749**

Anspruchsinhaber aus §§ 309, 310 AktG bei rechtlich verbundenen Unternehmen und aus §§ 317, 318 AktG im faktischen Konzern ist die abhängige Gesellschaft als Geschädigte.[140] Beim Vertragskonzern berechtigen die §§ 309 Abs. 4 S. 1, 310 Abs. 4 AktG jedoch jeden außenstehenden Aktionär den Anspruch der Gesellschaft in eigenen Namen geltend zu machen.[141] Entsprechend gilt dies gemäß §§ 317 Abs. 4, 318 Abs. 4 AktG für den faktischen Konzern. Hierbei handelt es sich um einen Fall der gesetzlichen Prozeßstandschaft. Demnach tritt an die Stelle der qualifizierten Aktionärsminderheit gemäß § 147 AktG, im Recht der verbundenen Unternehmen (Konzernrecht), die Klagebefugnis des einzelnen Aktionärs.[142] **750**

2. Geltendmachung eigener Ansprüche

Neben dem Anspruch der abhängigen Gesellschaft kann der außenstehende Aktionär gemäß § 317 Abs. 1 S. 2 AktG aus eigenem Recht auch den Schaden von den Verwaltungsmitgliedern ersetzt verlangen, der ihm unabhängig vom Schaden seiner Gesellschaft entstanden ist. Dieser individuelle Schadensersatzanspruch ist jedoch auf den faktischen Konzern beschränkt.[143] **751**

---

[138] Brondics, a.a.O., S. 55.
[139] Brondics, a.a.O., S. 55.
[140] Brondics, a.a.O., S. 55.
[141] Brondics, a.a.O., S. 55.
[142] Brondics, a.a.O., S. 57.
[143] Brondics, a.a.O., S. 58.

V. Reformüberlegungen zur Verbesserung der Geltendmachung von Ansprüchen durch den Aktionär

752   Die oben dargestellten materiellen Ansprüche sind als Schutzinstrumente für die Aktionäre konzipiert. Sie sollen dem Einzelnen oder einer Minderheit helfen, sich vor gesetzes- und satzungswidrigen Maßnahmen der Verwaltung zu schützen oder seine Rechte gesellschaftsintern abzusichern. Die Effektivität der Klagemöglichkeiten, die an ein Minderheitsverlangen geknüpft sind, wie es bei den Schadensersatzansprüchen nach § 147 AktG der Fall ist, läßt auch nach der Herabsetzung des Minderheitenquorums durch das KonTraG zu wünschen übrig.[144] Zwar ist durch den neugefaßten Paragraphen 147 Abs. 3 AktG das Minderheitenquorum von 10 % auf jetzt 5 % bzw. 1.000.000 DM Nennbetrag herabgesetzt worden. Auch die Kostentragungsregelung des § 147 Abs. 4 AktG ist etwas fairer gestaltet worden. Im Grundsatz bleibt es aber dabei, daß die Klage begehrende Minderheit bei Unterliegen das Kostenrisiko trägt. Mit einer erheblichen Zunahme von Klagen dürfte durch die Herabsetzung nicht zu rechnen sein. Das Hauptanliegen des Gesetzgebers war es nach wie vor, den unternehmerischen Ermessensspielraum der Verwaltungsorgane nicht weiter einzuengen.

753   Nach Einführung des Euro wird das Quorum auf 500.000 Euro umgestellt werden.[145] Mit der Einführung der Stückaktie[146] konnte das Minderheitenrecht nicht mehr auf einen bestimmten Aktiengesetz berechnet nach Nennbetrag abgestellt werden. Es heißt jetzt allgemeiner „anteiliger Betrag des Grundkapitals".

754   Um dem einzelnen Aktionär zu ermöglichen, seine Rechte durchzusetzen, wurde von dem *Bundesgerichtshof* – nach anfänglichem Widerstand – in der „Holzmüller-Entscheidung" das von der Literatur propagierte Institut der sog. Aktionärsklage anerkannt. Ausgangspunkt für diese Anerkennung war die Überlegung, daß jeder Aktionär einen verbandsrechtlichen Anspruch darauf hat, daß die Gesellschaft seine Mitgliedschaftsrechte achtet und alles unterläßt, was sie über das durch Gesetz und Satzung gedeckte Maß hinaus beeinträchtigt.[147]

755   Wird diese Rechtsposition verbandsintern verletzt, kann der betroffene Aktionär sich dagegen wehren.[148] Bei der Frage nach der dogma-

---

[144] Brondics, a.a.O., S. 58.
[145] EuroEG, Gesetz v. 09.06.1998, BGBl. I, S. 1242 v. 15.06.1998.
[146] AG, Gesetz v. 25.03.1998, BGBl. I, S. 590 v. 31.03.1998
[147] Brondics, a.a.O., S. 65.
[148] Brondics, a.a.O., S. 65.

tischen Grundlage des Anspruchs legte sich der *Bundesgerichtshof* nicht fest. Die bisherigen Ansätze in der Literatur lassen sich in zwei Richtungen einteilen: ein deliktischer und ein gesellschaftsrechtlicher Ansatz.

1. Deliktischer Lösungsansatz

Ausgangspunkt für eine deliktische Lösung ist das allgemeine Scha- **756** densrecht der §§ 823 ff. BGB. Das Mitgliedschaftsrecht ist als sonstiges Recht im Sinne des § 823 Abs. 1 BGB gegen solche Eingriffe geschützt, die sich unmittelbar gegen den Bestand der Mitgliedschaft oder die in ihr verkörperten Rechte und Betätigungsmöglichkeiten von erheblichem Gewicht (Kern der Mitgliedschaft) richten.[149] Dieser deliktische Schutz umfaßt auch das dem Rechtsinhaber zugeordnete Vermögenssubstrat, sei es als Herrschaftsmacht oder als Wertzuweisung.[150] Ein relevanter Eingriff im Sinne des § 823 Abs. 1 BGB liegt jedenfalls dann vor, wenn die Verletzungshandlung den Gesellschafter ganz oder teilweise um seine Mitgliedschaftsrechte bringt. Hierbei ist entscheidend, daß der Zuweisungsgehalt des Rechts selbst, nicht bloß sein Wert, durch den Eingriff betroffen ist.[151] Dieser deliktische Schutz der Mitgliedschaft wird unstreitig anerkannt, wenn es sich um Eingriffe von außen handelt.[152] Er soll auch auf das Innenverhältnis der Gesellschaft ausgedehnt werden und damit den verbandsinternen Schutzanspruch des Aktionärs begründen.[153] § 823 Abs. 1 BGB soll im Verhältnis der Gesellschafter untereinander sowie zu den Organen gelten, so das einem Betroffenen die Sanktionsmöglichkeiten des allgemeinen Schadensrechts zur Verfügung stehen. Im Wege der Naturalrestitution nach § 249 S. 1 BGB wäre der Schädiger verpflichtet, schadensbeseitigende Maßnahmen vorzunehmen.[154]

2. Gesellschaftsrechtlicher Lösungsansatz

Andere Autoren wollen eine Einzelklagebefugnis nach dem Vorbild **757** mitgliedschaftlicher Klagerechte im US-amerikanischen Gesellschaftsrecht auf den Rechtsgedanken der „actio pro socio" stützen.[155]

---

[149] BGH, NJW 1990, 2877; BGH, ZIP 1990, 1552; Palandt-Thomas, § 823 Rn. 27.
[150] Brondics, Die Aktionärsklage, S. 83.
[151] Brondics, a.a.O., S. 83.
[152] Vgl. Hefermehl, in: Geßler/Hefermehl, § 93 Rn. 94, Wiedemann, Übertragung, S. 39.
[153] Mertens, AG 1978, 309, 310; auch das LG Mainz, WM 1977, 907 prüft die Aktionärsklage unter dem Gesichtspunkt des allgemeinen Deliktsrecht.
[154] Vgl. BGH, WM 1980, 378, 379.
[155] Großfeld, Aktiengesellschaft, Unternehmenskonzentration und Kleinaktionär, S. 224 ff.

758 Hierbei soll das Wesen der Aktiengesellschaft als juristische Person einer modifizierten Übernahme dieses Rechtsinstituts nicht entgegenstehen.[156]

759 Ein ähnlicher Ansatz sieht die Einzelklagebefugnis als mitgliedschaftliches Grundrecht. Danach hat jeder Aktionär ein Recht auf gesetz- und satzungsmäßiges Handeln der Gesellschaft und ihrer Organe.[157] Die Anfechtungsbefugnis nach §§ 241 ff. AktG sei nur Ausdruck dieses allgemeinen Prinzips.[158] Um das mitgliedschaftliche Grundrecht[159] mit der Kompetenzordnung in der Aktiengesellschaft in Einklang zu bringen, soll der Anspruch systemgerecht dahingehend beschränkt werden, daß dem Aktionär kein Schutzanspruch zusteht, wenn der Vorstand gegen allgemeine gesetzliche Vorschriften verstößt. Dann sollen vielmehr die allgemeinen deliktischen Ansprüche greifen, so daß eine klare Trennung zwischen dem internen mitgliedschaftlichen Schutzanspruch und dem externen Anspruch besteht. Sprengt also der Vorstand durch einen Verstoß gegen Vorschriften des Aktiengesetzes und der Satzung die der Aktiengesellschaft gesetzte Rechtsordnung und ist deshalb das Handeln des Vorstands nicht mehr als eine Maßnahme der Geschäftsführung zu werten, so ist ein Klagerecht des Aktionärs gegen die Gesellschaft anzuerkennen.[160]

3. Stellungnahme

760 Beide oben beschriebenen Lösungsansätze stellen auf die Verletzung der Mitgliedschaft des Aktionärs ab.[161] Zu beachten ist aber, daß der sich auf das Deliktsrecht stützende Anspruch mehr Anspruchsvoraussetzungen aufweist. Die Verletzung der Mitgliedschaft muß rechtswidrig und schuldhaft erfolgen.[162] Hingegen ist der aus gesellschaftsrechtlichen Zusammenhängen hergeleitete Abwehranspruch grundsätzlich verschuldensunabhängig.[163] Auch ist die Unterscheidung für das Internationale Privatrecht von Bedeutung, denn je nachdem welcher Auffassung man folgt, ist das Deliktsstatut oder das Gesellschaftsstatut[164] einschlägig.

---

[156] Großfeld, JZ 1981, 234, 235.
[157] Flume, BGB AT Bd. I/2, S. 310; Knobbe-Keuk, Das Klagerecht des Gesellschafters, S. 239 ff.
[158] Knobbe-Keuk, a.a.O.,S. 239, 253.
[159] Knobbe-Keuk, a.a.O., S. 239, 243.
[160] Knobbe-Keuk, a.a.O., S. 239, 253.
[161] Brondics, Die Aktionärsklage, S. 86.
[162] Brondics, a.a.O., S. 87.
[163] Brondics, a.a.O., S. 87.
[164] Brondics, a.a.O., S. 87.

Diese Unterschiede machen deutlich, daß der Streit um die dogmati- **761**
sche Herleitung der Aktionärsklage nicht auf sich beruhen kann.

3.1 Zur deliktischen Lösung

Bei nur vordergründiger Betrachtung bietet der deliktische Ansatz den **762**
Vorteil, daß man sich nicht in den dogmatisch-spekulativen Bereich
ungeschriebener Ansprüche vorwagen muß. Man kann auf das kodi-
fizierte Recht der unerlaubten Handlung nach § 823 ff. BGB zurück-
greifen.[165]

Bei näherer Betrachtung vermag die deliktische Lösung jedoch nicht **763**
zu überzeugen. Zu berücksichtigen ist, daß die Binnenstruktur einer
Gesellschaft durch Gesetz oder Satzung geprägt ist.[166] Diese Sonder-
normen und Sonderbeziehungen sind auf die jeweiligen Bedürfnisse
des Verbandes zugeschnitten.[167] Das erkennt man vor allem an den
Rechtsbehelfen im Innenverhältnis: Gerade für die Personengesellschaften und die Gesellschaft mit beschränkter Haftung sind mit der
„actio pro socio" und der „actio pro societate" gesellschaftsrechtliche
Instrumente entwickelt worden, um verbandsinterne Störungen allein
mit verbandsspezifischen Mitteln lösen zu können.[168] Das Innenverhältnis ist durch gesellschaftsrechtliche Normen überlagert, weshalb
der deliktische Schutz der Mitgliedschaft nicht durchgreift.[169] Gleiches
muß für die Aktiengesellschaft gelten. Eine dogmatische Grundlage
kann nur aus dem Gesellschaftsrecht selbst entwickelt werden.[170]

3.2 Zur gesellschaftsrechtlichen Lösung

Den Schutz- und Abwehranspruch aus dem Gesellschaftsrecht herzu- **764**
leiten erscheint zunächst widersprüchlich.[171] Ist die Mitgliedschaft im
Außenverhältnis betroffen, steht dem Aktionär der deliktische Schutz
zu, erfolgt hingegen die Beeinträchtigung aus dem Innenverhältnis,
soll er gesellschaftsrechtlich geschützt sein.[172]

Jedoch findet man ähnliche juristische Konstruktionen im Bürgerlichen **765**
Gesetzbuch, beispielsweise das Rechtsinstitut des Miteigentums

---

[165] Brondics, a.a.O., S. 86.
[166] Brondics, a.a.O., S. 87.
[167] Brondics, a.a.O., S. 87.
[168] Brondics, a.a.O., S. 87.
[169] Wiedemann, Übertragung, S. 39.
[170] Häsemeyer, ZHR 144 (1980), 265, 270.
[171] Brondics, Die Aktionärsklage, S. 87.
[172] Brondics, a.a.O., S. 87.

gemäß §§ 1008 ff. BGB[173]. Nach § 1011 BGB ist jeder einzelne Miteigentümer berechtigt, gegenüber Dritten deliktische Ansprüche wegen Verletzung des Eigentums geltend zu machen.[174] Im Innenverhältnis, d. h. im Verhältnis der Miteigentümer untereinander, gelten ausschließlich die Vorschriften des Gemeinschaftseigentums, als eine dem Innenverhältnis angepaßte Regelung.[175]

766 Das Gesetz macht hier deutlich, daß der Schutz einer Rechtsposition je nach Richtung der Beeinträchtigung unterschiedlich ausgestaltet sein kann.[176] Hier ergibt sich die Parallele zum Verbandsrecht. Auch dort kann nur ein auf das jeweilige Innenverhältnis abgestimmter Schutz den besonderen Beziehungen der Beteiligten gerecht werden.[177] Deshalb ist der Abwehranspruch des einzelnen Mitglieds aus dem Aktienrecht heraus zu entwickeln.

767 Hierbei werden zwei Auffassungen vertreten, woraus sich die gesellschaftsrechtliche Einzelklagebefugnis herleiten soll. Eine Meinungsrichtung sucht die Lösung in der Analogie zu den geltenden aktienrechtlichen Vorschriften. Als analogiefähige Normen kommen folgende Vorschriften in Betracht: §§ 93, 116 AktG und §§ 147, 122, 243 ff., 117, 309 ff. AktG[178]. Die andere Auffassung sucht die Lösung des Problems in der allgemeinen Weiterentwicklung des Aktienrechts.[179]

768 Der letzteren Auffassung ist der Vorzug zu geben, denn die jeweiligen analog anzuwendenden Normen haben entweder zu enge Tatbestandsvoraussetzungen oder ungeeignete Merkmale.

4. Inhalt der Aktionärsklage

769 Nachdem nun die dogmatische Herleitung der Aktionärsklage umschrieben wurde, stellt sich die weitere Frage nach dem Inhalt der Aktionärsklage. Insbesondere gilt es zu klären, ob die Aktionärsklage auf den hier behandelten Themenbereich, Schadensersatzansprüche des Aktionärs gegenüber dem Vorstand anwendbar ist.

770 Grundsätzlich ist die Aktionärsklage das Instrument, mit dessen Hilfe ein einzelner Aktionär seinen verletzten oder gefährdeten mitglied-

---

[173] Brondics, a.a.O., S. 88.
[174] Brondics, a.a.O., S. 88.
[175] Brondics, a.a.O., S. 88.
[176] Brondics, a.a.O., S. 88.
[177] Brondics, a.a.O., S. 88.
[178] Hommelhoff, ZHR 143 (1979); Roitsch, Minderheitenschutz, S. 169, 288, 310; Timm, AG 1980, 172, 185.
[179] Wiedemann , WM Sonderbeilage 1975, S. 26.

schaftlichen Rechten verbandsintern Geltung verschaffen kann. Unter Mitgliedsrechten versteht man die Rechte, die dem Aktionär aufgrund der Mitgliedschaft im gesetzlich vorgegebenen Rahmen in der Aktiengesellschaft zustehen, wobei man herkömmlicherweise zwischen Vermögensrechten und Verwaltungsrechten unterscheidet.[180]

Fraglich ist, ob der Aktionär auch Schadensersatzansprüche geltend **771** machen kann, beispielsweise wegen vollendeter Verletzung von Mitgliedschaftsrechten.

4.1 Individueller Schaden

Es stellt sich die Frage, ob der Aktionär aus seiner Mitgliedschaft **772** Ansprüche auf Ersatz des Schadens geltend machen kann, den er in seiner individuellen Vermögenssphäre erlitten hat.[181]

Hiergegen bestehen grundsätzlich keine Bedenken, wenn sich der **773** geltend gemachte Schaden nicht allein im Wertverlust der Aktien widerspiegelt.[182] Jedoch tritt nach den allgemeinen zivilrechtlichen Grundsätzen eine Schadensersatzfolge nur bei Verschulden ein. Da auch die Haftungsnormen des Aktiengesetzes auf dem Verschuldensprinzip beruhen, müßte der Aktionär nachweisen, daß gesellschaftsintern seine Rechte über das gesetzlich vorgesehene Maß hinaus schuldhaft beeinträchtigt wurden, und ihm daraus ein unmittelbarer Schaden entstanden ist. Die Erfahrungen im Zusammenhang mit § 117 AktG zeigen jedoch, wie schwierig ein entsprechender Nachweis ist. Bis 1986 hatte erst ein einziger Aktionär mit einer auf § 117 AktG gestützten Klage Erfolg.[183]

4.2 Schaden der Gesellschaft

Zu untersuchen bleibt, ob der Aktionär einen Schaden der Gesellschaft **774** entsprechend der „actio pro socio" oder der „actio pro societate" mit Hilfe der Aktionärsklage geltend machen kann. Möglicherweise ließen sich konzernrechtliche Normen wie §§ 317, 318, 309 Abs. 4 AktG, die ausdrücklich eine Einzelklagebefugnis des Aktionärs regeln, im Wege der Gesetzesanalogie im allgemeinen Aktienrecht anwenden. Wenn man jedoch den systematischen Vergleich mit anderen Normen wie

---

[180] Kraft, in: Kölner Komm, § 11 Rn. 7.
[181] Zum Problem des Doppelschadens siehe oben unter A.II.5.
[182] Ausführlich oben unter A.II.5.
[183] Vgl. BGH, AG 1985, 217.

§ 93 Abs. 2 AktG oder § 117 AktG zieht, erkennt man, daß trotz deren Parallelität mit dem Konzernrecht die in den §§ 309, 310, 317, 318 AktG ausdrücklich geregelte Einzelklagebefugnis fehlt. Dieser klare und eindeutige Gesetzeswortlaut läßt erkennen, daß der Gesetzgeber die Einzelklagebefugnis nur für das Konzernrecht regeln wollte. Insofern fehlt es an der für eine Analogie notwendigen planwidrigen Regelungslücke. Zudem sind die konzernrechtlichen Vorschriften als Ausnahmevorschriften anzusehen, welche nach allgemeinen Grundsätzen nicht analogiefähig sind. Auch steht der allgemeinen Übernahme der Rechtskonstruktion „actio pro socio" aus dem Recht der Personengesellschaft die rechtliche und organisatorische Trennung von Aktiengesellschaft als verselbständigtem Vermögensträger und Aktionär entgegen.[184] Beim Schadensersatzanspruch der Gesellschaft gegen ein Verwaltungsmitglied kann auch nach der „Holzmüller-Entscheidung"[185] wegen der ausdrücklichen gesetzlichen Bestimmung des § 147 AktG eine allgemeine „actio pro socio" für den einzelnen Aktionär zur Geltendmachung eines Anspruchs der Gesellschaft nicht in Betracht kommen.[186] Hingegen ist dies in anderen Ländern (wie z. B. in den USA) üblich und wesentlicher Bestandteil der dortigen Aktienrechtskodifizierungen.

5. Schlußfolgerung

775   Im Ergebnis ergibt sich nach geltendem Recht keine Grundlage für eine Einzelklagebefugnis zur Geltendmachung von der Gesellschaft zustehenden Schadensersatzansprüchen gegenüber der Verwaltung durch den einzelnen Kleinaktionär. Daher stellt sich die Frage nach der Reformbedürftigkeit des deutschen Aktienrechts.

776   Hierbei ist zu bedenken, daß in Deutschland die Anzahl von Aktiengesellschaften und speziell börsennotierten Gesellschaften zwar gestiegen ist, jedoch im internationalen Vergleich, was die Zahl der Aktiengesellschaften angeht, immer noch hinterherhinkt. Dies zeigt sich besonders in einer im Verhältnis zum Bruttosozialprodukt sehr niedrigen Börsenkapitalisierung. Zugleich ist aber das Stammkapital der börsennotierten Gesellschaften um über die Hälfte gestiegen, und da Privatanleger zusammen mit deutschen Kapitalanlagegesellschaften nur etwa 30 % der im Inland notierten Aktien halten, ist der Schluß klar,

---

[184] Baumbach/Hueck, AktG, § 118 Anm. 9 unter Berufung auf RGZ 142, 226.
[185] Vgl. BGH, NJW 1982, 1703 ff.
[186] Flume, BGB AT, Bd. I/2, S. 305, 306; K. Schmidt, Gesellschaftsrecht, § 21 IV, S. 477, Zöllner, ZGR 1988, 392, 406.

daß der Anteil von Publikumsaktionären gering ist.[187] Es verwundert daher auch nicht, daß nicht unternehmerisch tätige Privatleute nur etwa 6 % ihres Vermögens in Aktien anlegen.[188] Dies wird in Zukunft dazu führen, daß an der Aufbringung der erheblichen und offenbar ständig steigenden Kapitalien mit starkem Gewicht in- und ausländische Großaktionäre beteiligt sind. Dies paßt zu den Klagen über den hohen Konzernierungsgrad der deutschen Wirtschaft.[189]

Dieser tatsächliche Zustand des Aktienmarktes steht im krassen Gegensatz zu den derzeitigen Bestrebungen in Politik wie Wirtschaft. Man betrachte nur die Bemühungen der Telekom-AG, die Aktie als Kapitalanlage und Finanzierungsinstrument für eine wachsende Zahl von Unternehmen und für weite Kreise der Bevölkerung attraktiv zu gestalten.   **777**

Daher müssen die Kapitalanleger, die die Vor- und Nachteile verschiedener Anlagemöglichkeiten kalkulieren, durch eine entsprechende Gestaltung der Aktionärsposition möglichst veranlaßt werden, sich zur Investition in die Aktiengesellschaft, also zur Übernahme der Aktionärsstellung, zu entschließen. Innergesellschaftlicher bzw. aktienrechtlicher Anlegerschutz muß die Entscheidung des einzelnen Anlegers zur Investition in Aktien fördern und damit gewährleisten, daß die Aktiengesellschaft ein wirksames Instrument zur Aufbringung von Risikokapital bildet.[190] Dies hängt ganz entscheidend davon ab, welchen Schutz die Vermögensrechte des einzelnen Aktionärs genießen.[191]   **778**

Die Stärkung der Aktionärsrechte durch Einführung einer „actio pro socio-Klage" im Aktienrecht könnte ein erster Schritt in die richtige Richtung sein. Mittels dieser Klage könnten die bestehenden Ängste und Ressentiments in der breiten Bevölkerung gegen die Aktie als Kapitalanlage abgebaut werden und ein ähnlich gesundes Verhältnis zur Aktie als Wertanlage aufgebaut werden wie dies in England und den USA bereits der Fall ist.   **779**

---

[187] Westermann, Die Zukunftsfragen des Aktienrechts, in: DSW-Symposion – 25 Jahre Aktiengesetz, S. 79, 85.
[188] Westermann, a.a.O., S. 85.
[189] Westermann, a.a.O., S. 85.
[190] Mülbert, Aktiengesellschaft, Unternehmensgruppe und Kapitalmarkt, S. 66.
[191] Mülbert, a.a.O., S. 66.

6. Mögliche Gestaltung einer Einzelklage im deutschen Recht

780 Zur Vermeidung eines kontraproduktiven Prozesses müssen bei einer Ausgestaltung der Aktionärsklage im Hinblick auf Ersatzansprüche der Gesellschaft die Einzelinteressen der Kleinaktionäre und die Interessen der Gesellschaft gleichsam Berücksichtigung finden. Hierbei müssen auch die möglichen negativen Auswirkungen einer solchen Klage Berücksichtigung finden, wobei die Erfahrungen in den USA für eine zweckentsprechende Fortbildung des deutschen Rechts de lege ferenda nutzbar gemacht werden können.

6.1 Gesetzliche Ausgestaltung nach *Großfeld*

781 *Großfeld* will den Aktionär wieder stärker als innergesellschaftliches Kontrollorgan einbinden.[192] Er propagiert eine mögliche Gestaltung der Einzelklage nach dem Vorbild des amerikanischen Rechts. Er tritt für eine Klageerhebung durch den Aktionär ein, wobei dieser den Prozeß selbst durchführen soll,[193] denn auch die sog. „derivative suit" aus dem amerikanischen Recht verdankt ihre Durchschlagskraft der Tatsache, daß der Aktionär selbst hochmotiviert als Kläger im Prozeß auftritt.[194] Eine bloß mittelbare Einflußnahme des Aktionärs etwa in Form eines Klageerzwingungsverfahren ähnlich dem de lege lata existierenden § 147 AktG würde eine konsequente Geltendmachung von Schadensersatzansprüchen gefährden, da die Gefahr bestünde, daß die Gesellschaft die Klage als bloß routinemäßige Verpflichtung ansähe und nicht mit der größtmöglichen Motivation agieren würde.[195] Für die von *Großfeld* angeführte Meinung spricht auch, daß eine bloß mittelbare Einflußnahme des Aktionärs mit lähmender und kostspieliger Verwaltungsorganisation verbunden wäre, wohingegen der einzelne Aktionär sehr viel schneller, flexibler und effektiver handeln könnte. Daher erscheint es sinnvoller, den Aktionär selbst im eigenen Namen den Prozeß führen zu lassen.

6.1.1 Klageberechtigung

782 Die Erfahrungen in den USA zeigen, daß Mißbräuche des Klagerechts vor allem von Aktionären mit ganz geringen Aktienbesitz verübt werden.[196] Daher ist es notwendig, die Klageberechtigung des einzelnen

---

[192] Großfeld, Aktiengesellschaft,Unternehmenskonzentration und Kleinaktionär, S. 86.
[193] Großfeld, a.a.O., S. 292.
[194] Großfeld, a.a.O., S. 292.
[195] Großfeld, a.a.O., S. 292.
[196] Großfeld, a.a.O., S. 293.

Aktionärs oder der Aktionärsgruppe von einem gewissen Aktienbesitz abhängig zu machen. Dieser sollte jedoch so bemessen sein, daß nicht nur Großaktionäre klagebefugt seien. *Großfeld* führt aus, daß jede Grenzziehung mehr oder weniger willkürlich ist und schlägt in Anlehnung an amerikanische Verhältnisse einen Nominalwert von 5.000 bis 10.000 DM vor.

6.1.2 Die Wirkung von Verzicht und Vergleich auf die Einzelklage

Großfeld wirft die Frage auf, wie sich die Einzelklagebefugnis des   783
Aktionärs zu dem Recht der Gesellschaft verhalten soll, auf Ersatzansprüche zu verzichten oder sich darüber zu vergleichen.[197] Sinn und Zweck der Einzelklage würde ad absurdum geführt, wenn die Gesellschaft sie durch Verzicht oder Vergleich ausschließen könnte. Um hier Mißbrauch auszuschließen, sollte man die Wirksamkeit des Verzichts oder Vergleichs, zusätzlich zu den bisherigen in §§ 93 Abs. 4 S. 3 und 4, 116 , 117 Abs. 4 AktG geregelten Erfordernissen, von der Zustimmung des für die Einzelklage angerufenen Gerichts abhängig machen.[198]

6.1.3 Subsidiarität der Aktionärsklage

Die Aktionärsklage kann nur der letzte Ausweg sein, wenn ein anderer   784
Weg nicht mehr gangbar ist. Es ist an der bisherigen Regelung, daß grundsätzlich der Vorstand oder der Aufsichtsrat die Ersatzforderungen der Gesellschaft nach pflichtgemäßem Ermessen zu verfolgen haben, festzuhalten. Daher schlägt *Großfeld* vor, die Einzelklage des Aktionärs von einer vorherigen Anrufung der Verwaltungsorgane abhängig zu machen und die Aktionärsklage nur zuzulassen, wenn die Verwaltungsorgane die Erhebung der Klage abgelehnt haben oder innerhalb bestimmter Fristen die Klage bei Gericht nicht eingereicht haben.[199] Denn die prozessuale Geltendmachung des Anspruchs unterliegt gemäß § 76 Abs. 1 AktG prinzipiell dem Leitungsermessen der Verwaltungsorgane. Halten diese einen Prozeß für nicht ratsam, so muß das Gericht dies respektieren, wenn die Entscheidung ermessensfehlerfrei ist. Ermessensfehler können sich aus der Befangenheit des Organs oder aus der Unangemessenheit der Entscheidungsfindung ergeben.[200]

---

[197] Großfeld, a.a.O., S. 294.
[198] Großfeld, a.a.O., S. 295.
[199] Großfeld, a.a.O., S. 296.
[200] Bühring-Uhle/Nelle, AG 1989, 41, 53.

785 Andere Autoren wollen zusätzlich, nach amerikanischen Vorbild für den Fall, daß die angerufenen Organe befangen sind, unabhängige Ausschüsse nach dem Muster der amerikanischen „special litigation committees" bilden lassen, welche dann anstelle der befangenen Organe treten. Sie sollen prüfen, ob gegen Verwaltungsmitglieder zu klagen ist.[201] Diese Ausschüsse werden von der Verwaltung gebildet. Hier besteht freilich wieder die Gefahr der Beeinflußung der Ausschußmitglieder seitens der befangenen Verwaltungsmitglieder.[202] Daher müßte das anschließend angerufene Gericht zunächst die Unabhängigkeit des Ausschusses und dann die Angemessenheit des von ihm durchgeführten Verfahrens untersuchen.[203]

786 Auch aus nachfolgenden praxisrelevanten Gründen erscheint die Subsidiarität der Einzelklage gerechtfertigt. Die Vorstandsmitglieder haften für jede nur leicht fahrlässige Verletzung der Sorgfalt eines ordentlichen und gewissenhaften Geschäftsleiters.[204] Die Strenge dieser Normen ist bisher weitgehend gemildert worden, weil die Haftung oft nicht durchgesetzt worden ist.[205] Wenn nun durch Einführung der Einzelklage die Durchsetzung der Ansprüche vereinfacht wird, erscheint die sehr strenge Haftung des Vorstands übertrieben. Scharfe materielle Haftung, verbunden mit leichter prozessualer Durchsetzbarkeit, kann eine spürbare Minderung der Risiko- und Verantwortungsfreudigkeit der Verwaltung zur Folge haben.[206] Dies gilt es, angesichts der Notwendigkeit einer flexiblen, die jeweiligen weltwirtschaftlichen Bedingungen berücksichtigenden, modernen Geschäftsführung zu vermeiden. Daher muß der Verwaltung ein angemessener Spielraum für eventuell risikoreiche und innovative Maßnahmen verbleiben. Alles andere hätte Abstumpfung und Resignation der Verwaltung zur Folge,[207] was letztlich den wirtschaftlichen Niedergang der Aktiengesellschaft zur Konsequenz hätte. Daher könnte man in Anlehnung an die vergleichbare Vorschrift § 93 Abs. 5 AktG erwägen,[208] die Einzelklage des Aktionärs nur bei Fällen grober Pflichtverletzungen zuzulassen.

---

[201] Großfeld, a.a.O., S. 296.
[202] Großfeld, a.a.O., S. 41, 45.
[203] Großfeld, a.a.O., S. 41, 45.
[204] Ausführlich hierzu, vgl. oben unter A.1.
[205] Großfeld, Aktiengesellschaft, Unternehmenskonzentration und Kleinaktionär, S. 298.
[206] Großfeld, a.a.O., S. 41, 45.
[207] Großfeld, a.a.O., S. 41, 45.
[208] Großfeld, a.a.O., S. 299.

Dem steht jedoch entgegen, daß dann die Befugnis zur Klageerhebung von einer materiellen Anspruchsvoraussetzung abhängig gemacht würde. Dies würde zu einer Prüfung materiellrechtlicher Probleme (Verschulden) schon bei der Zulässigkeitsfeststellung der Klage führen.[209] Lehnt man wegen dieser Bedenken eine Beschränkung der Klagebefugnis auf Fälle grob fahrlässigen und vorsätzlichen Verhaltens ab, so bietet sich als Schranke die vorherige Anrufung des Vorstands oder Aufsichtsrats bzw. der unabhängigen Ausschüsse an. Auf diese Weise kann geprüft werden, ob die Geltendmachung der Haftung im Interesse der Gesellschaft geboten ist. Dann erspart man dem später angerufenen Gericht eine überfrachtete Zulässigkeitsprüfung. Es muß nur noch prüfen, inwieweit ein pflichtgetreues Organ im Interesse der Gesellschaft Klage erhoben hätte.[210]

787

Der Beschluß des zuständigen Organs, bei leicht fahrlässigen Verfehlungen nicht zu klagen, würde dann wohl in den meisten Fällen durch das Gericht aus den oben genannten Gründen (nötiger Spielraum der Verwaltung) als sachlich gerechtfertigt angesehen werden.[211]

788

6.1.4 Kostenlast nach geltendem Recht

Die bloße Verleihung des Klagerechts an den einzelnen Aktionär reicht nicht aus um die Aktionäre wieder stärker als gesellschaftsinternes Kontrollorgan zu aktivieren. Die US-amerikanischen Erfahrungen zeigen, daß es erheblich auf die Frage ankommt, wer das Prozeßrisiko zu tragen hat. Denn ein unvermögender Kleinaktionär wird nicht das Risiko auf sich nehmen einen Prozeß einzuleiten, wenn er Gefahr läuft, im Falle des gerichtlichen Unterliegens, die gesamten Kosten des Verfahrens zu tragen.

789

Bei dem derzeitig geregelten Rechtsbehelf nach § 147 Abs. 4 S. 1 AktG trägt die Minderheit der Aktionäre das volle Prozeßrisiko. Die Intention des Gesetzgebers bei Schaffung dieser Norm war es, einen eventuellen Rechtsmißbrauch vorzubeugen.[212] In der Praxis hat diese Überbürdung des Kostenrisikos auf den klagenden Aktionär dazu geführt, daß von den vorhandenen Rechtsbehelfen kaum je Gebrauch gemacht wird.[213] Nach Meinung *Großfelds* ist diese Regelung nicht nur unpraktisch, sondern auch grob unbillig, da das volle Risiko auf einen

790

---

[209] Großfeld, a.a.O., S. 299.
[210] Großfeld, a.a.O., S. 300.
[211] Großfeld, a.a.O., S. 300.
[212] Großfeld, a.a.O., S. 303.
[213] Großfeld, a.a.O., S. 303.

einzelnen oder auf eine Aktionärsminderheit abgewälzt wird. Dies steht im Widerspruch zu der Tatsache, daß die Gesellschaft alle Vorteile der Klage erhält und der aktive Aktionär lediglich zu einem geringen Teil möglicherweise in Form der Wertsteigerung seiner Aktien profitiert.

6.1.5 Vorschlag für eine Neuregelung der Kostenlast bei der Einzelklage

791 Nach *Großfeld* kann die in den USA geltende Regelung des anwaltlichen Erfolgshonorars in Gestalt eines Streitanteils in Deutschland bei der Aktionärsklage nicht übernommen werden. Dies würde der Rolle des Anwalts im deutschen Zivilprozeß als unabhängiges Organ der Rechtspflege nicht gerecht werden.

792 Um den einzelnen Aktionär nicht durch ein für ihn untragbares Kostenrisiko von der Erhebung der Klage ganz abzuschrecken, muß eine Regelung gefunden werden, durch welche die Prozeßkosten der Gesellschaft auferlegt werden. Dies trägt der Tatsache Rechnung, daß der klagende Aktionär im Interesse der Gesellschaft handelt und insoweit die Stellung eines Organs der Gesellschaft hat.[214]

793 Freilich taucht hierbei das Problem auf, daß die Entscheidung über die Frage, inwieweit der mögliche Erfolg der Klage das Risiko lohnt, der Gesellschaft aus der Hand genommen wird und auf eine Person verlagert wird, welche ihrerseits keinerlei Risiko eingeht und dennoch anteilmäßig am Erfolg teilnimmt.[215] Das dies zum Mißbrauch des Klagerechts verleitet, zeigen die Erfahrungen, die in den USA gemacht wurden. Daher ist man in einigen Staaten der USA, insbesondere in Kalifornien zur Vermeidung von mißbräuchlichen Klagen dazu übergegangen, ein gerichtliches Vorverfahren über die Tragung der Kostenlast durchzuführen.

794 Dieser Grundgedanke ließe sich auch auf das deutsche Recht übertragen und zwar in Form eines dem deutschen Prozeßkostenhilfeverfahren ähnelnden Vorverfahrens, in dem darüber entschieden wird, ob es gerechtfertigt ist, die Gesellschaft das Kostenrisiko tragen zu lassen.[216] Hierbei müßte seitens des Gerichts geprüft werden, ob die Klage Aussicht auf Erfolg hat, dem Gesellschaftsinteresse entspricht und der Gesellschaft die von ihr im Falle der Niederlage zu übernehmenden

---

[214] Großfeld, a.a.O., S. 307.
[215] Großfeld, a.a.O., S. 307.
[216] Großfeld, a.a.O., S. 307.

Kosten zugemutet werden können.[217] Wenn diese Kriterien erfüllt sind, könnte ein Gerichtsbeschluß ergehen, der bestimmt, daß das Kostenrisiko der Gesellschaft zufällt. Folge eines solchen positiven Gerichtsbeschlusses könnte eine Vorleistungspflicht wegen der nötigen Gerichtskosten an den einzelnen klagenden Aktionär sein und im Falle des Unterliegens ein Freistellungsanspruch des Aktionärs hinsichtlich der gegnerischen Kostenansprüche gegenüber der Gesellschaft sein.[218]

6.1.6 Kosten des Vorverfahrens

Auch die Kosten des Vorverfahrens bedürften einer besonderen Kostenregelung. *Großfeld* schlägt vor, diese als Teil der späteren Prozeßkosten anzusehen, wenn das Gericht dem Antrag des Aktionärs stattgibt. Eine Kostentragungsverpflichtung zu Lasten des Aktionärs kommt in Betracht, wenn das Gericht den Antrag als aussichtslos ansieht.[219] Dieses bestehende Kostentragungsrisiko für den klagenden Aktionär ist notwendig, um mutwilligen, erpresserischen Klagen vorzubeugen.[220] *Großfeld* regt an, als Streitwert im Rahmen des Vorverfahrens die im Hauptverfahren voraussichtlich entstehenden Kosten anzusehen.[221] Freilich können auch hier, je nach Streitwert im Hauptverfahren, sehr hohe Kosten entstehen, die einen Kleinaktionär möglicherweise abschrecken könnten. Jedoch ist zu bemerken, daß es sich beim Vorverfahren nur um ein vereinfachtes, summarisches Verfahren handelt und daß nur wenig Gebühren anfallen dürften.[222]   **795**

Zudem hat der potentielle Kläger die Möglichkeit, durch Beiziehung anderer Aktionäre das eigene Kostenrisiko möglichst gering zu halten.[223]   **796**

Es ist auch keine mit US-Verhältnissen vergleichbare Mißbrauchsgefahr zu erwarten, da es hier, aufgrund der anwaltlichen Gebührenordnung an dem großen finanziellen Erfolgshonoraranreiz für den Anwalt des Klägers, der in den USA die Hauptursache der Mißbräuche bildet, fehlt.[224]   **797**

---

217 Großfeld, a.a.O., S. 308.
218 Großfeld, a.a.O., S. 308.
219 Großfeld, a.a.O., S. 308.
220 Großfeld, a.a.O., S. 308.
221 Großfeld, a.a.O., S. 308.
222 Großfeld, a.a.O., S. 309.
223 Großfeld, a.a.O., S. 309.
224 Großfeld, a.a.O., S. 309.

6.1.7 Prozessuale Einzelfragen

798 In Anlehnung an § 246 Abs. 3 S. 1 AktG schlägt *Großfeld* vor, den Gerichtsstand für Einzelklagen am Sitze der Gesellschaft festzulegen. Vom Streitwert abhängig wäre die Beantwortung der Frage, ob das Amts- oder Landgericht zuständig wäre.

799 Jeder Aktionär müßte von der Erhebung der Klage benachrichtigt werden, vergleichbar mit § 246 Abs. 4 AktG. Ferner müßte eine Rechtskraftsregelung dahingehend geschaffen werden, daß die Urteile in Rechtskraft gegenüber der Gesellschaft und den übrigen Aktionären erwachsen, um mehrere Klagen dieselbe Sache betreffend auszuschließen.[225] Aus diesem Grund müßte auch jedem Aktionär das Recht eingeräumt werden, sich nach §§ 66, 69 ZPO dem Prozeß als streitgenössischer Nebenintervenient anzuschließen.[226] Auch müßte der Gesellschaft das Recht eingeräumt werden, geltend zu machen, daß die Verfolgung des Anspruchs nicht im Interesse der Gesellschaft liegt und der Kläger die zuständigen Gesellschaftsorgane, sprich Aufsichtsrat oder Vorstand, nicht benachrichtigt hat (Subsidiarität der Einzelklage)[227]. Wichtig wäre, um Mißbräuche zu vermeiden, die Einführung einer Regelung, daß ein Verzichtsurteil und eine Klageabweisung aus Gründen, die in der Person des Aktionärs liegen, Klagen anderer Aktionäre nicht entgegenstehen.[228] Weiterhin müßte die Gesellschaft in der Phase des Verfahrens, in der über Zulässigkeit und Kostentragung entschieden wird, in den Prozeß einbezogen werden, denn es geht um ihren Anspruch und ihr Kostenrisiko. Hierbei könnte ihre Rolle wie die eines Beigeladenen im Verwaltungsprozeß (§§ 65 ff. VwGO) ausgestaltet werden.[229]

6.2 Stellungnahme

800 Die Bewertung der Klagemöglichkeiten hängt davon ab, in welchen Umfang man Aktionärsklagen[230] nach US-amerikanischen Vorbild überhaupt für wünschenswert hält.

801 Für die Aktionärsklage spricht, daß sie ein wirksames Instrument der Rechtmäßigkeitskontrolle in Kapitalgesellschaften sein kann. Dabei ist

---

[225] Großfeld, a.a.O., S. 309.
[226] Großfeld, a.a.O., S. 309.
[227] Großfeld, a.a.O., S. 310.
[228] Großfeld, a.a.O., S. 310.
[229] Großfeld, a.a.O., S. 310.
[230] Der Begriff „Aktionärsklage" wird hier auf die Geltendmachung von Gesellschaftsansprüchen durch Einzelaktionäre beschränkt.

zwar zu berücksichtigen, daß in den USA keine weitere innergesell-
schaftliche Kontrollinstanz (Aufsichtsrat) existiert, welcher in Deutschland die Überwachung des Vorstands wahrnimmt.[231]

Andererseits besteht häufig die Gefahr, daß der Aufsichtsrat befangen **802**
ist. Er hat den Vorstand ausgewählt und überwacht. Verletzt dieser
Vorstand seine Pflichten, können peinliche Fragen bezüglich einer
korrekten Überwachung für den Aufsichtsrat auftreten. Denn wo ein
Schaden aufgrund pflichtwidriger Geschäftsführung eintritt, ist der
Vorwurf des Aufsichtsverschuldens meist so naheliegend, daß der
Aufsichtsrat nicht sicher sein kann, selbst unbehelligt davonzukom-
men.[232]

Zentraler Ausgangspunkt für Zulässigkeit, Umfang und Grenzen der **803**
Aktionärsklage ist die Frage, ob der einzelne Aktionär seine Klagebe-
fugnis vom Recht der Gesellschaft ableitet, oder ob diese in seiner
Gesellschafterstellung begründet ist.[233] Dabei darf heute als h.M.
diejenige bezeichnet werden, die im Mitgliedsrecht des Aktionärs die
Grundlage seiner autonomen Klagebefugnis sieht. Als grundlegend ist
auch hier wieder das „Holzmüller"-Urteil zu nennen, wonach jeder
Aktionär einen verbandsrechtlichen Anspruch darauf hat, daß die
Leitungsorgane der Aktiengesellschaft seine Mitgliedsrechte achten
und alles unterlassen, was sie über das durch das Gesetz und die
Satzung gedeckte Maß hinaus beeinträchtigt.[234]

Aktionärsrechtliche Ersatzansprüche wegen Pflichtverletzungen von **804**
Leitungsorganen sind nach dem hier vertretenen Ansatz, nämlich der
Beurteilung nach dem Eingriff in Mitgliedsrechte des jeweiligen Aktio-
närs zu lösen: dem Aktionär steht bei Verletzung seiner Rechte die
Individualklage zu.

Dem stehen die positivrechtlichen Regelungen im Aktiengesetz nur **805**
scheinbar entgegen. Danach sind Ersatzansprüche gegen den Vorstand nach § 112 AktG grundsätzlich durch den Aufsichtsrat geltend zu
machen und gegen Aufsichtsratsmitglieder hat der Vorstand gemäß
§ 77 AktG vorzugehen. In beiden Fällen kann nach § 147 AktG eine
Minderheit von 10 % der Aktionäre die Geltendmachung der Ansprüche erzwingen.

---

[231] Bühring-Uhle/Nelle, AG 1989, 41, 52.
[232] Mertens, in: Corporate Governance, S. 158.
[233] Raiser, ZHR 153 (1989), S. 1 ff.
[234] BGHZ 83, 122, 133.

806   *Zöllner*[235] überlegt, ob aus den konzernrechtlichen Normen der §§ 317, 318, 309 Abs. 4 AktG für die selbständige AG ein Analogieschluß oder ein argumentum e contrario zu ziehen ist. Durch systematischen Vergleich mit anderen Normen wie § 93 Abs. 5 AktG oder § 117 AktG, der trotz der Parallelität mit dem Konzernrecht die mit den §§ 309, 310, 317, 318 (jeweils Abs. 4) AktG vergleichbare Einzelbefugnis nicht vorsieht, kommt er zu dem Schluß, daß eine Klagebefugnis einzelner Aktionäre zu verneinen ist.

807   *Karsten Schmidt*[236] will ebenfalls eine allgemeine Etablierung der „actio pro socio" im Aktienrecht nicht zulassen; wegen der strengen Innenverfassung im Aktienrecht sei eine direkte Durchführung der gesellschaftlichen Ansprüche gegen das Verwaltungsmitglied durch den einzelnen Aktionär außerhalb der konzernrechtlichen Sondergewährung unzulässig.

808   *Flume*[237] meint, der durch §147 AktG eröffnete Weg reiche aus. Die Gewährung eines Klagerechts an den Aktionär sei für ein „sauberes Aktienwesen" unnötig. Vielmehr sei ein normaler Betrieb der Unternehmensleitung wegen der Querulanten nicht möglich. Die Inanspruchnahme der Verwaltungsmitglieder durch den Einzelaktionär beeinträchtige die Selbständigkeit der Geschäftsführung. Dagegen will er für die Ansprüche der Gesellschaft aus § 117 AktG, die durch den Einfluß des Mehrheitsaktionärs auf die Verwaltung entstanden sind, die allgemeine „actio pro socio" auch im Aktienrecht zulassen.

809   Nach den dargestellten Auffassungen läßt der geltende § 147 AktG eine Individualklage eines einzelnen Aktionärs gegen das Verwaltungsmitglied nicht zu.

810   Eine genaue Betrachtung des § 147 AktG wie auch der gegenseitigen Kontrollmöglichkeiten von Vorstand und Aufsichtsrat zeigen, daß Sinn und Zweck der Regelungen keineswegs eine Sperrwirkung zu Lasten der Individualklage nahelegen: Das Minderheitsquorum des § 147 AktG verpflichtet die Verwaltung, den Ersatzanspruch für die Gesellschaft und nicht allein für die Minderheitsaktionäre geltend zu machen. Das Minderheitsverlangen wirkt wie ein Hauptversammlungsbeschluß, allerdings mit der Besonderheit, daß dieser Beschluß mit einer Stimmzahl von 10 % der Aktionäre gefaßt wird. Es zeigt sich damit, daß die Klage nach § 147 AktG im Prozeß nicht als Minderheitenklage durchgeführt wird, sondern eine besondere Ausgestaltung einer Schadensersatzklage darstellt. Die Minderheitsaktionäre haben keines-

---

[235]   Zöllner, ZGR 1988, 392 ff.
[236]   K. Schmidt, Gesellschaftsrecht, S. 477.
[237]   Flume, a.a.O., S. 306.

wegs das Klageverfahren zu bestreiten, während dem Einzelaktionär, der sich gegen sorgfaltswidriges Organhandeln wendet, die Durchführungslast für seine Klage aufgebürdet wird. Beide Verfahren sind in ihren Voraussetzungen und Modalitäten zu unterscheiden, so daß aus § 147 AktG keine Entscheidung des Gesetzgebers gegen die Einzelklage zu entnehmen ist.

Des weiteren besteht aus rechtstatsächlichen Gründen ein erhebliches Bedürfnis für die Zulassung der Aktionärsklage in diesem Bereich. Erstens ist eine deutliche Zurückhaltung der sich wechselseitig kontrollierenden Vorstände und Aufsichtsräte, Ersatzansprüche gegeneinander zu erheben, zu beobachten. Aufsichtsräte verfolgen in der Regel Schadensersatzansprüche gegen Vorstandsmitglieder erst dann, wenn es sich um Fälle mit strafrechtlichem Einschlag handelt. Oder die Publizität des Schadensfalles so hoch ist, daß eine Schadensverfolgung im Interesse des öffentlichen Ansehens der Gesellschaft geboten ist.[238]   **811**

Mertens ist der Auffassung, diese Situation sei durchaus wünschenswert, da Organhaftungsprozesse eher unternehmensschädlich als nützlich seien.[239] Bei den Betroffenen könne man sich in den meisten Fällen mangels ausreichender Solvenz nicht schadlos halten, und in Anbetracht der Prozeßrisiken und Kosten, der negativen Publizität in der Öffentlichkeit sowie unternehmensinterner atmosphärischer Verschlechterungen, sei es sinnvoll, es im Hinblick auf die Geltendmachung der Haftung grundsätzlich beim jetzigen Recht zu belassen.[240] Diese Ansicht ist jedoch mit dem aktienrechtlichen Prinzip des Vermögensschutzes der Gesellschaft und ihrer Aktionäre nicht zu vereinbaren. Das Gesetz sieht eine strikte Ersatzhaftung der Verwaltung vor. Aus der Tatsache, daß diese Ersatzhaftung in der Praxis aufgrund der gegenseitigen Zurückhaltung zwischen Aufsichtsrat und Vorstand kaum eingreift, ergibt sich folglich ein Bedürfnis für die Aktionärsklage, damit die Ansprüche auch wirklich durchgesetzt werden. Mit *Lutter* ist außerdem davon auszugehen, daß die Anerkennung einer Aktionärsklage bei Eingriffen in Mitgliedsrechte von Aktionären aufgrund von Organpflichtverletzungen die Einsatzbereitschaft der Verwaltung steigern dürfte.[241]   **812**

---

[238] Krieger, Zur Innenhaftung von Vorstand und Geschäftsführung, in: RWS-Forum – Gesellschaftsrecht 1995, S. 149, 175.

[239] Mertens, in: Corporate Governance, S. 159.

[240] Mertens, Organhaftung in unveröffentlichtem Vortrag anläßlich einer Tagung der Draeger-Stiftung über Corporate Governance-Strukturreform nach dem amerikanischen und deutschen Aktienrecht.

[241] Lutter, ZHR 159 (1995), 287, 304 ff.

813 Zweitens hilft dem rechtsschutzsuchenden Aktionär in der Praxis oftmals die Minderheitenklage nicht, da er aufgrund des Depotstimmrechts der Banken häufig nicht einmal die theoretische Möglichkeit hat, ein Minderheitsquorum von 10 % zustande zu bringen. Er befindet sich damit in einer Situation, für die der Gesetzgeber zugunsten des außenstehenden Aktionärs im Konzern die Klagemöglichkeit des § 309 Abs. 4 AktG geschaffen hat. Wegen der Ähnlichkeit der Verfahrenssituationen und der Vergleichbarkeit der Interessenlage zum Aktionär im Konzern ist eine analoge Anwendung des § 309 Abs. 4 AktG für den Aktionär im Einzelunternehmen zu fordern.

814 Dieser Standpunkt führt bezogen auf die „Linotype"-Entscheidung des *BGH*[242], wonach auch unter Aktionären Treuepflichten bestehen, unmittelbar zur Zuweisung eines Klagerechts an den einzelnen Aktionär. Auch in diesem Zusammenhang ist nicht von einer gesetzlichen Sperrwirkung des Aktienrechts auszugehen. § 117 Abs. 1 S. 2 AktG betrifft nicht die Verfolgung von Ansprüchen wegen der Verletzung von Treuepflichten der Mitglieder untereinander und kann daher keine Ausschlußwirkung herbeiführen.

815 Der hier vertretene Lösungsansatz führt einerseits zu einer Ausweitung der Aktionärsrechte, weil er dem einzelnen Aktionär einen Individualanspruch für jede Verletzung seines Mitgliedsrechts zuweist. Es ist zuzugeben, daß eine so weitgehende Anerkennung der Aktionärsklage mit einem Einbruch in interne Organisationsstrukturen der Aktiengesellschaft einhergeht. Die Interessen der Geschäftsleitung an einer „ungestörten" Unternehmensführung sind in diesen Fällen aber nicht schutzwürdig, da sie keinen Kompetenzschutz für Übergriffe in Mitgliedsrechte von Aktionären beanspruchen kann.

816 Die Aktionärsklage darf nicht kasuistisch auf einzelne Situationen (konzernrechtliche Klage) beschränkt bleiben. Sie ist, in der nach *Großfeld* auf das deutsche Recht zugeschnittenen Form und unter Berücksichtigung der Gesellschaftsinteressen und dem Leitungsermessen der Organe, im deutschen Recht als allgemeines Institut zuzulassen.[243]

---

[242] BGHZ 83, 184 ff.
[243] Bühring-Uhle/Nelle, AG 1989, 41, 52.

B. Haftung des Aufsichtsrats

B. 1 Die Haftung des Aufsichtsrats der Gesellschaft gegenüber, sog. Innenhaftung

I. Einleitung

Probleme in der Amtsführung des Aufsichtsrats können in vielfältiger Weise entstehen. Denkbar ist, daß einem einzelnen Aufsichtsratsmitglied oder dem gesamten Aufsichtsrat von dem Vorstand oder von Aktionären, Gläubigern, Betriebsräten oder Arbeitnehmern vorgeworfen wird, Amtspflichten verletzt zu haben. **817**

Erst in den letzten Jahren ist es zu einer Reihe von Regreßprozessen gegen Aufsichtsratsmitglieder gekommen. Daß im Vergleich zu anderen Ländern solche Verfahren relativ selten sind, hat seine Ursache zum einen in der noch zu erläuternden Zurückhaltung der Verwaltungen und zum anderen in den äußerst begrenzten Klagemöglichkeiten des einzelnen Aktionärs.[246] Die weit größere Anzahl von Regreßprozessen gegen Board-Members in den USA erklärt sich aus den wesentlich wirksameren Klagerechten des Share-Holders in den USA[247]. Auch die Rechte der Aktionäre, einen Regreß zu erzwingen, haben sich ebenso als nicht sehr wirksam erwiesen. Bereits die Mobilisierung der Minderheiten ist in der Praxis für den einzelnen Aktionär besonders bei Publikumsaktiengesellschaften schwierig. Noch gravierender ist aber das Kostenrisiko, welches § 147 Abs. 4 AktG der Minderheit auferlegt. Es wirkt sich dahin aus, daß die Minderheit von den ihr gesetzlich eingeräumten Rechten nur sehr selten Gebrauch macht.[248] **818**

---

[246] Potthoff/Trescher, Das Aufsichtsratsmitglied, S. 209.
[247] Potthoff/Trescher, a.a.O., S. 246.
[248] Ausführlich zu diesem Themenkomplex siehe oben unter A.2.V.

II. Haftung gemäß § 116 AktG i.V.m. § 93 AktG

819 Verletzen Aufsichtsräte ihre Pflichten schuldhaft, so haften sie der Gesellschaft für einen sich daraus ergebenden Schaden grundsätzlich in gleicher Weise wie der Vorstand. Das ergibt sich aus § 116 AktG i.V.m. § 93 AktG. Jedoch ist dabei einschränkend zu beachten, daß der Aufsichtsrat nicht das handelnde, sondern lediglich das überwachende Organ ist.

1. Pflichtverletzung

820 Welches die Aufsichtsratspflichten sind, ergibt sich aus verschiedenen Einzelbestimmungen des Aktiengesetzes[249] und aus dem allgemeinen Verhaltensmaßstab des § 93 Abs. 1 AktG. Dabei handelt es sich wie bei dem Vorstand sowohl um einen Pflichten- als auch um einen Verschuldensmaßstab.

1.1 Überwachungspflicht

821 Die Hauptpflicht des Aufsichtsrats gegenüber der Gesellschaft liegt in der Überwachung und Kontrolle des Vorstands gemäß § 111 Abs. 1 AktG. Die Überwachungsaufgabe umfaßt die Prüfung der Rechtmäßigkeit, Ordnungsmäßigkeit, Wirtschaftlichkeit und Zweckmäßigkeit der Maßnahmen des Vorstands.[250] Dabei ist die Überwachungspflicht auf die das Unternehmen wesentlich berührenden Fragen zu begrenzen.[251] Der Aufsichtsrat muß sowohl bereits vollzogene Maßnahmen kontrollieren als auch zukünftige Entscheidungen überwachen.[252] Praktisch relevant kann die Aufsichtsratshaftung aus Überwachungspflichtverletzung bei Unternehmenszusammenbrüchen werden, etwa wenn der Aufsichtsrat wie beim sog. „Herstatt-Fall"[253] Verzögerungen bei der Stellung des Konkursantrags trotz Kenntnis der Überschuldung unbeanstandet hinnimmt.

---

[249] Insbesondere: § 111 AktG (Überwachungspflicht), § 93 Abs. 3 AktG (Kapitalerhaltungspflicht), §§ 48 ff. AktG (Gründungshaftung), § 117 AktG (Pflicht, unzulässige Einflußnahme zu unterlassen).

[250] Vgl. BGHZ 114, 127, 129; Lutter/Krieger, Rechte und Pflichten des Aufsichtsrats, Rn. 22 ff.

[251] Lutter/Krieger, a.a.O., Rn. 31.

[252] BGHZ 114, 127, 130.

[253] BGHZ 75, 96.

Den Aufsichtsrat abhängiger Unternehmen treffen auch in Konzern-   **822**
verhältnissen besondere Überwachungspflichten. Diese betreffen den
Schutz der Aktionäre. Die Verletzung dieser Pflichten kann Schadensersatzansprüche nach §§ 310, 318 AktG auslösen.

1.2 Pflichten bei der Vertretung der Gesellschaft

Nach § 112 AktG ist der Aufsichtsrat zur Vertretung der Gesellschaft   **823**
berufen, soweit es um deren Verhältnis zu den Vorstandsmitgliedern
geht. Dabei geht es vor allem um Personalmaßnahmen gemäß § 84
AktG. So hat der Aufsichtsrat bei der Bestellung der Vorstandsmitglieder die Pflicht, die bestmögliche Wahl zu treffen.[254] Ferner hat der
Aufsichtsrat die Konditionen der Anstellung zu verhandeln und festzusetzen.[255]

1.3 Treuepflichten

Auch der Aufsichtsrat unterliegt einer Treuebindung gegenüber der   **824**
Gesellschaft. Diese ist aber nicht so ausgeprägt, wie im Falle des
Vorstands, weil es sich bei der Aufsichtsratstätigkeit typischerweise
um eine Nebentätigkeit handelt.[256] Deshalb unterliegt ein Aufsichtsratsmitglied auch keinem Wettbewerbsverbot nach § 88 AktG[257].
Regelmäßig wird es eine andere hauptberufliche Tätigkeit ausüben,
wobei auch eine Mitarbeit bei einem direkten Wettbewerber nicht
ausgeschlossen ist.[258]

Die Treuepflicht resultiert aus der Verwaltung fremden Vermögens. Sie   **825**
gebietet den Aufsichtsratsmitgliedern, vertrauensvoll zusammenzuarbeiten und Eigeninteressen zurücktreten zu lassen.[259] Alle Aufsichtsratsmitglieder trifft die Pflicht, den Vorteil der Gesellschaft zu wahren
und Schaden von ihr zu wenden.[260] Treuwidrig handelt stets, wer die
Aktiengesellschaft unter Ausnutzung von Informationen aus seiner
Amtsträgertätigkeit übervorteilt.[261] Weiterhin ist z. B. eine Pflichtverlet-

---

[254] Lutter/Krieger, a.a.O., Rn. 127.
[255] Thümmel, Persönliche Haftung von Managern und Aufsichtsräten, S. 97.
[256] Fleck, Fs-Heinsius, S. 89, 91; Hoffmann-Becking, in: MünchHdb AG, § 33 Rn. 43; Hüffer, AktG, § 116 Rn. 4.
[257] Hüffer, AktG, § 88 Rn. 2.
[258] BGHZ 39, 116, 123; Geßler, in: Geßler/Hefermehl, AktG, § 103 Rn. 39; Thümmel, a.a.O., S. 99.
[259] Vgl. bei Matthießen, Stimmrecht und Interessenkollision im Aufsichtsrat, S. 71.
[260] BGHZ 21, 354 , 357; Lippert, Überwachungspflicht, Informationsrecht und gesamtschuldnerische Haftung des Aufsichtsrats nach dem Aktiengesetz 1965, S. 94.
[261] Vgl. Hüffer, AktG, § 116 Rn. 4.

zung darin zu sehen, wenn der Aufsichtsrat den Vorstand zu gesellschaftsschädlichen Geschäften veranlaßt gemäß § 117 AktG.

826 In besonderen Einzelfällen bleibt dem Aufsichtsratsmitglied nur der
Rücktritt, so etwa, wenn das Unternehmen, dessen Vorstand es
außerdem angehört, in einen gravierenden Interessenkonflikt gerät.[262]
In derartigen Fällen ist es möglich, daß das Aufsichtsratsmitglied, das
sich in einem Interessenkonflikt befindet, trotz seines Rücktritts im
eigenen Unternehmen die betreffende Angelegenheit nicht mitberaten
und mitentscheiden darf, da es insofern nachwirkende Treuepflichten
aus der damaligen organschaftlichen Stellung als Aufsichtsratsmitglied trifft.[263]

1.3.1 Verschwiegenheitspflicht

827 Der Verschwiegenheitspflicht unterliegt der Aufsichtsrat kraft gesetzlicher Verweisung des § 116 AktG entsprechend § 93 Abs. 1 S. 2 AktG
in vollem Umfang. Sie ist gegenüber der Verschwiegenheitspflicht des
Vorstands nicht abgeschwächt. Daten und Angaben, die das Aufsichtsratsmitglied im Rahmen seiner Tätigkeit erfährt, sind danach
geheimzuhalten, wenn dies erkennbar im Interesse des Unternehmens liegt.[264] Die Verschwiegenheitspflicht erlischt, wenn der Vorstand bekanntgemacht hat, daß kein Geheimhaltungsinteresse der
Gesellschaft mehr gegeben ist.[265] Die Verschwiegenheitspflicht kann
trotz Beendigung der Aufsichtsratätigkeit fortbestehen. Man spricht
dann von einer sog. nachwirkenden Treuepflicht.[266] Mit der Annahme
dieser nachwirkenden Verschwiegenheitspflicht korrespondiert ein
Aussageverweigerungsrecht ehemaliger Aufsichtsratsmitglieder gemäß § 383 Abs. 1 Nr. 6 ZPO, sofern sich die Vernehmung auf Tatsachen erstrecken würde, die dem ehemaligen Aufsichtsratsmitglied
anvertraut sind und deren Geheimhaltung geboten ist.[267]

1.3.2 Geschäftschancenlehre

828 Hier ist im Verhältnis zum Vorstand von einer geringeren Bindung
auszugehen. Nur solche Geschäftsmöglichkeiten, von denen das
Aufsichtsratsmitglied im Rahmen seiner Organtätigkeit Kenntnis

---

[262] Lutter/Krieger, Rechte und Pflichten des Aufsichtsrats, Rn. 306.
[263] Lutter/Krieger, a.a.O., Rn. 306; Lutter, ZHR 145 (1981), S. 244 ff.
[264] Lutter/Krieger, a.a.O., Rn. 107 ff.
[265] Lutter/Krieger, a.a.O., Rn. 117.
[266] OLG Koblenz, WM 1987, 480, 481; vgl. auch Lutter/Krieger, a.a.O., Rn. 117.
[267] OLG Koblenz, WM 1987, 480, 481; vgl. auch Lutter/Krieger, a.a.O., Rn. 117.

erlangt, darf es nicht anderweitig benutzen. Hier hat das Gesellschaftsinteresse Vorrang.[268] Soweit es von den Geschäftsmöglichkeiten außerhalb seiner Aufsichtsratstätigkeit erfährt, unterliegt es keiner Bindung.

2. Verschulden

Die genannten Pflichten sind verletzt, wenn das Aufsichtsratsmitglied die Sorgfalt eines ordentlichen und gewissenhaften Überwachers außer acht gelassen hat. Soweit es um den Inhalt der Sorgfaltspflicht als Verschuldensmaßstab geht, ist die Leitfigur des in § 93 Abs. 1 S. 1 AktG beschriebenen ordentlichen Geschäftsleiters gegen die des ordentlichen Aufsichtsratsmitglied auszutauschen. Das heißt die Überwachungsfunktion tritt in den Vordergrund. Dieser typisierte Verschuldensmaßstab gilt grundsätzlich für alle Aufsichtsratsmitglieder in gleichen Maße, auch für diejenigen der Arbeitnehmerseite.[269] Jedoch können für einzelne Mitglieder des Aufsichtsrats mit wichtigeren Funktionen höhere Anforderungen an die Sorgfaltspflicht gelten als für die übrigen.[270]

829

Ansonsten sind Haftungsdifferenzierungen nicht personenbezogen, aber nach Art und Größe des Unternehmens möglich. So muß z. B. ein Aufsichtsrat einer Großbank anderen Anforderungen genügen als derjenige einer Regionalbrauerei.[271] Ob nun Aufsichtsratsmitglieder ihre Überwachungsaufgabe pflichtwidrig vernachlässigt haben, hängt zunächst von der Organisation der Arbeit des Gesamtorgans ab. Hierbei wird teilweise vertreten, daß Aufsichtsratsmitglieder, die einem selbständig arbeitenden Ausschuß nicht angehören und an dessen Sitzungen auch nicht teilgenommen haben, für unzureichende Aufgabenerfüllung überhaupt nicht haften.[272] Dem ist nicht zu folgen, denn dies würde dem Prinzip der Gesamtverantwortung aller Aufsichtsratsmitglieder nicht gerecht werden.[273]

830

Das Gesamtorgan Aufsichtsrat muß sich davon überzeugen, daß seine Ausschüsse sachgerecht arbeiten. Hierbei reicht die bloße Entgegennahme von Ausschußberichten jedenfalls in wesentlichen Fragen nicht aus. Eine Pflichtverletzung liegt beispielsweise vor bei

831

---

[268] Hüffer, AktG, § 116 Rn. 5.
[269] BGHZ 85, 293, 295. Hoffmann-Becking, in: MünchHdb AG § 33 Rn. 41.
[270] Hoffmann-Becking, in: MünchHdb AG, § 33 Rn. 41.
[271] Hüffer, AktG, § 116 Rn. 3.
[272] Geßler, in: Geßler/Hefermehl, S. 19.
[273] Zutr. RGZ 93, 338, 340.

Untätigkeit des Aufsichtsrats gegenüber leichtfertigen Maßnahmen des Vorstands[274] oder bei Hinnahme unzulässiger Verzögerungen bei Stellung des Konkursantrags trotz Kenntnis der Überschuldung.[275]

832 Auch die Veranlassung des Vorstands zu einem gesellschaftsschädlichen Geschäft[276] oder die Ausübung des Amtes ohne eigenes Bild von der Geschäftstätigkeit der vornehmlich im Ausland tätigen Gesellschaft[277] haben zur Annahme einer Pflichtverletzung geführt.

3. Beweislastumkehr

833 Auch jedes Aufsichtsratsmitglied trifft – wie die Vorstandsmitglieder – im Prozeß die Exkulpationslast. Das gilt unabhängig davon, ob es sich um einen fakultativen oder einen obligatorischen Aufsichtsrat handelt. Gemäß den §§ 116, 93 Abs. 2 S. 2, 117 Abs. 2, 310 Abs. 1, 318 Abs. 2 AktG muß es darlegen und beweisen, daß es im konkreten Fall die Sorgfalt eines ordentlichen und gewissenhaften Überwachers beachtet hat. Wird der Schadensersatzanspruch auf einen fehlerhaften Beschluß des Aufsichtsrat gestützt, so kann das Mitglied dem Vorwurf der Pflichtverletzung nur dadurch entgehen, daß es seine Ablehnung des Beschlusses und seinen eigenen Lösungsvorschlag zu Protokoll gegeben hat.[278]

4. Schaden

834 Der adäquate Schaden einer Pflichtverletzung wird – wie bei dem Vorstand – nach den §§ 249 ff. BGB bestimmt.

5. Gesamtschuldnerische Haftung

835 Haften mehrere Personen der Gesellschaft wegen Amtspflichtverletzungen beispielsweise mehrere Aufsichtsratsmitglieder, Aufsichtsrats- und Vorstandsmitglieder oder Aufsichtsratsmitglieder und Dritte so kommt über § 117 AktG die Vorschrift des § 421 BGB zur Anwendung. Sie haften insgesamt als Gesamtschuldner. Gemäß allgemeinen Grundsätzen bedeutet dies, daß die Gesellschaft von jedem Haftpflichtigen die Bezahlung der gesamten Schuld einklagen

---

[274] Vgl. BGHZ 69, 207, 214.
[275] BGHZ 75, 96.
[276] BGH NJW 1980, 1629.
[277] OLG Düsseldorf WM 1984, 1080.
[278] Lutter/Krieger, a.a.O., Rn. 312.

kann. Dies ist für die Gesellschaft von Vorteil, da sie sich den leistungsfähigsten Schuldner aussuchen kann, unabhängig davon, wie groß der konkrete Schuldbeitrag war.

Soweit ein Aufsichtsratsmitglied die Gesellschaft befriedigt, werden   **836**
alle übrigen Gesamtschuldner von ihrer Leistungspflicht gegenüber der Gesellschaft frei. Es kann jedoch über § 426 BGB Ausgleichung verlangen. In Höhe dieses Ausgleichsanspruchs geht die Forderung der Gesellschaft gegen die übrigen Gesamtschuldner auf ihn über.

Die Höhe des Ausgleichs richtet sich zunächst nach dem Maß der   **837**
Verursachung und dann nach dem Grad des Verschuldens.[279]

Hierbei ist entscheidend mit welchem Grad von Wahrscheinlichkeit die   **838**
verschiedenen Pflichtverstöße geeignet waren, den schädigenden Erfolg zu verursachen. Diese Abwägung kann sogar unter Umständen zur Alleintragung des Schadens durch einen Beteiligten führen.

Beruht zum Beispiel die Mithaftung eines Aufsichtsratsmitglieds dar-   **839**
auf, daß es seine Überwachungspflicht leicht fahrlässig verletzt, das Vorstandsmitglied hingegen unterschlagen hat, dann ist es in der Regel gegenüber diesem Vorstandsmitglied nicht ausgleichspflichtig.[280]

6. Geltendmachung des Schadensersatzanspruch, Verzicht und Vergleich

Die Verfügung über den Schadensersatzanspruch umfaßt nicht nur die   **840**
gerichtliche Geltendmachung, sondern auch Verzicht, Vergleich und Stundung.[281] Für die Aktiengesellschaft nimmt der Vorstand gemäß § 78 AktG die Aufgabe der Geltendmachung wahr. Zu bemerken ist jedoch, daß das Interesse der Verwaltungen, die Schadensersatzforderung einzuklagen, verständlicherweise nicht sehr groß ist. Denn diese Prozesse kosten viel Nerven, Zeit und Geld und zwingen die Gesellschaft interne Angelegenheiten aufzudecken, was kontraproduktive Folgen für die Gesellschaft haben kann. Ein Prozeß kann zu einem Imageverlust der Aktiengesellschaft in der Öffentlichkeit und bei den Aktionären führen. Der durch den Prozeß gewonnene Schadensausgleich steht dann in keinem Verhältnis zum nötigen Aufwand der Prozeßführung.

---

[279] Palandt, BGB, § 254 Rn. 46 f.
[280] Vgl. BGH, NJW 1980, 2348.
[281] Hüffer, AktG, § 116 Rn. 8.

841 Nach §§ 116, 93 Abs. 4, 377 Abs. 1 BetrVG, §§ 52, 325 Abs. 1 Ziff. 2 MitbestG in der Fassung von 1976 ist ein Verzicht gegenüber den Mitgliedern obligatorischer Aufsichtsräte von Kapitalgesellschaften erst nach Ablauf einer dreijährigen Karenzzeit möglich, wenn die Hauptversammlung zustimmt und nicht eine Minderheit von 10 % des Grund bzw. Stammkapitals widerspricht. Gemäß §§ 116, 93 Abs. 3 BetrVG endet die Karenzzeit schon vorher für den Fall, daß das Aufsichtsratsmitglied zahlungsunfähig ist und sich zur Abwendung oder Beseitigung des Konkursverfahrens mit seinen Gläubigern vergleicht.

842 Überdies hat der Gesetzgeber den Aktionären die Möglichkeit gegeben, den Regreß zu erzwingen. Die Aktionärsversammlung kann gemäß § 147 Abs. 1 AktG mit 1/10-Minderheit des Grundkapitals entsprechende Beschlüsse fassen. Zur Förderung einer konsequenten Prozeßführung, kann die Aktionärsversammlung zusätzlich bei der Aktiengesellschaft für den Prozeß nach § 147 Abs. 3 AktG, besondere Vertreter beauftragen. Letztlich kann auf Antrag von Aktionären das Registergericht auch andere Personen als den Vorstand für die Prozeßführung bestellen.[282]

843 Die Verjährung des Schadensersatzanspruch findet gemäß den § 93 Abs. 6 AktG, §§ 117 Abs. 6, 310 Abs. 4, 318 Abs. 4, 323 Abs. 1 AktG in 5 Jahren statt. Der Anspruch kann gegenüber dem Aufsichtsratsmitglied weder durch Statut oder Gesellschaftsvertrag zu Lasten der Gesellschaft begrenzt oder ausgeschlossen werden.[283]

7. Rechtsfolgen

844 Hat der Aufsichtsrat oder eines seiner Mitglieder eine der genannten Pflichten schuldhaft verletzt und ist der Gesellschaft gerade daraus ein Schaden entstanden, besteht grundsätzlich ein Schadensersatzanspruch der Gesellschaft gegen das gesamte Organ nach § 116 AktG i.V.m. § 93 Abs. 2 AktG.

845 Weitere Rechtsfolge kann eine Strafbarkeit eines Aufsichtsratsmitglieds nach §§ 399, 400, 404 AktG sein.

---

[282] Ausführlich zu der Regelung des § 147 siehe oben unter A.2.V.
[283] BGHZ 64, 238, 245.

III. Haftung aus positiver Forderungsverletzung

Weiterhin kann man, der Haftungslage für Vorstände folgend, einen **846** neben dem Schadensersatzanspruch aus § 93 Abs. 2 AktG stehenden Anspruch aus positiver Forderungsverletzung des Anstellungsvertrages diskutierten. Während die Lösung dieser Frage im Hinblick auf den Vorstand von der dogmatischen Einordnung des Haftungsgrundes aus § 93 Abs. 2 AktG geprägt wird,[284] ist die Lösung für den Aufsichtsrat einfacher. Der Aufsichtsrat wird nicht aufgrund schuldrechtlichen Vertrags tätig, sondern aufgrund organschaftlicher Bestellung. Mangels Anstellungsvertrages scheitert mithin eine eventuelle Haftung aus positiver Forderungsverletzung.

IV. Haftung aus § 826 BGB

In Fällen der vorsätzlichen, sittenwidrigen Schädigung der Aktienge- **847** sellschaft durch ihre Aufsichtsratsmitglieder kommt eine Haftung aus dem allgemeinen Tatbestand des § 826 BGB in Betracht.[285]

V. Haftung aus § 823 Abs. 1 BGB

Weil durch § 823 Abs. 1 BGB nicht das Vermögen als Ganzes **848** geschützt wird,[286] ist der Anwendungsbereich des § 823 Abs. 1 BGB eingeschränkt auf Verletzungen absoluter Rechtsgüter der Aktiengesellschaft durch den Aufsichtsrat.[287]

---

[284] Vgl. Mutter, Unternehmerische Entscheidungen und Haftung des Aufsichtsrats der Aktiengesellschaft, S. 164.
[285] Mutter, a.a.O., S. 166.
[286] Schäfer, in: Staudinger, BGB, § 823 Rn. 76.
[287] Mutter, a.a.O., S. 166.

VI. Haftung aus § 823 Abs. 2 BGB in Verbindung mit einem Schutzgesetz

849 Über § 823 Abs. 2 BGB läßt sich auch eine Haftung bezüglich des Gesellschaftsvermögens herbeiführen. Als Schutzgesetze kommen in Betracht Normen wie §§ 263, 266 StGB sowie aktienrechtliche Vorschriften, wie die in den §§ 399 f AktG abgesicherten Pflichten.[288]

VII. Haftung aus § 117 AktG

850 Hat sich ein Aufsichtsratsmitglied von einem Dritten beispielsweise einem Aktionär dazu bestimmen lassen, zum Schaden der Gesellschaft oder der Aktionäre zu handeln und hat es dadurch seine Amtspflichten verletzt, so haftet es gemäß § 117 Abs. 2 AktG neben dem Dritten der Gesellschaft als Gesamtschuldner. Zu beachten ist jedoch, daß diese Haftung nach § 117 Abs. 7 AktG nicht in Betracht kommt, wenn das Aufsichtsratsmitglied durch Ausübung des Stimmrechts in der Hauptversammlung, durch Leitungsmacht auf Grund von Beherrschungsverträgen oder Eingliederung zu seinem Handeln bestimmt worden ist. Die Ersatzpflicht tritt nach § 117 Abs. 2 S. 2 AktG auch nicht ein, wenn die Handlung auf einem gesetzmäßigen Beschluß der Hauptversammlung beruht.

VIII. Konzernrechtliche Haftungstatbestände

851 Das Aktiengesetz kennt darüber hinaus noch Sondertatbestände von Amtspflichtverletzungen, die einen Schadensersatzanspruch der Gesellschaft begründen. Dies liegt darin begründet, daß der Gesetzgeber glaubte, zur effektiven Bekämpfung der mit einer Konzernierung verbundenen Gefahren eine zusätzliche, persönliche Haftung der Mitglieder der verantwortlichen Unternehmensorgane zu benötigen.[289]

---

[288] Vgl. BGH, BB 1988, 1983, RGZ 157, 213 und RGZ 159, 211.
[289] Mutter, a.a.O., S. 169.

Gemäß §§ 310 Abs. 1, 323 Abs. 1 AktG besteht auch eine Haftung **852** gegenüber dem Unternehmen. Dies ist der Fall, wenn das Aufsichtsratsmitglied einer abhängigen Aktiengesellschaft bei der Ausführung einer pflichtwidrigen Weisung des herrschenden Unternehmens eines Vertragskonzerns unter Verletzung seiner Amtspflichten gehandelt hat. Die Aufsichtsratsmitglieder haften dann als Gesamtschuldner neben den übrigen Ersatzpflichtigen.

Gleiches gilt gemäß §§ 323 Abs. 1, 310 Abs. 1, 309 Abs. 5 AktG für **853** die Aufsichtsratsmitglieder einer eingegliederten Aktiengesellschaft, wenn sie bei Ausführung einer pflichtwidrigen Weisung ihrer Hauptgesellschaft ihre Pflichten verletzt haben.

Schließlich ist das Aufsichtsratsmitglied einer faktisch abhängigen **854** Aktiengesellschaft seinem Unternehmen regreßpflichtig, wenn es die Pflicht verletzt, den Abhängigkeitsbericht hinsichtlich der nachteiligen Rechtsgeschäfte und Maßnahmen zu prüfen und über die Prüfung korrekt zu berichten. Nach § 318 Abs. 2 AktG haftet es dann als Gesamtschuldner neben den sonstigen Ersatzpflichtigen.

IX. Haftung für unternehmerische Fehlentscheidungen

Der Aufsichtsrat ist sowohl nach seiner gesetzlichen als auch nach **855** seiner rechtstatsächlichen Ausgestaltung ein, bei der Wahrnehmung seiner Organpflichten, unternehmerisch handelndes und in diesem Rahmen auch entscheidendes Organ.[290]

Damit ergibt sich zugleich die Frage nach seiner Haftung für Fehlent- **856** scheidungen.[291] Hierbei stellt sich insbesondere die Frage nach der Anwendbarkeit juristischer Haftungsregeln auf die an wirtschaftlichen Maßstäben orientierte unternehmerische Leitung einer Aktiengesellschaft.[292] Problematisch dürfte insbesondere die Behandlung unternehmerischer Fehlentscheidungen im Rahmen des §§ 116, 93 Abs. 2 AktG sein. Demgegenüber sind Situationen, in denen Tatbestände des §§ 826 BGB oder 117 Abs. 1 AktG vorliegen, unzweifelhaft unternehmerische Fehlentscheidungen.[293] Auch die deliktischen Ansprüche

---

[290] Mutter, a.a.O., S. 2.
[291] Mutter, a.a.O., S. 4.
[292] Mutter, a.a.O., S. 3.
[293] Wiedemann, in: Organverantwortung und Gesellschafterklagen in der Aktiengesellschaft, 1989, S. 8.

aus § 823 Abs. 1 und Abs. 2 BGB treten aus praktischen Erwägungen zurück. Denn der Anspruch aus §§ 116, 93 Abs. 2 AktG ist aufgrund der Beweislastregelung des § 93 Abs. 2 S. 2 AktG das viel effektivere Mittel. Daher wird im folgenden die Untersuchung der Haftung für unternehmerische Entscheidungen auf den Anspruch aus §§ 116, 93 Abs. 2 AktG reduziert.

1. Abgrenzung zwischen unternehmerischer Entscheidung und Rechtsfragen

857 Von den zu betrachtenden unternehmerischen Entscheidungen, welche dem Entscheidungsträger ein Handlungsermessen eröffnen, sind die sich bei jeder unternehmerischen Betätigung stellenden Rechtsfragen und deren Beurteilung abzugrenzen.[294] Im Gegensatz zu den unternehmerischen Entscheidungen bereiten Rechtsfragen im Rahmen von Inanspruchnahmen auf Schadensersatz, bei der Ermittlung von Pflichtverletzungen im Rahmen von § 93 Abs. 1 AktG keine atypischen Schwierigkeiten.[295] Denn die Frage, inwieweit Rechtsvorschriften richtig angewendet und ausgelegt worden sind, ist typischerweise Gegenstand juristischer und richterlicher Tätigkeit.[296] Die Entscheidung über die Rechtswidrigkeit und damit einhergehenden Pflichtwidrigkeit kann somit stets durch den Richter sicher getroffen werden.[297] Zu beachten ist jedoch , daß die sich im Rahmen eines unternehmerischen Handelns stellenden Rechtsfragen, mit den in einem Unternehmen zu treffenden unternehmerischen Entscheidungen in mannigfaltiger Weise eng verknüpft sind.[298] Rechtliche Fragen sind oft Teil der in die Entscheidung einzubeziehenden Grundlagen.[299] Basis der unternehmerischen Entscheidung sind nicht nur juristische Überlegungen, sondern zum weit überwiegenden Teil die ökonomischen Auswirkungen der jeweiligen Entscheidung.[300] Dies folgt auch aus der Tatsache, daß Beratung und Überwachung als Aufgaben des Aufsichtsrats nicht nur Kontrolle, sondern vor allem zukunftsorientierte unternehmerische Gestaltung bedeuten. Bereits aus § 90 Abs. 1 Nr. 1 AktG geht hervor, daß die Mitwirkung an der Unternehmensplanung zu

---

[294] Mutter, a.a.O., S. 172.
[295] Mutter, a.a.O., S. 172.
[296] Mutter, a.a.O., S. 172.
[297] Mutter, a.a.O., S. 172.
[298] Mutter, a.a.O., S. 173.
[299] Mutter, a.a.O., S. 173.
[300] Mutter, a.a.O., S. 173.

den Aufgaben des Aufsichtsrats gehört. Entscheidungen in diesem Bereich, also beispielsweise strategische Produktabsatz sowie Personalplanung, sind ihrem Wesen nach unternehmerische Gestaltungsentscheidungen. Gleiches gilt für die meisten anderen Entscheidungen, die der Aufsichtsrat zu treffen hat. Regelmäßig geht es um unternehmerische Aufgaben und die Mitübernahme der Verantwortung für wichtige Führungsentscheidungen durch den Aufsichtsrat im Verhältnis zum Vorstand.[301] Vom Entscheidungsträger wird somit mehr erwartet als die bloße Beurteilung von Rechtsfragen, die unzweifelhaft richterlicher Prüfung im Rahmen von § 93 Abs. 1 AktG zugänglich sind. Vielmehr handelt es sich hier um ein in einer Grauzone stattfindendes, schwer faßbares, unternehmerisches Handeln und Entscheiden.

2. Rechtliche Haftungsvoraussetzungen aus §§ 116, 93 Abs. 2 AktG und betriebswirtschaftliche Struktur einer unternehmerischen Entscheidung

Der juristische Haftungstatbestand der §§ 116, 93 Abs. 2 AktG läßt sich in eine Vielzahl von Einzelelementen aufteilen: Handlung, Pflichtverletzung, haftungsbegründende Kausalität, Rechtswidrigkeit, Verschulden, Schaden und haftungsausfüllende Kausalität.[302]   **858**

Diesem steht der unternehmerische Entscheidungsablauf gegenüber, welcher sich wie folgt strukturieren läßt:[303]   **859**

– Unterschiedliche unternehmerische Handlungsmöglichkeiten,

– Entscheidung,

– Vollzugshandlung,

– wirtschaftlicher Erfolg/Mißerfolg.

Im folgenden gilt es zu klären, in welcher der erläuterten Phasen einer betriebswirtschaftlichen Entscheidung für die Haftungsfrage im Rahmen des §§ 116, 93 Abs. 2 AktG angeknüpft werden kann.   **860**

---

[301] Dreher, Der Aufsichtsrat in der Aktiengesellschaft zwischen Verbandsautonomie und Richterkontrolle, in: ZHR 158 (1994) 614, 619.
[302] Mutter, a.a.O., S. 175.
[303] Mutter, a.a.O., S. 175.

3. §§ 116 , 93 Abs. 2 AktG und die unternehmerische Fehlentscheidung als haftungstatbestandsmäßige Handlung

861 Der Anknüpfungspunkt für die Haftung ist nicht die nach außen sichtbare Vollzugshandlung. Vielmehr kann nur der vorab stattfindende Auswahlakt aus den unterschiedlichen unternehmerischen Entscheidungsmöglichkeiten Anknüpfungspunkt für die Haftung sein. Im Rahmen einer Haftung für unternehmerische Fehlentscheidungen läßt sich also unter Berücksichtigung der oben dargestellten, betriebswirtschaftlich orientierten Strukturbildung die „Entscheidung" als haftungstatbestandsmäßige Handlung festmachen.[304]

4. §§ 116 , 93 Abs. 2 AktG und das Merkmal der Pflichtverletzung

862 Selbstverständlich stellt eine unterbliebene Wahrnehmung der dem Aufsichtsrat übertragenen Aufgaben eine Pflichtenverletzung dar.[305] Problematisch und damit interessant wird es erst, wenn man sich jenen Situationen zuwendet, in denen der Aufsichtsrat zwar tätig wurde, jedoch in einer für das Unternehmen abträglichen Art und Weise.[306] Hier trifft man nach herrschender Meinung auf ein unternehmerisches Ermessen der Verwaltung der Aktiengesellschaft.[307] Diese Dunkelzone des unternehmerischen Ermessens gilt es haftungsrechtlich auszufüllen.

5. Bestimmung der unternehmerischen Fehlentscheidung

863 Bei der Bestimmung der unternehmerischen Fehlentscheidung kann nicht nur vordergründig auf den wirtschaftlichen Erfolg oder Mißerfolg am Ende eines Entscheidungsprozesses abgestellt werden.[308] Aufgrund der heutigen Eingebundenheit der Unternehmen in ein staatliches und gesellschaftliches Umfeld und der Globalisierung des Weltmarktes andererseits, besteht zwischen dem wirtschaftlichen Erfolg einer unternehmerischen Entscheidung und der Entscheidung selbst nur noch sehr eingeschränkt ein unmittelbarer Zusammenhang.[309] Wirtschaftlich vielversprechende Entscheidungen, die auf der Grundlage heutiger Marktverhältnisse oder rechtlicher Rahmenbedingungen

---

[304] Mutter, a.a.O., S. 176.
[305] Mutter, a.a.O., S. 176.
[306] Mutter, a.a.O., S. 176.
[307] Schilling, ZHR 144 (1980), S. 136, 144.
[308] Mutter, a.a.O., S. 178.
[309] Mutter, a.a.O., S. 179.

getroffen werden, können von einem Tag auf den anderen entwertet oder gar konterkariert werden. Insoweit ist die zu beobachtende, immer hektischer und zu gleicher Zeit aber auch immer kurzsichtiger agierende wirtschafts- und steuerrechtliche Gesetzgebung geeignet, zur Besorgnis Anlaß zu geben.[310] Hinzu tritt ein erkennbarer, zusätzlicher Verlust systematischer rechtlicher Rahmenordnungen durch eine Überlagerung und Durchsetzung mit europarechtlich bedingten Fremdkörpern.[311] Deshalb muß bei der Bestimmung der unternehmerischen Fehlentscheidung auf die unternehmerische Entscheidung selbst abgestellt werden und nicht auf den vielleicht Jahre später eingetretenen wirtschaftlichen Erfolg oder Mißerfolg.

Auch Semler vertritt diese Sichtweise bei der Bestimmung unternehmerischer Fehlentscheidungen. Er hat drei mögliche Fehlerquellen für unternehmerische Entscheidungen herausgearbeitet. **864**

Hiernach können Fehlentscheidungen auf der unrichtigen oder unvollkommenen Kenntnis der Entscheidungsgrundlagen beruhen.[312] Des weiteren sieht Semler die falsche Auswertung an sich richtiger und vollständiger Informationen als eine mögliche Fehlerursache an.[313] Die dritte Fehlerquelle sieht er im anderweitigen Verlauf der von den Entscheidungsträgern erwarteten zukünftigen Entwicklung.[314] **865**

6. Gerichtlicher Entscheidungsmaßstab

Freilich ergibt sich hier das Problem, nach welchen Maßstäben die Gerichte über derartige ökonomische Prognoseentscheidungen urteilen können und inwieweit ein gewisser gerichtsfreier Spielraum einem Aufsichtsrat verbleiben muß, damit dieser auch handlungsfähig bleibt. **866**

Die Gefahr, die unternehmerische Handlungsfreiheit in den Aktiengesellschaften durch die zunehmende Verrechtlichung der Innenbeziehungen übermäßig einzuschränken, ist seit einiger Zeit erkannt und auch thematisiert worden.[315] In bezug auf den Aufsichtsrat wurde dies in letzter Zeit insbesondere an den zahlreichen Verfahren deutlich, in denen es um die gerichtliche Überprüfung der Entscheidungen des Aufsichtsratsplenums ging.[316] **867**

---

[310] Mutter, a.a.O., S. 179.
[311] Mutter, a.a.O., S. 179.
[312] Semler, Die Überwachungsaufgabe des Aufsichtsrats, S. 27.
[313] Semler, a.a.O., S. 27.
[314] Semler, a.a.O., S. 28.
[315] Dreher, ZHR 158 (1994), 614, 615.
[316] Dreher, a.a.O., S. 615.

7. Die Ermessensentscheidungen

868 Das Aktiengesetz gewährt dem Aufsichtsrat für einen Großteil seiner Tätigkeit entweder ausdrücklich, so z. B. nach § 111 Abs. 4 S. 2 AktG bei der Anordnung von Zustimmungsvorbehalten oder durch die nur allgemeine Aufgabenbeschreibung nach § 111 Abs. 1 AktG, mittelbar ein breites Entscheidungsermessen.[317]

869 Wenn dem Aufsichtsrat Ermessen eingeräumt wird, heißt dies jedoch nicht, daß er insoweit bei seinen Entscheidungen völlig freie Hand hat. Grundsätzlich besteht wie bei jeder Rechtsausübung auch hier eine Schranke darin, daß das Ermessen nicht willkürlich oder mißbräuchlich ausgeübt werden darf.[318] Hinzu kommen die Rechtsbindungen aus den Tatbestandsmerkmalen der Rechtsvorschriften, welche der Aufsichtsrat bei seiner konkreten Entscheidung zu beachten hat.[319] Im diesem von der Rechtsprechung üblicherweise als „pflichtgemäßes" Ermessen bezeichneten Rahmen hat der Aufsichtsrat seine Entscheidungen zu treffen.[320] Dabei ist Hauptaufgabe des Aufsichtsrats, zweckmäßige und wirtschaftliche unternehmerische Entscheidungen zu treffen.[321]

8. Unbestimmte aktienrechtliche Begriffe und Beurteilungsspielräume des Aufsichtsrats

8.1 Unbestimmte Begriffe

870 Viele Vorschriften des Aktiengesetzes enthalten unbestimmte Begriffe.[322] Hierzu zählen z. B. die bereits genannte „Angemessenheit" in § 87 Abs. 1 AktG, der „wichtige Grund" und die „Unfähigkeit" in § 84 Abs. 3 AktG sowie das „Wohl der Gesellschaft" in § 111 Abs. 3 S. 1 AktG[323]. Daneben, jede Anwendung des Gesetzes überlagernd, steht als unbestimmter aktienrechtlicher Begriff vor allem das sogenannte „Unternehmensinteresse"[324]. Das Unternehmensinteresse ist Handlungsmaßstab außer für den Vorstand auch für den Aufsichtsrat.[325]

---

[317] Dreher, a.a.O., S. 621.
[318] Dreher, a.a.O., S. 621.
[319] Dreher, a.a.O., S. 622.
[320] Dreher, a.a.O., S. 622.
[321] Dreher, a.a.O., S. 622.
[322] Dreher, a.a.O., S. 622.
[323] Dreher, a.a.O., S. 622.
[324] Dreher, a.a.O., S. 622.
[325] Dreher, a.a.O., S. 623.

Nach allgemeiner Ansicht ist es grundsätzlich in der Erhaltung und damit in der langfristigen Rentabilität des Unternehmens zu sehen.[326]   **871**

Schließlich bilden auch die bereits genannten Kriterien der Wirtschaftlichkeit und Zweckmäßigkeit, nach denen der Aufsichtsrat eine Vielzahl von Ermessensentscheidungen zu fällen hat, unbestimmte noch ausfüllungsbedürftige Begriffe.[327]   **872**

8.2 Die Beurteilungskompetenz

Die Konkretisierung der unbestimmten aktienrechtlichen Begriffe ist als Bestandteil der Willensbildung der Gesellschaft originäre Aufgabe der Unternehmensorgane. Dies gilt auch für den Aufsichtsrat, soweit es um dessen Entscheidungen geht.[328] Die eigenverantwortliche Leitung der bestehenden Gesellschaft durch den Vorstand und – soweit ihm zukommend – den Aufsichtsrat ist Ausdruck der Verbandsautonomie.[329] Hierbei hat der Aufsichtsrat im Rahmen seines Ermessens, wie oben dargelegt, die Kriterien der Rechtmäßigkeit, Ordnungsmäßigkeit, Zweckmäßigkeit und Wirtschaftlichkeit zu beachten. Teilweise ist der Aufsichtsrat in grundlegenden Fragen, in denen das Unternehmensinteresse gefährdet erscheint, originär zuständig. So z. B. bei der Entscheidung darüber, ob er verpflichtet ist, nach § 111 Abs. 3 S. 1 AktG eine Hauptversammlung einzuberufen, weil „das Wohl der Gesellschaft es fordert". Die Schwierigkeit allein dieser Entscheidungsfindung zeigt, daß dem Aufsichtsrat nicht nur ein großer Beurteilungsspielraum, sondern auch die Einschätzungsprärogative zugebilligt werden muß.[330]   **873**

Während nun einerseits aus Gründen der Verbandsautonomie im Bereich der Willensbildung somit ein breites Entscheidungsermessen und zugleich große Beurteilungsspielräume für unternehmerische Aufsichtsratsentscheidungen gegeben sind, sind andererseits auch Fälle denkbar, in denen nur eine bestimmte unternehmerische Entscheidung im Unternehmensinteresse liegt.[331] Derartige Entscheidungen stehen jedoch nur in absoluten Ausnahmesituationen an und sind wenig praxisrelevant.[332] Hieraus wird deutlich, daß die Frage der   **874**

---

[326] Dreher, a.a.O., S. 623.
[327] Dreher, a.a.O., S. 623.
[328] Dreher, a.a.O., S. 623.
[329] Dreher, a.a.O., S. 623.
[330] Dreher, a.a.O., S. 624.
[331] Dreher, a.a.O., S. 624.
[332] Dreher, a.a.O., S. 624.

Ermessensreduzierung auf Null bei Entscheidungen des Aufsichtsrats nur im Einzelfall anhand der konkreten Umstände beurteilt werden kann.[333]

875 Im folgenden stellt sich nun die Frage nach der richterlichen Kontrolldichte von Verbandsentscheidungen.

X. Die gerichtliche Überprüfbarkeit unternehmerischer Entscheidungen

1. Vorüberlegungen

876 Die Rechtsprechung erkennt den Vereinen und Monopolverbänden mit überragender Machtstellung einen nichtjustizibialen Freiraum zu.[334]

877 Bereits 1956 hat der *Bundesgerichtshof* in einem Urteil entschieden, daß Vereinsstrafen „vom ordentlichen Gericht nur in der Richtung nachgeprüft werden können, ob der Strafbeschluß in der Satzung eine Stütze findet, das vorgeschriebene Verfahren beachtet worden ist, die Strafvorschrift gesetz- oder sittenwidrig ist und ob die Bestrafung etwa offenbar unbillig ist"[335].

878 Im Jahre 1983 hat der *Bundesgerichtshof* die Kontrolldichte zwar durch ein weiteres Urteil erhöht, nach dem „die Tatsachenermittlung im vereinsrechtlichen Diziplinarverfahren der Nachprüfung durch die staatlichen Gerichte unterliegt"[336]. Gleichzeitig stellte er jedoch klar, „daß die Subsumtion des festgestellten Sachverhalts zu den Maßnahmen gehört, die ein Verein in Ausübung seiner Vereinsgewalt eigenverantwortlich zu treffen hat und die gerichtlich nur in engen Grenzen nachgeprüft werden kann"[337].

879 Grund für diese eingeschränkte richterliche Kontrolle war die grundsätzliche Anerkennung der Vereinsautonomie[338]. Für Monopolverbände sowie Vereine mit überragender Machtstellung im wirtschaftlichen oder sozialen Bereich sei in Anerkennung ihrer Autonomie zur Wert- und Zielsetzung ein Beurteilungsspielraum zuzubilligen.[339]

---

[333] Dreher, a.a.O., S. 624.
[334] Dreher, a.a.O., S. 625.
[335] BGHZ 21, 370, 1. Leitsatz.
[336] BGHZ 87, 337.
[337] BGHZ 83, 337, 345.
[338] Dreher, ZHR 158 (1994), 614, 625.
[339] BGHZ 102, 265, 276.

Im Ergebnis ist festzuhalten, daß die Rechtsprechung den Vereinen **880** einen beträchtlichen Freiraum zu eigenverantwortlichen Entscheidungen wichtiger Vereinsangelegenheiten beläßt.[340]

Freilich betrifft die gesamte Rechtsprechung zur Einschätzungs- und **881** Entscheidungsprärogative des Vereins bei der Vereinsstrafgewalt nur nichtwirtschaftliche Vereine und nicht die Aktiengesellschaft als wirtschaftlichen Verein. Es sollte auch nur klargestellt werden, daß es ganz erhebliche Bereiche beschränkter Justitiabilität auch in Fragen des Vereinsrechts gibt und daß diese richterliche Zurückhaltung desto größere Anerkennung findet, je mehr sie Sachverhalte betrifft, für die eine wertende Entscheidung eines Verbandsorgans unter Berücksichtigung des Verbandsinteresses zwingend notwendig ist.[341]

Hieraus läßt sich schlußfolgern, daß die abschließende Bestimmung **882** des Verbandsinteresses und damit auch eine darauf aufbauende Ermessensentscheidung nicht zwingend einer vollständigen richterlichen Nachprüfung unterliegen muß.[342] Aus diesem Grund erscheint die Anerkennung einer Kernzone nicht justitiabler verbandsautonomer Entscheidungszuständigkeit auch für wirtschaftliche Vereine grundsätzlich vorstellbar.[343]

2. Aktienrechtliche Freiräume

Zu prüfen ist, ob sich auch speziell für das Aktienrecht Freiräume **883** finden, welche insgesamt oder in Teilbereichen wegen der Willensautonomie der Gesellschaft keiner vollen gerichtlichen Nachprüfung unterliegen. Hierbei ist es wichtig zu erwähnen, daß es im freien Ermessen einer 3/4-Mehrheit der Hauptversammlung liegt, die Gesellschaft durch Beschluß gemäß § 262 Abs. 1 Nr. 2 AktG aufzulösen. Die Rechtsprechung verlangt hierfür keinen sachlichen Grund. Auch sollen die Gesellschafter bei der Ausübung des Stimmrechts keinen etwaigen Treuebindungen unterliegen.[344] Der *Bundesgerichtshof* hat unter Betonung der Verbandsautonomie in diesem Zusammenhang eine allgemeine Inhaltskontrolle von Auflösungsbeschlüssen ausdrücklich abgelehnt. Er beschränkt lediglich die gerichtliche Kontrolle solcher Beschlüsse auf die Nachprüfung von Rechtsmißbräuchen.[345]

---

[340] Dreher, ZHR 158 (1994), 614, 625.
[341] Dreher, a.a.O., S. 626.
[342] Dreher, a.a.O., S. 626.
[343] Dreher, a.a.O., S. 627.
[344] BGHZ 103, 184, 190 f.
[345] BGHZ 103, 184, 191.

884   Das *Landgericht Stuttgart* hat in einer aktienrechtlichen Entscheidung unter Bezugnahme auf diese Rechtsprechung zutreffend ausgeführt, „daß die Absichten der Mehrheitsaktionäre und der von diesen verfolgte Weg über die §§ 262 ff., 361 AktG weder von den Aktionären in der Hauptversammlung noch vom Gericht im Rahmen dieses Rechtsstreits auf seine sachliche Begründetheit und seine wirtschaftliche Zweckmäßigkeit im Vergleich zu anderen Gestaltungsmöglichkeiten überprüft werden müssen. Die wirtschaftliche Entscheidung obliegt der Hauptversammlung und dort der Mehrheit, nicht den Minderheitsaktionären oder dem Gericht"[346].

885   Nach der Rechtsprechung gelten diese Grundsätze auch für Mehrheitsbeschlüsse über die nachträgliche Einführung von Höchststimmrechten in der Aktiengesellschaft. Auch hier hat es der *Bundesgerichtshof* grundsätzlich der „freien Entscheidung der Gesellschaften überlassen", eine solche Maßnahme zu treffen.[347]

886   Die Reichweite dieser Rechtsprechung ist noch nicht abschließend geklärt.[348] Jedoch hat der *Bundesgerichtshof* richterliche Zurückhaltung sogar auf Gebieten gezeigt, in denen er eine materielle Beschlußkontrolle praktiziert. So hat er im sog. „Kali und Salz-Urteil" zunächst festgestellt, daß ein Bezugsrechtsausschluß nach § 183 Abs. 3 AktG „nicht im freien Ermessen der Mehrheit liege"[349] und weiter festgestellt:

887   „Eine Kapitalerhöhung mit Sacheinlage, wie sie hier zu beurteilen ist, braucht sich nicht bei rückblickender Betrachtung als eine zur Erhaltung der Gesellschaft unbedingt gebotene, allein mögliche und darum absolut richtige Maßnahme zu erweisen. Abgesehen davon, daß sich eine solche Feststellung mit völliger Sicherheit kaum jemals treffen läßt, kann es auch nicht die Aufgabe der Gerichte sein, die eigene wirtschaftliche Beurteilung nachträglich an die Stelle einer in freier unternehmerischer Verantwortung beschlossenen, sachlich abgewogenen Entscheidung zu setzen. Es muß vielmehr genügen, daß die an der Entscheidung beteiligten Organe nach dem tatsächlichen Bild, wie es sich zur Zeit der Beschlußfassung darbot, aufgrund sorgfältiger, von gesellschaftsfremden Erwägungen freier Abwägung davon ausgehen durften, die Kapitalerhöhung durch Sacheinlagen sei zum Besten der Gesellschaft."[350]

888   Demnach ist auch für das Aktienrecht festzustellen, daß es eine von der Rechtsprechung anerkannte, nicht unerhebliche Anzahl von Situationen gibt, in denen die gerichtliche Überprüfung eingeschränkt ist

---

[346] LG Stuttgart, DB 1993, 472, 473.
[347] BGHZ 70, 117, 123.
[348] Dreher, ZHR 158 (1994), 615, 628.
[349] BGHZ 71, 40, 44.
[350] BGHZ 71, 40, 49 f.

und damit eine Einschätzungs- und Entscheidungsprärogative des zuständigen Gesellschaftsorgans existiert.[351] Wobei dies sogar für Entscheidungen, die das Unternehmensinteresse in seinem Kernbestand berühren können gilt.[352]

3. Entscheidungsermessen und Beurteilungsspielräume des Aufsichtsrats

Wie festgestellt gibt es im Vereins- wie im Aktienrecht zahlreiche Organentscheidungen, die keiner vollen gerichtlichen Nachprüfung unterliegen. Zudem steht dem Aufsichtsrat bei den meisten Entscheidungen ein breiter Ermessens- und Beurteilungsspielraum zu. Schließlich sind nur in Ausnahmefällen Situationen vorstellbar, die den Aufsichtsrat zu einer bestimmten Entscheidung bei der Ausübung seines Ermessens zwingen können. **889**

Nun stellt sich schließlich die Frage nach der gerichtlichen Kontrolle der Entscheidungsfreiräume des Aufsichtsrats.[353] Wie dargelegt bedeuten die Entscheidungsfreiräume nicht völlige Rechtsungebundenheit. Ansonsten bestünde die Gefahr der Willkür und Rechtsmißbrauch seitens des Aufsichtsrats.[354] Daher hat der *Bundesgerichtshof* auch diejenigen aktienrechtlichen Grundlagenentscheidungen, bei denen er eine allgemeine Inhaltskontrolle ablehnt, zumindest einer Rechtsmißbrauchskontrolle unterzogen. Besteht nun eine richterliche Überprüfung der Entscheidungen des Aufsichtsrats, so bedeutet dies nicht notwendig die volle Überprüfung einer Entscheidung. **890**

Die gerichtliche Rechtmäßigkeitskontrolle erfaßt nämlich außerhalb der Mißbrauchsgrenze, deren Einhaltung gerichtlich überprüfbar ist, schon die Bereiche der Zweckmäßigkeit und Wirtschaftlichkeit nicht.[355] Ebensowenig wie bei der Kontrolle behördlicher Ermessensentscheidungen[356] ist es auch bei Ermessensentscheidungen des Aufsichtsrats in der Aktiengesellschaft angebracht, einem Gericht die abschließende und nachträgliche Entscheidungskompetenz dafür zu geben, ob eine und konkret welche Entscheidung zweckmäßig war. **891**

---

[351] Dreher, ZHR 158 (1994), 615, 629.
[352] Dreher, a.a.O., S. 629.
[353] Dreher, a.a.O., S. 629.
[354] Dies betont auch das BVerfGE 14, 263, 283 f. in seiner grundlegenden aktienrechtlichen Entscheidung („Feldmühle").
[355] Dreher, ZHR 158 (1994), 615, 630.
[356] Vgl. Wolff/Bachof, Verwaltungsrecht I, S. 199.

892 Eine volle gerichtliche Überprüfung derartiger Entscheidungen würde den Kernbereich der unternehmerischen Handlungsfreiheit betreffen. Zur sachgerechten Arbeit ist dem Aufsichtsrat ein breiter Beurteilungsspielraum hinsichtlich derjenigen aktienrechtlichen Begriffe zuzubilligen, die die jeweilige Entscheidung prägen.[357] Diese Meinung wird auch durch das Landgericht Stuttgart gestützt, wenn es ausführt, daß die wirtschaftliche Entscheidung, dem zuständigen Unternehmensorgan, aber nicht dem Gericht obliegt und eine Überprüfung der getroffenen Maßnahme auf die wirtschaftliche Zweckmäßigkeit daher nicht in Betracht kommt.[358] Diese Haltung liegt auch der Rechtsprechung des *Bundesgerichtshofs* zugrunde, wenn er darauf abhebt, eine allgemeine Inhaltskontrolle sei nicht möglich, und es könne „nicht die Aufgabe der Gerichte sein, die eigene wirtschaftliche Beurteilung nachträglich an die Stelle einer in freier unternehmerischer Verantwortung beschlossenen, sachlich abgewogenen Entscheidung zu setzen"[359].

893 Aus der bisher zitierten Rechtsprechung läßt sich als allgemeingültige Grundaussage entnehmen, daß Entscheidungen, die auf der Abwägung einer Vielzahl von tatsächlichen Umständen, Wertungen sowie Zukunftserwartungen und Prognosen beruhen, sich einer richterlichen Nachprüfung auf ihre objektive Richtigkeit entziehen.[360] Die richterliche Kontrolle muß sich daher bei allen essentiell unternehmerischen Entscheidungen, die keine eindeutigen und vorhersehbaren Urteile im Hinblick auf die Richtigkeit zulassen, auf die Vertretbarkeit der Ermessensausübung beschränken.[361]

894 Hierdurch wird die verbandliche Entscheidungsautonomie gesichert und von nicht vorhersehbaren richterlichen Ex-post-Urteilen verschont.[362] Diese These gewinnt weiter an Überzeugungskraft bei einem Blick auf die Lösung sachlich gleichgelagerter Fragen in anderen Rechtsbereichen.[363] Hierzu zählt zum Beispiel die Selbstverständlichkeit, mit der davon ausgegangen wird, daß die Schadensschätzung nach richterlichen Ermessen gemäß § 287 ZPO in der Revision nur daraufhin überprüfbar ist, ob sie auf richtigen Tatsachen beruht und vertretbar ist.[364]

---

[357] Dreher, ZHR 158 (1994), 615, 630.
[358] LG Stuttgart, DB 1993, 472, 473.
[359] BGHZ 103, 184, 190 f.
[360] Dreher, ZHR 158 (1994), 615, 632.
[361] Dreher, a.a.O., S. 632.
[362] Dreher, a.a.O., S. 632.
[363] Dreher, a.a.O., S. 633.
[364] BGHZ 3, 176; BGHZ 6, 63.

Ebenso drängt sich die Parallele zum öffentlichen Recht auf, in der die **895** gerichtliche Nachprüfung auf Ermessensfehler beschränkt ist. Ermessensfehler sind gemäß §§ 40 VwVfG, 114 VwGO Ermessensüberschreitung und Ermessensfehlgebrauch. Die Frage, ob eine Verwaltungsentscheidung zweckmäßig ist, unterliegt nicht der Nachprüfung durch die Verwaltungsgerichte.[365] Auch hier verbleibt den Gerichten nur eine Überprüfung der Entscheidung auf ihre Vertretbarkeit im Blick auf richtige Voraussetzungen und die Vornahme einer Abwägung der beteiligten Interessen. Ähnliches zeigt sich bei den unbestimmten Rechtsbegriffen im Öffentlichen Recht. Die Anwendung dieser Begriffe unterliegt zwar grundsätzlich einer vollen richterlichen Kontrolle. Außer bei den bekannten Ausnahmen, z. B. für höchstpersönliche Wertungen und Eignungsentscheidungen, ist jedoch eine Einschätzungsprärogative der Verwaltung im Sinne eines gerichtsfreien Beurteilungsspielraums aber auch hier anerkannt, wenn der Gegenstand des unbestimmten Begriffs von einer Ermessens- (bzw. Zweckmäßigkeits-)Entscheidung, von Planungen oder Zukunftserwartungen abhängt.[366]

Aus eben diesen Gründen billigt auch das BVerfG dem Gesetzgeber **896** einen besonders großen Entscheidungsfreiraum zu.[367]

Schließlich ist die ähnliche Handhabung dieses Problems in den USA **897** zu beachten. Auch dort stand man vor dem gleichen Problem der Haftung der Verwaltung für unternehmerische Fehlentscheidungen. Dazu wurde von der sehr pragmatisch denkenden Rechtsprechung die – bereits bei der Haftung des Vorstands der Aktiengesellschaft gegenüber erwähnte – Figur des sog. „business judgement rule" geschaffen.[368]

Nach der Definition des American Law Institute in seinen aus der **898** Rechtsprechung abgeleiteten Principles of Corporate Governance lautet der „business judgement rule" wie folgt:[369]

> „A director or officer who makes a business judgement in good faith fulfills **899** his duty of care if:
> – he is not interested in the subjekt of his business judgement,
> – he is informed with respect to the subjekt of his business judgement and to extent he resonably believes to the approbiate under the circumstances, and
> – he reasonably believes that his business judgement is in the best interest of the corporation."

---

[365] Maurer, Verwaltungsrecht AT, Rn. 10.
[366] Wolff/Bachof, Verwaltungsrecht I, S. 192.
[367] BVerfG, VersR 1994, 841, 843.
[368] Mutter, Haftung für unternehmerische Fehlentscheidungen, S. 209.
[369] Mutter, a.a.O., S. 210.

900 Hiernach sind unternehmerische Entscheidungen mit hinreichender Ruhe, sprich mit gebotenem zeitlichen Aufwand, unvoreingenommen und sachlich sowie auf einer möglichst vollständigen Informationsgrundlage zu treffen.[370] Wenn ein Mitglied der Geschäftsführung nach diesen Maßstäben handelt, entfällt eine weitergehende inhaltliche Prüfung des business judgement sowie die persönliche Haftung des Handelnden.[371] Dies bedeutet, daß auch letztendlich im konkreten Fall nur geprüft wird, ob die jeweilige Entscheidung vertretbar erscheint. Hinter dieser Rechtsregel steht die Erkenntnis, daß Richter schlechte Geschäftsleute und daher soweit wie irgend möglich aus den Geschäften der Unternehmen heraus zu halten sind.[372]

901 Sehr überzeugend äußern sich hierzu Teile des amerikanischen Schrifttums wenn sie zur Begründung der richterlichen Zurückhaltung anführen: „The circumstances surrouding a corporate decision are not easily reconstructed in a courtroom years later, since business imperatives often call for quick decisions, inevitably based on less than perfect information. The entrepreneurs function is to encounter risks and to confront uncertainty, and a reasoned decision at the time made may seem a wild hunch viewed years later against a background of perfect knowledge."[373]

902 Insgesamt ist demnach in vielen Rechtsbereichen im In- und Ausland die gerichtliche Überprüfung von Ermessens- und Beurteilungsspielräumen auf die Frage der Vertretbarkeit der Ermessensausübung und des Beurteilungsergebnisses beschränkt, wenn es um komplexe und wertende Abwägungen zahlreicher tatsächlicher Umstände sowie wirtschaftlicher, rechtlicher und sonstiger Prognosen oder Zukunftserwartungen geht. Da diese beschränkte Überprüfbarkeit derartiger Entscheidungen von zuständigen Organen zudem bisher schon, wenn auch nur für Einzelfälle, im allgemeinen Verbandsrecht, besonders auch im Aktienrecht praktiziert wird, erscheint die Forderung, sie auf alle solche Entscheidungen des Aufsichtsrats auszuweiten gerechtfertigt.[374]

---

[370] Mutter, a.a.O., S. 220.
[371] Mutter, a.a.O., S. 208.
[372] Mutter, a.a.O., S. 208.
[373] Mutter, a.a.O., S. 208.
[374] Dreher, ZHR 158 (1994), 615, 634.

4. Beschränkte richterliche Nachprüfbarkeit und Ermessensreduzierung

Weiterhin stellt sich die Frage, ob nach der hier vertretenen Argumen-   **903**
tation auch Fälle vorstellbar sind, in denen seitens des Aufsichtsrats
aus Rechtsgründen nur eine denkbare Entscheidung ermessensfehlerfrei ist, das heißt in öffentlich rechtlichen Termini gesprochen, eine
sog. Ermessensreduzierung auf Null gegeben wäre. Bei Entscheidungen des Aufsichtsrats im Blick auf die Kontrolle der Beurteilung rein
rechtlicher Fragen ist eine Ermessensreduzierung auf Null vorstellbar.[375] Beispielsweise läge ein Fall der Ermessensschrumpfung auf
Null vor wenn ein Aufsichtsrat zu entscheiden hätte, ob er gegenüber
einem eindeutigen und ganz erheblichen Gesetzesverstoß des Vorstands bei einer unternehmerischen Handlung einschreitet.

Der *BGH* hat in der bekannten „Arag-Entscheidung" den Grundsatz   **904**
aufgestellt, daß die Verfolgung von Schadensersatzansprüchen gegenüber einem Vorstandsmitglied die Regel sein muß. Es bedürfe
gewichtiger Gegengründe und einer besonderen Rechtfertigung, von
einer voraussichtlich aussichtsreichen Anspruchsverfolgung abzuse-
hen. Sie muß die Ausnahme darstellen, da dies einem Anspruchsverzicht gleichkommt.[376]

Größere Schwierigkeiten bereiten vor allem diejenigen unternehmeri-   **905**
schen Ermessensentscheidungen, bei denen rechtliche Erwägungen
marginal eine Rolle spielen. Diese Entscheidungen hängen von unternehmerischen Prognosen und Wertungen, offenen Rechtsfragen oder
tatsächlichen Zukunftserwartungen ab. Stehen unternehmerische
Entscheidungen unter derartigen Ungewißheiten, müssen sie nach
hier vertretener Auffassung bis auf die Frage der Vertretbarkeit einer
gerichtlichen Überprüfung entzogen sein, um die Willensbildungsautonomie der Gesellschaft und sinnvolles unternehmerisches Handeln
auf Dauer zu gewährleisten.[377]

Beschränkt sich die Rechtskontrolle unternehmerischer Aufsichtsrats-   **906**
entscheidungen aber auf die Frage ihrer Vertretbarkeit, so kommt eine
Ermessensreduzierung aus richterlicher Sicht überhaupt nur in Betracht, wenn lediglich eine einzige Entscheidung vertretbar erscheint.[378] Solche Fälle werden jedoch in der Praxis äußerst selten
vorkommen. Überwiegend werden sie primär bei juridischen Entschei-

---

[375] Dreher, a.a.O., S. 634.
[376] BGH AG 1997, 377, 379; vgl. hierzu die Ausführungen in Teil 2 C.VI.
[377] Dreher, ZHR 158 (1994), 615, 635.
[378] Dreher, a.a.O., S. 635.

dungen zu finden sein.[379] Zu berücksichtigen ist jedoch, daß eine solche Annahme regelmäßig wieder mit der komplexen Abwägung sehr zahlreicher Wertungen, Feststellungen, Prognosen und Zukunftserwartungen vor allem tatsächlicher und wirtschaftlicher Art verbunden ist.[380]

907 Wegen des sehr starken Eingriffs in die Entscheidungszuständigkeit des Aufsichtsrats und damit in die Willensbildungsautonomie der Gesellschaft bedarf dieser Eingriff seitens des Gerichts einer besonderen Abwägung der beteiligten Interessen und einer soliden Begründung.[381]

908 Führt man sich vor Augen welch starken Eingriff in die unternehmerische Entscheidungsautonomie die richterliche Annahme einer Ermessensreduzierung auf Null mit sich bringt und berücksichtigt man, daß die dafür notwendigen Entscheidungen angesichts komplexer und zukunftsgerichteter Abwägungen vor allem im Bereich der Wirtschaftlichkeit und Zweckmäßigkeit auch für das Gericht sehr schwierig sind, so stellt sich weiter die Frage nach milderen Eingriffsmitteln.[382]

909 Für die Fälle, in denen die Hauptversammlung auch eine Entscheidungszuständigkeit besitzt, kommt § 111 Abs. 3 S. 1 AktG in Betracht. Anstatt dem Aufsichtsrat eine wichtige unternehmerische Entscheidung gerichtlich vorzugeben, besteht hier die Möglichkeit, nach fehlgeschlagenen Bemühungen im Aufsichtsrat und bei nachfolgendem Klägerantrag, zunächst die Hauptversammlung als oberstes Organ der Gesellschaft das Unternehmensinteresse konkretisieren zu lassen.[383] Denn § 111 Abs. 3 S. 1 AktG verpflichtet den Aufsichtsrat zur Einberufung der Hauptversammlung, „wenn das Wohl der Gesellschaft es fordert". Durch ein solches Verfahren bestünde zumindest in manchen Fällen bei grundlegenden Konflikten im Aufsichtsrat die Möglichkeit, eine Entscheidungsverlagerung auf die Hauptversammlung zu erzwingen und letztlich die Entscheidungsautonomie in Fragen des Unternehmensinteresses bei der Gesellschaft selbst zu belassen.[384]

---

[379] Dreher, a.a.O., S. 635.
[380] Dreher, a.a.O., S. 635.
[381] Dreher, a.a.O., S. 635.
[382] Dreher, a.a.O., S. 636.
[383] Dreher, a.a.O., S. 636.
[384] Dreher, a.a.O., S. 636.

5. Zusammenfassung

(1) Zahlreiche Entscheidungen des Aufsichtsrats stehen in seinem **910** pflichtgemäßen Ermessen und sind unter Anwendung unbestimmter aktienrechtlicher Begriffe – vor allem des Unternehmensinteresses – zu treffen. Dies erfordert eine komplexe und wertende Abwägung einer Vielzahl von tatsächlichen Gegebenheiten unter Einbeziehung wirtschaftlicher, rechtlicher und sonstiger Prognosen und Zukunftserwartungen.[385]

(2) Bei derartigen unternehmerischen Entscheidungen besitzt der **911** Aufsichtsrat einen breiten Ermessens- und Beurteilungsspielraum, soweit sich beispielsweise aus Rechtsvorschriften und der Satzung keine zwingenden rechtlichen Bindungen ergeben.[386]

(3) Die gerichtliche Kontrolle der unternehmerischen Entscheidungen **912** des Aufsichtsrats beschränkt sich, soweit nicht konkrete Rechtsbindungen bestehen, nur auf die Kontrolle der Vertretbarkeit der Ermessensausübung und des Beurteilungsergebnisses.[387]

(4) In sehr seltenen Fällen ist denkbar, daß nur eine Entscheidung des **913** Aufsichtsrats, überhaupt oder in einer bestimmten Weise zu handeln, vertretbar erscheint und damit der Fall der sogenannten Ermessensreduzierung auf Null eintritt.[388]

(5) Ein solcher Fall ist gegeben, wenn ein schlüssiger Schadensersatz- **914** anspruch gegen den Vorstand durchzusetzen ist.

---

[385] Dreher, a.a.O., S. 644.
[386] Dreher, a.a.O., S. 644.
[387] Dreher, a.a.O., S. 644.
[388] Dreher, a.a.O., S. 644.

B.2 Die Haftung des Aufsichtsrats gegenüber Aktionären der Gesellschaft, sog. Außenhaftung

915 Die deutsche Rechtslage differiert wesentlich von der Position des Share-Holders in den USA, dem es im Prinzip offensteht, durch eine sog. „individual Suit" gegen Board-Members vorzugehen, deren Amtspflichtverletzung ihn unmittelbar geschädigt hat.[389] Im hiesigen Recht ist diese Haftung auf seltene Ausnahmefälle beschränkt.

916 Bezüglich der Haftung gegenüber den Aktionären muß wie bei der oben beschriebenen Haftung des Vorstands gegenüber den Aktionären unterschieden werden zwischen dem Schaden, welcher der Gesellschaft entstanden ist und dem Schaden, den der Aktionär erlitten hat. Dem Aktionär kann bspw. ein Schaden unmittelbar daraus entstehen, daß dieser durch unrichtige Aussagen der Verwaltung zu einem Beteiligungskauf unter Wert veranlaßt wurde. Ein mittelbarer Schaden ist hingegen dadurch möglich, daß das Gesellschaftsvermögen geschmälert wurde und hierdurch der Wert der Aktie gesunken ist. Dieser sogenannte Aktienentwertungsschaden kann jedoch nur über das Gesellschaftsvermögen ausgeglichen werden. Der Aktionär kann nach neuerer Rechtsprechung nur Schadensersatz an die Aktiengesellschaft fordern und nicht in das eigene Vermögen.[390]

I. Haftung aus unerlaubter Handlung

917 Soweit kein Doppelschaden vorliegt haftet das Aufsichtsratsmitglied, wenn es einem Aktionär unmittelbar oder mittelbar Schaden zugefügt hat. Etwa durch Beteiligung an einer unerlaubten Handlung gemäß § 823 Abs. 2 BGB oder gemäß § 826 BGB wegen vorsätzlichem sittenwidrigen Verhaltens. Beispielsweise wenn ein Mitglied des Aufsichtsrats wissentlich an der Beschlußfassung über eine unrichtige Bilanz teilnimmt mit welcher eine Bank zur Kreditgewährung veranlaßt werden soll, oder ein Aufsichtsratsmitglied einen Prospektbetrug ermöglicht, indem es trotz Kenntnis der falschen Prospektangaben in der Aufsichtsratssitzung seine Bedenken verschweigt.[391]

---

[389] Großfeld, Aktiengesellschaft, Unternehmenskonzentration und Kleinaktionär, S. 239; Wellkamp, INF 1995, 561 ff.
[390] Vgl. bereits oben ausführlich zu der Problematik des Doppelschadens unter A.II.5. m.w.N.
[391] Potthoff/Trescher, Das Aufsichtsratsmitglied, S. 214.

In der Praxis sind diese Art von Schadensersatzansprüchen allerdings **918** selten, da es sich um Ausnahmefälle handelt und der Geschädigte nach allgemeinen Beweislastregeln die unerlaubte Handlung beweisen muß und dem handelnden Aufsichtsratsmitglied auch den Vorsatz nachweisen muß.

II. Gesamtschuldnerische Haftung

Liegen die oben genannten besonderen Haftungsgründe vor,[392] haftet **919** das Aufsichtsratsmitglied gemäß §§ 117 Abs. 1 S. 2, 310 Abs. 1, 318 Abs. 2 AktG nicht nur der Aktiengesellschaft, sondern auch dem Aktionär gegenüber als Gesamtschuldner neben den sonstigen Ersatzpflichtigen.

III. Geltendmachung des Anspruchs der Gesellschaft durch Aktionäre

Das deutsche Gesellschaftsrecht sieht nicht vor, daß der Aktionär den **920** Schadensersatzanspruch der Gesellschaft gegen ein Aufsichtsratsmitglied selbst im eigenen Namen in Prozeßstandschaft für diese geltend machen kann.[393] Die Situation ist also wesentlich anders als in den USA, in denen der Aktionär grundsätzlich in der Lage ist, den Anspruch der Gesellschaft selbst einzuklagen.[394]

Hierzu gilt das oben Dargelegte entsprechend.[395] Die Aktionärsrechte **921** sollten im Wege einer gesetzlichen Neuerung nach Vorbild der sogenannten „derivative suit" aus dem US-amerikanischen Recht unter Berücksichtigung der deutschen Verhältnisse gestärkt werden. Der Aktionär muß unter bestimmten Voraussetzungen als Kontrollorgan der Verwaltung fungieren können und das Recht haben, den Anspruch der Gesellschaft im eigenen Namen für die Gesellschaft geltend zu machen.

---

[392] Siehe oben unter II.1 ff.
[393] Ausführlich zu dieser Problematik siehe oben unter A.2.V.
[394] Großfeld, a.a.O., S. 233.
[395] Ausführlich zu diesem Themenkreis siehe oben unter A.2.I. Haftung des Vorstands gegenüber den Aktionären.

Teil 4

Der Innenrechtsstreit zwischen Vorstand und Aufsichtsrat

I. Einleitung

Das Aktiengesetz geht im Idealfall davon aus, daß zwischen Vorstand **922** und Aufsichtsrat ein ausgewogenes, auf Interessenausgleich im Gesamtwohl der Aktiengesellschaft gerichtetes Verhältnis besteht. Auf ein solches annähernd gleichwertiges Verhältnis zielen die Aufgabenverteilung und Zuweisung der damit verbundenen Kompetenzen auf die drei Organe Aufsichtsrat, Vorstand und Hauptversammlung ab.[1] Über die Frage, ob dies in der Praxis tatsächlich zutrifft, kann man durchaus geteilter Meinung sein: Es gibt Stimmen in der Literatur, die die aktiengesetzliche Ausgestaltung der Aufgabenverteilung für im hohen Maße geeignet halten, ein Zusammenwirken im Unternehmensinteresse zu gewährleisten.[2] Teilweise wird angenommen, daß der Organstreit zwar als Ergebnis einer Rechtsfortbildung anerkannt werden könne, daß es jedoch aufgrund der aktienrechtlichen Durchsetzungsmöglichkeiten, die auf den Personalkompetenzen basieren, dafür an einem Bedürfnis fehle.[3] Trotz der gesetzlichen Aufgabenzuweisung und des Gebotes, im Unternehmensinteresse zu handeln, sind Konfliktsituationen in der Praxis kaum vermeidbar.[4] Problematisch ist insbesondere das Verhältnis zwischen Aufsichtsrat und Vorstand, in dem die Problematik des sog. Innenrechts- oder Organstreits zu Tage tritt. Ihre Kompetenzen sind teilweise nur unscharf skizziert, so daß es zu Streitigkeiten über den Umfang der Organkompetenzen kommen kann und möglicherweise sogar zwangsläufig kommen muß. Primär liegt die „Triebfeder" für solche Auseinandersetzungen aber in der extrem konträren Aufgabenstellung[5], die das Aktiengesetz dem Aufsichtsrat und Vorstand zuteilt: Der Vorstand ist das Leitungs- bzw. Handlungsorgan der Aktiengesellschaft, das durch den Aufsichtsrat in seiner Tätigkeit überwacht wird. Zwar haben sich die betreffenden Organe aus Gründen des übergeordneten Gesellschaftsinteresses darum zu bemühen, eine Einigung auf gütlichem Wege einvernehmlich zu erzielen, um Schaden von der Aktiengesellschaft abzuwenden.[6] Jedoch kann eine Schlichtung praktisch nicht immer gelingen. Gerade durch die Einführung der Mitbestimmung auf Unternehmensebene, d. h. Arbeitnehmervertreter als Mitglieder des Aufsichtsrats, sind

---

[1] Hueck, Gesellschaftsrecht, § 23 I 6, S. 205.
[2] Hueck, a.a.O., § 23 I 6, S. 205.
[3] Hüffer, AktG, § 90 Rn. 18; Mertens, in: Kölner Komm, Vorbem. § 76 Rn. 4 ff.
[4] Vgl. Bauer, Organklagen zwischen Vorstand und Aufsichtsrat in der Aktiengesellschaft, S. 2.
[5] Bauer, a.a.O., S. 2.
[6] Bauer, a.a.O., S. 2.

Spannungen zwischen den Organen vorprogrammiert, was trotz des Grundsatzes der Kooperation nicht verwundern kann.[7] Daraus könnte man schließen, daß es, für den Fall, daß eine außergerichtliche Streitbeilegung nicht mehr möglich erscheint, eine Möglichkeit geben muß, die Einhaltung von Organpflichten gerichtlich durchzusetzen bzw. ihr Bestehen oder Nichtbestehen gerichtlich feststellen zu lassen. Die Zivilprozeßordnung (ZPO) sieht hierfür als Klagearten grundsätzlich die Leistungs- und Feststellungsklage vor, die in solchen Fällen einschlägig sein könnten. Es bedarf nun einer eingehenden Prüfung, ob die Organklage als Folge eines unfruchtbaren außergerichtlicher Organstreits wünschenswert ist, und ob er nach geltendem (Prozeß-) Recht überhaupt bzw. in welchen Grenzen zulässig ist.

II. Der Begriff des Innenrechts- bzw. Organstreits

1. Die Definition

923 Die Begriffe „Organstreit" und „Innenrechtsstreit" werden in Rechtsprechung und Literatur synonym benutzt. Unter Organstreit wird allgemein und auch hier der Streit im innerorganisatorischen Bereich der Aktiengesellschaft verstanden, d. h. der Streit der Organisation als des Organträgers (der Aktiengesellschaft) mit den Organen (Vorstand, Aufsichtsrat und Hauptversammlung) oder den Organwaltern (Organmitgliedern) bzw. dieser jeweils untereinander um Innenrechtsbeziehungen[8]. Die Problematik des Organstreits behandelt folglich die Möglichkeit von Organen und Organmitgliedern, aus ihrer innergesellschaftlichen, organschaftlichen Funktion eine zivilprozessuale Konfliktlösung herbeizuführen.[9] Bei Meinungsverschiedenheiten zwischen den Mitgliedern eines Organs spricht man von einem organinternen Mitgliederstreit. Unter Organstreitigkeiten fallen damit die Konfliktlösungsmöglichkeiten bzw. gerichtlichen Interventionsmöglichkeiten für Streitigkeiten zwischen:

– Gesamtorganen, z. B. Aufsichtsrat gegen Vorstand;

– Organ und den Mitgliedern eines anderen Organs;

– Organ und den eigenen Mitgliedern sowie

– Streit zwischen den Mitgliedern verschiedener Organe.[10]

---

[7] Bauer, a.a.O., S. 14.

[8] Bork, Materiell-rechtliche Probleme des Organstreits zwischen Vorstand und Aufsichtsrats einer Aktiengesellschaft, ZGR 1989, 1, 3.

[9] Borkmann, Der Organstreit in der Kapitalgesellschaft, S. 3.

[10] Bauer, a.a.O., S. 14 ff.; Bork, ZGR 1989, 1, 3; Borgmann, a.a.O., S. 2.

Dies läßt erkennen, daß der Begriff des Organstreits hinsichtlich der **924** beteiligten Parteien nicht nur organübergreifende Auseinandersetzungen, d. h. zwischen verschiedenen Gesellschaftsorganen bzw. deren Organmitgliedern (sog. Inter-Organstreit) erfaßt, sondern auch die Konflikte innerhalb eines Kollegialorgans (sog. Intra-Organstreit).[11]

Hier interessieren allerdings nur solche Streitkonstellationen, die **925** praktisch bereits relevant geworden sind. Neben dem Streit zwischen Gesamtorganen, z. B. dem Kompetenzstreit über Informationsrechte zwischen dem Aufsichtsrat und dem Vorstand, ist ein besonderes Augenmerk auf den Fall zu richten, daß Teile des Aufsichtsrats gegen aus ihrer Sicht rechtswidrige Geschäftsführungsmaßnahmen des Vorstands vorgehen wollen. Es herrscht Streit zwischen Teilen des Aufsichtsrats, in diesem Falle den Arbeitnehmervertretern und dem Vorstand als Gesamtorgan. Diese Konstellation war Gegenstand des Urteils des *Bundesgerichtshofs* vom 28. November 1988[12]. Die drei verbleibenden Streitkonstellationen, d. h. zwischen einem Organ und den eigenen Organmitgliedern, zwischen den Mitgliedern verschiedener Organe sowie zwischen Mitgliedern eines Organs sollen hier mangels bisheriger praktischer Relevanz allenfalls am Rande behandelt werden.

2. Zur Abgrenzung

Spezifisch für Organstreitigkeiten ist es vor allem, daß es sich aus- **926** schließlich um Streitigkeiten im innerorganisatorischen Bereich der Aktiengesellschaft handelt. Infolgedessen können die sog. Außenrechtsstreitigkeiten aus dieser Materie ausgegrenzt werden.[13] Dazu gehören die Streitigkeiten zwischen der Aktiengesellschaft und den Vorstandsmitgliedern aus dem Dienstvertrag oder aus Haftungstatbeständen.[14] In diesem Bereichen treten natürliche Personen nicht als Organwalter im Streit um innerorganisatorische Rechte und Pflichten auf, sondern als Vertragspartner der Aktiengesellschaft und damit wie jeder andere Arbeitnehmer auch.[15] Nicht unter den Innenrechtsstreit fallen daher die Ansprüche und Klagen mittels der Mitglieder des Vorstands oder Aufsichtsrats Vergütung oder Auslagenersatz fordern.[16] Solche Ansprüche sind mit Klagen gegen die Aktiengesell-

---

[11] Borgmann, a.a.O., S. 3 f.
[12] Vgl. BGHZ 106, S. 54 ff.
[13] Borgmann, a.a.O., S. 3.
[14] Vgl. §§ 88, 93, 116 AktG.
[15] Borgmann, a.a.O., S. 3.; Bork, ZGR 1989, S. 1, 3.
[16] Hüffer, AktG, § 90 Rn. 16.

schaft, je nach Kläger vertreten durch den Vorstand oder den Aufsichtsrat gemäß §§ 78, 112 AktG verfolgbar.[17]

927 Auszugrenzen sind wegen ihres besonderen Zuschnitts ebenfalls die sog. Anfechtungs- bzw. Nichtigkeitsklagen gemäß §§ 245 Nr. 4 und 5, 249 Abs. 1, 250 Abs. 3, 251 Abs. 2 AktG[18]. Sie dienen nämlich dazu, die Rechtmäßigkeit von Hauptversammlungsbeschlüssen zu kontrollieren und enthalten Sonderregelungen, die nicht verallgemeinert werden können.[19] Gleiches gilt für Klagen von Aufsichtsratsmitgliedern, die auf Feststellung der Nichtigkeit von Aufsichtsratsbeschlüssen gerichtet sind.[20]

III. Die Instrumentarien einer außergerichtlichen Streitbeilegung

928 Die gerichtliche Geltendmachung bzw. Durchsetzung sollte das letzte Mittel sein. Dies ergibt sich prozessual daraus, daß als Zulässigkeitsvoraussetzung ein allgemeines Rechtsschutzbedürfnis bestehen muß. Liegt diese Voraussetzung nicht vor, so muß das Gericht die Klage durch Prozeßurteil wegen Unzulässigkeit abweisen. Unter Rechtsschutzbedürfnis ist ein berechtigtes Interesse des Klägers daran zu verstehen, zur Erreichung des begehrten Rechtsschutzes ein Zivilgericht in Anspruch zu nehmen. Bei Leistungsklagen fehlt es an einem solchen Rechtsschutzbedürfnis ausnahmsweise, wenn der Kläger kein Urteil braucht, weil er das Ziel auf wesentlich einfacherem Wege erreichen kann.[21] Bei Feststellungsklagen ist ein besonderes Feststellungsinteresse erforderlich, das über das allgemeine Feststellungsinteresse hinausgeht.[22]

929 Hält man sich dies vor Augen, so muß einer Klage immer ein außergerichtlicher Versuch der Schlichtung bzw. Streitbeilegung vorausgehen. Das Aktiengesetz enthält eine Reihe von Regelungen, die die Sicherstellung der organschaftlichen Rechte und Pflichten gewährleisten sollen. Die Klageerhebung ist überflüssig, wenn sich die Organe auf

---

[17] Hoffmann-Becking, in: Münch Hdb AG, § 33 Rn. 47.
[18] Vgl. zur Nichtigkeitsklage des Vorstands gegen die Aktiengesellschaft OLG Düsseldorf, DB 1997, 1170 ff.
[19] Hüffer, AktG, § 90 Rn. 16; Stodolkowitz, ZHR 154 (1990), 1, 4.
[20] Hüffer, AktG, § 90 Rn. 16.
[21] Vgl. BGH NJW 1990, S. 2060; Greger, in: Zöller, ZPO, § 253 Rn. 18.
[22] Vgl. Greger, in: Zöller, ZPO, Vorbem. § 253 ZPO Rn. 5.

außergerichtlichem Wege einigen könnten, d. h. das Aktiengesetz ein geeignetes Schlichtungsmittel dafür bereithalten würde.[23]

1. Die Durchsetzungsmöglichkeiten des Aufsichtsrats

Im Aktiengesetz stellt der Gesetzgeber dem Aufsichtsrat, das Überwa-   **930**
chungsorgan der Aktiengesellschaft, eine Reihe von Instrumentarien zur Verfügung, mittels derer er seinem gesetzlichen Überwachungsauftrag gerecht werden soll.

1.1 Das Weisungsrecht

Zunächst ist das Weisungsrecht des Aufsichtsrats gegenüber dem   **931**
Vorstand zu nennen. Der Aufsichtsrat kann aufgrund dieser Befugnis zu bestimmten Entscheidungen des Vorstands Stellung nehmen und sie beanstanden. Diese Maßnahmen sind nicht ausdrücklich gesetzlich geregelt, als Befugnis des Aufsichtsrats jedoch gewohnheitsrechtlich anerkannt.[24] Das Weisungsrecht hat eine geringe rechtliche Relevanz, denn der Vorstand ist lediglich verpflichtet, Stellungnahmen und Beanstandungen zu prüfen, befolgen muß er sie hingegen nicht, weil dem Vorstand gemäß § 76 Abs. 1 AktG die autonome Leitungsmacht zusteht.[25] Zudem ist die Verpflichtung zur pflichtgemäßen Geschäftsführung des Vorstands auch in § 93 Abs. 1 AktG gesetzlich normiert. Eine Ersatzvornahme von Geschäftsführungshandlungen des Aufsichtsrats für den Vorstand ist nach geltendem Aktienrecht unzulässig. Nach § 111 Abs. 4 S. 1 AktG können Maßnahmen der Geschäftsführung nicht vom Vorstand auf den Aufsichtsrat übertragen werden.

1.2 Die Einschaltung der Hauptversammlung gemäß § 111 Abs. 3 AktG

Der ideale Weg zur Lösung eines Konflikts ist zweifelsohne die   **932**
Anrufung einer neutralen Instanz, jedoch existiert eine derartige Instanz, die geeignet wäre, einen Streit zwischen Vorstand und Aufsichtsrat zu schlichten, in der Aktiengesellschaft nicht. Auf den ersten Blick bietet sich die Hauptversammlung als derartige „Schiedsstelle" an. Diese Annahme erweist sich bei näherer Betrachtung als verfehlt.[26]

---

23 Vgl. Bauer, a.a.O., S. 16 f.
24 Lewerenz, Leistungsklagen zwischen Organen und Organmitgliedern der Aktiengesellschaft, S. 26; Lutter/Krieger, Rechte und Pflichten des Aufsichtsrats, S. 24; Mertens, in: Kölner Komm, § 111 Rn. 47.
25 Bauer, a.a.O., S. 17; Mertens, in: Kölner Komm, § 111 Rn. 47.
26 Vgl. Steinbeck, a.a.O., S. 180.

933 Der Aufsichtsrat kann nach § 111 Abs. 3 AktG die Hauptversammlung einberufen, wenn dies das Wohl der Gesellschaft erfordert. Daneben kann durch die Einberufung auch der besondere Zweck verfolgt werden, Geschäftsführungsfragen zu erörtern, mit dem Ziel, der Verwaltung ein Meinungsbild über die Interessenlage der Aktionäre zu vermitteln.[27] Die Hauptversammlung ist in der Praxis als Schlichter zwischen Vorstand und Aufsichtsrat kaum geeignet. Das Aktiengesetz sieht eine solche Schlichterfunktion ausdrücklich gar nicht vor. Meist wird sich der Versuch der Schlichtung durch die Hauptversammlung auch als wenig effektiv erweisen, denn der Hauptversammlung wird es regelmäßig an der fachlichen Kompetenz bzw. nötigen Qualifikation fehlen, eine solche Vermittlungstätigkeit auszuüben.[28] Gegen die Tauglichkeit der Hauptversammlung als Schlichter spricht auch die Vorschrift des § 119 Abs. 2 AktG. Danach kann die Hauptversammlung über Geschäftsführungsfragen nur dann verbindlich entscheiden, wenn dies der Vorstand ausdrücklich wünscht. Es wird folglich praktisch nur eine sehr eingeschränkte Anzahl von Fällen geben, in denen die Hauptversammlung überhaupt in Entscheidungsprozesse des Vorstands mit eingebunden wird. Außerdem spricht diese Vorschrift deutlich gegen eine Schlichterfunktion der Hauptversammlung. Eine Instanz, die nur auf Initiative einer Streitpartei tätig werden kann, eignet sich kaum als Schiedsstelle.[29] Gegen die Einberufung der Hauptversammlung als angemessenes Schlichtungsmittel spricht schließlich der organisatorische Aufwand und die immensen Kosten, die der Aktiengesellschaft aufgrund dessen entstehen.[30]

1.3 Die Abberufung des Vorstands gemäß § 84 Abs. 3 AktG

934 Nach § 84 Abs. 3 AktG hat der Aufsichtsrat die Möglichkeit, den Vorstand seines Amtes zu entheben.

935 An diesem Widerruf der Bestellung zum Vorstand werden aber strenge Anforderungen gestellt. Erforderlich ist, daß ein wichtiger Grund für die Abberufung vorliegt. Dieses einschneidende Mittel der Amtsenthebung soll nur dann anzuwenden sein, wenn das weitere Wirken des Vorstands(-mitglieds) eine unerträgliche Belastung für die Interessen der Aktiengesellschaft darstellt.[31] In § 84 Abs. 3 S. 2 AktG werden wichtige Gründe für die Abberufung, wie z. B. Unfähigkeit zur

---

[27] Bauer, a.a.O., S. 17 f.
[28] Bauer, a.a.O., S. 18; Steinbeck, a.a.O., S. 180.
[29] Steinbeck, a.a.O., S. 181 m.w.N.
[30] Vgl. Lewerenz, a.a.O., S. 28; Steinbeck, a.a.O., S. 180 unten.
[31] Bauer, a.a.O., S. 18; Lutter/Krieger, a.a.O., S. 48.

ordnungsgemäßen Geschäftsführung, nur beispielhaft und damit nicht abschließend aufgeführt.[32] Ein Verschulden ist nicht erforderlich,[33] kann aber Indiz für einen wichtigen Grund sein. Es gibt keine festen Maßstäbe für die Feststellung eines wichtigen Grundes.[34] Die Beurteilung hat daher im Einzelfall zu erfolgen.[35] Zwar steht dem Aufsichtsrat mit der Abberufungsbefugnis ein sehr schlagkräftiges Instrument zur Durchsetzung seiner Auffassungen zur Verfügung.[36] Es scheint jedoch erscheint eher dazu geeignet zu sein, die Herbeiführung von gerichtlichen Entscheidungen zu fördern, denn zu verhindern.[37] Durch die Ausübung dieses Rechtes, wird erheblich in die Struktur der Aktiengesellschaft eingegriffen.[38] Der Streit über Pflichtverletzungen des Vorstands bzw. Vorstandsmitgliedern wandelt sich sozusagen zur Existenzfrage des Vorstands.[39] Es wird sich oft als übereilte Entscheidung herausstellen, wenn ein funktionierender Vorstand aufgrund sachlicher Divergenzen (möglicherweise sogar nur in einer Einzelfrage) abberufen wird.[40] Eine Klage gegen eine Geschäftsführungsmaßnahme kann sich hier als milderes Mittel erweisen als die, den Vorstand abzuberufen.[41] Die Abberufung stellt in einer Vielzahl von Fällen ein unverhältnismäßiges Mittel zur Konfliktbewältigung dar. Als milderes Mittel für die Konfliktbewältigung kann der Organstreit angesehen werden und ist daher rechtspolitisch wünschenswert.[42] Dieses rigorose Druckmittel der Abberufung des Vorstands wird sich daher gesellschaftsintern eher schädigend auswirken als es zur internen Schlichtung führen. Das Abberufungsrecht des Aufsichtsrats erweist sich folglich als für eine außergerichtliche Streitschlichtung ungeeignet.

1.4 Das Zwangsgeldverfahren gemäß §§ 407 AktG, 132 ff. FGG

Den Vorstandsmitgliedern kann bei Verstoß gegen bestimmte Funktionspflichten, die in § 407 Abs. 1 S. 1, 1. Halbs. aufgeführt sind, vom *Registergericht* ein Zwangsgeld auferlegt werden. Hierzu zählen

936

---

[32] Bauer, a.a.O., S. 19.
[33] Mertens, in: Kölner Komm, § 84 Rn. 58.
[34] Vgl. BGHZ 8, 348, 361.
[35] Mertens, in: Kölner Komm, § 84 Rn. 58.
[36] Bauer, a.a.O., S. 19.
[37] Bauer, a.a.O., S. 19.
[38] Vgl. Lewerenz, a.a.O., S. 28.
[39] Bauer, a.a.O., S. 19.
[40] Bauer, a.a.O., S. 19.
[41] Vgl. LG Darmstadt, ZIP 1986, 1389, 1391; Mertens, in: Kölner Komm, § 76 Rn. 5; Wellkamp, DZWir 1994, S. 221, 222.
[42] Vgl. bei Bauer, a.a.O., S. 19; Borgmann, a.a.O., S. 7; Lewerenz, a.a.O., S. 28; Raiser, ZGR 1989, S. 44, 59.

insbesondere die Pflichten des Vorstands aus §§ 90, 111 Abs. 2 AktG[43]. Es handelt sich hierbei um ein Verfahren der freiwilligen Gerichtsbarkeit gemäß §§ 132 ff. FGG und daher ein außergerichtliches Verfahren. Aber auch dieses Verfahren eignet sich wenig zur Klärung von Streitfragen, denn hier stehen die Interessen der staatlichen Rechtsfürsorge im Vordergrund. Die Beantwortung der Frage, ob die strittigen Pflichten tatsächlich verletzt worden sind, hat nur zweitrangigen Charakter.[44] Das Erzwingungsverfahren steht einem Vollstreckungsverfahren näher als einem streitentscheidenden Verfahren, denn das *Registergericht* setzt die Berichtspflicht zunächst als gegeben voraus und prüft ihr Vorliegen erst nach Einspruchseinlegung des Antragsgegners umfassend.[45] Das Zwangsgeldverfahren dient seiner Schutzrichtung nach in erster Linie der Wahrung öffentlicher Interessen an einer ordnungsgemäßen Information der Aufsichtsratsmitglieder und nicht der Durchsetzung privater Belange.[46] Deshalb erwächst die Entscheidung des *Registergerichts* auch nicht in Rechtskraft.[47]

937 Dies steht aber im Gegensatz dazu, daß die widerstreitenden Organe meistens vor allem an der Klärung der Rechtslage interessiert sein werden.[48] Für die Klärung solcher tatsächlicher und rechtlicher Probleme sind die ordentlichen Gerichte vielfach besser geeignet.[49] Außerdem ist dieses Zwangsgeldverfahren nur für eine Reihe wichtigster Pflichten des Vorstands vorgesehen, die in § 407 Abs. 1 S. 1, 1. Halbs. AktG abschließend aufgezählt sind. Es erscheint daher unverhältnismäßig, wenn der Aufsichtsrat zur Durchsetzung der Berichtspflicht ein Zwangsgeldverfahren durchführt, denn diese Pflicht hat lediglich einen untergeordneten Rang.[50] Für eine Vielzahl auftretender Kompetenzstreitigkeiten ist eine solche Zwangsgeldandrohung daher gar nicht anwendbar.[51]

---

[43] Bauer, a.a.O., S. 20.
[44] Bauer, a.a.O., S. 20.
[45] Keidel/Kuntze/Winkler, § 132 FGG Rn. 14; vgl. Steinbeck, a.a.O., S. 182.
[46] Bauer, a.a.O., S. 20; Lewerenz, a.a.O., S. 40; Steinbeck, a.a.O., S. 181.
[47] Lewerenz, a.a.O., S. 42; Steinbeck, a.a.O., S. 181.
[48] Steinbeck, a.a.O., S. 181.
[49] Häsemeyer, ZHR 144 (1980), 265, 284.
[50] Lewerenz, a.a.O., S. 42.
[51] Vgl. Bauer, a.a.O., S. 20.

1.5 Die Klage auf Schadensersatz und Strafverfahren gemäß §§ 93 Abs. 2, 400 AktG

Schließlich hat der Aufsichtsrat gemäß § 93 Abs. 2 AktG die Möglichkeit, den Vorstand auf Schadensersatz zugunsten der Aktiengesellschaft zu verklagen und/oder ein Strafverfahren wegen § 400 AktG zu beantragen. Diese Instrumentarien sind jedoch ungeeignet, einen Kompetenzkonflikt zu klären. Hierbei geht es vielmehr um die Konsequenzen aus der Klärung einer solchen Streitigkeit.[52]   **938**

2. Die praktischen Durchsetzungsmöglichkeiten des Vorstands

2.1 Die Einschaltung der Hauptversammlung gemäß §§ 121 Abs. 1, Abs. 2 S. 1 AktG

Der Vorstand hat gemäß § 121 Abs. 1, Abs. 2 S. 1 AktG ebenfalls das   **939**
Recht, die Hauptversammlung einzuberufen. Dies gilt auch außerhalb der durch Gesetz oder Satzung bestimmten Fälle, wenn es das Wohl der Aktiengesellschaft erfordert. Praktisch wird der Vorstand von diesem Recht aber wohl kaum Gebrauch machen. Regelmäßig wird es in Organstreitigkeiten zwischen Vorstand und Aufsichtsrat um eine Entscheidung über Geschäftsführungsfragen gehen. Der Hauptversammlung wird es im Zweifel aber an dem dafür erforderlichen Sachverstand fehlen, so daß kaum anzunehmen ist, daß der Vorstand Geschäftsführungsbelange gemäß §§ 19 Abs. 2; 121 Abs. 1, Abs. 2 S. 1 AktG an die Hauptversammlung delegieren wird.[53] Gleichgültig, von welchem Organ die Hauptversammlung einberufen wird; sie ist als „Organ der Streitentscheidung" nicht geeignet.[54]

2.2 Die Klage auf Schadensersatz

Eine Klage des Vorstands gegen den Aufsichtsrat auf Schadensersatz   **940**
scheidet als geeignetes Mittel ebenfalls aus, wie oben bereits erörtert wurde.

---

[52] Bauer, a.a.O., S. 20.
[53] Bauer, a.a.O., S. 21.
[54] Bauer, a.a.O., S. 21.

IV. Möglichkeiten einer gerichtlichen Austragung des Organstreits

941   Ob die Instrumentarien des Aktiengesetzes eine außergerichtliche Streitbeilegung herbeiführen können, ist durchaus zweifelhaft. Andererseits ist vorweg zu bemerken, daß der gerichtliche Organstreit für die Aktiengesellschaft auch nachteilige Wirkungen entfalten kann: Zum einen kann die Einschaltung der Gerichte in die innerorganschaftliche Konfliktlösung zu einer übermäßig starken gegenseitigen Kontrolle führen, die im extremsten Falle zum Verhaltensdiktat und damit zu einer Lähmung des effektiven Arbeitsablaufes führen kann.[55] Bedenklich ist darüber hinaus, daß die Unternehmensinteressen dadurch faktisch an die Gerichte ausgeliefert werden.[56] Ob über den Streitgegenstand durch ein zivilgerichtliches Sachurteil entschieden werden kann, d. h. ob eine Klage vor einem Zivilgericht zulässig ist, stellt eine weitere Frage dar. Dabei sollen nun zwei Hauptgruppen unterschieden werden:

- Der Organstreit zwischen (einem oder mehreren) Organmitgliedern und einem Gesamtorgan (sog. Intra-Organstreit) und

- der Organstreit zwischen Gesamtorganen (sog. Inter-Organstreit).

942   Die gerichtliche Durchsetzung der widerstreitenden Interessen der Organe ist dabei mit materiell- wie zivilprozeßrechtlichen Problemen verknüpft.[57]

1. Die gerichtlichen Inter-Organstreitigkeiten

1.1 Die materiell-rechtlichen Probleme bei der Herleitung eines solchen Organstreits

943   Die Beantwortung der aufgeworfenen Frage hängt allein davon ab, ob den Organen innerhalb der Aktiengesellschaft subjektive Rechte bzw., vorsichtig ausgedrückt, schutzfähige Rechtspositionen in Bezug auf Organe gibt und überhaupt geben kann.[58] Ist dies zu bejahen, stellt sich die weitere Frage, wer aufgrund dessen Berechtigter und Verpflichteter dieser Rechtspositionen ist.[59] Unabhängig von diesen

---

[55] Borgmann, a.a.O., S. 8.
[56] Borgmann, a.a.O., S. 8.
[57] Bork, ZGR 1989, 1, 4.
[58] Bork, ZGR 1989, 1, 4.
[59] Bork, ZGR 1989, 1, 4.

Fragestellungen ist schließlich der Umfang der innerorganschaftlichen Rechte zu klären.[60]

1.1.1 Bestehen subjektiver Rechte der Organe

Fragwürdig ist, ob den Organen im innerorganisatorischen Bereich **944** „subjektive Rechte" oder jedenfalls „rechtsschutzfähige Positionen" zuzuweisen sind.[61] Darüber gehen die Meinungen im Schrifttum ganz erheblich auseinander. Sie reichen von der absoluten Ablehnung der Organklage.[62] bis hin zur grundsätzlichen Bejahung einer Klagemöglichkeit.[63] Die Rechtsprechung hatte sich bisher eher selten mit dieser Thematik zu befassen[64] und stand dann der Annahme der Zulässigkeit einer Organklage eher zurückhaltend gegenüber.[65]

1.1.1.1 Zur herrschenden Auffassung in der Literatur

Die herrschende Literaturmeinung lehnt es ab, die Innenrechte der **945** Organe in der Aktiengesellschaft als subjektive Rechte zu bewerten.[66] Die Begründungen hierzu sind unterschiedlich:

Die Innenrechte könnten keine subjektiven Rechte begründen, weil **946** sich Rechte und Pflichten im Sinne des Innenrechts einer Kooperation nicht mit der allgemeinen Anspruchsstruktur des § 194 Abs. 1 BGB vergleichen lassen.[67] Der Begriff des subjektiven Rechts müsse als die Rechtsmacht verstanden werden, die einem Rechtsindividuum zur Durchsetzung eigener Interessen übertragen worden ist.[68] Als Träger subjektiver Rechte kämen nicht die Organe, sondern nur die Organmitglieder als natürliche Personen und die Aktiengesellschaft als juristische Person in Betracht.[69] Die Organe als solche hingegen würden nur für die Aktiengesellschaft handeln, denn die gesellschaftsinternen

---

[60] Bork, ZGR 1989, 1, 5.
[61] Vgl. Bork, ZGR 1989, 1, 5.
[62] Vgl. Flume, BGB AT, Bd. I/2, § 11 V, S. 405 f.; Mertens, in: Kölner Komm, Vorbem. § 76 Rn. 4 ff.
[63] Vgl. Bauer, a.a.O., S. 127; Raiser, Kapitalgesellschaftsrecht, § 14 IV 5; K. Schmidt, Gesellschaftsrecht, § 14 IV 2; Steinbeck, S. 171 ff.
[64] Vgl. BGHZ 106, 54 ff.; BGH, BGH, NJW 1982, S. 791 ff.
[65] Hueck, Gesellschaftsrecht, § 23 I 6, S. 205.
[66] Vgl. Häsemeyer, ZHR 144 (1980), 264, 265 ff., 271 f.; Hommelhoff, ZHR 143 (1979), 288, 302 f. m.w.N.
[67] Hüffer, AktG, § 90 Rn. 18; Zöllner, ZGR 1988, 392, 423 f.
[68] Enneccerus/Nipperdey, S. 428 ff., 438.
[69] Flume, BGB AT, Bd. I/2, § 11 V, S. 405; Mertens, in: Kölner Komm, § 76 Rn. 5 und § 90 Rn. 33.

Rechte seien der Aktiengesellschaft zugeordnet, denn alle rechtlich relevanten Vorgänge dienten letztlich der Gesellschaft selber.

947 Dies lasse sich beispielsweise an der Vorschrift des § 90 AktG bezüglich des Aufsichtsrats herleiten: Zwar deute der Wortlaut auf ein eigenes Recht des Aufsichtsrats hin und dieses Organ erfülle durch das Einfordern des Berichts auch eine eigene Pflicht, um nicht einer Schadensersatzhaftpflicht ausgesetzt zu sein;[70] § 90 AktG müsse aber nach dem Normzweck ausgelegt werden. Die Vorschrift diene in erster Linie dem Interesse der Aktiengesellschaft an der ordnungsgemäßen Überwachung des Vorstands durch den Aufsichtsrat. Dahinter trete das Interesse des Aufsichtsrats zurück, so daß man davon ausgehen müsse, daß Rechtsinhaber allein die Aktiengesellschaft selber sei[71] Das geforderte eigene Interesse in Form einer umfassenden Rechtsmacht könne nur menschlichen Individuen (mit Einschränkung juristischen Personen) zukommen. Schließlich wird vorgeschlagen, statt des Begriffs „subjektives Recht" lediglich von „Organrechten", „Interorganrechten oder Funktionskompetenzen" zu sprechen, da es sich hierbei um eine fremdnützige Wahrnehmung im Interesse der Aktiengesellschaft handele.[72]

948 Das Bestehen eines subjektiver Rechte setze des weiteren voraus, daß sie zur Disposition der Organe stünden. Die Organe der Aktiengesellschaft sind jedoch zur Ausübung der betreffenden Innenrechte verpflichtet.[73]

1.1.1.2 Zur „Lehre vom Organstreit"

949 Ein anderer Teil des Schrifttums, die sog. „Lehre vom Organstreit", bejaht das Bestehen von subjektiven (klagbaren) Rechten der Organe in gewissem Umfang und versucht die Begründung der herrschenden Lehre zu widerlegen:[74]

950 Zunächst sei es nicht hinreichend belegt, daß nur derjenige Träger eines subjektiven Rechts sein könne, dem die Rechtsmacht im eigenen Interesse verliehen worden ist, auch wenn dies der Regelfall sein mag.[75] So könnten eine Reihe von Beispielen wie § 335 BGB und § 17 Konkursordnung (KO) belegen, daß subjektive Rechte ausnahms-

---

[70] Flume, BGB AT, Bd. I/2, § 11 V, S. 405.
[71] Flume, BGB AT, Bd. I/2, § 11 V, S. 405.
[72] Vgl. Häsemeyer, ZHR 144 (1980), S. 264, 267.
[73] Hommelhoff, ZHR 143 (1979), 288, 302 f.
[74] Bork, ZGR 1989, 1, 7.
[75] Bork, ZGR 1989, 1, 7.

weise auch ohne ein Eigeninteresse des Normadressaten bestehen könnten:[76] § 335 BGB gewähre dem Versprechensempfänger nach ganz herrschender Meinung[77] ein subjektives (Forderungs-)Recht gegen den Versprechenden, das auf die Leistung an einen Dritten gerichtet ist, zu dessen Gunsten dieser Vertrag geschlossen wurde. Der Versprechensempfänger hat beim Vertrag zugunsten Dritter ein eigenes subjektives Recht, das er im Interesse des Begünstigten ausüben kann.[78] Ein vergleichbarer Schluß läßt sich aus § 17 KO ziehen,[79] wonach der Konkursverwalter berechtigt ist, die Erfüllung zu verlangen und somit ein subjektives Gestaltungsrecht hat.[80] Bei diesem subjektiven Recht des Konkursverwalters handelt es sich um ein fremdnütziges Recht, da es ihm vor allem im Interesse der Gläubiger zum Schutze der Konkursmasse verliehen worden ist.[81] Anhand dieser Beispiele läßt sich feststellen, daß die Annahme des Bestehens eines subjektiven Rechts nicht notwendigerweise ein Eigeninteresse des Rechtsträgers voraussetzt. Im Innenbereich einer Aktiengesellschaft müsse das Bestehen subjektiver Organrechte nicht bereits an dem Einwand, sie seien bloß fremdnützig, scheitern.[82] Zudem sei insofern ohnehin zu bezweifeln, ob die Eigeninteressen der Organe im Hinblick auf innerorganisatorische Streitigkeiten wirklich so minderwertig sind, daß aus ihnen keine subjektive Rechte hergeleitet werden können.[83] Die „verselbständigten Kompetenzschutzinteressen" sind daher als gerichtlich schützenswert anzuerkennen.[84]

Auch die Berufung auf die mangelnde Dispositionsbefugnis der Organe spreche nicht gegen das Vorliegen subjektiver (Organ-)Rechte:[85] Es gehöre nicht zwingend zum Wesen eines subjektiven Rechts, daß der Inhaber auch die Freiheit hat, das Recht nicht geltend zu machen. Dies zeige sich gerade an den aktienrechtlichen Vorschriften der §§ 66 Abs. 1, 93 Abs. 4 S. 3 AktG, die den Rechtsinhaber zur Geltendmachung des Rechts im Interesse Dritter verpflichten. **951**

Teilweise wird das Bestehen subjektiver Rechte im Innenbereich der Aktiengesellschaft bejaht, weil in §§ 76 bis 147 AktG Rechtssätze **952**

Bork, ZGR 1989, 1, 7.
[77] BGH, NJW 1974, 502; Erman-Westermann, BGB, § 335 Rn. 1; Münch Komm-Gottwald, BGB, § 335 Rn. 1; Palandt-Heinrichs, § 335 Rn. 1.
[78] Bork, ZGR 1989, 1, 8.
[79] Bork, ZGR 1989, 1, 8.
[80] Vgl. Jäger/Henckel, § 17 KO Rn. 114, 116.
[81] Jäger/Henckel, § 17 KO Rn. 7, 112.
[82] Bork, ZGR 1989, 1, 8.
[83] Bork, ZGR 1989, 1, 9.
[84] Häsemeyer, ZHR 144 (1980), 265, 278.
[85] Bork, ZGR 1989, 1, 9.

enthalten seien, die sich direkt an das Organ wenden und die das Verhältnis der Organe innerhalb der Aktiengesellschaft gesetzlich ausgestalten.[86] Dagegen spreche nicht, daß diese Rechte nur im Innenbereich zur Geltung kommen, denn wenn es im Innenbereich reservierte Verhaltensberechtigungen gibt, d. h. den Organen „abgeschottete Verhaltensspielräume" zugewiesen sind, so handelt es sich dabei um subjektive Rechte.[87]

953 Die Organe seien rechtsfähige Personenmehrheiten, da das Aktiengesetz ihnen selbst Rechte und Pflichten zuweise, so daß auch ihre Rechtsfähigkeit anzuerkennen sei.[88] Dagegen spreche auch nicht, daß die Organe als Personenmehrheit grundsätzlich nicht rechtsfähig sein könnten, denn es stehe dem Gesetzgeber prinzipiell frei, auch Personenmehrheiten durch Rechtssätze die Rechtsfähigkeit zu verleihen.[89] Dahinstehen könne, ob man die Rechtsfähigkeit als „punktuelle" oder „Teilrechtsfähigkeit" im Gegensatz zur Rechtsfähigkeit im Sinne von § 1 BGB bezeichnen müsse, denn jede Rechtsfähigkeit sei begrenzt.[90] Auch das Vorliegen bloßer Wahrnehmungszuständigkeiten der Organe gegenüber der Aktiengesellschaft schließe die Annahme nicht aus, daß es sich dabei um ein subjektives Recht handelt. Zwar üben die Organwalter, d. h. Vorstands- und Aufsichtsratsmitglieder, im Außenbereich tatsächlich nur Wahrnehmungszuständigkeiten für die Aktiengesellschaft aus, dies gilt aber nicht im Innenbereich, denn hier geht es nicht um sog. Innenrechtsbeziehungen zwischen den Organen selbst, d. h. auf der Ebene zweier Organe.[91]

1.1.2 Der Umfang der subjektiven Rechte

954 Will man grundsätzlich das Problem von Organrechten anerkennen, so ist zu klären, in welchem Umfang solche Rechte bestehen können. Die Organrechte werden als reservierte Verhaltensberechtigungen in folgende Gruppen unterteilt:

– sekundäre Hilfsrechte,

– Kompetenzschutzrechte und

– allgemeine Kontrollrechte:[92]

---

[86] Bork, ZGR 1989, 1, 13.
[87] Bork, ZGR 1989, 1, 13.
[88] Bork, ZGR 1989, 1, 13.
[89] Bork, ZGR 1989, 1, 13.
[90] Bork, ZGR 1989, 1, 13.
[91] Bork, ZGR 1989, 1, 14 f.
[92] Bork, ZGR 1989, 1, 15; K. Schmidt, ZZP 92 (1979), 212, 215, 228.

Bei den sekundären Hilfsrechten, wozu insbesondere die Informa-   **955**
tionsrechte des Aufsichtsrats nach §§ 90 Abs. 1 bis 3, 111 Abs. 2, 170
AktG zu zählen sind, handelt es sich um solche Rechte, die dem Organ
die Wahrnehmung (primären, innerorganisatorischen) Aufgaben erleichtern und ermöglichen sollen.[93] Teilweise wird in der Literatur
vertreten, es handele sich um Rechte der Aktiengesellschaft, die dem
Aufsichtsrat lediglich zur Ausübung zugewiesen sind. Gegen das
Vorliegen subjektiver Organrechte spreche die Fremdnützigkeit dieser
Rechte und schließlich die Rechtsunfähigkeit der Organe.[94] Die Ge-
genauffassung vertritt: es handele sich hierbei um Rechte des Aufsichtsrats als Organ.[95] Hierfür spräche zunächst der Wortlaut der
einschlägigen Rechtssätze, die sich direkt an die Organe wenden;[96]
der § 90 Abs. 1 AktG bestimmt beispielsweise, „der Vorstand hat dem
Aufsichtsrat zu berichten". Die oben angeführten Vorschriften enthalten somit reservierte Verhaltensberechtigungen, indem sie dem Aufsichtsrat erlauben, sich in bestimmter Weise gegenüber dem Vorstand
zu verhalten.[97] Das Vorliegen eigener Rechte ergebe sich aus den
Grundstrukturen des allgemeinen und des aktienrechtlichen Organ-
rechts.[98] Es sei sinnvoll, demjenigen die Hilfsbefugnisse zuzuweisen,
der die Hauptbefugnis innehat, so daß in den sekundären Hilfsrechten
des Aufsichtsrats keine Kompetenz der Aktiengesellschaft, sondern
eine alleinige und originäre Kompetenz des Aufsichtsrats als Organ
liegt.[99]

Letztlich sei es auch gar nicht einzusehen, warum Befugnisse, die der   **956**
Ausübung und Sicherung der primären Organaufgaben dienen, dem
Organ nicht selbst als eigenes Recht zugewiesen sein sollten.[100]

Gegen wen richten sich diese Rechte? Mit der Zuweisung einer   **957**
Verhaltensberechtigung muß eine Verhaltensverpflichtung korrespondieren.[101]

---

[93] Bork, ZGR 1989, 1, 15.
[94] Flume, BGB AT, Bd. I/2, § 11 V; Hefermehl, in: Geßler/Hefermehl, AktG, § 90 Rn. 36;
      Lewerenz, a.a.O., S. 108 f.
[95] Bauer, a.a.O., S. 67 ff.; Bork, ZGR 1989, S. 1, 15; Hommelhoff, ZHR 143 (1979), 288,
      294 ff.; Lutter, Information und Vertraulichkeit im Aufsichtsrat, S. 69 ff.
[96] Bork, ZGR 1989, 1, 16.
[97] Bork, ZGR 1989, 1, 16.
[98] Bork, ZGR 1989, 1, 16.
[99] Bork, ZGR 1989, 1, 16; Hommelhoff, ZHR 143 (1979), 288, 292 f.
[100] Bork, ZGR 1989, 1, 17.
[101] Bork, ZGR 1989, 1, 16.

958   Sie können sich gegen den Vorstand als Organ richten[102] oder gegen die Organwalter[103], d. h. Mitglieder des Vorstands. Die Verpflichtung kann aber auch die Aktiengesellschaft selbst treffen.[104] Für die Pflichtigkeit des Vorstands als Organ spricht, daß es sich um Rechtsbeziehungen im Innenbereich handelt, so daß es kaum denkbar ist, daß an beiden „Enden" dieses Rechtsverhältnisses die Aktiengesellschaft selbst beteiligt sei.[105]

959   Vorstand und Aufsichtsrat können aber auch subjektive Reche zustehen, die auf die Wahrung des eigenen aktienrechtlich normierten Kompetenzbereichs gerichtet sind und mittels derer Eingriffe in diesen Kompetenzbereich unter bestimmten Voraussetzungen abgewehrt werden können.[106] Probleme bereitet die Begründung des Bestehens solcher eigenen Abwehrrechte: Ein subjektives Recht besteht nicht an der Kompetenz selber, denn das Gesetz beschreibt dadurch nur den Aufgabenbereich der Organe, ohne daß dadurch den Organen hinreichend bestimmte Verhaltensspielräume zugewiesen würden.[107] Ein subjektives Recht gegenüber anderen Organen ist jedoch dann anzunehmen, wenn das Gesetz die Kompetenzen auf verschiedene Organe verteilt und diesen dadurch ein „abgeschotteter" Entscheidungsbereich zugewiesen wird, der zwar nicht ein subjektives Recht gegenüber den anderen Organen ist, jedoch trotzdem Grundlage subjektiver Abwehrrechte sein kann.[108] Das ungeschriebene innerorganisatorische Störungsverbot erzeuge dieses Abwehrrecht der Organe bei (drohender) Verletzung des organeigenen Kompetenzbereiches, was sich aus der Kompetenzordnung des Aktiengesetzes ergibt.[109] Der aktienrechtlichen Kompetenzverteilung der Organe kommt neben der Funktion der Herstellung einer Machtbalance in der Binnenstruktur der Aktiengesellschaft auch eine spezifische Schutzfunktion hinsichtlich der durch die Machtverteilung dem betreffenden Organ – und gerade nicht der Aktiengesellschaft – eingeräumten Rechtsstellung zu.[110] Die

---

[102]   Bauer, a.a.O., S. 117; Hommelhoff, ZHR 143 (1979), 288, 300 f.; Lutter, Information und Vertraulichkeit im Aufsichtsrat, S. 69 ff.

[103]   Flume, BGB AT, Bd. I/2, § 11 V; Hefermehl, in: Geßler/Hefermehl, AktG, § 90 Rn. 36; Lewerenz, a.a.O., S. 108 f.

[104]   Vgl. Häsemeyer, ZHR 144 (1980), 265 ff.

[105]   Bork, ZGR 1989, 1, 16 f.

[106]   LG Darmstadt, AG 1987, 218, 219; Bauer, a.a.O., S. 95 ff.; Bork, ZGR 1989, 1, 18 f.; Häsemeyer, ZHR 144 (1980), 265, 275 ff., 282 ff.; Hommelhoff, ZHR 143 (1979), 288, 307 ff.

[107]   Bork, ZGR 1989, 1, 18.

[108]   Bork, ZGR 1989, 1, 19.

[109]   Bork, ZGR 1989, 1, 19.

[110]   Bauer, a.a.O., S. 88; vgl. auch Lewerenz, a.a.O., S. 86 ff.

Grenze dieser subjektiven Abwehrrechte beginnt dort, wo die eigene Kompetenz der Organe aufhört.[111] Wenn sich der Vorstand beispielsweise über Kompetenzen der Hauptversammlung hinwegsetzt, kann kein Abwehrrecht des Aufsichtsrats bestehen, denn dessen Kompetenz ist nicht berührt.[112] Ferner ist dort kein subjektives Recht anzunehmen, wo der Gesetzgeber selbst inner-organisatorische Konfliktlösungsmöglichkeiten zur Entscheidung des Kompetenzstreits vorgesehen hat.[113] Zu beachten ist schließlich, daß es nicht per se als eine Störung der Kompetenzordnung angesehen werden kann, wenn ein Organ von der ihm zugewiesenen Kompetenz in rechtswidriger Weise Gebrauch macht,[114] denn dies indiziert nicht gleichzeitig einen Eingriff in die Kompetenzen eines anderen Organs.

Nach ganz herrschender Auffassung existieren hingegen keine subjektiven Organrechte, die sich gegen ein anderes Organ richten, und die Einhaltung der satzungsmäßigen und gesetzlichen Schranken zum Inhalt haben (sog. allgemeine Verhaltenskontrolle)[115]. Subjektive Organrechte aus einer allgemeinen Verhaltenskontrolle sind in Teilen der älteren Literatur bejaht worden, wenn das tätig werdende Organ sein Ermessen überschreitet[116] oder schuldhaft pflichtwidrig handelt.[117] Dagegen spricht aber nach Auffassung der (heutigen) überwiegenden Literatur, daß der Vorstand nach § 76 Abs. 1 AktG zur eigenverantwortlichen Geschäftsführung berechtigt ist, so daß ihm der Aufsichtsrat im Wege des Organstreits nicht in die Geschäftsführung „hineinreden" darf.[118] Der Aufsichtsrat kann – kraft abschließender gesetzlicher Regelung – Maßnahmen des Vorstands mißbilligen, nach § 111 Abs. 4 S. 2 AktG Zustimmungsvorbehalte beschließen oder personelle Konsequenzen nach § 84 Abs. 3 AktG personelle Konsequenzen ziehen. Weitergehende Rechte hat er in dieser Hinsicht allerdings nicht.[119]

960

---

[111] Bork, ZGR 1989, 1, 19 f.

[112] Bauer, a.a.O., S. 88; vgl. auch Hommelhoff, ZHR 143 (1979), 288, 310 f.; Lewerenz, a.a.O., S. 99 ff.

[113] Bork, ZGR 1989, 1, 20; Häsemeyer, ZHR 144 (1980), 265, 282 f.; Hommelhoff, ZHR 143 (1979), 288, 312.

[114] Bork, ZGR 1989, 1, 20.

[115] Bauer, a.a.O., S. 88; Bork, ZGR 1989, 1, 21; vgl. auch Häsemeyer, ZHR 144 (1980), 265, 279 f.; Lewerenz, a.a.O., S. 119 ff.; K. Schmidt, ZZP 92 (1979), 212, 231 ff.

[116] Vgl. Mertens, in: Kölner Komm, Vorbem. § 76 Rn. 5.

[117] Vgl. Baumbach/Hueck, AktG, § 82, Rn. 14; Meyer-Landrut, AktG, § 82, Anm. 18.

[118] Bork, ZGR 1989, 1, 21; Häsemeyer, ZHR 144 (1980), 265, 279.

[119] Bork, ZGR 1989, 1, 21.

1.2 Die prozeßrechtlichen Probleme eines solchen Organstreits

961 Prozeßrechtlich knüpfen an die eben geschilderten materiellrechtlichen Aspekte prozessuale Folgeprobleme, die insbesondere die Parteistellung, die Parteifähigkeit und die Prozeßführungsbefugnis betreffen. Letztlich stellt sich die Frage, ob die subjektiven Rechte – folgt man der Lehre vom Organstreit – gerichtlich durchgesetzt werden können.[120] Ob der Aufsichtsrat als solcher gegen die Aktiengesellschaft, vertreten durch den Vorstand oder gegen den Vorstand als Partei z. B. auf Berichterstattung klagen kann, ist von der höchstrichterlichen Rechtsprechung ausdrücklich offen gelassen worden.[121] In der Literatur wird die Zulässigkeit einer solchen Klage kontrovers diskutiert und ist sehr umstritten: Der Lehre vom Organstreit[122], die eine Klagemöglichkeit – wenn auch in unterschiedlichem Umfang – bejaht[123], steht die herrschende Literatur gegenüber, die Klagemöglichkeiten mit unterschiedlicher Begründung ablehnt.[124]

1.2.1 Spezialermächtigung für Klagen des Aufsichtsrats gegen den Vorstand nach § 112 AktG

962 Die Zulässigkeit einer solchen Klage des Aufsichtsrats kann sich nicht aus § 112 AktG ergeben, wie dies in Teilen der Literatur (vorsichtig) diskutiert wird.[125] Danach vertritt der Aufsichtsrat die Aktiengesellschaft den Vorstandsmitgliedern gegenüber gerichtlich und außergerichtlich. Aus dieser Norm kann aber keine prozessuale Spezialermächtigung für ein gerichtliches Einschreiten des Aufsichtsrats gegen den Vorstand im Rahmen der organstreitspezifischen Gegenstände hergeleitet werden. § 112 AktG erfaßt klassischerweise Streitigkeiten um Rechte und Pflichten aus dem Anstellungsvertrag und die Regreßhaftung der Vorstandsmitglieder gemäß § 93 Abs. 2 AktG[126]. Diese Streitgegenstände sind aber gerade nicht der Thematik des aktienrechtlichen Innenrechts- bzw. Organstreits zuzuordnen (vgl. oben, unter II.2.). Gegen die Anwendbarkeit dieser Vorschrift spricht außerdem, daß der Aufsichtsrat nach dem eindeutigen Wortlaut dieser Vorschrift keine eigenen Rechte gegenüber dem Vorstand geltend

---

[120] Bork, ZGR 1989, 1, 5.
[121] Vgl. BGHZ 106, 54, 62; BGH, NJW 1989, 979.
[122] Empfehlenswerter Überblick bei BGHZ 106, 54, 60 ff.
[123] Vgl. dazu Hüffer, AktG, § 90 Rn. 18 m.w.N.
[124] Vgl. nur Mertens, in: Kölner Komm, Vorbem. zu § 76 Rn. 4 ff.; Flume, BGB AT, Bd. I/2, § 11 V; Werner, AG 1990, 1, 16; Zöllner, ZHR 154 (1990), 24, 33.
[125] Diese Frage wird bei Steinbeck, a.a.O., S. 172 aufgeworfen.
[126] Häsemeyer, ZHR 144 (1980), 264, 265; Steinbeck, a.a.O., S. 172.

macht, sondern lediglich als gesetzlicher Vertreter der Aktiengesellschaft auftritt, d. h. fremde Rechte in fremdem Namen gerichtlich geltend macht.[127] Die „Organstreitlehre" erkennt die Geltendmachung von eigenen Rechten jedoch nur dann an, wenn dem Organ das Recht zumindest teilweise selber zusteht.[128] Außerdem nennt § 112 AktG einzelne Vorstandsmitglieder als Beklagte. Hier geht es um die Frage, ob der Aufsichtsrat den Vorstand als meinungsbildendes Gremium und einheitlich handelndes Organ, gerichtlich zu einem Handeln, Dulden oder Unterlassen verpflichten kann.[129]

1.2.2 Zulässigkeit einer Zivilklage nach den Vorschriften der Zivilprozeßordnung (ZPO)

Die Zulässigkeit muß sich folglich aus den allgemeinen Vorschriften der ZPO ergeben. Die Zulässigkeit einer zivilgerichtlichen Klage setzt das Vorliegen der echten Prozeßvoraussetzungen sowie der allgemeinen Sachurteilsvoraussetzungen voraus. Liegen diese Prozeßvoraussetzungen nicht vor, so ist die Klage durch Prozeßurteil als unzulässig abzuweisen.[130]

963

Die Prüfung der Prozeßvoraussetzungen hat dabei Vorrang vor der Prüfung der Begründetheit der Klage.[131] Persönliche Prozeßvoraussetzungen sind die Parteifähigkeit, Prozeßführung und die Prozeßführungsbefugnis[132], deren Vorliegen bei einer aktienrechtlichen Organklage gerade zweifelhaft ist.

964

1.2.2.1 Verbot des sog. In-Sich-Prozesses

Die Zulässigkeit einer solchen Klage birgt bereits in Hinblick auf das Verbot des sog. „In-Sich-Prozesses" Probleme in sich. Ein Zivilprozeß setzt voraus, daß sich zwei Parteien gegenüberstehen, von denen die eine angreift, und die andere den Angriff abwehrt (sog. Zweiparteienprinzip)[133]. Die Zulässigkeit einer Organklage würde gegen das Zweiparteienprinzip verstoßen und damit ein klassischer Fall des unzulässigen „In-Sich-Prozesses" sein, wenn man mit der herrschenden Lehre

965

---

[127] Steinbeck, a.a.O., S. 172.
[128] Steinbeck, a.a.O., S. 172.
[129] Steinbeck, a.a.O., S. 172.
[130] Greger, in: Zöllner, ZPO, Vorbem. § 253 Rn. 9.
[131] Greger, in: Zöllner, ZPO, Vorbem. § 253 Rn. 10.
[132] Greger, in: Zöllner, ZPO, Vorbem. § 253 Rn. 12.
[133] Vollkommer, in: Zöller, ZPO, § 50 Rn. 1.

lediglich die Aktiengesellschaft als Rechtsträger ansieht.[134] Geht man davon aus, daß allein die Aktiengesellschaft Trägerin, der durch den Vorstand bzw. Aufsichtsrat geltend gemachten Rechte ist, so würde die Aktiengesellschaft im Zuge eines gesellschaftlichen Gesamtwillens in einem Zivilprozeß beide Parteirollen einnehmen. Die Aktiengesellschaft würde als Klägerin, vertreten durch das entsprechende Organ, sowie als Beklagte, vertreten durch das verklagte Organ, im gleichen Prozeß auftreten.[135]

966 Gleichwohl läßt sich die Zulässigkeit einer Organklage begründen: Stehen den Organen – nach der sog. „Organtheorie" subjektive Rechte zu, dann kann von einem unzulässigen „In-Sich-Prozeß" keine Rede sein. Die Organe können auch als Prozeßstandschafter subjektive Rechte der Aktiengesellschaft im eigenen, verselbständigten Interesse geltend machen, so eine weitere Begründung.[136] Das Kompetenzschutzinteresse stehe für das notwendige eigene rechtliche oder wirtschaftliche Interesse.[137]

1.2.2.2 Die Parteifähigkeit von Vorstand und Aufsichtsrat

967 Nach § 50 Abs. 1 ZPO ist parteifähig, wer rechtsfähig ist. Nach der Lehre vom Organstreit ist die Rechts- und Parteifähigkeit der Organe grundsätzlich zu befürworten:[138]

968 Die Rechtsträgerschaft des Aufsichtsrats ist aus dem Wortlaut und der Entstehungsgeschichte des § 90 AktG, der dem Aufsichtsrat eigene einklagbare Rechte einräumt, herzuleiten.[139] Rechts- und Parteifähigkeit der ZPO müssen zudem nicht notwendigerweise miteinander verknüpft sein. Auch nicht rechtsfähige Personen können durchaus parteifähig sein.[140] Dies läßt sich anhand des § 245 Nr. 4 AktG[141] und des § 50 Abs. 2 ZPO belegen.[142] Zudem gibt es weitere rechtlich relevante Gruppierungen, die zwar nicht originär parteifähig sind, aber angesichts ihres rechtlichen Stellenwertes bzw. pragmatischer Notwendigkeit – wenn auch nicht ganz unumstritten – eine begrenzte, d. h.

---

[134] Vgl. Bauer, a.a.O., S. 68.
[135] Bauer, a.a.O., S. 68.
[136] Häsemeyer, ZHR 144 (1980), 265, 278.
[137] Bork, ZGR 1989, 1, 25 f.
[138] Bauer, a.a.O., S. 67 ff.; Bork, ZGR 1989, 1, 22 f.; Steinbeck, a.a.O., S. 187 ff.
[139] Hommelhoff, ZHR 143 (1979), 288, 291.
[140] Leipold, in: Stein/Jonas, ZPO, § 50 Rn. 1.
[141] Bork, ZGR 1989, 1, 23.
[142] Bauer, a.a.O., S. 71.

relative, Parteifähigkeit zugebilligt wird.[143] Relative Parteifähigkeit genießen beispielsweise Gewerkschaften[144], politische Parteien nach § 3 Abs. 1 Parteiengesetz und der Betriebsrat nach § 10 Arbeitsgerichtsgesetz[145]. Diese beispielhafte Aufzählung läßt sich um „Vereinigungen" im Sinne des § 61 Nr. 2 Verwaltungsgerichtsordnung, der einen vergleichbaren Fall normiert, wonach diese beteiligtenfähig sein können, „soweit ihnen ein Recht zustehen kann", ergänzen. Die sog. Beteiligtenfähigkeit des Verwaltungsprozesses entspricht der Parteifähigkeit des Zivilprozesses[146]. Rechtsunfähige Personenvereinigungen vor dem Sozialgericht können vor dem Sozialgericht nach § 70 Nr. 2 Sozialgerichtsgesetz parteifähig sein.

Für die Zulässigkeit eines Inter-Organstreits spricht der allgemeine zivilprozessuale Grundsatz des § 50 ZPO, wonach derjenige der Träger von Rechten und Pflichten ist, diese auch durchsetzen können muß.[147] Verschafft das Aktiengesetz seinen Organen materielle Rechtspositionen, so müssen diese auch gerichtlich durchsetzbar sein.[148] Es stellt ein seltsames Ergebnis dar, wenn das Prozeßrecht, das im Dienste des materiellen Rechtes steht, im Organstreit die Durchsetzung der Rechte verhindern würde.[149] Prinzipiell kann jedes Recht Gegenstand einer Klage sein.[150] Der Gesetzgeber hat lediglich die ausnahmsweise Nichteinklagbarkeit von Inter-Organrechten nicht gesetzlich normiert, wie dies in anderen Fällen[151] geschehen ist.[152] **969**

Schließlich spricht ein logischer Umkehrschluß für die Parteifähigkeit von Vorstand und Aufsichtsrat. Werde Personenvereinigungen, denen es an einer Rechtsfähigkeit vollständig mangelt, kraft Gesetzes eine relative Parteifähigkeit zugestanden, so muß dies erst Recht für solche Gremien gelten, die in gewissem Umfang rechtsfähig sind.[153] **970**

---

[143] Bauer, a.a.O., S. 72.
[144] BGHZ 42, 210 (ÖTV).
[145] Vgl. Bauer, a.a.O., S. 72 ff.; Bork, ZGR 1989, 1, 23.
[146] Redeker/v. Oertzen, VwGO, § 61 Rn. 1.
[147] Bauer, a.a.O., S. 71, 78; Bork, ZGR 1989, 1, 23; Steinbeck, a.a.O., S. 179.
[148] Bauer, a.a.O., S. 78.
[149] Bork, ZGR 1989, 1, 23.
[150] Bauer, a.a.O., S. 71; Hommelhoff, ZHR 143 (1979), 288, 305.
[151] Vgl. §§ 1001, 1297 BGB und § 375 HGB.
[152] Bauer, a.a.O., S. 72.
[153] Bauer, a.a.O., S. 80.

1.2.2.3 Prozeßführungsbefugnis von Vorstand und Aufsichtsrat

971   Die Zulässigkeit eines Zivilprozesses erfordert des weiteren die Prozeßführungsbefugnis des Klägers. Die Prozeßführungsbefugnis ist das Recht, über das behauptete (streitige) Recht einen Prozeß als die richtige Partei im eigenen Namen zu führen, ohne daß eine eigene materiellrechtliche Beziehung zum Streitgegenstand vorzuliegen bzw. behauptet werden braucht.[154] Die Organe sind zur Prozeßführung befugt, weil sie in einem Rechtsstreit um eigene Rechte streiten[155], eigene Inter-Organrechte geltend machen.[156] Billigt man den Organen keine subjektiven Rechte zu, so sind die Organe lediglich als Prozeßstandschafter für die Aktiengesellschaft zur Prozeßführung befugt.[157] „Interessenvermögen" sei auf beiden Seiten die Aktiengesellschaft selber, so daß die Organe mangels eigenen Organvermögens nur fremdnützig im Interesse der Aktiengesellschaft handelten.[158]

1.2.3 Kostentragung

972   Nach § 91 Abs. 1 ZPO hat die unterliegende Partei die Kosten des Rechtsstreits zu tragen. Diese Vorschrift stellt eine erhebliche prozeßrechtliche „Klippe" dar, auch wenn sie aktienrechtlich nur von marginaler Bedeutung ist.[159] Denn die Kosten des Rechtsstreits belasten das Vermögen der Aktiengesellschaft in jedem Falle.[160]

973   Keine Probleme bestehen bei der Begründung dieses Ergebnisses, wenn man den Organstreit mit der herrschenden Lehre grundsätzlich ablehnt, indem man die Organmitglieder als Beklagte und die Aktiengesellschaft als Klägerin ansieht. In diesem Falle sind die Kosten den unterliegenden Organmitgliedern persönlich aufzuerlegen, wobei ihnen eine Aufwendungsersatzanspruch nach §§ 670, 675 BGB gegen die Aktiengesellschaft zuzubilligen ist, da letztlich in deren Interesse gestritten worden sei.[161]

974   Innerhalb der „Lehre vom Organstreit" werden unterschiedliche Begründungswege gewählt. Zum Teil wird die Aktiengesellschaft ohne

---

[154] Vollkommer, in: Zöller, ZPO, Vorbem. § 50 Rn. 18.
[155] Bork, ZGR 1989, 1, 23.
[156] Bauer, a.a.O., S. 40 f.
[157] Häsemeyer, ZHR 144 (1980), 265, 268 ff.
[158] Vgl. dazu Bork, ZGR 1989, 1, 24.
[159] Bork, ZGR 1989, 1, 27.
[160] Bork, ZGR 1989, 1, 27.
[161] Lewerenz, a.a.O., S. 145.

weiteres als Kostenschuldnerin angesehen.[162] Das unterlegene Organ wird aber auch als Kostenschuldner angesehen, das seinerseits auf das Gesellschaftsvermögen als Haftungsmasse Regreß nehmen könne.[163] Andere wollen der Aktiengesellschaft die Kosten des Organstreits nach § 99 Abs. 6 S. 8 und 9 AktG analog auferlegen, da eine vergleichbare Interessenlage bestehe.[164] § 99 AktG betreffe den Streit über die richtige Zusammensetzung des Aufsichtsrats und damit einen Streit, der thematisch dem hier behandelten Organstreit eng verwandt ist.[165] Dem wird entgegengehalten, daß sich die §§ 888 bis 890 ZPO gegenüber einem Gesellschaftsorgan als solchem nicht einsetzen lassen.[166]

1.2.4 Zwangsvollstreckung

In der Praxis wird es zu einer zwangsweisen Durchsetzung einer im   **975** Organstreit ergangenen Entscheidung kaum kommen, da dieser Prozeß regelmäßig zur Klärung streitiger Rechtsfragen dienen wird, so daß zu erwarten ist, daß das unterlegene Organ das Urteil freiwillig befolgen wird.[167] Wenn die Zwangsvollstreckung des Urteils wider Erwarten doch erforderlich ist, richtet sich die Vollstreckung, die dann regelmäßig auf die Erzwingung unvertretbarer Handlungen und Unterlassungen gerichtet sein wird, nach §§ 888, 890 ZPO[168]. Die Haftung ist auch nicht deshalb ausgeschlossen, weil es sich bei der entsprechenden Handlung um Leistungen von Diensten aus einem Dienstvertrag handelt, denn die Pflichten der Organmitglieder sind nicht primär dienstvertraglicher Natur, sondern qualitativ anderer, nämlich organschaftlicher Natur.[169] Die Zwangsmittel, wie z. B. Zwangsgeld oder Zwangshaft, sind gegenüber den Organmitgliedern festzusetzen,[170] weil diese als natürliche Personen handeln und deren Wille und Verhalten dem jeweiligen Organ zuzurechnen ist.[171] Der Einwand, die Festsetzung eines Zwangsgeldes gegen Organmitglieder sei nicht

---

[162] Lutter, Information und Vertraulichkeit im Aufsichtsrat, S. 70.
[163] Bauer, a.a.O., S. 81 ff.
[164] Bork, ZGR 1989, 1, 28; Hommelhoff, ZHR 143 (1979), 288, 306.
[165] Bork, ZGR 1989, 1, 28.
[166] Flume, BGB AT, Bd. I/2, § 11 V; K. Schmidt, ZZP 92 (1979), 212, 228.
[167] K. Schmidt, ZZP 92 (1979), 212, 228.
[168] Bork, ZGR 1989, 1, 29.
[169] Bauer, a.a.O., S. 85.
[170] Bork, ZGR 1989, 1, 29.
[171] Bauer, a.a.O., S. 84; Bork, ZGR 1989, 1, 30; Lutter, a.a.O., S. 71.

zulässig, weil diese mit ihrem Privatvermögen nicht haften würden,[172] ist nicht haltbar. Bei der Zwangsvollstreckung nach § 888 ZPO geht es nicht um eine Vermögenshaftung, sondern um Willensbeugung.[173] Man kann nur den Willen einer natürlichen Person beugen, so daß ihr selber das Zwangsgeld anzudrohen ist und nicht der juristischen Person, der das Organverhalten zuzurechnen ist.[174]

2. Der gerichtliche Streit zwischen Organwaltern und Gesamtorgan (sog. Intra-Organstreit)

976 Die möglichen Konflikte im Aufsichtsrat der Aktiengesellschaft sind die mit Abstand am meisten behandelten Intra-Organstreitigkeiten. Hingegen hat die Problematik des Intra-Organstreit im Vorstand weitaus weniger Beachtung gefunden,[175] da er praktisch eine sehr geringe Bedeutung hat.[176]

977 Über die Zulässigkeit eines solchen Organstreits zwischen Organwaltern und einem anderen Organ bzw. Organwaltern eines anderen Organs hatte der *Bundesgerichtshof* in seiner vielbesprochenen „Opel-Entscheidung" vom 28. November 1988 zu urteilen.[177]

2.1 Die materiell-rechtlichen Probleme des Organstreits

978 Auch hier stellt sich die Frage, ob den Organmitgliedern (Organwalter) Träger von subjektiven Rechten sein können, d. h. ob ihnen im innerorganisatorischen Bereich „abgeschottete Verhaltensspielräume" zugewiesen sind.[178] Die möglichen Rechtspositionen können hier in gleicher Weise überschrieben werden, wie dies oben hinsichtlich der Gesamtorgane geschehen ist.

979 Unbestritten ist, daß den Aufsichtsratsmitgliedern eine Reihe von Hilfsrechten zustehen, die die eigene (Überwachungs-)Tätigkeit ermöglichen bzw. erleichtern sollen.[179] Zweckmäßig ist dabei die Unterscheidung zwischen sog. Intra- und Inter-Organrechten[180].

---

[172] Häsemeyer, ZHR 144 (1980), 265, 287; Jauernig, Zwangsvollstreckungs-/Konkursrecht, § 27 III 1.
[173] Bork, ZGR 1989, 1, 30.
[174] Brox/Walker, Zwangsvollstreckungsrecht, Rn. 1088; Lutter, Information und Vertraulichkeit, S. 71.
[175] Borgmann, a.a.O., S. 14, 37.
[176] Mertens, ZHR 154 (1990), S. 24, 34.
[177] Vgl. BGHZ 106, 54 ff.; BGH NJW 1989, 979.
[178] Bork, ZGR 1989, 1, 31.
[179] Bork, ZGR 1989, 1, 32.
[180] Vgl. Säcker, NJW 1979, 1521, 1522 f.

Zu den Intra-Organrechten des Aufsichtsrats zählen die Befugnisse **980** aus §§ 90 Abs. 5, 107 Abs. 2 S. 4, 110 Abs. 1 und 2, 170 Abs. 3 AktG, wobei es sich im wesentlichen um Informationsrechte handelt, durch die den Aufsichtsratsmitgliedern eigene Verhaltensspielräume zugewiesen worden sind.[181] Diese Rechte bestehen nicht gegenüber der Aktiengesellschaft, sondern gegenüber dem Organ-Vorstand selbst.[182] Sogenannte Inter-Organrechte der einzelnen Aufsichtsratsmitglieder gegen den Vorstand als verpflichtetem Organ sind in § 125 Abs. 3 und 4 AktG normiert.[183] Es handelt sich dabei um ein dem Minderheitenschutz dienendes Individualrecht eines jeden einzelnen Aufsichtsratsmitglieds[184], das nur deshalb auf Leistung an den Aufsichtsrat als Organ gerichtet ist, weil damit gemäß § 90 Abs. 5 AktG auch die anderen Aufsichtsratsmitglieder informiert werden können.[185] Grundsätzlich haben die Organwalter keine eigenen Kompetenzschutzrechte, vielmehr stehen diese Schutzrechte dem Organ als Kompetenzträger zu.[186] Die Organwalter nehmen nur Kompetenzen des Organs wahr, ihr Handeln wird dem Organ also unmittelbar zugerechnet.[187]

Hingegen stehen den Organmitgliedern mit den sog. Organmitglied- **981** schaftsrechten subjektive Rechte im weiteren Sinne zu. Es handelt sich dabei nicht lediglich um Hilfsrechte, sondern um „Verhaltensspielräume", deren Sicherung die Hilfsrechte nur dienten.[188] Schließlich haben die Organmitglieder kein eigenes Recht darauf, das Verhalten anderer Organe allgemein auf Recht- und Zweckmäßigkeit zu kontrollieren, um ggf. gegen ein rechts- bzw. zweckwidriges Verhalten einzuschreiten.[189] Hält man ein Organ für nicht dazu befugt, von einem anderen Organ ein bestimmtes Verhalten zu verlangen, so kann ein solches Recht nicht einem einzelnen Organmitglied zustehen.[190] Die Einhaltung von Gesetz und Satzung kann das einzelne Organmitglied aus eigenem Recht von einem anderen Organ nur verlangen, wenn ein

---

[181] Bork, ZGR 1989, 1, 32.
[182] Lutter, Information und Vertraulichkeit im Aufsichtsrat, S. 72; Mertens, in: Kölner Komm, Vorbem. § 76 Rn. 31 bzw. § 90 Rn. 33.
[183] Bork, ZGR 1989, 1, 32 f.
[184] Bork, ZGR 1989, 1, 33.
[185] Bork, ZGR 1989, 1, 33.
[186] Bork, ZGR 1989, 1, 34.
[187] Bork, ZGR 1989, 1, 34.
[188] Bork, ZGR 1989, 1, 34.
[189] OLG Frankfurt, AG 1988, 109 f.; Bork, ZGR 1989, 1, 35; Häsemeyer, ZHR 144 (1980), 265, 285; Säcker, NJW 1979, 1521; K. Schmidt, ZZP 92 (1979), 212, 232.
[190] Bork, ZGR 1989, 1, 35.

sog. Organmitgliedschaftsrecht betroffen sei[191] oder das Organmitglied durch die allgemeinen Störungsverbote geschützt sei, deren
(drohende) Verletzung Abwehrrechte gewährt. Die Gewährung eines
eigenen subjektiven Rechts dieses Inhalts, das dem Schutz von
Präsentationsaufgaben diene, verträgt sich nicht mit der Kompetenzverteilung in der Aktiengesellschaft[192] und der Maßgeblichkeit des
Unternehmensinteresses[193].

2.2 Die prozessualen Folgeprobleme des Intra-Organstreits

2.2.1 Zur Prozeßführungsbefugnis

982 Über die Klage der Arbeitnehmervertreter im Aufsichtsrat der Opel AG
entschied in erster Instanz das *Landgericht Darmstadt*[194]. Das *Landgericht Darmstadt* erachtete diese Klage für teilweise unzulässig und
unbegründet. Das *Oberlandesgericht Frankfurt*[195] wies die Klage in der
Berufungsinstanz als unzulässig ab. Der *Bundesgerichtshof* ist dem
Oberlandesgericht Frankfurt im Ergebnis gefolgt.

983 Der II. Zivilsenat des *Bundesgerichtshofs* hat in diesem Urteil eine
Klage einzelner Mitglieder des Aufsichtsrats als unzulässig abgewie-
sen. Der Leitsatz lautet:[196]

984 „Einzelne Mitglieder des Aufsichtsrats einer Aktiengesellschaft sind nicht
befugt, gegen – nach ihrer Darlegung rechtswidrige – Geschäftsführungsmaßnahmen des Vorstands im Wege der Klage vorzugehen. Ein solches
Eigenrecht kann weder aus dem Aktiengesetz (§ 90 Abs. 3 S. 2, Abs. 5 und
§ 245 Nr. 5) noch dem Mitbestimmungsgesetz (§ 25) hergeleitet werden. Ob
es als Recht des Aufsichtsrats mit Hilfe der „actio pro socio" verfolgt werden
kann, bleibt offen. Auf keinen Fall kann eine Klage aus fremdem Recht dann
als gerechtfertigt angesehen werden, wenn sie dazu dient, die zwischen
Mehrheit und Minderheit im Aufsichtsrat auftretenden Konflikte über den
Umweg einer gerichtlichen Inanspruchnahme des Vorstands auszutragen."

985 Hiernach ist eine Klage bereits unzulässig, weil die einzelnen Aufsichtsratsmitglieder nicht zur Prozeßführung befugt sind.[197] Prozeßführungsbefugnis ist das Recht, über das behauptete (streitige) Recht
einen Prozeß als die richtige Partei in eigenem Namen zu führen, ohne

---

[191] Bork, ZGR 1989, 1, 35 m.w.N.
[192] Bork, ZGR 1989, 1, 36.
[193] OLG Frankfurt, AG 1988, 109, 110 f.
[194] Vgl. LG Darmstadt, ZIP 1986, 1389.
[195] Vgl. OLG Frankfurt, AG 1988, 109; vgl. auch BB 1988, S. 264.
[196] Vgl. BGHZ 106, 54.
[197] Vgl. BGHZ 106, 54, 62.

daß eine eigene materiellrechtliche Beziehung zum Streitgegenstand vorzuliegen (behauptet werden) braucht.[198]

2.2.1.1 Klage aus eigenem Recht der Organmitglieder

Das *Landgericht Darmstadt*[199] war im erstinstanzlichen Urteil vom 6. Mai 1986 der Ansicht, den einzelnen Mitgliedern des Aufsichtsrats stehe eine Prozeßführungsbefugnis aufgrund eines „spezifischen Repräsentationsinteresses" zu.[200] Der Aufsichtsrat einer Aktiengesellschaft sei keine homogene Gruppe, setze sich vielmehr aus Vertretern der Anteilseigner und der Arbeitnehmer zusammen, was zur Folge haben könne, daß diese Gruppen durchaus berechtigt seien, neben dem allgemeinen Unternehmensinteresse auch die spezifischen Belange der sie entsendenden Gruppe wahrzunehmen.[201] Dafür spreche auch, daß das einzelne Aufsichtsratsmitglied persönlich für die Verletzung seiner sich aus dem Aufsichtsratsmandat ergebenden Pflichten haftet. Die Kompetenzinteressen und persönliche Interessen könnten eng miteinander verknüpft sein. Dies wiederum könne zu einer Prozeßführungsbefugnis einzelner Aufsichtsratsmitglieder führen. Sie machten im Rahmen der ihnen zugewiesenen Aufgabe der Überwachung des Vorstands einen Anspruch geltend, der sich auf die Interessen der sie entsendenden Gruppe bezieht.[202] Die Geltendmachung der Interessen der Arbeitnehmerschaft ist nicht dem Aufsichtsrat als solchem zugewiesen, und die Gruppe der Arbeitnehmervertreter kann nicht als eigenständiges Organ oder selbständiger Organteil angesehen werden, so daß die einzelnen Aufsichtsratsmitglieder dieser Gruppe prozeßführungsbefugt sind.[203] Dem steht auch nicht entgegen, daß im Aktiengesetz Befugnisse der einzelnen Aufsichtsratsmitglieder speziell geregelt sind, denn diese sind nicht abschließend.[204] Anders gesagt, die im Aktiengesetz vorgesehenen Maßnahmen zur Ausübung der Aufsichtsratsbefugnisse im Rahmen der Geschäftsführungsüberwachung stünden einer Prozeßführungsbefugnis der einzelnen Aufsichtsratsmitglieder nicht entgegen.[205] Schließlich könne eine Klage-

986

---

[198] Vollkommer, in: Zöller, ZPO, Vorbem. § 50 Rn. 18; Hartmann, in: Baumbach/Lauterbach/Albers/Hartmann, ZPO, Vorbem. § 50 Rn. 22.
[199] Vgl. LG Darmstadt, ZIP 1986, 1389 ff. m.w.N.
[200] So LG Darmstadt, ZIP 1986, 1389, 1391.
[201] Vgl. LG Darmstadt, ZIP 1986, 1389, 1390; Kübler, Gesellschaftsrecht, § 32 III 4 a.
[202] Vgl. LG Darmstadt, ZIP 1986, 1389, 1390; Hommelhoff, ZHR 143 (1979), 288, 314; so auch im Ansatz Häsemeyer, ZHR 144 (1980), 265, 286.
[203] Vgl. LG Darmstadt, ZIP 1986, S. 1389, 1391; Häsemeyer, ZHR 144 (1980), 265, 286.
[204] Vgl. LG Darmstadt, ZIP 1986, S. 1389, 1391; Hommelhoff, ZHR 143 (1979), 288, 314.
[205] LG Darmstadt, ZIP 1986, 1389, 1391.

möglichkeit verhindern, daß der Vorstand wegen einer zu mißbilligenden Geschäftsführungsmaßnahme nach § 84 Abs. 3 AktG abberufen werden müsse. Die Möglichkeit, gerichtlich gegen eine Geschäftsführungsmaßnahme vorzugehen, werde sich als milderes Mittel erweisen.[206] Auch versagt die Abberufung, wenn der Aufsichtsrat als solcher gegen eine vermeintlich rechtswidrige Geschäftsführungsmaßnahme nicht vorgehen will.[207] Die Frage, ob das geltend gemachte Recht den Aufsichtsratsmitgliedern schließlich tatsächlich zustehe, sei allein eine Frage der Begründetheit der Klage[208], d. h. der Aktivlegitimation.

987   Ein anderer Teil des Schrifttums vertritt die Auffassung, die Prozeßführungsbefugnis bei einem Rechtsstreit um organschaftliche Befugnisse könne nur ausnahmsweise einzelnen Organmitgliedern zustehen, nämlich dann, wenn den betreffenden Organmitgliedern „persönliche Interessen" zugewiesen seien.[209] Jedenfalls müsse eine Prozeßführungsbefugnis bestehen, soweit den Organmitgliedern materiell-rechtlich eigene Rechte eingeräumt würden.[210] Soweit die Organmitglieder keine subjektiven Rechte geltend machten, stünde ihnen keine Prozeßführungsbefugnis zu.[211]

988   Der *Bundesgerichtshof* steht auf dem Standpunkt, daß es sich bei den hier geltend gemachten Rechten nicht um eigene Rechte der Organmitglieder handelt, so daß die Mitglieder des Aufsichtsrats hieraus keine Prozeßführungsbefugnis herleiten können.[212] § 90 Abs. 1 AktG scheidet hinsichtlich des Normadressaten „der Aufsichtsrat" unstreitig aus.

989   Zu überlegen ist aber, ob den Aufsichtsratsmitgliedern aus § 90 Abs. 3 S. 2 und Abs. 5 AktG eigene Rechte zugestanden werden. Danach kann auch ein einzelnes Aufsichtsratsmitglied einen Bericht des Vorstands verlangen. Dies wird aber durch die Vorschrift des § 90 Abs. 3 S. 2, 1. Halbs. AktG insofern eingeschränkt, daß das einzelne Aufsichtsratsmitglied einen Bericht „nur an den Aufsichtsrat" verlangen kann. Richtig ist, daß das Recht der Berichterstattung gemäß § 90 Abs. 5 AktG als Eigenrecht des Mitglieds ausgestaltet ist, woraus sich aber nicht bereits eine Prozeßführungsbefugnis herleiten lassen kann.[213] Durch § 90 Abs. 5 AktG werde zwar das einzelne Aufsichts-

---

[206] Vgl. Mertens, in: Kölner Komm, § 76, Rn. 5; Schmidt, ZZP 92 (1979), 212, 229 f.
[207] Hommelhoff/Timm, Anm. zu Urt. LG Köln v. 13. Juli 1976, AG 1976, 329, 333.
[208] LG Darmstadt, ZIP 1986, 1389, 1391.
[209] Vgl. Häsemeyer, ZHR 144 (1980), 265, 278 ff., 282 ff.
[210] Bork, ZGR 1989, 1, 36.
[211] Vgl. Häsemeyer. a.a.O., in: ZHR 144 (1980), 265, 269.
[212] Vgl. BGHZ 106, 54, 62 ff.
[213] BGHZ 106, 54, 62; Flume, BGB AT I/2, S. 406; Hefermehl, in: Geßler/Hefermehl, AktG, § 90 Rn. 21 und 26 zu § 90 AktG; Westermann, in: Fs-Bötticher, S. 369, 379.

ratsmitglied in die Lage versetzt, die für die Erfüllung der Überwachungspflicht gemäß § 111 Abs. 1 AktG erforderlichen Informationen zu erlangen. Zu beachten ist aber, daß das Überwachungsrecht des § 111 Abs. 1 AktG, um dessen Schutz das Informationsrecht nach § 90 AktG dienen soll, nicht dem einzelnen Mitglied des Aufsichtsrats, sondern dem Kollegialorgan Aufsichtsrat zusteht.[214] Etwas Gegenteiliges kann sich insofern auch nicht aus § 116 AktG ergeben, wonach dem einzelnen Aufsichtsratsmitglied eine eigenverantwortliche Amtsausübung obliegt, denn die Überwachung des Vorstands und die Geltendmachung gegen ihn gerichteter Ansprüche ist nach § 112 AktG Sache des Gesamtaufsichtsrats.[215]

Auch auf das Anfechtungsrecht, das einzelnen Aufsichtsratsmitgliedern gegen Hauptversammlungsbeschlüsse gemäß § 245 Nr. 5 AktG zusteht, kann ein Klagerecht des einzelnen Aufsichtsratsmitgliedes nach Auffassung des *Bundesgerichtshofes* nicht gestützt werden.[216] Zwar liegt hier ein Erst-Recht-Schluß nahe, der sich aber bei näherer Betrachtung als nicht stichhaltig erweist:[217] Nach § 245 Nr. 5 AktG können einzelne Mitglieder des Aufsichtsrats Beschlüsse der Hauptversammlung anfechten, obwohl ihnen nach § 111 Abs. 1 AktG eine Kontrolle dieser Beschlüsse nicht obliegt. Aus diesem Grunde könnte man annehmen, daß die Mitglieder „erst Recht" dazu imstande sein müssen, gegen rechtswidrige Maßnahmen des Vorstands vorzugehen, deren Überwachung nach dem Gesetz dem Aufsichtsrat zugewiesen ist. Zu beachten ist aber, daß § 245 Nr. 5 AktG die einzelnen Aufsichtsratsmitglieder nur für Extremfälle mit diesem Anfechtungsrecht ausstattet. Dies gilt nämlich nur dann, wenn der Aufsichtsratsbeschluß vom Vorstand oder Aufsichtsrat solche Ausführungshandlungen verlangt, durch die sich deren Mitglieder strafbar oder schadensersatzpflichtig machen. § 245 Nr. 5 AktG kann nicht verallgemeinert werden, sondern trägt dem Umstand Rechnung, daß die betroffenen Mitglieder in eine unzumutbare Zwangslage gedrängt werden, wenn sie ohne ein Mittel der Gegenwehr an den Hauptversammlungsbeschluß gebunden wären.[218] Eine solche Zwangssituation ist hier bei gesetzeswidrigem Verhalten des Vorstands gar nicht möglich, weil der Aufsichtsrat die Beschlüsse des Vorstands nicht ausführt.[219]

990

---

[214] BGHZ 106, 54, 62 f.
[215] BGHZ 106, 54, 63; vgl. Raiser, ZGR 1989, 43, 68.
[216] BGHZ 106, 54, 63.
[217] BGHZ 106, 54, 63 f.
[218] BGHZ 106, 54, 63.
[219] BGHZ 106, 54, 63.

991   Ebensowenig kann eine Klagebefugnis des einzelnen Aufsichtsrats-mitglieds auf die „Holzmüller-Entscheidung" des II. Zivilsenats des *Bundesgerichtshofs* gestützt werden. Dort wurde es für zulässig gehalten, daß einzelner Aktionär mit Hilfe einer Abwehrklage gegen eine Geschäftsführungsmaßnahme des Vorstands vorgehen kann, durch die in schwerwiegender Weise in Rechte und Interessen der Aktionäre eingegriffen wurde.[220] Dem stehe jedoch der Opel-Fall nicht gleich, weil die Maßnahme des Vorstands die Rechtsstellung der Aufsichtsratsmitglieder nicht beeinträchtigt, während in der oben zitier-ten Entscheidung des *Bundesgerichtshofes* – unter Ausschaltung der Hauptversammlung – in die Mitgliedschaftsrechte der einzelnen Aktio-näre eingegriffen wird.[221]

992   Schließlich ergibt sich die Klagebefugnis aufgrund eigener Rechte der Vorstandsmitglieder auch nicht aus dem § 25 MitBestG vom 6. Mai 1976, das kein sog. Bänkeprinzip normiert, sondern von der Schaffung eines homogen zusammengesetzten Aufsichtsrats ausgeht, der aus gleichberechtigten und -verpflichteten Mitgliedern besteht.[222] Nach anderer Ansicht handelt es sich bei dem Aufsichtsrat gerade um keine homogene Gruppe, sondern setzt sich vielmehr aus Vertretern von Anteilseignern zusammensetzt. Dies hätte zur Folge, daß diese Grup-pen durchaus berechtigt sein können, neben dem allgemeinen Unter-nehmensinteresse auch die spezifischen Belange der sie entsenden-den Gruppe wahrzunehmen.[223]

993   *Hüffer* lehnt das Vorliegen einer Prozeßführungsbefugnis strikt ab, denn ein Anspruch einzelner Aufsichtsratsmitglieder auf Bericht durch den Vorstand könne bereits deswegen nicht einklagbar sein, weil es sich nicht um gerichtlich verfolgbare Ansprüche im Sinne des § 194 Abs. 1 BGB handele und somit kein Recht im Sinne des § 50 ZPO vorliege.[224]

994   Andere Stimmen halten eine solche Klage zwar für zulässig, erwägen aber, die Klage mangels Aktivlegitimation der Kläger als unbegründet abzuweisen, weil die Aufsichtsratsmitglieder zu Unrecht geltend ge-macht hätten, ihnen stehe das Recht des Aufsichtsrats als eigenes Recht zu.[225] Dies soll hier jedoch dahin stehen, denn kann ein Kläger

---

[220] BGHZ 83, 122 ff. (Holzmüller).
[221] BGHZ 106, 54, 64.
[222] Vgl. BGHZ 106, 54, 65; BGHZ 83, 144, 147; BGHZ 64, 325, 330 f.
[223] Vgl. LG Darmstadt, ZIP 1986, 1389, 1390 m.w.N.; Kübler, Gesellschaftsrecht, § 32 III 4 a.
[224] Vgl. Hüffer, AktG, § 90 AktG Rn. 18 f.
[225] Vgl. Hüffer, AktG, § 90 Rn. 20; Bork, ZGR 1989, 1, 37 f.

bereits nicht substantiiert darlegen, daß er in einem Zivilprozeß eigene subjektive Rechte geltend macht, so ist die Klage durch sog. Prozeßurteil als unzulässig abzuweisen.[226]

2.2.1.2 Klage in Prozeßstandschaft

Die Prozeßführungsbefugnis des Aufsichtsrats kann den einzelnen **995** Aufsichtsratsmitgliedern aber aus Prozeßstandschaft zustehen. Prozeßstandschaft kann unmittelbar aufgrund Gesetzes (gesetzliche Prozeßstandschaft) oder durch Rechtsgeschäft zwischen Rechtsträger und Partei (gewillkürte Prozeßstandschaft) begründet werden.[227]

Der *Bundesgerichtshof* hat die Frage des Vorliegens der Prozeßfüh- **996** rungsbefugnis aufgrund der „actio pro socio" bzw. „actio pro societate" ausdrücklich offengelassen.[228] Er verneint eine Prozeßstandschaft jedenfalls für den Fall, daß die nach Beschlußfassung des Aufsichtsrats unterlegenen Mitglieder klagen wollen, ohne zuvor den Beschluß erfolgreich angegriffen zu haben.[229]

Teile der Literatur halten es demgegenüber für zulässig, daß Aufsichts- **997** ratsmitglieder im Wege der „actio pro socio" als Prozeßstandschafter für den Gesamtaufsichtsrat klagen.[230] Unter die Geltendmachung eigener Rechte falle nicht der Fall, daß ein Aufsichtsratsmitglied ein Recht des Aufsichtsrats als eigenes Recht geltend machen will, denn dabei handelt es sich um einen Fall sog. Prozeßstandschaft[231].

2.2.2 Richtiger Beklagter

Klagenden Aufsichtsratsmitglieder stehen – das Vorliegen der Prozeß- **998** führungsbefugnis bejaht – weiterhin vor der Frage, gegen wen die Klage zu richten ist.

In seinem Urteil vom 15. November 1982 hat des II. Zivilsenats des **999** *Bundesgerichtshofs*[232] die Aktiengesellschaft im Falle einer Feststellungsklage eines Aufsichtsratsmitgliedes gegen eine Maßnahme des

---

[226] Vgl. Hartmann, in: Baumbach/Lauterbach/Albers/Hartmann, ZPO, Vorbem. § 50 Rn. 23.
[227] Vgl. Hartmann, in: Baumbach/Lauterbach/Albers/Hartmann, ZPO, Vorbem. § 50 Rn. 26 ff., 29 ff.
[228] Vgl. BGHZ 106, 54, 65.
[229] Vgl. BGHZ 106, 54, 66 f.; vgl. OLG Celle, in: NJW 1990, 582, 583 (Pelikan).
[230] Vgl. Bork, ZGR 1989, 1, 39 ff. m.w.N.; Hommelhoff, ZHR 143 (1979), 288, 314 f.; Raiser, ZGR 1989, 44, 69 f.
[231] Vgl. Hüffer, AktG, § 90 Rn. 20.
[232] Vgl. BGH, NJW 1983, 991 (2. Leitsatz).

Aufsichtsratsvorsitzenden als richtige Beklagte angesehen. Fraglich ist, ob einzelne Mitglieder des Aufsichtsrats auch Rechte des Gesamtorgans gegenüber dem Vorstand gerichtlich durchsetzen können, d. h. anstelle des Gesamtorgans Aufsichtsrat gegen den Vorstand klagen können. Diese Konstellation ist denkbar, wenn die Mehrheit des Aufsichtsrats trotz Vorliegens entsprechender Eingriffsvoraussetzungen nicht gegen den Vorstand vorgeht, weil die Mehrheit der Aufsichtsratsmitglieder dessen Verhalten deckt.

1000   Der *Bundesgerichtshof* meinte, die Aktiengesellschaft sei richtige Beklagte, weil der Kläger nach §§ 170, 171 AktG den Anspruch auf Zulassung eines Sachverständigen seiner Wahl zum Einblick in die Prüfungsberichte aus einem unmittelbaren Rechtsverhältnis zwischen ihm und der Aktiengesellschaft herleiten könne.[233] Eine Klagemöglichkeit hat der *Bundesge-richtshof* unter Hinweis auf das fehlende Feststellungsinteresse offen-gelassen.[234] Der *Bundesgerichtshof* hat sich in der Opel-Entscheidung mit dieser Frage gar nicht befaßt, da er dort die Prozeßführungsbefugnis der Kläger abgelehnt hat. In erster Instanz hat das Landgericht Darmstadt angenommen, die Mitglieder des Aufsichtsrats könnten sowohl die Aktiengesellschaft als solche als auch den Vorstand verklagen.[235]

1001   Die Klage sei gegen die Aktiengesellschaft zu richten, weil die Mitglieder des Aufsichtsrats damit die Unterlassung und Rückgängigmachung von Geschäftsführungsmaßnahmen erzwingen wollen, die bereits durch Verträge mit einem anderen Rechtsträger Außenwirkung entfaltet haben und damit die Aktiengesellschaft selbst verpflichten.[236] Dazu stehe auch nicht im Widerspruch, daß im allgemeinen eine Gesellschaft dann nicht Beklagte sein könne, wenn die Klage gerade in ihrem Interesse erhoben werde.[237] Dies ist damit zu begründen, daß die Mitglieder des Aufsichtsrats hier einerseits die Interessen der sie entsendenden Arbeitnehmer und zum anderen ihre sich aus dem Aufsichtsratsmandat ergebende Überwachungspflicht, die sich nicht nur auf das Unternehmensinteresse, sondern auch auf das anderer daran beteiligter Gruppen bezieht und eine allgemeine Rechtmäßigkeitskontrolle des Gesellschaftshandelns umfaßt.[238]

---

[233]   BGH, NJW 1983, 991, rechte Spalte.
[234]   BGH, NJW 1983, 991, rechte Spalte.
[235]   LG Darmstadt, ZIP 1986, 1389, 1391.
[236]   LG Darmstadt, ZIP 1986, 1389, 1391.
[237]   Vgl. Schmidt, ZZP 93 (1979), 212, 222.
[238]   Vgl. LG Darmstadt, ZIP 1986, 1389, 1391; Baumbach/Hueck, AktG, § 111 Rn. 5.; Reuter, AcP 179 (1979), S. 509, 528.

Von Teilen der Literatur wird schließlich auch eine Klage gegen den **1002** Vorstand für möglich erachtet. Der Vorstand sei zwar nicht rechtmäßig und grundsätzlich nicht parteifähig. Er sei aber mit einer besonderen Parteifähigkeit ausgestattet, die sich aus seiner Organstellung innerhalb der Aktiengesellschaft ergebe.[239] Mit der Klage werden nicht Handlungen einzelner Organmitglieder angegriffen, sondern eine Geschäftsführungsmaßnahme des Organs, mit der der Vorstand seine Kompetenzen überschritten haben soll.[240] Aus diesem Streit um die Kompetenzen des Vorstands ergebe sich die Organrechtsfähigkeit und damit auch die Parteifähigkeit sowie die Prozeßführungsbefugnis des Vorstands.[241]

---

[239] Vgl. Häsemeyer, ZHR 144 (1980), 265, 268, 271 ff.
[240] LG Darmstadt, ZIP 1986, 1389, 1391.
[241] Vgl. LG Darmstadt, ZIP 1986, 1389, 1391; vgl. Hommelhoff, ZHR 143 (1979), 288, 303 ff.

Literaturverzeichnis

Abeltshauser, Thomas: Strukturalternativen für eine europäische Unternehmensverfassung. Berlin 1990

Adams, Michael: Die Usurpation von Aktionärsbefugnissen mittels Ringverflechtung in der „Deutschland AG" – Vorschläge für Reformen im Wettbewerbs-, Steuer- und Unternehmensrecht. In: AG 1994, S. 148 ff.

Altmeppen, Holger: Anmerkung zum Girmes-Urteil. In: NJW 1995, S. 1749 ff.

ders.: Zur Entstehung, Fälligkeit und Höhe des Verlustausgleichsanspruchs nach § 302 AktG – Zugleich Besprechung des Urteils des BGH vom 11. 10. 1999 – II ZR 120/98. In: DB 48, 1999, 2453–2457

ders.: Zur Entstehung, Fälligkeit und Höhe des Verlustausgleichsanspruchs nach § 302 AktG. In: Der Betrieb, 1999, 48

Ambrosius, Theodor: Der Berichtsanspruch des Aufsichtsrats nach § 90 Abs. 3 AktG, sein Umfang und seine Grenzen. In: DB 1979, S. 2165 ff.

Ammon, Ludwig/Görlitz, Stephan: Die kleine Aktiengesellschaft. Bielefeld 1995

Assmann, Heinz-Dieter: Eigene Aktien. Eine Vorbemerkung zu den Beiträgen von Rosen/Helm und Nobel. In: AG 1996, S. 433 ff.

Barner, Friedrich: Die Entlastung als Institut des Verbandsrechts. Berlin 1990

Barz, Carl Hans u. a. (Hrsg.): Großkommentar zum Aktiengesetz. 3. Auflage, Band 1, Teilband 2 (§§ 76–147 AktG), Berlin – New York 1970 (zit.: Bearbeiter in Großkomm, AktG)

Bauer, Ulrich: Organklagen zwischen Vorstand und Aufsichtsrat in der Aktiengesellschaft. Köln – Berlin – Bonn – München 1986

Baumann, Karl-Hermann: Übernahmegesetz schafft Wettbewerbsgleichheit. Fairneß und Transparenz/Regelung zum „Squeeze out" ein Muß, in: Wertpapier-Mitt. 1999, 39. S. 1968

Baumbach, Adolf (Begr.)/Lauterbach, Wolfgang (Hrsg.)/Albers, Jan/Hartmann, Peter: Zivilprozeßordnung. Kommentar. 54. Auflage, München 1996 (zit.: Bearbeiter in Baumbach/Lauterbach, ZPO)

Baumbach, Adolf/Hopt, Klaus: Handelsgesetzbuch. Kommentar. 29. Auflage, München 1995

Baumbach, Adolf/Hueck, Alfred: Kommentar zum Aktiengesetz. 13. Auflage, München 1970

Baums, Theodor: Der Geschäftsleitervertrag. 1987

ders.: Aktienoptionen für Vorstandsmitglieder, Festschrift für Claussen. München 1997

Baums, Theodor/von Randow, Philipp: Der Markt für Stimmrechtsvertreter. In: AG 1995, S. 145 ff.

Bayer, Walter: Kapitalerhöhung mit Bezugsrechtsausschluß und Vermögensschutz der Aktionäre nach § 255 Abs. 2 AktG. Kritische Betrachtung der lex lata und Überlegungen de lege ferenda. In: Zs. f. d. ges. Handelsrecht, 1999, 5, S. 505–553

Becker, Michael: Der Ausschluß aus der Aktiengesellschaft. In: ZGR 1986, S. 383 ff.

ders.: Treuepflichten im Körperschaftsrecht, in: Österreichische Juristen-Zeitung, 1999, 21, S. 794–801

Bendfeld, Heiner: Die Satzungsstrenge im Aktienrecht und ihre Bedeutung für die Rechtssicherheit. Frankfurt 1999

Bernhardt: In: ZfB 1994, S. 1347 ff.

Beusch, Karl: Die Aktiengesellschaft – eine Kommanditgesellschaft in Gestalt einer juristischen Person? In: Festschrift für Werner, S. 1 ff., Berlin – New York 1984

Beuthien, Volker: Einfluß Dritter auf die Organbesetzung und Geschäftsführung bei Vereinen, Kapitalgesellschaften und Genossenschaften. In: ZHR 157 (1993), S. 483 ff.

Bezzenberger, Tilman: Der Vorstandsvorsitz in der Aktiengesellschaft. In: ZGR 1996, S. 661 ff.

Böcker, Georg: Die Haftung des Stimmrechtsvertreters in der Aktiengesellschaft: zugleich Versuch einer Grundlegung zu Ausmaß und Grenzen der Verhaltensbindungen bei der Stimmrechtsausübung in der Hauptversammlung einer Aktiengesellschaft sowie der auf deren Verletzung gegründeten Schadensersatzansprüche, Köln, Diss. 1998 – XLIV, 282 S.

Borgmann, Christopher: Der Organstreit in der Kapitalgesellschaft. Heidelberg 1996

Bork, Reinhard: Materiell-rechtliche Probleme des Organstreits zwischen Vorstand und Aufsichtsrat einer Aktiengesellschaft. In: ZGR 1989, S. 1 ff.

Brandi, Axel: Ermittlungspflichten des Aufsichtsrats über die wirtschaftliche Situation des Unternehmens „am Vorstand vorbei"?, ZIP 2000, 173

Brondics, Klaus: Die Aktionärsklage. Dissertation. Berlin 1988

Brox, Hans/Walker: Zwangsvollstreckungsrecht. 4. Auflage, Köln 1993

Budde, Wolfgang Dieter/Steuber, Elgin: Rechnungslegung im Spannungsfeld zwischen Gläubigerschutz und Information der Gesellschafter. In: AG 1996, S. 542 ff.

Büdenbender, Ulrich: Die Kontrolle des Vorstandes durch den Aufsichtsrat in deutschen Aktiengesellschaften (Rechtslage und rechtstatsächliche Übung), in: Jur. Arbeitsblätter 1999, 10, S. 813–821

Bühring-Uhle, Christian/Nelle, Andreas: Aktionärsklage und Konzernklage im amerikanischen Recht – ein Modell? In: AG 1989, S. 41 ff.

Bundesministerium der Justiz (Hrsg.): Bericht über die Verhandlungen der Unternehmensrechtskommission

Bungert, Hartwin: Delisting und Hauptversammlung. Zugleich eine Besprechung des Urteils des LG München I, BB 1999, 2634, BB

ders.: Matthias Hentzen: Kapitalerhöhung zur Durchführung von Verschmelzung oder Abspaltung bei parallelem Rückkauf eigener Aktien durch die übertragende Aktiengesellschaft. In: Der Betrieb, 1999, 49, S. 2501–2504

Cahn, Andreas: Probleme der Mitteilungs- und Veröffentlichungspflichten nach dem WpHG bei Veränderungen des Stimmrechtsanteils an börsennotierten Gesellschaften. AG 1997, 491 *ders.:* Pflichten des Vorstandes beim genehmigten Kapital mit Bezugsrechts-ausschluß. In: Zs. f. d. ges. Handelsrecht, 1999, 5, S. 554–593

Claussen, Carsten Peter: Über die Vertraulichkeit im Aufsichtsrat. In: AG 1981, S. 57 ff.

ders.: Aktienoptionen – eine Bereicherung des Kapitalmarktrechts. WM 1997, 1825

ders.: Aktienrechtsreform 1997. S. 71 ff., München 1996

Daschner, Martin: Stefan Lau: Das KonTraG: Konsequenzen auch für die IT? In: Zs. f. Kommunikations- und EDV-Sicherheit. 1999, 6, S. 78–80

Deckert, Martina R.: Europäisches Gesellschaftsrecht – Eine Zwischenbilanz – In: DStR 1997, S. 874 ff.

Dorphalen, Andreas: Die Treupflicht des Aktionärs. In: ZHR 102 (1936), S. 1 ff.

Dreher, Meinrad: Rechtsprechung zum Bank- und Kreditsicherungsrecht. In: ZIP 1990, S. 227 ff.

ders.: Das Ermessen des Aufsichtsrats – Der Aufsichtsrat in der Aktiengesellschaft zwischen Verbandsautonomie und Richterkontrolle. In: ZHR 158 (1994) , S. 614 ff.

ders.: Die Qualifikation der Aufsichtsratsmitglieder. In: Festschrift für Boujong, S. 71 ff., München 1996

Drygala, Tim/Drygala, Anja: Wer braucht ein Frühwarnsystem? Zur Ausstrahlungswirkung des § 91 Abs. 2 AktG, ZIP 2000, 297

Enneccerus, Ludwig/Nipperdey, Hans Carl: Allgemeiner Teil des Bürgerlichen Rechts. Halbband 1, 15. Auflage, Tübingen 1959 (Enneccerus/Nipperdey, BGB AT)

Eschbach, Werner: Management Buy-Out und Ausgabe von Stock Options. Der Primat der Steuergerechtigkeit und die Ausübungsbesteuerung. In: BB, 1999, 48, S. 2484–2490

Fehrensen, Hans: Treuepflicht des Großaktionärs. Göttingen 1965

Fillmann, Andreas: Treuepflichten der Aktionäre. Frankfurt a.M. – Bern – New York – Paris 1991

Finken, Manfred/Weitbrecht, Andreas: Zum gegenwärtigen Entwicklungsstand des europäischen Gesellschaftsrechts. In: ZIP 1990, S. 959 ff.

Fleck, Hans-Joachim: Vertrag, unerlaubte Eigengeschäftsführung und Anspruchsverjährung. In: ZIP 1991, S. 129 ff.

ders.: Eigengeschäfte eines Aufsichtsratsmitglieds. In: Festschrift für Heinsius, S. 88 ff., Berlin – New York 1991

ders.: Das Dienstverhältnis der Vorstandsmitglieder und Geschäftsführer in der Rechtsprechung des BGH. In: WM 1994, S. 1957 ff.

Flume, Werner: Allgemeiner Teil des Bürgerlichen Rechts. Band I, Teilband 2: Die juristische Person. Berlin u. a. 1983 (zit.: Flume, BGB AT I/2)

ders.: Die Rechtsprechung des II. Zivilsenats des BGH zur Treuepflicht des GmbH-Gesellschafters und Aktionärs. In: ZIP 1996, S. 161 ff.

Geßler, Ernst: Einberufung und ungeschriebene Hauptversammlungszuständigkeiten. In: Festschrift für Stimpel, S. 771 ff., Berlin – New York 1985

Geßler, Ernst/Hefermehl, Wolfgang/Eckard, Ulrich/Kropff, Bruno: Kommentar zum Aktiengesetz. Band 1 (§§ 1–75), München 1973. Band 2 (§§ 76–147), München 1973/74. 6. Lieferung (§§ 291–318), München 1976. 9. Lieferung (§§ 241–261), München 1984 (zit.: Bearbeiter in Geßler/Hefermehl)

Godin, Reinhard, Freiherr von/Wilhelmi, Hans: Kommentar zum Aktiengesetz. Band 1 (§§ 1–178) 4. Auflage, Berlin – New York 1971 (zit.: v. Godin/ Wilhelmi, AktG)

ders.: Die Mitwirkung des Aufsichtsrates bei unternehmenspolitisch relevanten Entscheidungen. In: DB 1980, S. 337 ff.

Goette, Wulf: Zustimmungsvorbehalte des Aufsichtsrats. In: ZGR 1990, S. 634 ff.

ders.: Zur Verteilung der Darlegungs- und Beweislast der objektiven Pflichtwidrigkeit und Organhaftung. In: ZGR 1995, S. 648 ff.

ders.: Anmerkung zu BGH, Urt. v. 23. 6. 1997, II ZR 132/93, DStR 1997, 1463.

Götz, Heinrich: Die Sicherung der Rechte der Aktionäre der Konzernobergesellschaft bei der Konzernbildung und Konzernleitung. In: AG 1984, S. 85 ff.

ders.: Zustimmungsvorbehalte des Aufsichtsrats. In: ZGR 1990, S. 634 ff.

ders.: Zustimmungsvorbehalte des Aufsichtsrats der Aktiengesellschaft. In: ZGR 1990, S. 631 ff.

ders.: Neuere Rechtsentwürfe für die Wahrnehmung von Aktionärsrechten. In: ZIP 1995, S. 1310 ff.

ders.: Organhaftpflichtprozesse in der Aktiengesellschaft. In: AG 1997, S. 219 ff.

Graf Lambsdorff, Otto: Die Überwachungstätigkeit des Aufsichtsrates. In: Corporate Governance, hrsg. von *Dieter Feddersen u.a.* Köln 1996, S. 217 ff.

Graga, Katja: Das Auskunftsrecht des Aktionärs unter besonderer Berücksichtigung von Minderheitsbeteiligungen als Gegenstand aktienrechtlicher Auskunftsbegehren. Lohmar 1999

Großfeld , Bernhard: Aktiengesellschaft, Unternehmenskonzentration und Kleinaktionär. Tübingen 1968

Großfeld, Bernhard/Brondics, Klaus: Die Aktionärsklage – nun auch im deutschen Recht? In: JZ 1982, S. 589 ff.

Grünwälder, Otto: Shareholder Value Konzept / International Accounting Standards: Auswirkungen auf die deutsche Unternehmenskultur. In: AG 1996, S. 4474 ff.

Gutenberg, Erich: Funktionswandel des Aufsichtsrates. In: ZfB 1970, S. 1 ff.

Hammen, Horst: Das Vollmachtsstimmrecht der Banken in der Aktienrechtsreform. In: WM 1997, 1221 ff.

Hanau, Peter/Ulmer, Peter: Kommentar zum Mitbestimmungsgesetz. 1981 (zit.: Hanau/Ulmer, MitBestG)

Happ, Wilhelm/Lange, Christoph: Formularkommentar Aktienrecht. 22. Auflage, Köln – Berlin – Bonn – München 1988

Häsemeyer, Ludwig: Der interne Rechtsschutz zwischen Organen, Organmitgliedern und Mitgliedern der Kapitalgesellschaft als Problem der Prozeßführungsbefugnis. In: ZHR 144 (1980), S. 265 ff.

Häuser, Helmut: Unbestimmte Maßstäbe als Begründungselement richterlicher Entscheidungen. Steinbach/Ts. 1981

Heermann, Peter W.: Interessenkonflikte von Bankvertretern in Aufsichtsräten bei (geplanten) Unternehmensübernahmen. WM 1997, 1689

Hefermehl, Wolfgang: Umfang und Grenzen des Auskunftsrechts des Aktionärs in der Hauptversammlung. In: Festschrift für Duden, S. 110 ff., München 1977

Heinsius, Theodor: Organzuständigkeiten bei Bildung, Erweiterung und Umorganisation des Konzerns. In: ZGR 1984, S. 383 ff.

Henn, Günter: Handbuch des Aktienrechts. 4. Auflage, Heidelberg 1991

Hennrichs, Joachim: Treupflichten im Aktienrecht. In: AcP 195 (1995), S. 221 ff.

Henze, Hartwig: Höchstrichterliche Rechtsprechung zum Aktiengesetz. 2. Auflage, Köln 1994 (zit.: Henze, HRR)

ders.: Treupflichtwidrige Stimmrechtsausübung und ihre rechtlichen Folgen. In: Henze/Timm/Westermann (Hrsg.): RWS-Forum 8: Gesellschaftsrecht 1995, S. 1 ff., Köln 1996

ders.: Die Treuepflicht im Aktienrecht. In: BB 1996, S. 489 ff.

Hirte, Heribert: Bezugsrechtsausschluß und Konzernbildung. Köln – Berlin – Bonn – München 1986

ders.: Die Entwicklung des Unternehmens- und Gesellschaftsrechts in Deutschland in den Jahren 1991–1995. Teil: Unternehmens- und Kapitalgesellschaftsrecht. In: NJW 1996, S. 2827 ff.

ders.: 2. Teil: Personengesellschaftsrecht, Recht der verbundenen Unternehmen und Mitbestimmung. In: NJW 1996, S. 3392 ff.

Hoerdemann, Christiane: Zur Bedeutung der verwaltungsrechtlichen Ermessenslehre für die richterliche Kontrolle von Beschlüssen des Aufsichtsrates der Aktiengesellschaft. Konstanz, Diss., 1999

Hoffmann, Dietrich: Der Aufsichtsrat. Ein Leitfaden für Aufsichtsräte. 4. Aufl., München 1999

Hommel, Michael: Zum Abfindungsbeschluss des Bundesverfassungsgerichts. Der Börsenkurs als Untergrenze der gesellschaftsrechtlichen Abfindung, INF 2000, 49

Hommelhoff, Peter: Der aktienrechtliche Organstreit – Vorüberlegungen zu der Organkompetenz und ihrer gerichtlichen Durchsetzbarkeit. In: ZHR 143 (1979), S. 288 ff.

Hommelhoff, Peter/Timm, Wolfram: Anmerkungen zum Urteil des Landgerichts Köln vom 13. Juli 1976. In: AG 1976, S. 329 ff.

Hopt, Klaus J.: Harmonisierung im europäischen Gesellschaftsrecht. In: ZGR 1992, S. 265 ff.

Hopt, Klaus J./Wiedemann, Herbert (Hrsg.): Aktiengesetz. Großkommentar. 11. Lieferung. §§ 92–94. Bearb. v. *Matthias Habersack.* 4. Aufl. Berlin u.a.: de Gruyter 1999

ders.: Aktiengesetz. Großkommentar. 12. Lieferung. Mitbestimmungsgesetz. Bearb. v. *Hartmut Oetker.* Berlin u.a.: de Gruyter 1999

ders.: Aktiengesetz. Großkommentar. 13. Lieferung. §§ 138–147. Bearb. v. *Gerold Bezzenberger.* Berlin u.a.: de Gruyter 1999

Hueck, Götz: Zur Verschwiegenheitspflicht der Arbeitnehmervertreter im Aufsichtsrat. In: RdA 1975, S. 35 ff.

ders.: Gesellschaftsrecht. 19. Auflage, München 1991 (zit.: Hueck, Gesellschaftsrecht)

Hüffer, Uwe: Der Aufsichtsrat in der Publikumsgesellschaft. In: ZGR 1980, S. 340 ff.

ders.: Zur gesellschaftsrechtlichen Treupflicht als richterrechtliche Generalklausel. In: Festschrift für Steindorff, S. 59 ff., Berlin – New York 1990

ders.: Aktiengesetz. Kommentar. 2. Auflage, München 1995

ders.: Minderheitsbeteiligung als Gegenstand aktienrechtlicher Auskunftsbegehren. In: ZIP 1996, S. 4014 ff.

ders.: Aktiengesetz. 4. Aufl., München 1999

Huppert, Walter: Recht und Wirklichkeit der Aktiengesellschaft. Berlin 1978

Jaeger, Carsten: Die Pflichten des Aufsichtsrats bei der Prüfung und Durchsetzung der Vorstandshaftung. In: WiB 1997 684 ff.

Jaeger, Ernst/Henckel, Wolfram: Kommentar zur Konkursordnung. 9. Auflage, Berlin 1980

Jaeger, Ernst/Trölitzsch, Manfred: Unternehmerisches Ermessen des Aufsichtsrates bei Geltendmachung von Schadensersatzansprüchen gegenüber Vorstandsmitgliedern – zugleich Besprechung des Urteils des OLG Düsseldorf vom 22. Juni 1995. In: ZIP 1995, S. 1157 ff.

Jäger, Axel: Die Entwicklung der Rechtsprechung zur Aktiengesellschaft in den Jahren 1994–1996. In: WiB 1996, S. 457 ff.

ders.: Grundsätze der Ermessensausübung für den Aufsichtsrat der Aktiengesellschaft und die Gesellschafterversammlung der GmbH am Beispiel der „ARAG" – Entscheidung. In: WiB 1997, S. 10 ff.

Jauernig, Othmar: Zwangsvollstreckungs- und Konkursrecht. 19.Aufl., 1990

Kalss, Susanne/Wessely, Karin: Die Rechte des Aktionärs. Wien 1994

Keidel, Theodor: Kommentar zum FGG. 13. Auflage

Kiem, Roger: Die Stellung der Vorzugsaktionäre bei Umwandlungsmaßnahmen. ZIP 1997, 1627

ders.: Der Erwerb eigener Aktien bei der kleinen AG, ZIP 2000, 209

Kiethe, K.: Der Bestätigungsbeschluß nach § 244 AktG – Allheilmittel oder notwendiges Korrektiv? NZG 22, 1999, 1086–1092

Kirchner, Christian: Szenarien einer „feindlichen" Unternehmensübernahme: Alternative rechtliche Regelungen im Anwendungsstest, BB 2000, 105

Klahold, Christoph: Aktienoptionen als Vergütungselement. Frankfurt/M. u.a.: Lang 1999

Klein, Hans-Werner: Noch einmal: Information und Vertraulichkeit im Aufsichtsrat. In: AG 1982, S. 7 ff.

Kloppenburg, Günther: Mitverwaltungsrechte der Aktionäre. Frankfurt 1982

Knobbe-Keuk, Brigitte: Das Klagerecht des Gesellschafters einer Kapitalgesellschaft wegen gesetzes- und satzungswidriger Maßnahmen der Geschäftsführung. In: Festschrift für Ballerstedt, S. 239 ff., Berlin 1975

Kort, Michael: Treuepflicht des Aktionärs. In: ZIP 1990, S. 294 ff.

Korts, Petra/Korts, Sebastian: Der Weg zur börsennotierten Aktiengesellschaft. Leitfaden für das Going Public von Unternehmen. Heidelberg: Recht und Wirtschaft 1999

ders.: Die kleine Aktiengesellschaft. 2. Aufl., Heidelberg: Recht und Wirtschaft 1999

Krejci, Heinz: Zur Unternehmensaufsicht, zur Vinkulierung und zum Vollmachtsstimmrecht im österreichischen Recht. In: Reformbedarf im Aktienrecht. In: ZGR-Sonderheft 12 (1994), S. 25 ff.

Krieger, Gerd: Zur (Innen-)Haftung von Vorstand und Geschäftsführung. In: Henze/Timm/Westermann (Hrsg.): RWS-Forum 8: Gesellschaftsrecht. 1995, S. 149 ff., Köln 1996

Kropff, Bruno: Aktiengesetz. Textausgabe des Aktiengesetzes vom 6. 9. 1965 mit Begründung des Regierungsentwurfs und Bericht des Deutschen Bundestages, Düsseldorf 1965

ders.: Zur Vinkulierung, zum Vollmachtsstimmrecht und zur Unternehmensaufsicht im deutschen Recht. In: Reformbedarf im Aktienrecht. In: ZGR-Sonderheft 12 (1994), S. 3 ff.

Kühnberger, Manfred: Jürgen Keßler: Stock option incentives – betriebswirtschaftliche und rechtliche Probleme eines anreizkompatiblen Vergütungssystems, in: Die Aktiengesellschaft 1999, 10, S. 453–464

Kübler, Friedrich: Gesellschaftsrecht. 4. Auflage, Heidelberg 1994

ders: Aufsichtsratsmandate in konkurrierenden Unternehmen, Festschrift für *Carsten Peter Claussen,* Köln, Berlin, Bonn, München 1997, S. 239

Lange, Knut Werner: Grundsätzliche und unbegrenzte Pflicht zur Berichterstattung im Lagebericht? In: BB, 1999, 47, S. 2447–2453

Lappe, Thomas Michael: Gemischte Kapitalerhöhung und Bezugsrechtsausschluß, BB 2000, 313

Lehmann, Karl-Heinz/Heinsius, Theodor: Aktienrecht und Mitbestimmung. 3. Auflage, Niederkassel-Mondorf 1979

Lewerenz, Karl-Jochen: Leistungsklagen zwischen Organen und Organmitgliedern der Aktiengesellschaft. Berlin 1977

Lippert, Hans-Dieter: Überwachungspflicht, Informationsrecht und gesamtschuldnerische Haftung des Aufsichtsrates nach dem Aktiengesetz 1965. Dissertation. Tübingen 1976

Lutter, Marcus: Information und Vertraulichkeit im Aufsichtsrat. 2. Auflage, Köln – Berlin – Bonn – München 1984

ders.: Theorie der Mitgliedschaft. In: AcP 180 (1980), S. 84 ff.

ders.: Bankenvertreter im Aufsichtsrat. In: ZHR 145 (1981), S. 244 ff.

ders.: Organzuständigkeiten im Konzern. In: Festschrift für Stimpel, S. 825 ff., Berlin 1985

ders.: Zur Vorbereitung und Durchführung von Grundlagenbeschlüssen in der Aktiengesellschaft. In: Festschrift für Fleck, S. 169 ff., Berlin 1988

ders.: Die Treupflicht des Aktionärs. In: ZHR 153 (1989), S. 446 ff.

ders.: Der Aufsichtsrat: Konstruktionsfehler, Inkompetenz seiner Mitglieder oder normales Risiko? In: AG 1994, S. 176 ff.

ders.: Defizite für eine effiziente Aufsichtsratstätigkeit und gesetzliche Möglichkeiten der Verbesserung. In: ZHR 159 (1995), S. 287 ff.

ders.: Zum unternehmerischen Ermessen des Aufsichtsrats. In: ZIP 1995, S. 441 ff.

ders.: Das Girmes-Urteil. In: JZ 1995, S. 819 ff.

ders.: Professionalisierung der Aufsichtsräte. In: NJW 1995, S. 1133 ff.

Lutter, Marcus/Krieger, Gerd: Rechte und Pflichten des Aufsichtsrats. 3. Auflage, Freiburg im Breisgau 1993

dies.: Hilfspersonen von Aufsichtsratsmitgliedern. In: DB 1995, S. 257 ff.

Marsch-Barner, Reinhart: Treuepflicht und Sanierung. In: ZIP 1996, S. 853 ff.

Martens, Klaus-Peter: Paritätische Mitbestimmung im Aufsichtsratssystem. In: BB 1973, S. 1123 ff.

ders.: Die Entscheidungsautonomie des Vorstandes und die „Basisdemokratie" in der Aktiengesellschaft. In: ZHR 147 (1983), S. 377 ff.

ders.: Die Treuepflicht des Aktionärs. In: Rechtsdogmatik und Rechtspolitik, S. 251 ff., Berlin 1990

ders.: Der Aufsichtsrat im Konzern. In: ZHR 159 (1995), S. 567 ff.

ders.: Gewinnverwendung und Gewinnverteilung in der Aktiengesellschaft, Festschrift für Karsten Peter Claussen, Köln, Berlin, Bonn, München 1997, S 279

Matthießen, Volker: Stimmrecht und Interessenkollision im Aufsichtsrat. Köln – Berlin – Bonn – München 1989

Maurer, Hartmut: Allgemeines Verwaltungsrecht. 10. Auflage, München 1995

May, Peter: Die Sicherung des Familieneinflusses auf die börsengehandelte Aktiengesellschaft – zugleich ein Beitrag zur Gestaltungsfreiheit im Aktienrecht. Köln 1992

Meilicke, Heinz: Das Auskunftsrecht des Aktionärs in der Hauptversammlung. In: DStR 1992, S. 113 ff.

Mertens, Hans-Joachim: Deliktrecht und Sonderprivatrecht – Zur Rechtsfortbildung des deliktischen Schutzes von Vermögensinteressen. In: AcP 178 (1978), S. 227 ff.

ders.: Der „Mißbrauch" der aktienrechtlichen Minderheits- und Individualrechte. In: Festschrift für Schilling, S. 235 ff., Berlin 1973

ders.: Zur Berichtspflicht des Vorstandes zum Aufsichtsrat. In: AG 1980, S. 67 ff.

ders.: Mehrheitsherrschaft und Treuepflicht im Aktienrecht. In: Festschrift für Häußling, S. 249 ff., Berlin 1990

ders.: Organhaftung. In: Corporate Governance, S. 155 ff., Köln 1996

ders.: Das Minderheitsrecht nach § 122 Abs. 2 AktG und seine Grenzen. AG 1997, 481

ders.: Zur deliktischen Eigenhaftung von Organmitgliedern und Arbeitnehmern einer juristischen Person, in: Mélanges Fritz Sturm, 1999, Nr. 26, S. 1055–1064

Mutter, Stefan: Unternehmerische Entscheidungen und Haftung des Aufsichtsrats der Aktiengesellschaft. Köln 1994

Mülbert, Peter O.: Aktiengesellschaft, Unternehmensgruppe und Kapitalmarkt. Die Aktionärsrechte bei Bildung und Umbildung einer Unternehmensgruppe zwischen Verbands- und Anlegerschutzrecht. Habilitationsschrift. 2. Auflage, München 1996

Münchener Handbuch des Gesellschaftsrechts. Band 4: Aktiengesellschaft. München 1988 (zit.: Bearbeiter in Münch Hdb AG)

ders.: Band 4: Aktiengesellschaft. 2., neubearb. u. erw. Aufl., München 1999

Kropff, Bruno/Semler, Johannes (Hrsg.): Münchener Kommentar: AktG, Band 1: §§ 1–53. München 2000

Nehls, Albrecht: Die gesellschaftsrechtliche Treuepflicht im Aktienrecht. Dissertation. Hamburg 1993

Niederleithinger, Ernst: Handels- und Wirtschaftsrecht in der 13. Legislaturperiode. In: ZIP 1995, S. 597 ff.

Nirk, Rudolf: Zur Justiziabilität unternehmerischer Entscheidungen des Aufsichtsrates. In: Festschrift für Boujong, S. 393 ff., München 1996

Noack, Ulrich: Gesellschaftsvereinbarungen in der Aktiengesellschaft. In: DZWir 1995, S. 437 ff.

ders.: Neues Recht für die Namensaktie – Zum Referentenentwurf des NaStraG. In: ZIP 48, 1999, 1993–2000

Oetker, Alfred: Stakeholderkonflikte in Familienkonzernen. Lohmar 1999

Osterloh, Margit: Rechte des Aktionärs. In: AuR 1986, S. 332 ff.

Palandt, Otto: Kommentar zum Bürgerlichen Gesetzbuch. 55. Auflage, München 1996 (zit.: Bearbeiter in Palandt, BGB)

Pellens, Bernhard: Aktionärsschutz im Konzern. Wiesbaden 1994

Peltzer, Martin: Haftungsgeneigte Personalentscheidungen des Aufsichtsrats. In: Festschrift für Semler, S. 261 ff., Berlin 1993

Planck, Martina: Aktionärsklagen im französischen und deutschen Recht unter Einbeziehung der neueren Rechtsprechung in Belgien. Dissertation. Bonn 1995

Portner, Rosemarie: Mitarbeiter-Optionen (Stock-Options): Gesellschaftsrechtliche Grundlage und Besteuerung. In: DStR 1997 S. 786 ff.

Potthoff, Erich/Trescher, Karl: Das Aufsichtsratsmitglied. 2. Auflage, Stuttgart 1994

Quack, Karlheinz: Das Rederecht des Aktionärs in der Hauptversammlung. In: Festschrift für Brandner, S. 113 ff., Köln 1996

Raiser, Thomas: Ein mißglücktes Urteil zum Mitbestimmungsgesetz. In: NJW 1981, S. 2166 ff.

ders.: Kommentar zum Mitbestimmungsgesetz. 2. Auflage, Berlin – New York 1984

ders.: Klagebefugnisse einzelner Aufsichtsratsmitglieder. In: ZGR 1989, S. 44 ff.

ders.: Das Recht der Kapitalgesellschaften. 2. Auflage, München 1992

ders.: Die europäische Aktiengesellschaft und die nationalen Aktiengesetze. In: Festschrift für Semler, S. 77 ff., Berlin 1993

Rappaport, Alfred: Creating Shareholder Value. New York – London 1986

Redeker, Konrad/von Oertzen, Hans-Joachim: Kommentar zur Verwaltungs-gerichtsordnung. 9. Auflage, Stuttgart 1988

Rehbinder, Eckard: Zum konzernrechtlichen Schutz der Aktionäre der Konzernobergesellschaft bei Konzernbildung und Konzernleitung. In: AG 1984, S. 85 ff.

ders.: Zum konzernrechtlichen Schutz der Aktionäre einer Obergesellschaft. In: ZGR 1983, S. 93 ff.

Rellermeyer, Klaus: Aufsichtsratsbeschlüsse. Köln – Berlin – Bonn – München 1986

Riegger, Bodo: Der Börsenkurs als Untergrenze der Abfindung? Anmerkungen zum Beschluß des Bundesverfassungsgerichts vom 27. 4. 1999, in: Der Betrieb 1999, 37, S. 1889–1891

Roschmann, Christian/Frey, Johannes: Treuepflicht des Gesellschafters – Teil 1: Rechtsgrundlagen, Schutzrichtung und Umfang. In: WiB 1996, S. 881 ff.

dies.: Treuepflichten des Gesellschafters – Teil 2: Auswirkungen und Rechtsfolgen. In: WiB 1996, S. 925 ff.

Röller, Wolfgang: Quo vadis Aufsichtsrat? In: AG 1995, S. 333 ff.

Säcker, Franz-Jürgen: Die Rechte des einzelnen Aufsichtsratsmitglieds. In: NJW 1979, S. 1521 ff.

ders.: Aktuelle Probleme der Verschwiegenheitspflicht der Aufsichtsratsmitglieder. In: NJW 1986, S. 803 ff.

Saenger, Ingo: Mehrstimmrechte bei Aktiengesellschaften. ZIP 1997, 1813

Saitz, Bernd/Braun, Frank (Hrsg.): Das Kontroll- und Transparenzgesetz. Herausforderungen und Chancen für das Risikomanagement. Wiesbaden 1999

Schaaf, Andreas: Die Praxis der Hauptversammlung. Erfolgreiche Vorbereitung und Durchführung bei der Publikums-AG. 2. Aufl., Köln 1999

Schäfer, Sebastian: Das Recht des Aktionärs auf Auskunft über Beteiligungen. Lohmar u.a. 1999

Schander, Albert Axel: Abwehrstrategien gegen feindliche Übernahmen und ihre Zulässigkeit im Lichte der Aktienrechtsreform. BB 1987, 1801

Scheffler, Eberhard: Der Aufsichtsrat – nützlich oder überflüssig? In: ZGR 1993, S. 63 ff.

Scheurer, Steffen/Bea, Xaver Franz: Die Kontrollfunktion des Aufsichtsrats. In: DB 1994, S. 2145 ff.

Schilling, Wolfgang: Das Aktienunternehmen. In: ZHR 144 (1980), S. 136 ff.

ders.: Die Überwachungsaufgabe des Aufsichtsrats – Besprechung der gleichnamigen Schrift von Johannes Semler. In: AG 1981, S. 341 ff.

Schilling, Wolf Ulrich: Takeover, Treupflicht und Shareholder value. BB 1997, 1909

Schlechtriem, Peter: Schadensersatzhaftung der Leitungsorgane von Kapitalgesellschaften. In: Die Haftung der Leitungsorgane von Kapitalgesellschaften S. 9 ff., 1. Auflage, Baden-Baden 1991

Schlegelberger, Franz/Quassowski, Leo/Herbig, Gustav: Kommentar zum Aktiengesetz. Berlin 1938 (zit.: Schlegelberger/Quassowski, AktG)

Schmidt, Karsten: Gesellschaftsrecht. 3. Auflage, Köln – Berlin – Bonn – München 1997

ders.: „Insichprozesse" durch Leistungsklagen in der Aktiengesellschaft. In: ZZP 92 (1979), S. 212 ff.

Schmidt, Michael: Die Stimmrechtsvertretung durch Kreditinstitute – Überlegungen zu einer eigenen Treuepflicht der Kreditinstitute als Stimmrechtsvertreter gegenüber der Aktiengesellschaft und deren Aktionären. Dissertation. Hamburg 1994

Schmidt-Jortzig, Edzard: Aktuelle Gesetzgebungsvorhaben im Wirtschaftsrecht – Eine Zwischenbilanz – In: WM 1997, S. 1043 ff.

Schubert, Werner/Hommelhoff, Peter: Hundert Jahre modernes Aktienrecht. In: ZGR-Sonderheft 4, Berlin – New York 1985

Schwark, Eberhard: Der vereinfachte Bezugsrechtsausschluß – zur Auslegung des § 186 Abs. 3 Satz 4 AktG, Festschrift für Carsten Peter Claussen, Köln, Berlin, Bonn, München 1997, S. 357

Schwintowski, Hans-Peter: Verschwiegenheitspflicht für politisch legitimierte Mitglieder des Aufsichtsrats. In: NJW 1990, S. 1009 ff.

Semler, Johannes: Die Überwachungsaufgabe des Aufsichtsrat. Köln – Berlin – München 1980

ders.: Minderheitenschutz in Kapitalgesellschaften. In: Anwaltsblatt 1991, S. 440, 442 ff.

Sethe, Rolf: Aufsichtsratsreform mit Lücken. In: AG 1996, S. 2894 ff.

Siegel, Theodor: Stille Reserven und aktienrechtliche Informationspflichten. In: Zeitschrift für Wirtschaftsrecht. 1999, 50, S. 2077–2085

Sina, Peter: Zur Berichtspflicht des Vorstandes gegenüber dem Aufsichtsrat bei drohender Verletzung der Verschwiegenheitspflicht durch einzelne Aufsichtsratsmitglieder. In: NJW 1990, S. 1016 ff.

Spitze/Diekmann: Verbundene Unternehmen als Gegenstand der Interessen von Aktionären. In: ZHR 158 (1994), S. 447 ff.

Steinbeck, Claudia: Überwachungspflicht und Einwirkungsmöglichkeiten des Aufsichtsrates in der Aktiengesellschaft. Dissertation. Berlin 1992

Steindl, Martin: US-Board und Aufsichtsrat. Ein Systemvergleich. Wien 1999

Steinhauer, Carsten: Insiderhandelsverbot und Ad-hoc-Publizität. Eine rechtsvergleichende Analyse zivilrechtlicher Haftungsansprüche von Anlegern in den USA und Deutschland. Baden-Baden 1999

Stodolkowitz, Heinz-Dieter: Gerichtliche Durchsetzung von Organpflichten in der Aktiengesellschaft. In: ZHR 154 (1990), S. 1 ff.

Striebeck, Christian: Reform des Aktienrechts durch die Strukturrichtlinie der Europäischen Gemeinschaften. Berlin 1992

Sünner, Eckart: Aktionärsschutz und Aktienrecht – Anmerkungen zur Seehafenbetriebs-Entscheidung des BGH. In: AG 1983, S. 169 ff.

Theisen, Manuel René: Überwachung der Unternehmensführung – Betriebswirtschaftliche Ansätze zur Entwicklung erster Grundsätze ordnungsgemäßer Überwachung. Stuttgart 1987

Thümmel, Roderich C.: Persönliche Haftung von Managern und Aufsichtsräten: Haftungsrisiken bei Managementfehlern, Risikobegrenzung und Versicherbarkeit. Stuttgart 1996

ders.: Manager- und Aufsichtsratshaftung nach dem Referentenentwurf zur Änderung des AktG und des HGB. In: DB 1997, S. 261 ff.

ders.: Zu den Pflichten des Aufsichtsrats bei der Verfolgung von Haftungsansprüchen gegenüber dem Vorstand der AG. In: DB 1997; S. 1117 ff.

Timm, Wolfram: Hauptversammlungskompetenzen und Aktionärsrechte in der Konzernspitze. In: AG 1985, S. 172

ders.: Zur Sachkontrolle von Mehrheitsentscheidungen im Kapitalgesellschaftsrecht. In: ZGR 1987, S. 403 ff.

ders.: Treuepflichten im Aktienrecht. In: WM 1991, S. 481 ff.

Thümmel, Roderich C.: Haftungsrisiken von Vorständen und Aufsichtsräten bei der Abwehr von Übernahmeversuchen, DB 2000, 461

Ulmer, Peter: Richterrechtliche Entwicklungen im Gesellschaftsrecht 1971 bis 1985. In: Heidelberger Forum 1986, S. 44 ff.

ders.: In: BB, Beilage 13 zu Heft 27/1988, S. 3 ff.

ders.: Aufsichtsratsmandat und Interessenkollision. In: NJW 1980, S. 1605 ff.

Verhoeven, Thomas: GmbH-Konzern-Innenrecht. Bonn 1978

Wagner, Klaus-R.: Kapitalbeteiligung von Mitarbeitern und Führungskräften. Möglichkeiten, Chancen, Visionen. Heidelberg 1999

Wagner, J.: Aufgabenwahrnehmung und Vergütung des Aufsichtsrats. NZG 22, 1999, 1092–1094

Wardenbach, Frank: Interessenkonflikte und mangelnde Sachkunde als Bestellungshindernisse zum Aufsichtsrat der AG. Köln 1996

Wastl, Ulrich: Erwerb eigener Aktien nach dem Referentenentwurf zur Änderung des AktG und des HGB. In: DB 1997, S. 461 ff.

Weber, Martin: Vormitgliedschaftliche Treubindungen: Begründung, Reichweite und Vorauswirkung gesellschaftsrechtlicher Treuepflichten, München 1999

Weimar, Robert: Entwicklungen im Recht der werdenden Aktiengesellschaft. DStR 1997, 1170

Weipert, Lutz: Vorsorgliche Anpassung von Personengesellschaftsverträgen als Bestandteil der Pflicht zur verantwortungsbewußten Unternehmensführung. In: ZGR 1990, S. 142 ff.

Weiß, Daniel: Aktienoptionspläne für Führungskräfte. Köln 1999

Wellkamp, Ludger: Die Haftung von Geschäftsleitern im Konzern. In: WM 1993, S. 2155 ff.

ders.: Die Gesellschafterklage im Spannungsfeld von Unternehmensführung und Mitgliedsrechten. In: DZWir 1994, S. 221 ff.

ders.: Die Reform des Aufsichtsrats der Aktiengesellschaft. In: BuW 1995, S. 612 ff.

ders.: Positive Stimmpflichten in der Aktiengesellschaft. In: INF 1995, S. 81 ff.

ders.: Aufsichtsrat und Board-Modell. In: INF 1995, S. 561 ff.

ders.: Ein fast „vergessenes" Aktionärsrecht: Der Anspruch auf Genehmigung der Übertragung von vinkulierten Namensaktien. In: INF 1996, S. 177 ff.

Werner, Winfried: Zuständigkeitsverlagerungen in der Aktiengesellschaft durch Richterrecht? In: ZHR 147 (1983), S. 429 ff.

ders.: Ausgewählte Fragen zum Aktienrecht. In: AG 1990, S. 1 ff.

Westermann, Harm Peter: Rechtsstreitigkeiten um die Rechte aus § 90 AktG. In: Festschrift für Bötticher, S. 369 ff., Berlin 1969

ders.: Bildung, Erweiterung und Umorganisation des Konzerns. In: ZGR 1984, S. 352 ff.

ders.: Zukunftsfragen des Aktienrechts. In: 25 Jahre Aktiengesetz, hrsg. von Lutter, Marcus, S. 79 ff., Düsseldorf 1991

Wiedemann, Herbert: Die Übertragung und Vererbung von Mitgliedschaftsrechten bei Handelsgesellschaften. München 1965

ders.: Juristische Person und Gesamthand als Sondervermögen. In: WM 1975 Beilage 4, S. 1

ders.: Gesellschaftsrecht. Band 1: Grundlagen. München 1980

ders.: Organverantwortung und Gesellschafterklagen in der Aktiengesellschaft. In: Rheinisch-Westfälische Akademie der Wissenschaften Vorträge G 296, Opladen 1989

Windbichler, Christine: Treuepflichtwidrige Stimmrechtsausübung und ihre rechtlichen Folgen. In: Henze/Timm/Westermann (Hrsg.): RWS-Forum 8: Gesellschaftsrecht, S. 23 ff., Köln 1995

Winter, Martin: Mitgliedschaftliche Treuebindungen im GmbH-Recht. München 1988

Witt, Carl-Heinz: Das Auskunftsrecht in der Hauptversammlung als typisches Minderheitsrecht der Aktionäre. In: Jahrbuch Junger Zivilrechtswissenschaftler 1995, S. 91 ff., München 1995

Wolff, Hans J./Bachof, Otto: Verwaltungsrecht. Band 1, 9. Auflage, München 1974

Wollny, Paul: Die Directors' and Officers' Liability Insurance in den Vereinigten Staaten von Amerika (D & O-Versicherung). Frankfurt a.M. – Berlin – Bern – New York – Paris – Wien 1993

Würdinger, Hans: Aktienrecht und das Recht der verbundenen Unternehmen. 4. Auflage, Karlsruhe 1981

Ziemons, Hildegard: Die Weitergabe von Unternehmensinterna an Dritte durch den Vorstand einer Aktiengesellschaft. In: Die Aktiengesellschaft, 1999, 11, S. 492–500

Zöller, Richard (Hrsg.): Zivilprozeßordnung. Kommentar. 18. Auflage, Köln 1993 (zit.: Bearbeiter in Zöller, ZPO)

Zöllner, Wolfgang: Die Schranken mitgliedschaftlicher Stimmrechtsmacht bei den privatrechtlichen Personenverbänden. München 1963

ders.: Die sogenannten Gesellschafterklagen im Kapitalgesellschaftsrecht. In: ZGR 1988, S. 392 ff.

Zöllner, Wolfgang u. a. (Hrsg.): Kölner Kommentar zum Aktiengesetz. Band 1 (§§ 1–147) München 1985. Band 2 (§§ 76–94) 2. Auflage, München 1988 (zit.: Bearbeiter in Kölner Komm)

Sachregister